本书受中山大学"一带一路"研究院资助出版

中山大学国际问题研究文库

袁丁 主编

移民跨国实践中的社会地位补偿

基于华南侨乡三个华人移民群体的比较研究

Social Status Compensation through Immigrant
Transnational Practices

A Comparative Study of Three Emigrant
Groups from South China

黎相宜 著

中国社会科学出版社

图书在版编目 (CIP) 数据

移民跨国实践中的社会地位补偿：基于华南侨乡三个华人移民群体的比较研究／黎相宜著.—北京：中国社会科学出版社，2019.3

ISBN 978 - 7 - 5203 - 3834 - 9

Ⅰ.①移… Ⅱ.①黎… Ⅲ.①移民—社会地位—研究 Ⅳ.①D523.8

中国版本图书馆 CIP 数据核字 (2019) 第 000294 号

出 版 人	赵剑英
责任编辑	宋燕鹏
责任校对	李 剑
责任印制	李寡寡

出　　版	中国社会科学出版社
社　　址	北京鼓楼西大街甲 158 号
邮　　编	100720
网　　址	http://www.csspw.cn
发 行 部	010 - 84083685
门 市 部	010 - 84029450
经　　销	新华书店及其他书店

印刷装订	北京明恒达印务有限公司
版　　次	2019 年 3 月第 1 版
印　　次	2019 年 3 月第 1 次印刷

开　　本	710 × 1000　1/16
印　　张	24.75
字　　数	365 千字
定　　价	98.00 元

序　一

王　宁

　　全球化是当代改变世界的一个最重要的趋势之一。它所导致的一个结果，就是国际移民。相应地，国际移民也就成为社会科学领域的一个热门研究话题。其中，社会学者也对国际移民研究表现出浓厚的兴趣。但是，以往社会学界对于国际移民的研究，要么侧重移民在移出地的状况研究（包括移民动机研究和移民对移出地的后果研究，如移民汇款研究、移民对家乡的捐款研究等）；要么侧重移民在移入地的状况研究（包括社会适应研究、社会融合研究等）。把二者结合起来的研究，还比较少见。之所以如此，一是因为研究成本太大，二是因为研究问题难以集中。但黎相宜的博士学位论文，不但把这两方面结合起来了，而且结合得很好。她的这一研究，是国际移民社会学研究中难得的出色成果，具有重要学术价值。也正因为如此，她的博士学位论文获得2014年度"余天休优秀社会学博士论文奖"（社会学界博士学位论文的最高荣誉）。眼前的著作，就是在她的博士学位论文基础上修改、充实、完善而成的。我在此谨向她表示祝贺！

　　黎相宜博士之所以能完成这样一项高质量的学术研究，首先在于她的敬业和学术热忱。一般的博士生在写博士学位论文的过程中，往往只选择一个田野点做研究。她则先后到三个田野点做深入的田野调查，包括江门（广东）、福州长乐（福建）和海南。不但如此，当她意识到需要了解移民到了国际移民目的地以后的状况时，她不辞辛苦，远赴美国，到华人聚集的唐人街进行田野调查。这使得她的田野调查资料不但覆盖了移民在移出地的状况，而且也包括移民在移入地的状况，从而使得她能够以更广阔的视角呈现出国际移民的完整图画。就其研究工作量来说，她的博士学位论文所耗费的田野工作量，不是一般博士学位论文可以比拟的。没有对学术的执着、热爱和坚持，是很难取得这样的杰出成就的。

所幸，她的辛苦投入带来了回报。在她的博士学位论文研究基础上整理出来的几篇文章，先后发表于《社会学研究》和一些重要的国际学术期刊上。而她对于国际移民的消费社会学研究，成为国际移民研究领域一个新领域和新课题。而她在这一领域的研究成果，不但以其观点的新颖性在国内外学术界令人耳目一新，而且也引起了国内外同行的重视。她把华人移民的捐款研究放在跨国主义实践视野下加以分析，从移入地和移出地的对比情形中分析华人移民的捐款行为，并用"地位补偿"的理论范式来概括这一行为。这一观点是重要的学术创新。她还分别探讨了传统道义型跨国实践、多元交换型跨国实践与衰落型跨国实践三种类型，并分析社会地位补偿对于跨国模式与发展趋势的影响。她还进一步揭示了华人移民的"社会地位的季节性表达"的特征。

黎相宜博士的另外一个幸运，是得到国际知名的移民研究的大家周敏教授的指导。在读博期间，黎相宜提出要研究移民问题。我是这一领域的外行，但我同意她做这一方向的研究，因为当时周敏教授正在我们系任长江学者讲座教授。我便顺理成章地邀请周敏教授来共同指导黎相宜的博士学位论文研究。周敏教授的加盟，弥补了我在移民研究领域的外行所造成的指导能力的不足。更重要的是，当黎相宜到美国做田野调查时，周敏教授也给予她热心的帮助和指导。

黎相宜博士所取得的这些学术成就是她自己努力的结果。她已经在学术的道路上迈出了坚实的一步。以后的路还很长，还需要继续努力。我相信，她会在学术领域大有所为的。期待她今后有越来越多的高质量的学术产出。

2018 年 6 月 6 日

于中山大学南校园

序　二

周　敏

　　近半个世纪以来，全球化日益激烈地冲击着民族国家边界。国际移民潮的流向也呈现多元化的趋势，既有发展中国家向西方工业发达国家流动的传统模式，也有发展中国家之间流动的新模式，甚至还有发达国家向发展中国家流动的模式。双向的跨国流动也日趋显著和频繁。在这种背景下，学术界的国际移民理论出现了明显转向，主要标志是由以单一民族国家和基于西方发达国家为移居地为分析框架的古典国际移民理论过渡到移民跨国主义理论。跨国迁移不只是移民个体的身体移动以及由此发生的空间位置变化的过程，可能还涉及种族、阶层、性别等社会因素的重构。传统国际移民理论更强调移民在物理空间以及社会文化心理上的"连根拔起"，假定移民在跨越地理空间的同时也跨越了祖籍国与移居国之间的社会文化边界。而"跨国主义"命题则看到了个体在结构限制下的能动性，更强调这些移民以跨国的方式不断建构有关特定族群的身份认同以及寻觅在不同跨国空间下的社会定位。

　　本书作者黎相宜正是在上述国际移民及跨国主义理论的基础上展开其研究的。以往的海外华人研究只是将祖籍国的中国作为移民融入移居国的一个信息背景，而中国的侨乡研究则往往忽略了移居国之间的差异而侧重在移民对于祖籍国家乡的投入与参与上。这两种方法并不能够成功地将移民的祖籍国以及移居国两地的背景纳入一个整体的社会场域来分析。黎相宜则为了超越简单地从移居国或祖籍国一方的情境研究移民，她采用跨国多点民族志的方法，将其研究对象——华人移民放置在跨国社会场域的所有地点来研究。在几年的时间里，黎相宜不辞劳苦，持续奔波于广东、福建以及海南侨乡，对源自这些不同家乡的国际移民及其祖籍地进行了深入的田野调查。她还来到美国跟随我进行学习和调研。在美国的短短半年时间，她在洛杉矶加州大学（UCLA）旁听了我和我的同事教授的"亚裔移民及其第二代""美国亚裔研究""美国国际移民研究"等课程并做了大量的文献阅读和梳理。她还利用业余时间对上述亚裔和华裔移民群体的族裔聚居区、社团组织以及生活情况进行了详细与深入的访谈和实地观察。她在国内外的田野调查期间，充分表现出了刻苦、认真和执着的专业精神以及扎实、严谨、细致的思考和分析综合能力。此书正是她多年研究与积累的成果表现。

在本书中，黎相宜从社会学的角度提出"社会地位补偿"的范式，运用跨国多点民族志的方法，分别从江门、福州及海南地区抽取坎镇、官镇及文镇三个侨乡以及由此移出的国际移民群体作为研究对象，比较与分析了在变动世界体系之下，这些国际移民是如何主动地重构社会身份与协商所属社会阶层，并以其丰富多元的跨国实践来抵抗现有世界体系给他们个人所带来的原子化与边缘化。本书主要探讨下述几个中心研究问题：国际移民为什么会产生社会地位补偿的需求？他们的社会地位补偿需求由谁来满足？社会地位补偿机制如何影响移民的跨国实践？什么样的跨国实践最能实现社会地位补偿？作者首先指出移民之所以产生社会地位补偿的需求是与移民不仅与移民个体的社会经济背景有关，还与移出地和移入地的社会环境有着密切关系。坎镇、官镇及文镇移民在迁移前的社会地位基本相似，以社会经济背景低下的非熟练劳动力为主。坎镇和官镇移民主要流向北美发达国家。坎镇移民分布在美国和加拿大各大城市，而官镇移民较为集中在美国东部的纽约地区。相比之下，文镇移民则大多迁移至东南亚的发展中国家和地区。由于祖籍国与移居国在世界体系中的国家阶序存在位差，这三个移民群体在迁移过程中经历了不同的社会阶级地位变动（脱位、失位与复位），因而当他们返乡实现"跨国阶级划界"时出现了不同的结果：坎镇与官镇移民通过跨国实践提高了自身的社会地位，而文镇移民却无法在侨乡实现社会地位补偿。另外，由于受到移民在移居地的平均收入与祖籍地的平均收入的比率的影响，这三个移民群体所面临的社会地位落差与社会地位补偿成本也呈现较大差异。其次，社会地位补偿之所以可能还与其供给情况有关。坎镇、官镇地方政府出于获取经济利益与政治支持的二元需求，积极为移民提供社会地位补偿；而文镇海外乡亲远不能满足文镇地方政府的经济和政治需求，地方政府对移民的冷淡态度，也进一步抑制了文镇移民进行跨国实践的热情。同时，坎镇地方社会的跨国宗族网络源源不断地为回乡移民提供声誉补偿。官镇地方性网络的密度与强度比坎镇更高，因而对于移民跨国实践的制约更强。文镇的地方组织与网络则较为松散，难以发挥补偿功能。此外，由于迁移历史及移居国政策的差异，三个移民群体的海外离散社会在密度及规模均呈现差异。坎镇与官镇移民的族裔聚居区及社团基本还是一个以移民为主体的社区与组织形态，其所形成的社会网络密度高，与祖籍地联系较多，更易于提供社会地位补偿；而文镇移民的海外离散社会基本实现了"在地化"，其族裔社区与社团组织网络松散且与家乡联系较少，难以形成促进跨国实践的积极因素。此外，本书还探讨了传统道义型跨国实践、多元交换型跨国实践与衰落型跨国实践三种类型。其中坎镇移民由于在迁移过程中面临声誉地位下降，他们较看重声誉补偿，由此形成了以社会文化馈赠为主的传统道义型跨国实践。官镇移民则在迁移过程中面临声望、经济地位甚至是政治地位的同时下降，因而他们的社会地位补偿类型较为多元，形成了包括社会文化馈赠、经济投资、跨国政治实践在内的多元交换型跨国实践。文镇移民则由于实现了社会阶级复位，其补偿需求与供给大量下降，他们的跨国实践出现衰落趋势。

本书的实证分析和理论诠释对于推进国际移民理论以及跨国主义研究具有重要的价值。但是我认为本书的价值不仅限于此。黎相宜试图通过对国际移民及其跨国实践的研究，对原有知识框架和传统的理论预设进行了反思与修正。"社会地位"历来是社会学的经典话题。传统的地位理论预设了一个客观存在的社会空间，假定社会资本积累的过程发生在一个相对同质与静态的社会系统里。作为全球化的产物，跨国实践已经成为国际移民的一种独特的生活方式和经济模式，由此引发了学界对传统移民社会学理论的深刻反思。本书跳脱单一民族国家（祖籍地或移居地）框架的束缚来分析动态的迁移个体的多重位置与身份形塑。由于跨国迁移带来大量的机遇和挑战，移民可以不再遵循"生于斯，老于斯，死于斯"的模式，而是可以最大限度地发挥其在祖籍国与移居国的边缘性杠杆作用，在两个社会和文化中持续利用由二元生活产生的经济和政治机会，充分实现"社会地位的季节性表达"。跨国实践作为迁移个体应对世界体系的微观实践，通过跨国空间将消费价值剩余转移的方式，使国际移民在家乡实现了消费的社会价值兑现。而这种"消费反哺"在一定程度上减缓了生产领域的跨国流动给祖籍国与移居国带来的资源不平等分配的冲击，也为移民输出地区提供了发展的机遇与动力，使其有机会走进世界体系的中心，并潜移默化地改变了祖籍国与移居国之间的政治经济利益格局，也改变了国际移民进行社会流动的客观条件和机制。

本书主要是比较了来自不同祖籍地与移居地的较低社会经济背景的华人移民的跨国实践，其社会地位补偿机制解释只是研究移民跨国实践的其中一个新方向，有助于我们更深入了解社会经济地位较低的移民的跨国实践模式和类型。近年来的大量研究表明，较高社会经济背景的移民也积极地参与跨国实践。那么本书所阐释的社会地位补偿机制是否能够运用于解释较高社会经济背景的移民的跨国实践呢？这些问题则有待更深入的比较研究与理论探讨。

2018 年 4 月 7 日

美国洛杉矶

目　　录

第一章 导论

> 在当今世界上，一切都处于持续不断的运动中，越来越多人终生处于不断的迁移、变化和流动之中。"漂泊"的心态所折射的恰恰是不断加剧的全球化效应。
>
> ——彼得·伯格等（Berger et al.，1973：184）

第一节 跨国主义模式的兴起

国际移民作为全球一体化进程中的重要组成部分，是不同民族国家在经济、政治以及社会文化联系上越来越紧密的产物。据联合国的不完全统计，2017 年国际移民总数已达到 2.58 亿，比 2000 年增长了 49%。移民占全球总人口比例也从 2000 年的 2.8% 增长到目前的 3.4%。[①] 当今世界已进入"国际移民时代"（转引自李明欢，2012）。

由此引发的跨国流动也颇为引人注目。随着经济的全球化，资本、商品、信息的流通以及观念、文化乃至人的流动并行不悖，全球化正无情地冲击着许多民族国家的边界。在这种背景下，国际移民理论也由以单一民族国家为分析框架的古典国际移民理论过渡到移民跨

---

① 参见 UN DESA："International Migration Report"，参见 https：//www.un.org/devel-opment/desa/publications/international – migration – report – 2017. html。

国主义理论。移民跨国理论突破了传统研究模式，给国际移民研究领域带来新的发展。在肯定跨国主义的理论贡献的同时，需要指出移民跨国理论在许多问题上仍然没有得到解决。以往学者们大多把精力放在了谁在参与、在多大范围内参与、如何参与以及参与的后果等问题上，却忽略了不同类型的移民在迁移形态、社会经济背景上所发生的多样性变化及其对于跨国实践的影响。移民跨国理论为后续研究提供了理论和假设的同时，也限制了这些研究在探求事实真相上的步伐。

我认为上述众多研究者往往只是笼统地就跨国主义及其相关概念的定义，跨国实践的主体、边界、模式以及所带来的后果等问题进行争论。虽然以往也有研究证明，移民的人力资本（例如教育、职业技能、公民身份）及其他人口特征（例如年龄、性别以及婚姻状况）都很大程度上决定了跨国实践的形式及规模，而且移民群体在移居地所处的劣势社会地位（比如在移居地受到种族歧视以及排斥）也会给跨国实践带来影响。甚至，还有学者进一步指出，移民在日常居住的移居地的融入程度有限使得他们愿意与祖籍国保持跨国联系（Basch et al.，1994；Gold，2001；Guarnizo et al.，1999；Light et al.，2002；Zhou & Tseng，2001；Diaz‐Briquets & Weintraub，1991；Itzigsohn，1995；Goldring，1996；Popkin，1999；蔡禾、王进，2007）。但这些研究也存在两点问题：首先，移民的人力资本积累并不是发生在一个相对同质与静态的社会系统里；其次，移民的社会地位在不同社会空间中存在不一致性。以往研究很少能完整地考虑祖籍国与移居国在世界体系中的位置、移民在迁移过程中所发生的社会地位变动、移民在不同空间的社会地位不一致性对于跨国实践的影响。

本书在以往研究的基础上，试图通过跨国多点民族志的方法，分别从江门、福州以及海南地区抽取坎镇、官镇及文镇的移民群体作为研究对象，探讨在当代这种相对变动的世界体系之下，这三个华人移民群体是如何在与改革开放同步的时间中重构新的社会身份与协商所属社会阶层，并以其丰富且多元化的跨国实践来抵抗现有世界体系给个体所带来的原子化与边缘感。这三个移民群体尽管遵循不同的迁移路径、来自不同祖籍地以及流向不同移居地，但大多为熟练劳动力，与技术、投资移民有所不同。他们的跨国实践不仅与个人出国前后的社会经济地位有关，还与祖籍国和移居国在世界体系中的政治经济地理位置、移民群体在移居地的社会境遇以及在不同社会文化空间下的社会地位不一致性有着密切关系。与此同时，侨乡的地方政府和民间社会出于经济发展、政治统战和传统复兴等各种考虑也对移民跨国实践产生不同的影响。另外，移民的海外离散社会的规模、网络密度、与本地社会整合的程度等因素也制约其跨国实践的实现。上述宏观、中观与微观层面的各种因素产生交互作用，形成一种特殊的机制——社会地位补偿机制——来影响移民跨国实践（黎相宜、周敏，2012）。

本书要具体探讨的是以下几个有关问题：跨国移民的社会地位补偿何以可能？他们为什么会产生社会地位补偿的需求？他们又是如何通过跨国实践实现社会地位补偿？由谁来满足这种社会地位补偿的需求？社会地位补偿机制对不同祖籍地和移居地的移民群体的跨国实践模式有着怎样的影响？

第二节　国际移民研究的新视角：回顾与反思[①]

当今，越来越多的国际移民以既不是"落地生根"又不是以"落叶归根"的方式，不断建构着自身的身份认同、同时实现着社会融入。如何理解这种跨国实践？恐怕要从国际移民理论分析视角的转变及其对迁移性质与移民主体性的影响回溯。

一　分析视角：民族国家还是跨国主义？

关于国际移民，人们总是好奇这些移民为什么会迁移、迁移如何持续、他们如何融入。因此，在国际移民研究领域，最先发展起来的古典国际移民理论主要根据移民输出地到移民输入地，围绕移民动

---

① 本节内容曾以《国际移民研究的理论回顾及未来展望》为题发表于《东南亚研究》2012 年第 6 期，第二作者。

因、移民过程与移民结果三大研究领域而展开（Lewis, 1954; Sassen, 1988 & 1991; Piore, 1979; Massey et al., 1993 &1994; Taylor, 1986; Myrdal, 1957; Massey, 1990; Park, 1928; Glazer et al., 1970; Portes, 1995; Portes & Zhou, 1992 & 1993）。古典国际移民理论主要解释国际移民是如何产生、发展并最终融入移居地社会的，认为国际移民的迁移是从祖籍地到移居地的单向度、直线性流动与社会适应的过程。

海外华人与侨乡研究也受到上述理论框架的影响。以往海外华人研究只是将母国作为移民融入移居国的一个信息背景，而中国内地的侨乡研究则往往忽略了移居国的差异，只侧重在移民对于祖籍地的投入与参与上。这两种的方法并不能够成功地将移民的祖籍地以及移居地的背景纳入一个整体的社会场域来分析（Mazzucato, 2008）。无论是移居地还是祖籍地的研究都沿用了民族国家的政治界限去分析华人移民。前者把华人移民视为要融入本土社会的被管制客体，而后者则视其为外来力量，可帮助本地社会发展，但华人移民自身的主体性反而被忽略了（参见林霭云，2006）。

随着全球化进程的日益加剧，古典国际移民理论过于侧重通过移民的祖籍地或移居地来讨论移民问题，这种局限于民族国家的研究框架已经无法完全解释全球化背景下的国际人口流动。国际移民作为全球化的一个重要因素，唯有将国际移民置于全球化的大系统之内，方能准确认识其社会影响，正确评价其未来走向（李明欢，2010 & 2010）。更为关键的是，国际移民的迁移与适应模式已经发生了较大的变化，很多实际现象显示，移民在移居国定居或是保持着与祖国的紧密联系的情况都不是很明显。越来越多的国际移民在移居地建立起新家庭、新社区的同时，与祖籍地保持着频繁而有序的金融、产业、贸易、文化、政治等活动。这种在祖籍地与移居地之间往返的生活方式不仅满足了移民家庭在两地的经济需求，也降低了移民无法完全融入移居地主流社会所产生的不适应感和困扰（参见 Glick – Schiller et al., 1995; Grasmuck & Pessar, 1991; Jacoby, 2004; Zhou & Lee, 2013; Glick – Schiller & Fouron, 1999）。

移民跨国主义就产生于上述时代背景（Levitt & Jaworsky, 2007）。20 世纪 90 年代初期，美国学者戈里珂·席勒等人（Glick - Schiller et al., 1992）提出移民跨国主义（immigrant transnationalism）的概念，指"移民在祖籍国与移居国之间所建立并维系的多层社会关系的动态过程"，多用于指国际移民与祖籍国之间的社会关系和跨境行动（Basch et al., 1994）。"跨国主义"命题标志着一种全新理念，那就是：一些人的身心始终处于不断的迁移之中，他们终生都在世界范围内迁移与流动，并以自己的方式在想象中建构对于特定共同体的认同（Anderson, 1983；李明欢，2005c）。

有学者提出应将与移民跨国参与的相关跨境活动概念化，强调与跨国条件实体相对应的概念——跨国实践（transnational practices），用一个连续统来取代线性跨国主义，将波特斯等人所强调的规律持续的跨国实践拓展至松散与不稳定的状态（Levitt, 2001）。此外还衍生出了跨国社会空间（transnational social space）、跨国场域（transnatio-anal field）等概念。许多最近的研究认为移民跨国行为发生在流动的社会空间中，这个社会空间是通过移民不断地重构并嵌入在多个社会中的（Levitt & Glick - Schiller, 2004；Pries, 2005；Smith, 2005）。列维与戈里珂·席勒（Levitt & Glick - Schiller, 2004）将"社会场域"定义为一系列涉及观念、实践以及资源的多重社会关系网络，这些观念、实践及资源是不平等交换、组织与被结构化的。这些场（arenas）是多层与多点的，不仅包括祖籍国与移居国，还包括全世界范围内连接移民与非移民联系的其他地点。跨国空间作为一种突破单一国家政治控制、超越国界的新空间的出现，改变了原来基于地缘政治关系的各种社会解释（Faist, 2000）。

跨国主义理论确实在很大程度上概括了全球化背景下国际移民发展的新趋势及新特征，但学界在其基本概念上并没有形成统一共识。波特斯等人认为，随着跨国主义研究的快速发展，该概念有被过度使用之嫌。跨国主义的定义不应是包罗万象，包括所有的跨境关系和过程（如长途电话、电邮或信件沟通等）或个体的偶然的或无规律的活动（如不定期的汇款、短期返乡、观光旅游等），而应限定在个体或组织行动者有规律的、持续性的跨国社会联系，如高密度的信息交换、新的跨国交易模式或频繁的跨国旅行和联络等（Portes et al.，1999；Portes，1994 & 2001& 2003）。波特斯由此提出跨国主义应符合三个标准：有相当比例的个人与群体参与；具有一定的稳定性和持续性；这些活动的内容比较新颖，没有被以往概念所涵盖（Portes，1999）。但这三个标准本身是相对模糊的，也是有待斟酌的（丁月牙，2012）。虽然波特斯等对跨国主义的外延和内涵进行严格限定，但还是未能阻止有些研究者试图在这棵大树上嫁接上所有的跨国现象（丁月牙，2012）。有许多学者质疑跨国参与在国际移民中的比例究竟有多大。波特斯等人（Portes et al.，2002；Guarnizo et al.，2003）在研究中发现常规性的跨国主义活动（habitual transnational activism）是很少发生的。在他们的研究中，只有10%—15%的多米尼加、萨尔瓦多以及墨西哥移民参与规律的与持续的跨国政治与经济活动。但也有不少研究者不完全同意波特斯等人的界定，他们认为应该将正式与非正式的社会、文化及宗教实践、连接各个层次的社会经验都纳入跨国主义的分析框架（Kim，2006；Levitt & Glick – Schiller，2004；Smith，2006）。默拉乌斯卡（Morawska，2007：153）认为目前的跨国主义包含着更多样化的形式与内容，并"依赖于不同因素的特定组合，它可以涉及单个或多个跨境活动……或受特定情境所影响，通过正式或制度化的渠道……由个体、移民家庭或族裔群体所承载；它既可能发生在人们的私人生活也可能发生于更广泛的公共领域"。

尽管移民跨国主义理论宣称突破了古典国际移民理论以民族国家边界为分析框架的窠臼，但是否真的出现了分析框架与研究范式的转变？不少研究者对此持谨慎态度。有学者指出跨国主义并不是什么新现象，移民总是试图保持着与祖籍国的关系（Waldinger & Fitzgerald，2004），现有的跨国主义研究无非是重新表述了国际移民的故事。有些学者指出早期迁移美国的欧裔移民往往也参与到跨境活动中。他们希望保持暂居者身份并维持与家乡的紧密联系。移民经常会给家乡以及在家乡的亲人们寄送物品，而且有很大一部分（30%—40%）最后回到祖籍国（Chan，2006；Foner，2000；Morawska，2004；Gabaccia, 2000）。移民同样也积极地参与到祖籍国的民族国家建设以及政治认同建构的跨国活动中（Gabaccia & Ottanelli, 2001；Laliotou, 2004；McKeown, 2001；Smith, 1998）。许多国家元首都过着跨国的生活，并利用全球范围内关于国家与民族的观念，建构强有力的民族国家（Blanc et al., 1995；Glick - Schiller & Fouron, 2001）。但有更多的学者指出，尽管"跨国主义"并不是最近才出现的新现象，但在全球化背景下，在现代通信和交通运输技术飞速发展的物质前提下，当代跨国主义在规模、范围、深度、频率以及所带来的社会经济后果上都与以往有所区别，也给祖籍地与移居地的社会发展带来了深远的影响（Glick - Schiller et al., 1992；Kivisto, 2001；Portes et al., 1999；刘宏, 2003）。

究竟应该如何理解传统民族国家分析方法以及跨国主义理论框架之间的分野呢？实际上，移民的跨国化绝不意味着移民跨国主义文献所描述的那样，已经成了一个具有自主性的"跨国空间"，或是民族国家界限的模糊甚至消失。相反，在移民跨国实践中所呈现出来的是一个由界限分明的民族国家所组成的国际体系，不同国家在其中占据不同的位置而互相依赖，从而构成一个"世界体系"。移民跨国参与从其本质上来说，是一个从世界体系的核心地带将各种资源传送到半边缘与边缘区域的过程。因而，移民的跨国实践更多地与移居国、祖籍国在世界体系中的位置、移居国与祖籍国的政策以及移民自身的社会经济背景及群体在移居国的社会境遇紧密相关。因此，既要看到移民建构自身身份认同与实践跨国活动中的能动性，也应结合世界格局、民族国家等结构性因素来考察移民的跨国实践。

二 流动性质：物理空间迁移还是社会文化跨界？

跨国主义理论自兴起以来一直饱受争议。学者们把精力放在了谁在参与、在多大范围内参与、如何参与以及参与后果等问题上，却忽略了不同类型的移民在迁移形态、社会经济背景上所发生的多样性变化。移民跨国理论为后续研究提供了理论框架与研究假设的同时，也阻碍现有研究在探求事实真相上的步伐。我们应超越移民跨国理论及其所引发的论争,从更综合角度出发理解移民跨国主义的实质。跨国迁移不只是一个身体移动、社会位置变化的过程,也是一个主体身份重新形塑、展开多重自我版图的过程(蓝佩嘉,2011:308)。所谓的"跨界"很可能并不仅指某个物理空间内的流动,而是在迁移过程中横跨了社会文化边界(Rapport & Overing,2000;李明欢,2005c)。

传统迁移理论(比如同化论)更强调移民在物理空间及社会文化心理上的"连根拔起",假定了移民在跨越地理空间的同时也顺利(如果不是立即也是最终,或通过跨代际完成)跨越了祖籍国与移居国之间的社会文化边界(Park,1928;Park & Burgess,1921:735;Lieberson,1980)。以经典同化论为例,这个理论是根据欧洲裔移民族群的经验而建立起来的。西欧的北爱尔兰移民,南欧的意大利移民以及东欧的犹太人,他们抵美时因宗教信仰和语言文化的不同而被移居地主流社会视为"异类"或"另类",深受歧视和排斥。如今经过两三代人之后,却都同化成清一色的"白人"(Alba,1985;Gans,1962)。

但越来越多学者注意到移民由于跨境导致社会阶层、身份、种族、性别在不同国家层面上的冲突。这种冲突的激烈程度首先与族群有着密切关系。有关北美移民的研究指出,并非每个少数族裔群体都可以同化于主流社会的白人族群,不同族群所走的路径可能会有较大的差异,并不一定沿着同化论所预测的单一和单向的模式演进(Massey & Denton,1987;Portes,1995;Portes & Zhou,1993 & 2001;Zhou & Bankston,1994 & 1998)。

移民在迁移旅程中往往面临复杂与两难:不少移民在迁移前首先从乡村来到城市,然后又进入高度发达的现代化或后现代的移居地社会,生活在这种飞速变化、多元化、相对化与无序化的世界中。对于他们而言,迁移前的伤痛、迁移后移居地社会的不确定性,增强了他们对于绝对性与确定性的渴望(杨凤岗,2008:118)。广田康生(2005:139)指出,"跨境者"的劳动力虽然被商品化,但在政治和法律上却被置于一种受束缚的状态。一些在祖籍国已经是中产阶级的移民在迁移后面临社会地位向下流动,比如移居美国的华人移民,其社会地位由于自己没有可转换的工作技能或学历、英语能力较差的缘故而下降，因此不得不与劳工阶层的移民或美国社会贫困潦倒的少数族裔一起打工为生，挤在贫民区生活（Zhou，2011）。移民不仅在经济上面临困境，在政治、社会层面更加受限。尽管不少移民加入了移居地国籍，拥有"形式完整"的公民权，但由于受到种族分层以及文化刻板印象的影响，虽然"合法却不被认可"（Sassen，1999：85 - 87）。王爱华曾以 20 世纪 80 年代移居美国的香港华人为例向皮埃尔·布迪厄的文化资本积累的观点提出了挑战。在王爱华的研究中，这些新移民也许可以获得文化资本，但却难于将其转变为社会资本，因为在象征资本和种族认同之间产生了一种被认为是不匹配的差别，也因此造成了他们在移居地社会地位低下的原因。所以，文化资本积累上的局限对拥有"非标准外貌"的移民来说是十分明显的（Ong，2007）。

在移居国多层经济、社会及政治结构的制约下，移民虽然在地理空间上实现了迁移，但却无法轻易跨越社会阶级与族群之间的界限，反而加深了祖籍地与移居地的社会不平等。移民在跨国旅程中协商"家"的意义与参照点——何处是他们实际居住（肉身居所）的地方，以及何处是他们心理情感上感觉回"家"的地方（心有归属之处）。学者用"过渡性的流离失所"（provisional diaspora）来形容移民这种两难处境（Barber，2000）。

三 移民主体：跨国实践中的社会地位与阶层流动

虽然国际移民面临国际格局以及民族国家层面因素的结构性限制，但是其作为能动性个体不是被动适应这种限制的。他们是如何在物理迁移与社会文化跨界的双重过程中重新界定自己的主体性的，并展示其社会地位与身份认同的？最近一些新的研究进行了讨论（Goldring，1998）。

有不少研究指出，跨国主义为移民在社会文化跨界中的困境提供了解决方案。周敏（Zhou，2004）认为跨国活动能够促进个体与社区的发展。通过使用跨越国家边界的社会网络以及运用双文化或双语言的优势也许会帮助移民克服在主流社会中所面临的结构劣势。跨境联系让族裔社区充满了可资用于提升社会地位以及促进社会融入的宝贵的社会资本。这些社会资本能够帮助族裔社区超越阶级以及空间界限上的限制，帮助移民第二代的向上流动（Ruble，2005）。正如李明欢所指出的，华人移民生活在两个世界中，一个世界是虽遥远但心理距离却十分接近的祖籍地，另一个世界则是他们日常生活所在的移居地，虽然近在咫尺却远在天边（Li，1999：2 - 3，14）。美国学者安德森（Anderson，1992）曾用"远距离民族主义"的概念来描述移民的这种"故乡情结"及其背后隐藏的政治认同。这些移民在祖籍国（特指那些不承认双重国籍的祖籍国）尽管不再是正式公民，但他们却拥有一系列祖籍国政府给予的"特权"，享受着母国政府的公共服务并承担着"社会公民"的角色（Sassen，1999：85 - 87）。就如在欧洲、新西兰以及美国一些地方，海外移民甚至可参与当地选举（Bauböck，2003；Waldrauch，2003）。他们成为一种社会力量，虽然受到他们国籍的限制，但这种限制是不完全的。

当然，我们在考虑跨国主义给移民社会流动带来积极影响的同时，也必须考虑移民固有的阶级与种族因素。实际上，来自不同阶层移民的跨国主义是呈现差异的（Gardner & Grillo，2002；Mahler & Pessar，2006；Willis & Yeoh，2000）。美国等西方发达国家的劳动力市场热情欢迎拥有高技术以及英语流利的移民，却不想招揽那些低教育水准以及语言不通的移民。对于这些国家的劳工移民来说，由于不能够单独在祖籍国或移居国获得一个有保障的经济地位，而被迫采取一种跨国主义的生活方式（Guarnizo，2003；Itzigsohn & Saucedo，2002；Levitt，2007）。跨国实践能够增强劳工移民对于非正式但核心的知识以及网络的获得能力，这些知识与网络将帮助移民在主流社会中获得成功。而中产阶级以及专业技术移民所采取的跨国模式与劳工移民有着较为明显的差异。他们由于拥有充足的人力、文化与社会资本，因而可以采取选择性同化策略，从两国中获取机会并自愿采取跨国主义的生计模式（Levitt，2007；Plüss，2005；Raj，2003；Morgan，2001；Saxenian，2006；Saxenian et al.，2002；Varma，2006）。以华人为例，在海外华人的跨国经济活动中，存在不同社会阶层的跨国实践和经济表现形式。既有人们所熟知的港台企业家、技术人士，也有普通民众甚至无证移民等。他们的跨国经济活动既涉及商业贸易、高科技产业，也有日常性的经济活动，如寄发侨汇、消费祖籍国的经济和文化产品等（潮龙起，2009）。

更为重要的是，如果将移民的社会经济地位放在跨国主义的框架下来看时，冲突的社会经济情况与社会地位层级经常呈现在移民的迁移脉络中（Roth，2006；Smith，2006）。比如波士顿郊区的小巴西面包店的业主可能在美国属于较低阶层，但在家乡巴西瓦拉达里斯州市却是一位重要领袖（Beserra，2003；Martes et al.，2004）。这种社会文化跨界导致的社会地位不一致性也反过来在很大程度上影响着移民跨国实践的频率、深度以及模式。因此，超越单一民族国家的框架，通过"跨国主义"的视角来考察迁移个体在不同社会文化空间下的多重定位与认同成为国际移民研究的新热点（Basch et al.，1994；蓝佩嘉，2011：32）。这些研究不仅能够推进对现有移民跨国主义的认识，而且可能对原有的以国家为中心视角的知识框架进行一些修正。

第三节　社会地位补偿机制：概念与理论

本书试图结合世界格局、民族国家等结构性因素来考察移民在物理空间迁移过程中所发生的社会文化跨界，并且讨论移民跨国实践中的社会地位变动及其对于跨国模式与类型的进一步影响。基于此，我试图用"社会地位补偿"的理论视角去理解这些问题。

进入分析框架的展述之前，有几个概念必须交代清楚。首先是本书的主要研究对象"华人移民"。李明欢（2011：7）指出："跨越主权国家边界，以非官方身份在非本人出生地居住达一年以上，即为'国际移民'。"本书根据李明欢的思路来界定"华人移民"，主要指"跨越中国国家边界，以非官方身份在非本人出生地（中国）居住达一年以上的人"。华人移民与一些既定概念有着重叠之处，比如"华侨""华人""华裔"。"华侨"指定居在国外的中国公民（"定居"是指中国公民已取得住在国长期或永久居留权，并已在住在国连续居留两年，两年内累计居留不少于 18 个月）。"华人"指已加入外国国籍的原中国公民及其外国籍后裔、中国公民的外国籍后裔。"华裔"指在外国出生的华人后代。严格来说，"华侨""华人""华裔"与"华人移民"在概念上有着重叠的地方。本书所指的"华人移民"既包括了部分没有入籍的"华侨"，也包括了入了籍的"华人"。在特定历史情境（如讨论华人移民的历史背景、国家侨务政策等）下，会因循习惯使用"华侨""华人"与"华裔"。华人移民的祖籍地、输出地被称为"侨乡"（周南京，2001）。

"跨国实践"是本书的核心概念之一，指的是国际移民在移居地建立起新家庭、新社区的同时，与祖籍地保持频繁而有序的金融、产业、贸易、文化、政治等活动。我认为，跨国实践应该既包括移民有规律、频繁的跨境活动，也应包括那些松散、不规律、不稳定的跨国形态。比如，尽管很多华人移民只是偶尔回乡祭祖、探望亲人，不定时参加祖国与家乡的社会政治事务，对家乡的公共福利事业进行为数不多的馈赠，但由于这样的华人移民众多，其给侨乡甚至是祖籍国所带来的社会效应是不容忽视的。因而，将这些零散的跨国活动纳入跨国实践的范畴来讨论是极其必要的。

"社会地位补偿"是本书的另一核心概念，主要指华人移民的社会地位不一致性导致的补偿心理及行为。"社会地位补偿"并不是新概念，在一些社会科学的研究中就有提及（李银河、陈俊杰，1993；毛哲山，2008）。与本书研究最密切的是王春光（2000a: 161 & 2000b）对巴黎温州人的研究，他指出虽然温州人在巴黎社会中地位上较低，但中国官方却赋予这些华侨很高的地位和礼遇，同时参与侨团活动在一定程度上满足其实现社会地位的需求，补偿他们在输入地所处的边缘地位的缺憾。虽然王春光的重点并不在于讨论移民群体的"社会地位补偿"，但为本书提供了非常有意义的启发。本书在两个层面意义上来讨论社会地位补偿：一是族群地位的补偿。当华人移民群体来到"强势客文化区域"（李亦园，2002a: 13）的移居国时会受到移居地主流社会的排斥与歧视，移民返乡寻求族群认同以及族群地位的补偿。二是个体阶级结构地位的补偿。也即迁移个体在移居地的结构地位比较低，通过不同民族国家的落差及国际货币汇率差价，返乡获得个体在阶层结构性上的提升。社会地位补偿的实现是有边界的，对于大部分普通移民来说，其实现社会声望提升的场域是基于血缘、地缘以及共有精神所形成的"共同体"（斐迪南·滕尼斯，1999：65）。对于个别具有一定经济实力或政治影响力的侨领来说，他们的社会地位展演舞台才有可能会超越乡村共同体，而拓展至市、省甚至是国家范围内。

与社会地位补偿还有几个相关概念（会在后文提及），分别是社会地位、社会阶级脱位、社会阶级失位、社会阶级复位、跨国阶级划界。"社会地位"最早的论述见于马克斯·韦伯［（1922）2010］，他在提出社会地位的划分标准时，是将声望同权力、财富一道来标志不同个体在社会分层中的等级的。其中，财富与权力是从客观维度来测量个体社会地位，而声望是社会成员对个人所占据的社会位置的评定（翟学伟，1999）。韦伯的社会地位理论是基于单一的民族国家分析框架发展出来的，较少考虑全球化下个体的跨境流动及其对于社会地位的影响。个体在跨越物理国界时，除了要跨越阶层结构还要跨越种族界限。因而迁移个体往往同时面临阶级结构与族群地位的变动。所谓的族群地位是基于族群身份认同所形成的一种集体性社会地位。而阶级结构则更多是个体性的，具有较大的流动性、竞争性以及区隔性。在移民迁移前，其社会地位的三个要素权力、财富和声望之间本来是有机系统，但由于迁移就变成断裂的三个要素。本书旨在考虑移民由迁移所引起的社会地位变动，也即"社会阶级变动"，可以分成社会阶级脱位、社会阶级失位、社会阶级复位三种类型：第一种是国际移民跨越民族国家边界后，其经济地位上升了，但符号和社会声望下降了，这导致社会地位要素之间的断裂，即"社会阶级脱位"（dislocation）。这个概念由台湾学者蓝佩嘉首次提出，用以描述拥有高学历的菲律宾女工到台湾充当帮佣所面临的社会地位向下流动的情况（蓝佩嘉，2011：33）。第二种是在迁移后，移民的经济地位虽然较国内要上升，但与移居地主流社会相比仍然处于底层，经济地位没有实质上升，社会声望与权利更不可能上升，我称为"社会阶级失位"（lost location）。第三种则是移民的经济地位上升了，符号和社会声望也随之上升，社会地位的要素在迁移之后实现了复原，也即"社会阶级复位"（relocation）。本书更强调社会地位是在社会实践与互动中形成的。布迪厄的阶级理论就认为阶级是在日常互动过程中做出来的（doing class），阶级的再生产是一个社会实践（social practice）（Hanser，2008）。特别是对于移民个体来说，即使在移居地拥有一定的社会经济地位（socioeconomic status），但他们在移居地往往没有获得相应的社会反馈（social response）与情感反馈（emotional response）。而当他们回到祖籍地，"观摩"与"标杆"的效应使主观感觉上的社会地位会比其在移居地的社会地位要高。这种象征意义上的"社会地位"尽管无法用客观指标准确测量，但却是能够被移民以及与之相关的一系列社会行动者所感知到的"社会事实"（迪尔凯姆，2009），并对移民的跨国实践产生了实质性的影响。跨国阶级划界则指许多移民在移居地站稳脚跟的同时，选择重新跨越民族国家边界返乡寻求自身社会地位及所属阶级的重新界定，被称为"跨国阶级划界"（transnational class mapping）（蓝佩嘉，2011：33）。社会地位落差指的是移民在社会阶级变动与跨国阶级划界过程中所产生的在时间与空间上的社会地位不一致性，被称为"社会地位落差"。

本书试图从社会地位补偿的视角来探讨华人移民跨国实践，以及解释为什么不同移民群体的跨国实践存在着差异性与不平衡。国际移民的跨国实践受到宏观、中观以及微观三个层面的结构性因素的影响。

从民族国家的宏观层面来说，世界体系理论将国家分成三个等级：核心国家（core nation）、半边缘国家（semi‐periphery nation）与边缘国家（periphery nation）（Wallerstein，1979）。移民祖籍地往往在世界体系中处于半边缘或边缘地位，而移居国则往往是处于核心位置。在历史上，为降低生产成本，攫取高额利润，追随市场的金融资本不断从经济发达的核心国家向边缘国家扩张，引发了边缘国家政治、社会和经济结构的巨变，成千上万的农民丧失了生产资料后，传统的生活方式难以为继，于是第一次产生了一个无根无系、随时准备漂洋过海的无产阶级。跨国移民现象实质上是资本主义生产方式由核心国家向边缘国家扩张的结果，使边缘国家日益融入以核心国家为主导的全球经济体系中（梁茂信，2011：273）。16 世纪以来，资本主义从西欧、北美、大洋洲和日本不断向外扩张造成了人口增长与世界市场经济的不平衡，国际移民在这样一种背景下通过迁移寻求更好的经济机会（Portes & Walton，1981；Morawska，1990）。因此，由于移入国与祖籍国在经济发展水平以及世界政治格局中力量的差异，导致了移民在迁移过程中，在从祖籍国流向移居国时不可避免地发生了社会地位变动，加上受到移民群体在移居地所面临的边缘化社会境遇以及移居国种族主义因素的影响，导致移民在祖籍国与移居国的社会地位产生不一致性也即社会地位落差，加上受到社会地位补偿成本因素的影响，使移民群体产生社会地位补偿需求，进而影响社会地位补偿的实现并制约移民跨国实践。

此外，社会地位补偿机制的实现还受到中观层面侨乡与海外离散社会的社会地位补偿供给的影响。一方面，随着"以经济建设为中心"国策的提出，中央和地方政府开始关注长期被提防及忽视的华人移民群体及其侨眷，意识到"海外关系"有可能成为中国社会转型的动员力量。这种国家意识形态及政策的转变，促使作为侨乡代理人的地方政府出于发展经济、政治统战等现实需要，不遗余力地鼓励海外华人移民回乡投资、捐赠以及参与各种社会政治事务。与此同时，拥有广泛跨国联系的侨乡地方社会也会为返乡的移民提供社会地位补偿。这些地方性因素积极地促进了移民的跨国参与。另一方面，海外离散社会为华人移民所提供的社会地位补偿很大程度上增强了移民参与跨国实践的意愿与能力。而且由于族裔聚居区具备提供社会资本的社会地位补偿功能，既提高了移民参与跨国实践的能力，也使得依赖于族裔聚居区的华人移民更愿意参与到跨国实践中来。

第四节 跨国多点民族志：资料与方法[①]

由于本书想要回答的问题，是社会地位补偿如何影响华人移民的

---

① 本部分内容曾以《作为研究主体的"客人"——以美国华人移民田野调查体验为例》为题发表于《开放时代》2012 年第 10 期，独立撰写。

跨国实践并对不同的跨国实践类型产生作用的？这种影响是通过什么机制实现的？基于移民的流动与跨界的特性，跨国多点民族志的方法有着其他研究方法所不具备的优点。许多学者提出多点民族志（multi‐sited ethnography）（Burawoy，2003；Fitzgerald，2006；Marcus，1995；Mazzucato，2008）或者全球民族志（cosmopolitan ethnography）（Appadurai，1996），试图勾勒出全球性的宏观层面过程是如何与地方性生活经历进行互动的（Vásquez & Marquardt，2003：227；Fitzgerald，2006：19）。其中，在对"多点民族志"（multi‐sited ethnography）的讨论中，马库斯分析了多点田野工作在超越"全球"与"地方"方面所表现出来的建设性。多点民族志往往依赖于对于某一专题或事件较为紧密相关的多个观察点的经验进行分析，并不局限于具体社区，而是让调查和分析跟着研究所要聚焦的人、物、话语、象征、生活史、纠纷、故事的线索或寓意走，在复杂的社会环境中将研究对象的特征衬托性地描述出来，并加以理论概括（Marcus，1995：111－112；谭同学，2009）。项飙（2012：47）也指出，多点民族志是关于"世界体系"本身的，因为它要通过对多点之间的联系和流动的描述，从内部展示世界体系和全球化的图景。跨国多点民族志有助于我们回到移民经验本身，理解横跨不同民族国家的移民如何在跨国实践中重新界定自己的主体性、社会地位与身份认同。

在确定本书采取的方法之后，我开始着手选择具体的研究对象。改革开放后，中国移民的类型呈现多元化趋势，其中涌现出大量的专业技术移民以及商务移民，但非熟练劳动力仍然构成移民潮的重要组成部分。而且由于劳工移民主要以血缘、地缘为纽带，因而这类移民群体的跨国实践大多集中在侨乡地区，其所产生的社会经济效应更为集中。基于此，我主要根据祖籍地、移居地以及迁移路径三个维度初步选定五邑移民群体、福州移民群体以及海南东北部的移民群体作为比较个案。考虑到这些移民群体的跨界性与流动性，我决定以这三个移民群体的祖籍地为界限，进一步选择从江门五邑地区、福州地区以及海南地区分别抽取坪县坎镇、廉县官镇以及仓县文镇的移民群体作为研究对象。因而，这三个镇构成了国内的主要田野点。讨论问题时也会多少涉及县（或县级市）的层面。海外的田野点则主要根据三个移民群体的流向，定在了美国的洛杉矶、旧金山与纽约，新加坡，马来西亚的吉隆坡，泰国的曼谷与清迈的唐人街以及各自的华人聚居郊区（见表1－1和图1－1）。

表1－1　　　　　　　　研究对象的基本情况及田野点

		广东五邑移民	福建福州移民	海南移民
研究对象的基本情况	移民流向	北美：美国、加拿大	美国	东南亚：新加坡、马来西亚、泰国
	移民时间	新移民与老移民①	以新移民为主	以老移民为主
	移民方式	以契约劳工与家庭团聚型为主的	无证移民为主	以契约劳工与家庭团聚为主
	移民目的	定居型	定居型、暂居型	定居型
	移民前的社会经济背景	老移民：乡下农民及手工业者为主，少数为商人；新移民：乡下农民及小商贩，少数为退休的公务员、中小学教师及商人	乡下农民；少数为小商贩	乡下农民，手工业者为主；少数为商人
田野点	国内田野点	坪县坎镇	廉县官镇	仓县文镇
	海外田野点	美国洛杉矶、旧金山两地市中心的唐人街以及族裔聚居郊区	美国纽约市中心的唐人街及布碌伦聚居郊区	马来西亚吉隆坡；新加坡；泰国曼谷、清迈

---

① 本书的"新移民"与"老移民"按照国内习惯用法："新移民"指20世纪70年代末改革开放后出去的移民。而"老移民"则指1949年以前或20世纪50年代初迁移至海外的移民。

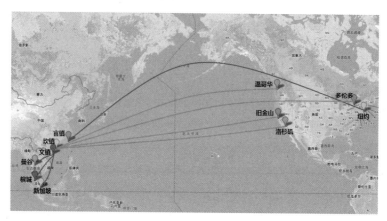

图1-1 三个移民群体的主要流向

之所以选择这三个移民群体，除了他们来自不同的祖籍地与移居地之外，主要还在于他们构成了三种类型意义。对类型化的研究若做方法论的回溯则必然无法避开马克斯·韦伯。韦伯的理想类型并不试图概括现实事物的全部特征，而是单向度地侧重性地概括事物的一个面向的特征。理想类型的研究方法作为一种方法论意义上的指导，其在实际的操作过程中则必须经历"分离""抽象"和"适用"等几个应用步骤（郑戈，2001：44）。我们根据这三个移民群体与祖籍地所形成的社会地位补偿关系与跨国实践模式，可以大致做一个类型意义上的划分。有学者指出跨国关系是由原生性的给予（primordial givens）与交换要素（exchange elements）所组成（Gowricharn，2004）。前两个移民群体与家乡的跨国联系正好对应了道义与交换这两种类型。其中，所谓"传统道义"是基于斯科特的"道义经济"的概念提出来的（詹姆斯·C. 斯科特，2001），指的是移民与侨乡所形成的一种基于道义的社会地位补偿体系。坎镇移民作为道义经济的成员有一种道义责任和义务去帮助祖籍地，形成了以社会文化馈赠为主的传统道义型跨国实践。第二种类型为多元交换型跨国实践。官镇移民参与这种跨国实践主要是遵循布劳所说的社会交换的目的［彼得·M. 布劳，（1964）2008］。道义固然也是一种社会交换关系，但这里所说的交换更多是带有一对一的市场化的交易性质的，也即当别人做出报答性反应就发生，当别人不再做出报答性反应就停止。这与道义体系所遵循的逻辑不大相同。社会交换往往是以互惠为基础的。齐美尔就曾提出一种互惠的交换模式，后来被布劳发展成"互惠规范"的概念。布劳认为，如果社会行动中的各个主体都遵守互惠规范，愿意为自己的所得提供回报，那么社会交换就开始了［彼得·M. 布劳，（1964）2008］。官镇移民与他们的祖籍地所形成的社会地位补偿关系更多是基于这种交换关系形成的。他们的跨国实践模式由于交换内容不同而呈现多元化发展趋势，既包括了传统的社会文化馈赠，也包括了政治、经济等其他的跨国实践模式。第三个个案从严格意义上来说与上两者不构成并行的类型意义。引入第三个个案的目的是反证，解决反事实的问题：因为就前两个个案我们没有办法得知在移民无法实现社会地位补偿或是社会地位补偿程度比较低的情况下，他们是否还会在祖籍地进行跨国实践。第三个个案的目的是考察当移民是一种低度社会地位补偿状态时，他们是否会呈现一种我称为"衰落型跨国实践"的现象。

本书将基于社会地位补偿的分析框架，分别对来自坎镇、官镇以及文镇的移民群体进行比较分析。如上所述，我的研究区域是沿着移民群体的祖籍地——侨乡，根据华人移民的流向，延展至海外的移居地，对聚居海外的华人移民及相关人群进行深入的生活史调查、访谈，获取第一手资料。从 2010 年 2 月到 2011 年 8 月，我陆续在 3 个移民群体的祖籍地——坎镇、官镇以及文镇完成了侨乡的田野调查。其中，2010 年 10 月至 2011 年 1 月、2011 年 5 月，我在广东江门坎镇完成田野调查；2010 年 2 月，2011 年 2 月、3 月、5 月，2013 年 2 月完成海南仓县的田野调查。2011 年 7 月、8 月完成福建福州的田野调查。2017 年 8 月，我到福州进行回访。国内的有效田野调查时间为 192 天。从 2011 年 8 月到 2012 年 2 月，我到美国的洛杉矶、旧金山以及纽约完成了海外田野调查。除去学习、生病以及处理杂事之外，其中有效的田野调查时间为 150 天。这几年我还利用寒暑假时间，分别前往泰国（2016 年 7—8 月、2017 年 4 月）、新加坡（2014 年 8 月）、马来西亚吉隆坡（2013 年 8 月）以及菲律宾、印度尼西亚

（2013 年 10—11 月）进行了调查，有效田野调查时间为 78 天。通过累计四百多天田野调查，我总共积累了田野观察笔记及访谈整理材料 165 万字。我在田野调查中所使用的主要资料搜集方式如下：

参与式观察法。观察指的是对被选择出来研究的社会环境中的实践、行为和人造物的系统描述（欧兰德森等，2007：69 - 70）。参与式观察是了解华人移民跨国实践以及社会地位补偿的重要途径。我一般会选择待在移民祖籍地的政府、宗亲组织、庙宇、图书馆以及学校等机构，参与并观察当地政府、侨眷对于海外移民的接待活动、一些大型捐赠、项目竣工庆典以及各种周年庆典、与海外华侨华人的座谈会等。而在国外则基本上是待在海外华人社团内，帮助社团成员处理一些文书，参与观察的内容包括他们社团内部的会议、各种节日庆典活动会及联谊会、接待祖籍国的官员及民间社团、与当地中国领事馆及国外政要的互动等。

深度访谈法。作为意义探究的深度访谈，最重要的目的在于"深入事物的内部"。要了解华人移民的社会地位落差与社会地位补偿心理，就必须从各个渠道了解不同的人的真实想法。我的访谈对象既包括华人移民群体，也包括侨眷、各种侨乡地方性组织（如宗族、侨校、图书馆等）的成员、侨乡社会的其他普通成员、侨乡地方政府人员以及中国驻海外领事馆官员等。针对华人移民尤其是有跨国活动的华人移民，重点对其进行生活史、移民史以及跨国活动方面的访谈。而针对侨乡的地方官员、侨眷、中国驻海外领事馆人员，则主要了解他们与海外移民之间的互动以及如何为移民提供社会地位补偿的。其中深度访谈来自福州、江门、海南的华人移民 210 位，3 个侨乡的地方政府干部及侨眷 132 人。

文献法。有关国家的侨务政策、华人移民历史及其在海外的生活状况、跨国活动等文献是理解华人移民社会地位补偿与跨国实践的重要背景资料。本书会利用移民祖籍地、移居地的档案馆、图书馆以及海外社团会所等机构，收集地方史志、族谱、报纸、侨刊、相片、芳名碑刻、社团刊物以及网络资料等有关文献资料。

在整个田野调查过程中，我主要是以研究主体的"客人"的身份进入的。在一个迅速全球化的世界里，田野调查者要在自我和他者之间做出理性的区分变得愈加困难。与局内人/局外人这一两难密切相关的是田野工作变戏法似的兼顾保持距离和维持亲熟所带来的困难。在国内的田野调查中，我所受到的质疑相对少一些，虽然有时也难免成为研究对象的倾诉对象或被看作解决问题与矛盾的"救星"。而在海外的田野调查中，我经常会受到其研究对象的细致审查：当我作为"没有身份（无绿卡）、来自中国大陆、要回国、女性的"这样一个客体出现在研究对象面前时，研究者的主体角色就不再是我想象中那样恒定不变的。作为研究对象的"本地人"也经常对我进行评价和定位，他们对我这一"他者"的本地感觉（性别、身份、立场及目的等）常常会影响他们提供的信息类型。尽管我承认研究对象作为主体的可能性，但研究者必然（也必须）有自己的身份。他在与被研究者互为主体的关系中占据的是一个十分重要的位置，不能忘记研究者在整个田野调查过程中，始终扮演的是一个作为研究主体的"客人"。因此，我尽量在"做客"的过程中，不断地培养与主人的亲近感，从而获得对当地知识有力而关键的理解。我在不摒弃或忌讳自己的立场与目的的同时，试图承认和尊重研究对象作为主人的特权（参见黎相宜，2012）。

第五节　文本叙述：结构与风格

本书根据论述主题和叙述逻辑的需要，共有七章，各章的具体内容如下：第一章是导论部分，交代了本书的研究缘起和研究问题，简要梳理并评述了国际移民理论与跨国主义研究的相关成果，初步提出了基本分析框架。最后，交代了本书的研究方法和田野工作情况。第二章将简单梳理世界体系的形成与发展，及其对处于中国、北美、东南亚之下的华人移民及跨国通道的影响。第三、四、五章是本书的主体部分，分别以来自广东江门的坎镇移民、福建福州的官镇移民以及海南的文镇移民为例，从社会地位补偿的角度论述了传统道义、多元交换以及衰落三种跨国实践模式类型。第六章对坎镇、官镇以及文镇移民群体的社会地位补偿与跨国实践进行比较与分析。第七章是结论与讨论部分，将再探讨国际移民的社会地位补偿何以可能、他们在跨国空间下如何进行社会地位的表达，以及他们的跨国实践对于全球不均等发展脉络的影响等一系列问题。

关于文本的写作，还有几点要进行交代：第一，在叙述故事的过程中，作者主要以第一人称出现，以表明"我"在经验观察和分析中所起的作用。我并不宣称所观察与访谈到的是绝对客观的社会事实，而是试图尽量从理解研究对象的角度将资料完整呈现出来，以供读者评判。第二，出于学术伦理以及保护研究对象隐私的目的，本书的地名（包括国内的镇、县）、人名（除了众所周知的侨领、国家领导人）以及团体名字（国内各种民间组织以及海外侨团）等一般为化名。但大部分的宗亲会、宗族姓氏、堂号及族刊除外，主要为保留其原意及连贯性，对其不做匿名处理。相应访谈及田野资料、地方史志、侨刊、社团刊物出现上述名字时也会做匿名处理。第三，本书由于涉及多个国家，每国的货币及其价值不尽相同。因此在论述金额时，如后面没有附带"美金""加币"等字样的，均指人民币。第四，本书涉及的照片大多为笔者所摄，也有一些来自研究对象的提供。如无特别说明的均为笔者拍摄。如果涉及隐私及敏感问题，我亦会采取保护措施模糊化被摄者的影像。第五，关于访谈及田野资料的引用，我采用脚注的方式说明访谈对象、时间、地点等信息。因为这样能较为清晰地看到研究对象表述以及事件发生的背景，比如同一个移民在祖籍地与移居地的表述就不大相同。为了避免研究中"主位""客位"的混淆，有些描述来自研究对象而非我的田野观察，我一般也会在后面附上被访者的信息。第六，关于调查方言与文本转述。在调查坎镇的海外移民、侨眷、地方官员时，我全程均用粤语进行；而在文镇的调查中，有部分是用海南话进行。但为了读者的阅读方便，我均将方言翻译成普通话。有些地方出于论述需要保留方言的，我会用括号或脚注方式进行解释。

第二章　世界体系变动之下的移民实践与跨国通道

> 随着时间与环境的变迁，移民的小生境与通道也会发生相应变化，二者之间的相互作用构成了移民历时久远的复合模式，并且深受科技发展与时局的影响。
>
> ——孔飞力［（2008）2016：46］

孔飞力［（2008）2016：45 - 47］曾用"通道—小生境"模式（corridor - niche model）来分析华人移民迁移海外的数百年历程。其中，"通道"指的是经由潜在的亲缘乡缘之关系网络编织而成的，既有人员、资金、信息双向流通的实质性构成，也有情感、文化乃至祖先崇拜、神灵信仰相互交织的虚拟性成分。而与"通道"相辅相成的是在通道两端，即移民群体的祖籍地与移入地双双形成的特定"小生境"。实际上，华人移民的小生境与通道受到了宏观世界体系的形成与发展过程的深远影响，并进一步作用于处于体系之下的移民实践。

本书力求把对社会地位补偿形成的内在机制的解释和对移民跨国实践的宏观制度的分析融为一体。因此，本章将结合世界体系理论以及孔飞力的"通道—小生境"模式，简单梳理一下世界体系的形成与发展对于华人移民的移出地与移入地所长期延续的"通道"，以及在这"通道"两端——特定移民群体的移入和移出地所双双形成的特定"小生境"的影响。

第一节　世界体系扩张、移民潮开启与
跨国通道形成

本节将以 15 世纪到 20 世纪中叶为时间范围，阐述世界体系扩张对于移民潮开启、华人移民与家乡跨国通道的形成以及侨乡、移居地小生境发展的影响。

15 世纪末地理大发现以前，虽然在世界范围内先后存在诸多文明古国，如中国、巴比伦、埃及、古希腊、罗马以及印度，但这些国家在政治、经济上的联系较为零星，大多各自形成了以自己为中心的文明体系（王正毅，2000：16）。在亚洲，形成以中国为中心的世界秩序与朝贡贸易体系（滨下武志，2009：16 – 22）。一直到 19 世纪中期，中华帝国的人口与物资流动主要集中在贡税体系之内。帝国内部贸易的迅速增长以及经济商品化催生了对于白银的强烈需求。中国以奢侈品交换白银，实现了与世界市场的对接，也催生了越来越多的中国船只往返于东南沿海与东南亚的航道上［孔飞力（2008）2016：6］。中国商人实际上垄断了进入中国当地市场和东南亚市场的进出口商品贸易。早期的华人移民多为往来于中国东南沿海与东南亚之间的商人，很少超出亚洲的界限（Wang，1991）。虽然中国政府当时采取海禁政策，但在 19 世纪中期以前仍有超过一百万的华人定居在东南亚，他们中的大多数来自中国东南沿海的福建与广东两省（庄国土，2011）。

在 15—16 世纪，以资本主义生产方式为特征的单一 "世界体系" 开始形成于西欧。这种体系经过近 4 个世纪的扩张，到了 19 世纪发展成为全球性、结构性的体系。全球资本主义体系的扩张逐渐渗透与改变了原有的东亚朝贡体系。朝贡体系逐渐演变成可以吸收体系外商品的多边贸易网络（滨下武志，2009：28）。这使得原本局限于东亚体系的人员及物资流动被拓展至世界体系的范围内。当其时，欧美各国于 19 世纪前期相继废除非洲奴隶贸易制度，各欧属殖民地及美洲之路矿、种植园均缺劳动力（Burawoy，1976）。清朝中后期以来，中国人口急速增长产生了大量剩余劳动力，正好满足了殖民者对廉价劳动力的大

量需求。与此同时，技术进步推动了海上贸易的发展，西方殖民者强加于中国的条约迫使中国港口城市允许外国人招募劳动力，以美洲和澳洲为突出代表的"移民社会"成型并发展。上述因素都促使了大量中国东南沿海［主要是广东（含海南）、福建两省］的劳动力在第二次鸦片战争后以直接或变相地以"契约华工"的方式流散海外（庄国土，2008 & 2011）。19 世纪中叶后，大规模华工出国从根本上改变了世界华侨华人只局限于东南亚的分布状况，北美洲、拉丁美洲、大洋洲和欧洲开始出现数量不等的以华工为主的华人社区（庄国土，2011）。

在东南亚——华人传统的聚集地，欧洲殖民者开始进入华南—东南亚贸易和移民圈，但并未如一些西方学者所认为的立即改变当地的地缘政治秩序。实际上，西方殖民者在试图与各东南亚政权建立条约关系时，会默认他们与中国的从属关系，导致朝贡体系和国际条约关系并行存在（滨下武志，2009：29）。而中国商人则通过寻找新的职业与合作方式来应对这种变化：一方面，新殖民地的农业与工业发展为华人移民提供了新的机会，他们将原有的海上贸易拓展至农业及依赖土地的工业，比如种植甘蔗、胡椒、槟榔、橡胶以及开发锡矿与金矿（Wickberg，1999）；另一方面，亚洲之外的经济发展，促使在亚洲内部贸易与商业中统治了几个世纪的华人转变成为投资东南亚的欧洲以及其他西方殖民者的经纪人或合作者。华商充当劳工中介并大量从中国招募华工（Wang，2003）。其中，新加坡成为这些华工的主要集散地之一。不少华工先被贩运到新加坡，再被分配至东南亚各地种植园和矿场。还有不少劳工前往欧洲殖民者所需的地方，比如南太平洋、夏威夷以及北美等地区（Meagher，2008；Wickberg，1999）。在上述背景下，华南—东南亚经济圈的网络变得日益稠密。中国的商号、移民和劳动力都在东南亚得到扩张（滨下武志，2009：47）。东南亚华人资本的分布具有显著的地区差异：华人在英属马来亚投资的产业主要为农业，其次才为贸易业；荷属东印度华人资本主要集中在贸易业，农业次之；泰国、菲律宾和法属印支的华人资本则主要集中于贸易、金融等商业领域［井村熏雄，（2011）1940：92］。总的来说，东南亚华人扮演的是介于殖民者与土著之间的"少数中间人"（middleman minority）角色（Brien & Fugita，1982）。由于存在颇具规模的华人贸易网络以及华商群体，东南亚华人社会在 20 世纪初时已经发展得十分成熟，这为陆续而来的新移民（熟称"新客"）提供了庇护，使东南亚华人所面临的"小生境"显著不同于北美等其他地区的华人族群。

北美是除东南亚地区之外最大的华侨华人聚集地。进入北美的华人移民以华工居多。这些华人由于甘愿接受低工资以及高强度的体力劳动，因而受到当地白人工人阶级的敌视。此外，华人移民与欧洲移民在许多行业上还存在竞争关系，这在淘金业、矿业及制造业上表现得尤其明显。最为重要的是，相比东南亚而言，北美不存在一个对华人社会上层感兴趣，并且需要对其加以利用的殖民体制。北美华商在当地的社会经济地位远不如东南亚，无法很好地支撑当地华裔经济体系与华人社会网络的发展，其为同族裔移民群体提供的庇护作用也较为有限。上述因素均导致了北美华人的社会境遇比较边缘［参见孔飞力，（2008）2016：140 - 141］。19 世纪 70 年代，加州经济萧条，白人工会领袖谴责华工抢走国内工人的工作机会。美国一些政客为了选票而顺应这股排华潮流。1882 年美国国会通过了《排华法案》，开始了长达 60 年的排华期（Burawoy，1976）。在美国的影响下，加拿大也掀起排华高潮。1885 年，加拿大联邦众议院通过了限制与管制华人的《华人移民法案》（梅伟强、关泽峰，2010：57 - 61）。这使得前往北美的华人移民人数受到了一定的影响。在排华期间，虽然华商允许入境，但由于主流社会对华裔的歧视，华商与华工都被拒绝融入，只能退至唐人街，相互依赖以求生存（周敏、刘宏，2013）。

随着 19 世纪中叶中国移民潮的开启，世界各地华侨与祖籍国的通道网络开始凸显出来：首先是经济与社会联系的加强。早期移民多以男性移民为主，妻儿老小大多留在侨乡。移民在移入地赚到钱后，通常会通过"水客"群体或体制性的"侨批局"将大量侨汇寄回家乡，用于支持侨眷的日常生活。1905—1938 年，全国侨汇累计达到 69.66 亿元［郑林宽，（1938）2009：777］，多来自广东、福建侨乡。根据社会学家陈达 20 世纪 30 年代对于闽粤侨乡的调查，华侨家庭收入中有

75%—85%依靠侨汇［陈达，（1937）2009：304］。侨汇除了用于家庭消费外，还有部分用于支持侨乡的公共事业发展，如宗祠、学校、医院、路牌等。此外，不少华侨携带资本回国兴办实业，如城市公共事业、交通业与矿业，发展民族工业［井村熏雄，（2011）1940：119 – 129］。1862—1949年，仅广东籍华侨累计的投资额就达到3.8亿人民币。① 资本的流通以及民族企业的发展有力地促进了侨乡社会的现代化转型。其次则是政治思想观念的互动。19世纪末20世纪初，民族国家观念以及民主革命的思想经由海外华侨和中国的知识分子传入东南亚与北美。以康有为、梁启超为首的君主立宪派和以孙中山、黄兴为首的革命派为争取广大海外华侨华人的支持，分别在华侨众多的东南亚和北美开设报馆，宣传自己的政治纲领。这些民族主义者向海外华侨展现了一幅重要的图景，那就是一个强盛的现代国家能够保护他们不受外人欺辱，并且还能使他们因为背靠一个现代化的、文明的中国而感到自豪［孔飞力，（2008）2016：251］。早期华侨的身份认同是基于出生地和方言群体，因此他们大多只知道家乡的、乡土的、帮派的概念，如广东人、福建人、客家人、海南人。上述政治传播活动使海外华侨萌发了作为"中国人""唐人"的集体意识，加深了海外华侨社会对于"中国"作为一个国家的关注，并逐渐形成谋求变革中国的强大力量。尤其是以孙中山为首的革命派依托海外华侨中的骨干力量，构建了一个有利于华侨与母国互动的网络体系。海外华侨正是通过这一跨国网络影响了中国的内政外交（参见刘以榕，2011）。

20世纪30年代末40年代初，国际局势发生了重大变化。1937年，抗日战争全面爆发。1941年年底，日本偷袭珍珠港，美国随后宣战。世界分成法西斯和反法西斯两大阵营，中美两国在太平洋战争中成为密切的抗日盟友。在国际格局与国际关系多层因素影响下，世界各地华侨华人与祖籍国之间的通道进一步加深。日本入侵后，海外华侨华人成立的主要抗日救亡团体多达46个②，比如新加坡侨领陈嘉庚等人在新加坡成

---

① 数据参见广东省华侨博物馆，获得时间：2017年8月17日。
② 数据参见广东省华侨博物馆，获得时间：2017年8月17日。

立"南洋华侨筹赈祖国难民总会",美洲侨领司徒美堂等人成立纽约华侨抗日救援筹饷总会等。1937—1945 年,海外华侨的累计捐款为 13 亿国币,侨汇为 95 亿国币,认购公债达 11 亿国币①,从经济上强有力地支援了中国的抗日战争。此外,各地华侨还积极响应国民政府号召抵制日货。还有不少华侨回国加入抗战,比如南洋华侨回乡服务团、南侨机工等。仅广东一省,就有四万多名青年从东南亚、美洲以及澳洲归国参军参战。② 海外华侨社会为了支持国内的抗日战争而加强了彼此之间的交往与密切联系。海外华侨华人的"中国民族主义认同"由于日本侵华而被进一步激发出来,并且在"二战"后达到高峰[陈序经,(1940)2015a:514;王赓武,2002;庄国土,2003a:25;颜清湟,2005:265 - 266]。海外华人的民族主义既有原生情感的成分,也能满足华人提升社会地位、维护经济利益与实现政治竞争等多重需求[参见孔飞力,(2008)2016:254]。但即使在这一时期,无论是东南亚华侨还是北美华侨,都没有实现所谓的民族主义大团结的恢宏图景。他们的民族主义先是被来自祖籍国的活动家所训导,而后也从未形成单独统一的架构,而是依据不同国家、不同心态、不同行动路径,显示出如同马赛克一样的拼装板块[孔飞力,(2008)2016:286]。

从晚清到民国,中国的国家力量不断向海外拓展,对华人移民与家乡通道的形成与发展起到了积极的推动作用。晚清政府向外派驻领事对海外华侨进行监管与保护,并通过捐官鬻爵制度笼络海外华商,同时基于血统主义原则制定了延续将近半个世纪的国籍法。民国时期,华侨与侨务的地位及其重要性被提升到前所未有的高度。孙中山先生称"华侨乃革命之母"。中国政府建立专门的侨务机构,管理华侨出入境,辅导侨生升学,安置归难侨,在投资与捐赠方面给予优惠政策,同时加强对于海外华侨的政治宣传与动员工作,积极争取他们对祖国的支持,尽可能动员华侨资源服务于中国社会的政治变革与经济发展[参见孔飞力,(2008)2016:271 - 272;代帆,2003]。

---

① 数据参见广东省华侨博物馆,获得时间:2017 年 8 月 17 日。
② 数据参见广东省华侨博物馆,获得时间:2017 年 8 月 17 日。

总的来说，世界体系的扩张以及大规模移民潮的产生为移民通道与跨国网络的形成与发展提供了宏观背景，并进而形塑了不同国家与地区华侨华人特定的"小生境"。各地区移民群体的"通道"和"小生境"随后受到国际格局以及国家间关系的影响而发生不同变化。

第二节　两极对峙、移民潮回落与跨国通道萎缩

本节将论述"二战"后的世界政治经济格局以及当时中国的内政外交政策对于华人移民实践以及业已存在的跨国通道的制约。

"二战"结束后，整个世界逐渐分成以美国为首的资本主义阵营和以苏联为首的社会主义阵营，两大阵营在全球范围内形成"冷战"对峙。新中国成立后，中国采取"一边倒"的策略，加入了以苏联为首的社会主义阵营，美国也随之拉拢中国周边国家对中国施行半月形包围。两极对峙的"冷战"格局对中国和北美、东南亚诸国的互动模式形成了结构性限制。

在东南亚国家和美国看来，共产主义意识形态及中国在地缘政治中所处的独特地位，都构成了对它们的威胁。对于东南亚大多数新兴独立的民族国家来说，中国第一次以民族国家的形象出现在视野中，而且这种国家形象又与意识形态和国际共产主义运动密不可分。而从属于西方阵营的老牌殖民国家仍保持一定的势力存在，这就决定了东南亚部分国家在政治上的整体走向，必然是对中国采取敌视或不友好的态度。最为重要的是，新中国成立后有相当比例的华侨华人（尤其是对于"新客"群体来说）对中国仍然保留着政治认同，进一步引发这些国家对中国的恐惧感，担心中国利用其国内大量存在的华侨华人干涉其内政。与此同时，美国也在其中扮演重要的角色，对于海外华侨华人的境遇以及中国移民潮产生了或直接或间接的影响。1958年，美国国务院公布《关于共产党中国政府备忘录》，指责华侨是中国政府的"第五纵队"，在东南亚搞颠覆活动。

北美国家以及随后独立的东南亚国家，出于对"共产主义"国

家的防范，拒绝接收来自中国大陆的移民，并相继对本国华侨华人采取或激进或和缓的同化政策（庄国土，2011）。这些排华政策部分根源于殖民时期统治者对当地原住民群体的长期潜移默化［孔飞力，(2008) 2016：293］。西方殖民者撤出后，东南亚的华侨华人由于历史上"少数中间人"的角色而受到了民族主义执政者的严厉对待，导致东南亚华人社会最终由"过客型"向"定居型"转变（代帆，2003）。在北美，美国、加拿大相继废除《排华法案》，打破了长达约80年的种族性移民屏障。北美华侨华人的政治身份发生了转变，第一次有机会融入移居地主流社会。1965 年，美国出台《哈特—塞勒议案》。1967 年，加拿大也出台新的移民法案，对不同国家的移民一视同仁。但受到"冷战"的影响，此时前往北美的华人移民主要是从中国香港和台湾地区以及东南亚地区迁移过去的。

而当时中国政府实施的一系列内政外交政策也进一步导致海外移民与家乡的跨国通道受到破坏。

从中国的对外政策来说，当时中国自我身份定位是一个具有明显革命性的独立国家——先是跟随以苏联为首的"社会主义阵营"，独立于西方资本主义体系之外。20 世纪 60 年代中苏决裂后，毛泽东将中国列入了中间地带，选择独立于美苏两个超级大国之外。在 1978 年十一届三中全会之前，中国对战争和冲突的基本看法是战争是不可避免的，而且强调冲突的零和性质和将敌人完全消灭的必要性。"二战"后中国所处的安全环境，尤其是美苏两个超级大国对中国的威胁，使这些战略文化的核心得以强化（秦亚青，2003：11）。这些思想也反映在中国对国际体系的看法上，中国认为自己是世界革命的一部分，当时的国族建设是为了实现更大革命目标的一个手段，因此它应该支持世界范围内的民族主义革命。这样的世界想象中又穿插着一定的革命天下的想象。20 世纪 60 年代初，毛泽东提出"世界革命"以及外交战线要搞"四面出击"的口号，直接和间接地介入东南亚地区的革命输出（参见项飚，2009 & 2012：26）。中国对东南亚地区共产党游击队的支持，加剧了东南亚地区和美国已经存在的疑虑。李光耀在回忆录中曾指出，中国的电台广播一直对东南亚的华侨华人发出革命号召，这在东南亚各国政府看来是一种非常危险的颠覆行为（李光耀，2000：664－669）。更为重要的是，中国政府制定外交政策时，在国家利益与海外侨民利益的两难中选择了前者（刘宏，2010）。1955 年 4月，周恩来在印度尼西亚的万隆会议上，与印度尼西亚政府签署《关于双重国籍问题条约》，明确中国不承认双重国籍，鼓励华侨转而加入移居国国籍成为公民。海外华侨犹如嫁出去的女儿，要与婆家和睦相处。这不仅标志着从晚清一直沿袭的"血统主义"国籍原则的终结，也表明了新中国在海外华人问题上的根本性政策转变（刘宏，2010）。

　　而从中国国内的政治环境来说，中华人民共和国成立后，受到西方国家"恐共"的强力干涉以及持续的国内政治斗争的影响，很快中断了与外部世界的联络。1950 年 6 月，《中华人民共和国土地改革法》公开实施。从 1950 年冬到 1953 年春，土地改革运动在新中国农村展开。当时的华南侨乡也全面铺开土改工作。以广东（含海南①，后文提及的坎镇、文镇均在其列）为例，时任广东省人民政府第一副主席、广东省土地改革委员会主任方方协助华南分局第一书记、广东省政府主席叶剑英根据中央的土地改革法律及有关政策法令和广东地处东南沿海、毗邻港澳、华侨众多、工商业较发达的特点，从广东的实际出发，采取了较为缓和的土改政策，其中包括了四十多条照顾和保护华侨利益的政策。而后华南局的一些领导人认为广东全省"土改"速度慢的主要原因是地方干部存在"右"倾思想，土改队伍严重不纯，混进了大批坏分子，并由此批评广东省委主要领导人犯有"地方主义"错误，尤其指责叶、方等人为"土改右倾""照顾华侨太多""缺乏农民的感情"，犯了"特殊论"的错误。随后，大量北方干部进驻，导致广东土改政策日趋激进，将许多经济条件相对优越的华侨侨眷划成"华侨地主"②，进一步导致大量的华侨房屋被没收或占用："动的面达百分之八十至九十"，使不少侨眷及海外华侨的利益严重受损（参见路剑，2003；刘子健，2001；陈立超，2010）。

---

① 海南 1988 年才独立建省，之前一直属于广东。
② 出国后其家庭上升为地主者的称为"华侨地主"（参见黄勋拔，1995）。

之后，随着中国社会政治气候日益"左"倾，政府对侨眷及其海外亲人采取了强硬立场，海外华侨华人以及留在中国的侨眷不被信任并受到不公正的对待，他们中的有些人甚至被视作资本家、间谍以及反革命者。尤其是 1957 年开始，在"反右运动"和"大跃进运动"中，许多侨眷、归侨知识分子及侨务干部被划为右派分子或作为资产阶级分子进行批判。"文化大革命"期间，更是对有"海外关系"的人进行批斗和打击，把"海外关系"视为"反动的政治关系"和"特务关系"，把拥有"海外关系"的人与地、富、反、坏、右、资并列为"黑七类"。因为所谓"海外关系"而被划成"反革命分子""里通外国分子"以及"特务分子"的归侨侨眷有 3 万多人。① 1970年，广东省政府甚至在《处理海外关系干部的六条规定》中规定，"凡有港澳、海外关系的干部，不管亲属从事什么职业，如果经过教育仍然保持政治、经济上的联系，要从严处理""今后一律不吸收有海外、港澳关系的人当干部"等（清风，1991）。

在整个"革命"话语大行其道的 30 年间，中国政府严格控制移民的移入与移出，跨越国境的人被视作罪犯。民族国家边界不仅是主权的象征，还被视作"社会主义"与"资本主义"阵营之间的界限。移民被视作背离社会主义意识形态的"叛逃者"（Xiang，2003）。同时，来往于祖籍地与移居地的资金、信息、观念的流动也被政府严格把控。"文化大革命"期间的侨务工作有六"不给"原则：一不给出国、二不给探亲、三不给通信、四不给通汇、五不给外籍华人回乡、六不给华侨回国定居（清风，1991）。尽管在传统侨乡，家庭成员与海外亲人还有零星及偶尔的联系，主要通过信件以及包裹（包括食物与日常用品），但即使是这些基本的、小规模的跨国流动都被政府严格控制（周敏、刘宏，2013）。而且受到当时"自力更生"话语的影响，侨汇很容易被视作"特务经费"或资本主义的"糖衣炮弹"而受到大肆批驳。在侨乡持续百年的公益慈善传统也随之受到冲击而趋于瓦解。

---

① 参见《侨汇曾被视为剥削所得　周总理震怒称必须保护》，http：//news. sina. com. cn/c/sd/2009 - 10 - 12/151318812959. shtml。

在这一时期，无论是移居国还是祖籍国，民族国家的力量明显增强，国际格局以及国家间关系成为影响华人移民及其跨国活动的关键性因素。在"冷战"格局下，北美和东南亚华人移民所处的"小生境"与华南侨乡的"小生境"比"二战"前均发生了较大变化。华人移民与家乡之间的"通道"变窄变小。这些移民通道有的随着时局变化被重新开拓，而有的通道则面临不断萎缩的境况。

第三节　世界一体化、移民潮重启及跨国通道恢复

本节将论述20世纪70年代末以来世界政治格局新变化、中国改革开放等因素是如何影响着华人移民潮的重启以及跨国通道的恢复。

在世界范围内，中美两国关系正常化，中华人民共和国恢复联合国合法席位，中国所处的国际环境大为改善。大格局的变动引起小体系的连锁反应，中国与东南亚国家的关系也出现了缓和的迹象。进入20世纪70年代中期，中国先后与马来西亚、菲律宾、泰国建立了正式外交关系。1990年，中国与印度尼西亚正式恢复外交关系。同年与新加坡建立外交关系。

在中国国内，"革命天下"的想象遭到了打击，中国人继鸦片战争后再一次认识到自己远远落后于世界。对外在世界的重新"发现"、政治高层对"文化大革命"的否定以及底层农民的生存危机促使高层领导决心改革（项飙，2009）。1978年，中国共产党十一届三中全会"拨乱反正"，中国社会从"阶级斗争"回到"社会主义现代化建设"的轨道上来。而建设不同于革命，其需要"充分发挥统一战线的作用，调动一切积极因素，团结一切可以团结的力量，来保证我们光荣而艰巨的社会主义现代化建设事业的胜利"①。伴随着从"革命"话语到"改革"话语的转变，一方面，中国需要一个稳定的

---

① 华国锋：《政府工作报告——一九七九年六月十八日在第五届全国人民代表大会第二次会议上》，人民出版社，第45页。

国际环境，以保障国内经济转型的顺利进行，由此必须营造一个和谐的国际环境。修正原先过于严苛的侨务政策有利于消除美国与东南亚的疑虑。另一方面，国内的经济建设需要各行业人才与大量资金，而海外几千万的华侨华人和雄厚的资本与技术无疑是巨大的资源（代帆，2003）。因此，中国政府在对外开放、对内改革的大环境下出台了宽松的出入境政策以及侨务政策。此外，中国也进一步增强了与世界的互动与交流。20世纪80年代中后期，中国开始派遣大量的学者与学生出国进修、留学，同时也允许越来越多的自费留学生出国读书。此外，中国的改革开放政策吸引了大量外资，继而推动了全球华人资本的跨国流动。在20世纪80年代，大约有三分之二的外资来自海外华人，这很大程度上重新修复了海外华侨华人与侨乡的通道，并且加强和重构了跨国族裔网络（Zhou ed.，2017）。

经过30年的停滞后，随着中国经济转型、宽松的侨务及出入境政策出台、海外族裔网络重新活跃以及移居国移民政策的松动，中国又重新迎来了移民高潮。尤其是"冷战"结束后，欧美国家经济发达、科技先进的地缘政治中心地位更为突出，对于华人移民形成了强大的"拉力"。尽管经过40年的高速发展，中国的人均收入与各主要移民输入国的差距逐渐缩小。但美国、加拿大、澳大利亚、新西兰、日本、韩国以及日本等主要西方移民国家的人均GDP仍然是中国的5—7倍。而华人移民的传统聚集地——东南亚的人均GDP仅为中国的1.4倍左右（见图2-1）。受上述经济因素以及移居国移民政策的影响，当代华人移民的主要输入国从东南亚明显转向北美、澳新、日韩等国。美国华盛顿移民政策研究所（Migration Policy Institute）统计数据显示，截至2016年，从中国大陆移出的跨国移民已达1100万，发展势头甚为迅猛，主要流向美国（230万）、加拿大（93.9万）、韩国（75.1万）、日本（65.2万）、澳大利亚（54.7万）等。① 这5个国家的移民人数占华人移民总数的将近五成。

① MPI Migration Policy Institute，"Chinese Immigrants in the United States"，参见 https：//www.migraitonpolicy.org/article/Chinese–immigrants–united–states，获得时间：2018年2月11日。

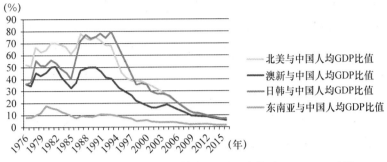

图 2 - 1　移民输出地与中国的人均 GDP 比值（1976—2016）①

　　其中，美国是华人移民的首要迁移国，占全球华人移民总数的
22%，而且有 31% 是在 2010 年才进入美国的。② 美国对于中国移民
的吸引力并未随着中国经济高速发展而出现明显下降。仅 2016 年，
美国的华人移民就达 16 万人（包括来自大陆和香港移民），在其国
际移民总数中位列第三。③ 由于新移民的大量涌入，导致美国华人人
口在过去六十多年间翻了三十多倍，从 1950 年的 15 万人激增至 2016
年的 488.8 万人，主要分布在洛杉矶、纽约和旧金山等地。④ 目前美
国是亚洲之外华人人数最多的国家。而作为华人移民人数位列第二位
的加拿大，其华人人口从 1950 年的 3.3 万人，增长至 2016 年的
176.92 万人。⑤ 澳大利亚和新西兰也是近年来华人移民人数快速增长

　　① 　数据由世界银行数据库原始数据计算而得，参见 http：//databank. worldbank. org/
data/reports. aspx？Code = NY. GDP. PCAP. CD&id = 1ff4a498&report ＿ name = Popular -
Indicators&populartype = series&ispopular = y，获得时间：2018 年 3 月 1 日。

　　② 　MPI Migration Policy Institute，"Chinese Immigrants in the United States"，参见 ht-
tps：//www. migraitonpolicy. org/article/Chinese - immigrants - united - states，获得时间：2018
年 2 月 11 日。

　　③ 　MPI Migration Policy Institute，"Chinese Immigrants in the United States"，参见 ht-
tps：//www. migraitonpolicy. org/article/Chinese - immigrants - united - states，获得时间：2018
年 2 月 11 日。

　　④ 　U. S. Census Bureau，"Asian Alone or in Any Combination by Selected Groups，2016"，
获得时间：2018 年 2 月 10 日。

　　⑤ 　Statistic Canada，"Immigration and Ethnocultural Diversity in Canada"，参见 http：//
www12. statcan. gc. ca/nhs - enm/2011/as - sa/99 - 010 - x/99 - 010 - x2011001 - eng. cfm#a4，
获得时间：2018 年 2 月 10 日。

的主要国家之一。其中，来自大陆的华人新移民占澳大利亚华人总数的65%（数据截至2016年）。① 新西兰的华人新移民达到8.9万人，占新西兰华人总人口的34.26%（数据截至2013年）。② 甚至学者早有估计，1950—2006年，美国、加拿大、澳大利亚和新西兰4国华人人口增长了24.55倍；而同一时期，东南亚华侨华人人数只缓慢增长了2.63倍。在现有因素不变的情况下，到2026年，美加澳新4国与东南亚国家的华侨华人人数将相同（参见刘国福，2013：138）。

新移民除了在人数及分布上有较大变化外，在迁移方式、移民类型、社会阶层以及来源地构成上也越来越多元。庄国土（2011）按照出国目的、途径以及职业结构，将新移民分为留学生、非熟练劳动力、商务移民、劳务输出人员四种类型。而刘宏则将新移民划分成留学生、专业技术移民、链式移民以及无证移民。其中链式移民以及无证移民均为非熟练劳动力移民（Liu，2005）。这些新移民有些来自传统侨乡，也有不少来自新兴的移民输出地。新移民人数最多的省份依次是浙江、福建与广东，而北京、天津以及东北三省也有相当成规模的移民群体（参见李明欢，2011：281）。尽管留学生、专业技术移民、投资移民数量逐年增多，但非熟练劳动力移民即劳工移民仍然在新移民中占有很大比例。即使在移民社会经济背景较高的美国，2016年只有30%的华人移民是通过职业雇用获得移民签证，而亲属移民以及非正式移民占到了七成，后者大多数为劳工移民。③ 在这些劳工移民中，按照迁移途径可以大致分为两种：第一种是家庭连锁移民（如五邑移民）。这种类型的移民主要来自传统侨乡，以亲属团聚理由申请定居身份。2003年江门市侨情调查显示，五邑籍新移民高达48万人（参见方灿

① Australian Bureau of Statistics，"2016 Census of Population and Housing"，参见 http：//www. Censusdata. abs. gov. au，获得时间：2018年2月10日。

② New Zealand Herald，"Census 2013：More ethnicities than the world's countries"，参见 http：//www. nzherald. co. nz/nz/news/article. cfm？ c_ id = 1&objectid = 11170288，获得时间：2018年2月10日。

③ MPI Migration Policy Institute，"Chinese Immigrants in the United States"，参见 https：//www. migraitonpolicy. org/article/Chinese – immigrants – united – states，获得时间：2018年2月11日。

宽，2005）。第二种则是采用非正规、非正式渠道出境的移民（如福州移民）。这些移民的输出地在改革开放前并没有大规模移民的传统，主要是改革开放后形成的新兴侨乡，如浙江、福建某些侨乡。2002—2003年的侨情调查显示，福建省内新移民估计达90万—100万，其中有四成至五成通过非正式渠道出国。以美国居多，光是移民美国的福州人就高达70万（参见李明欢，2011：281；宋平，2011）。2016年滞留美国的非法华人移民约为26.8万，有相当比例来自福州。①

随着华人新移民人数的迅速增长，其与母国的经济、社会以及政治各个层面的联系进一步加深。以官方统计的移民汇款为例，华人移民寄回了数量颇为可观的移民汇款。目前中国是第二大移民汇款接收国（仅次于印度）。2016年中国接收到的移民汇款达到610亿美元，比1982年翻了近一百倍（见图2－2）。2017年，中国的移民汇款预估将达到628.6亿美元。

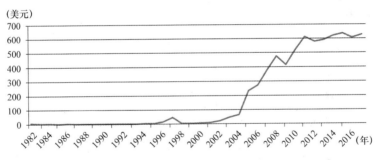

图2－2　中国历年接收的国际移民汇款（1982—2016）②

然而，不同地区的华人移民群体与祖籍地的跨国联系并不是均衡的。受到世界政治格局的变化，华人移民群体的家乡与移入地的"小生境"也随之发生变化。华南侨乡与北美的"通道"由于源源不

①　MPI Migration Policy Institute, "Chinese Immigrants in the United States", https：//www.migraitonpolicy. org/article/Chinese – immigrants – united – states，获得时间：2018年2月11日。

②　World Bank Prospects Group, 2017, Annual Remittances Data，参见https：//www.migrationpolicy. org/article/chinese – immigrants – united – states，获得时间：2018年3月2日。

断的新移民潮及其所带来的资金、技术、信息、观念而重新被打通并且不断地扩大。目前美国是中国国际移民汇款的首要来源国，来自美国的移民汇款达到 154.18 亿美元，占总额的四分之一（见图 2 - 3）。根据 2013 年的数据显示，美国华人中有 56% 与家乡亲人有着紧密的联系，30% 在过去一年有汇款回家。① 而华南侨乡与东南亚各国（新加坡除外）的"通道"则受到了移入国长期实行同化政策以及新移民减少等因素的影响而出现了不同程度的萎缩且难以再恢复。2016年，由东南亚国家寄回中国的移民汇款仅为 43.93 亿美元（占总额的7.2%）。② 其中，虽然来自新加坡的移民汇款排在世界第五位，但主要与 1990 年以来新加坡大量接收来自中国大陆的高技术、高教育背景的移民有着密切关系。这些汇款大多来自中国各地、社会经济背景较为多元的新移民，而非 1949 年前从闽粤侨乡迁移的老移民。实际上，传统侨乡与新加坡的通道也与其他东南亚国家一样面临着萎缩甚至凋零。如果将新加坡排除在外，其他 9 个国家的移民汇款则仅为 17.54 亿元（占总额的 2.88%），与这个地区的华侨华人数量完全不匹配。

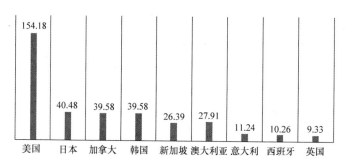

图 2 - 3　2016 年中国国际移民汇款的主要来源国（单位：亿美元）③

① Pew Research Center, The Rise of Asian Americans, 参见 http：//www. pewresearch. com, April 4, 2013。

② The world bank, "Migration and Remittances Data", 参见 http：//www. worldbank. org/en/topic/migrationremittancesdiasporaissues/brief/migration - remittances - data, 获得时间：2018 年 3 月 12 日。

③ The world bank, "Bilateral Remittance Matrix 2016", http：//www. worldbank. org/en/topic/migrationremittancesdiasporaissues/brief/migration - remittances - data, 获得时间：2018 年 3 月 2 日。

　　上文简单回溯了 15 世纪以来世界体系的形成、发展与变动对于移民实践与跨国通道的影响。在这个过程中，中国、北美与东南亚的互动模式发生了重大的改变。国际格局既为华人移民跨国实践的开展提供了一个宏大的历史舞台，也时刻形塑着华人移民的跨国实践。与移民流向相应的是，华人移民的主要输出地——华南侨乡与华人移民主要的移入国（例如东南亚与北美）之间的跨国流动显得更为活跃。

　　作为地缘政治实体和国际法主体的民族国家构筑了当今世界的基本格局（李明欢，2001）。当代华人移民跨国实践中所呈现出来的，是一个由界限分明的民族国家所组成的国际体系，不同的国家在其中占据不同的位置而互相依赖，从而构成一个移民想象中的"世界体系"（参见项飙，2012；Xiang，2007）。这个被阶层化的世界体系有三大中心：中国华南侨乡、北美和东南亚。华南侨乡是生产移民的基地，也是移民展开各种跨国实践的主要舞台。北美是世界体系的中心，而东南亚（特别是马来西亚和新加坡）则是通向世界体系的门户或跳板国家和地区。这个世界体系的重要意义，不仅在于它引发了新的跨国流动和联系，而是因为它导致了新的财富积累策略、新的价值转移方式和新的社会经济关系。因此，世界体系的"抽象化"——在本书的三个案例中具体体现为不断加剧的资本、信息、观念以及各种经济、社会、政治资源的跨国流动——在很大程度上是既定的国际政治经济关系所决定的，反过来又在很多方面强化了既定的格局。但同时，我们也看到了在这种结构下作为移民个体能动性的呈现。

　　在下面的第三、四及五章中，我将以 1978 年中国改革开放至今为时间范围，讨论在这种不断变化的世界体系之下，遵循不同的迁移路径、来自不同祖籍地以及流向不同移居地的华人移民是如何在与改革开放同步的时间中重新构建自身的社会身份与协商所属的社会阶层，并以其丰富多元的跨国实践来抵抗现有世界体系给个体所带来的原子化与边缘感，实现跨国空间下的社会地位补偿。

第三章 从"揾世界"到"叹世界"：坎镇移民的传统道义型跨国实践①

当初穷过鬼，霎时富且贵。唔难屋润又家肥，回忆囊空皆命水，运气催。黄白从心遂，否极泰来财积聚，腰缠十万锦衣归。

——引自《金山歌集》②

在斯科特的"道义经济"模型中，乡村社区是具有高度集体认同感的共同体，村庄可以通过再分配体制来达到群体生存的目的，而且可以在危机来临时通过互惠和庇护关系提供非正式的社会保障。在村庄内部，要求富人应以有利于共同体中的贫困者的方式支配个人资源。通过对待个人财富的慷慨态度，村民既可以博得好名声，又可以

---

① 此章的部分内容曾以多篇论文形式发表，分别为：《跨国实践中的社会地位补偿：华南侨乡两个移民群体文化馈赠的比较研究》，《社会学研究》2012 年第 5 期，第一作者；《海外华人社团中的冲突：区域社会结构与在地文化系统的新视角》，《华侨华人历史研究》2018 年第 2 期；《海外华侨华人、侨乡社会与跨国宗族实践——以广东五邑侨乡薛氏为例》，《华侨华人历史研究》2016 年第 1 期，独立作者；"Remittances for Collective Consumption and Social Status Compensation: Variations on Transnational Practices among Chinese International Migrants", *International Migration Review*, 2018, Vol. 52, No. 1: 1 - 39, 第二作者；《道义传统、社会地位补偿与文化馈赠——以广东五邑侨乡坎镇移民的跨国实践为例》，《开放时代》2014 年第 3 期，第二作者。
② 《金山歌集》，1911 年，美国旧金山华埠都板街的大光书林出版，第 14a、6b 页（转引自谭雅伦，2010）。

吸引一批听话的感恩戴德的追随者。扮演保护者的富人的道德地位取决于其行为同整个社区共同体的道德期待相符合的程度（詹姆斯·C. 斯科特，2001：30，52，170）。不少学者将斯科特的"道义经济"框架用于解释国际移民的跨国实践及对于家乡的道义责任。与斯科特的"道义经济"模型不同的是，海外移民群体与侨乡所形成的道义传统与其大规模的迁移潮有着密切关系。挪威国际移民研究专家卡陵（Carling，2005）在对佛得角移民的研究中指出，移民回报家乡是跨国主义道义框架的核心要素。当然，道义经济也会带来负面的影响：家乡的亲人朋友会经常批评移民不提供汇款或没有提供便利条件帮助他们移民，进而指责这些移民"忘恩负义"。香港大学社会学系教授柯群英则借用"道义经济"概念解释新加坡华人移民为什么感到有责任回馈家乡。她指出，华人移民作为道义经济的成员，从文化上有一种道义责任和义务去帮助直系亲属、宗族、祖村再扩展到外部发源地（柯群英，2005；Kuah，2000：134，136）。柯群英以福建安溪侨乡为例，指出侨乡的村民主要通过两种道义约束来鼓励海外亲属的捐赠：一是通过强调"血缘关系""落叶归根"的道德说服方式，暗示他们的亲属关系来恳求海外亲属帮助他们。二是村民也通过"贴标签"的羞辱方式来对待没有帮助他们的海外亲属，认为他们变"番"、不讲"亲情"，主要目的在于使那些没有贡献的亲戚在其他亲属和族人面前丢脸，促使他们以积极的方式参与祭祖活动（柯群英，2003：55；Kuah，2000：134）。随后也有学者在其研究中指出，侨乡人通过与海外亲戚们叙旧以及强调后者所应负有的道义责任，想方设法唤起海外亲人已经"搁浅"或逐渐"淡忘"的乡情，从而对其形成道义约束（郑一省，2004）。

可见，基于传统道义的跨国实践模式普遍存在于华人移民中，尤其对于那些从同一祖籍地移出的移民群体。这些移民大多来自乡村，在许多方面起着与传统时期士绅同样的作用。移民作为"新士绅"要承担起村庄内部的救济贫困、提供乡村公共福利等社会责任与义务，在侨乡的社会事务和公共管理中扮演着日益重要的角色（费孝通，2006；陈春声，2005）。来自五邑侨乡的坎镇移民的跨国实践正是代表了这种基于道义与福利性质的传统类型。坎镇移民既包括了新中国成立前出去的老移民也包括改革开放后依靠亲属链的家庭连锁移民，他们在移居他国前多为乡下的农民或小手工业者，教育程度较低。当然，其中也不乏一些退休的公务员与教师，这些人群在迁移后也多从事体力劳动。由于他们所移居的美国、加拿大等国家在整个世界政治经济格局中处于中心位置，祖籍国与移居国在阶层化世界体系中的位差使得他们在迁移过程中不得不面临经济地位上升而声望地位下降的两难境地。然而他们却十分积极参与侨乡当地的社会文化事务，如捐资建设或修缮地方的学校、图书馆、宗祠、寺庙以及赞助各类民间文化活动等。坎镇的公共事业也由于有海外移民的积极支持而呈现繁荣发展的景象。移民也在此过程中与侨乡形成了基于道义基础的社会地位补偿关系。

本章将考察社会地位补偿机制是如何影响坎镇移民的传统道义跨国实践的。我将首先分析坎镇移民的社会地位补偿需求产生的原因以及他们如何通过传统跨国实践来实现社会声望的提升，接着讨论坎镇侨乡与海外离散社会是如何满足移民这种补偿需求的，最后着重探讨移民的社会地位补偿类型对于跨国实践模式的影响。

第一节　社会地位补偿需求的形成

不少华侨华人研究的学者曾经指出，侨汇的繁荣以及侨乡的发展与华人移民在海外的边缘境遇及由此引发的对于社会地位的需求有关。程希就指出，正是因为一些华侨、华人无法融入所在国的主流社会，在当地处于边缘地位，才转而到侨乡来追求社会地位和声望（程希，2006）。张国雄（2003）认为五邑侨乡的侨汇超过了其他侨乡，不能简单地认为五邑华侨最爱国，其实是五邑华侨在北美地区难以立足、经济发展受到排斥所致。在本节中，我将探讨来自五邑侨乡的坎镇移民是如何在迁移过程中形成社会地位补偿需求的。我将从坎镇移民所面临的社会阶级脱位（参见前文定义）与跨国阶级划界，以及由此所形成的社会地位落差和社会地位补偿成本来进行分别论述。

一 "揾世界"[①]：社会阶级脱位

（一）"金山梦"[②]

"跨境流动"是个体对新的生活机会进行主体性选择的契机。迁移群体试图绕开各种结构性条件，以期实现自我。他们这种积极的人生态度在整个流动过程中随处可见（广田康生，2005：133，140）。这种主体性的重新选择用坎镇移民通俗的话来说就是"金山梦"。坎镇移民的祖籍地——坎镇位于广东省珠江三角洲的西南边缘，在坪县中部，距坪县中心城区12公里。其面积62.1平方公里，人口4.8万，港、澳、台及海外华侨华人9万，是著名侨乡。[③]

坎镇移民大规模移民北美始于19世纪中叶，缘于当时北美对于廉价劳动力的疯狂需求。1948年美国加州发现金矿后，中国南方沿海的失业农民开始源源不断地前往加州，多聚集在西部矿区。1862年，美国国会通过了《太平洋铁路法案》，决定修筑一条横贯大陆的太平洋铁路。于是铁路公司通过美国"华人六大公司"[④]，到南中国寻找"契约华工"到美国充当苦力。1868年，中美两国政府签订的《葡安臣条约》提供了华工赴美的法律保障，推动大批华工赴美修筑铁路和开发西部（参见潮龙起，2010：18–19）。加拿大的情况也类似：当其时，加拿大尤其是西部新建立的殖民地急需劳动力，而奴隶贸易被废止又使得劳动力颇为紧缺。卑诗省的菲沙河谷（Fraser Valley）的淘金潮吸引了很多华南沿海的失业工人来卑诗。卑诗在1871年（同治十年）同意加入加拿大联邦，但其条件是联邦政府在10年内建成一条连接加拿大东西部的铁路。1880年（光绪六年），铁路公司在广东省聘请了5000名工人，大部分来自五邑侨乡。

而作为移民输出地的坎镇地处珠江三角洲边缘。明清以来，珠江

---

① "揾世界"是粤语的口头表达方式。"揾世界"俗称"熬日子"，这是从做劳工、苦力的老一代移民所延续下来的移民精神。

② 早期移民到北美是淘金，因此美国被称为"金山"。

③ 根据坪县地方志办公室编《坪县统计年鉴》，广东人民出版社2015年版，以及调查所得的资料。数据截至2015年。

④ 笔者注：中华总会馆的前身，位于旧金山，Chinese Six Companies。

三角洲的商品经济发展较为迅速，使部分农民与其土地出现了某种分离（陈勇，2009）。而广州作为鸦片战争前清政府对外通商的唯一口岸，也使得珠江三角洲地区与美国以及其他西方国家在贸易及信息上联系较为频繁，更易于获知北美对于劳工的需求。另外，坎镇地处水网地带，人多地少，且恰逢鸦片战争前后社会动荡不安，这些都形成了某种推力因素（参见潮龙起，2010:9，11）。

在这种推—拉[1]的力量交叠下，坎镇成为重要的移民输出地之一，输出大批劳工到北美打工，名为"淘金"，实为"卖猪仔"、做苦力。多数移民最初只从事筑路工、矿工、餐馆杂工、洗衣工、农场杂工等粗重工作，社会地位低下［参见吴景超，（1928）1991］。由于移居国政府及社会采取的排华政策，坎镇移民多为男性，他们将家眷留在乡下，自己远赴重洋，将自己赚得的辛苦钱寄回家乡，供奉双亲，养活妻儿。当时坎镇由于得到大批侨汇和侨资而生机盎然（参见黄重言，1994:173-176）。1949年，内战结束，新中国成立，受当时国家意识形态以及世界政治格局的影响，坎镇与海外中断关系近30年。

随着20世纪60年代中期北美国家移民法的重大改革和70年代末中国的改革开放，坎镇侨乡依靠着"移民链"的侨乡优势重新成为中国人口国际迁移的重要输出地之一。坎镇的移民在"推"和"拉"两种力量的相互作用之下，从70年代末开始，持续不断地向北美迁移。在将近20年的时间里，坎镇的海外移民数量一直居高不下，直到近十年移民人数才开始缓慢回落。根据坎镇侨办主任关哲序介绍，改革开放出去的坎镇移民有一万多人，占本地人口的四分之一。[2] 张国雄（1998）的研究发现，坎镇移民所代表的五邑移民大部分以家庭连锁移民为主，这类移民占到了新移民总数的91%。

虽然近年来，侨乡本地经济发展迅速，与北美国家的经济差距也在逐渐减小，但这种迁移的趋势仍在持续。坎镇关族图书馆主任关展

---

① 五邑移民迁移北美的原因较为多重，并非简单的"推—拉"理论可以解释，但由于本书并非主要探讨移民的动因，因而仅做简单的背景介绍。

② 2010年8月20日，笔者在坪县坎镇侨办对侨办主任关哲序的访谈。

唐在退休前是坪县政府干部，他始终还是觉得"出去"是上上之选：

> （外面）揾食（笔者注：粤语，意为赚钱讨生活）容易呀，虽然现在这边的生活也过得去的，但比起国外还是相差很远。毕竟外面好过中国，现在是比以前好了，但相比外面在生活上还是存在差距的，比如跟美国和加拿大比较。①

坎镇教伦中学语文老师司徒苇清也强调虽然在国外会"辛苦"，但这种辛苦是具有"价值"的：

> 在外面的话，虽然辛苦，但辛苦得有"价值"。当然价值首先包括经济价值，其次，包括是子女在外面会得到更好的教育和发展机会。虽然作为第一代过去都是很辛苦，在人家国家都是二等公民，但是他们会想能够为后代提供一种生路。②

司徒苇清提到的第二点价值在很多中年移民身上能够体现。他们为了让子女受到更好的教育，放弃在国内良好的工作与小康生活，通过自身的阶级脱位换取子女更好的生存空间，以此来实现代际在跨国空间下的社会地位向上流动。

美国、加拿大除了在客观上比祖籍地要更为发达外，侨乡长期形成的移民海外的传统与氛围为侨乡人筑造了一个"金山梦"，促使坎镇移民源源不断、前赴后继地奔向"金山"。从19世纪中期至今，坎镇移民怀抱着既有共性又有个性的"金山梦"前赴后继地来到美国，而等待他们的却是意想不到的社会阶级脱位。

（二）"揸"在唐人街

由于坎镇移民群体的移居地（北美国家）在整个世界政治经济地理格局中处于中心的位置，坎镇移民来美后不可避免地面临社会阶

---

① 2010年10月26日，笔者在坪县坎镇关族图书馆对图书馆主任关展唐的访谈。
② 2010年10月22日，笔者在坪县教伦中学对老师司徒苇清的访谈。

级脱位（dislocation）的状态。坎镇移民往往用"捱世界"来形容自己不尽如人意的海外生活。所谓的"捱世界"是形容坎镇移民为了经济目的而不得不牺牲个人尊严，从事低回报的体力劳动。

移民在迁移后其声誉地位大多面临下降的情形。周太太是在 20 世纪 40 年代末来美，对于移民生活她百般无奈：

> 其实我们华侨是很惨的，很多华侨都是来到这边"捱"啊"捱"，赚到钱了拿回去的。我们也一样，如果不是看到没有更好的办法，我们也不会来美国"捱"（苦）的……当时还没有这么多唐人，所以就都是给西人打工多，但又不会语言，所以说做得全身都是毛病，没有办法啦。所以说，在这里捱得多辛苦。你看我现在手都肿了，都是当时做工做出来的。①

20 世纪 50 年代以前的"老华侨"② 由于自身素质不高且受到族裔歧视，而不得不局限在唐人街内从事一些低薪水和劳动密集型工作，主要在餐饮业、洗衣业、理发业以及食品杂货业，俗称"三把刀"（菜刀、剪刀、剃头刀）经济（参见梅伟强、关泽峰，2010：71）。

中国 20 世纪 70 年代末打开国门后，坎镇利用侨乡的优势开启了家庭连锁移民潮。这些新移民依靠着历史已经铸造成的亲属移民链成批迁移北美。由于北美职场并不承认来自非英语国家、非欧洲国家移民以前的专业工作经验（朱红，2008：9），因此虽然部分移民受过高中甚至是大学教育，但由于不会英文及缺乏北美国家所认可的文凭与技术资格，大多在唐人街里的华人族裔经济中就业，从事劳动密集型

---

① 2011 年 10 月 9 日，笔者在洛杉矶唐人街坪县校友周太太家对其的访谈。

② "华侨"虽然从学术定义上特指那些保留中国国籍的移民（见第一章第三节）。但也有学者指出"侨"蕴含着"侨居"与"回归"，主要是用以概括那些仍然对祖籍国保持忠诚与热爱的海外华侨华人（Hsu，2000）。这里的"老华侨"是指 1949 年以前出去的移民，随着新中国成立、侨乡逐渐与海外断绝关系，他们中的大部分人加入了移居国国籍，因而属于"华人"范畴。但他们还是会自称为"老华侨"，而且他们自己、改革开放后出去的新移民以及侨乡的地方政府及社会也会如此称呼，这种称呼既反映了移民自身对于祖籍国的认同，也凸显了侨乡为了拉近与移民之间关系的意图，因而在本书中沿用这个说法。

的工作，延续着老华侨"揾世界"的传统。由于移民时间短，新移民不仅受到移居地主流社会的排斥，甚至在华人社会内部也处于边缘地位。许多新移民面临族裔内部的剥削却无力抗拒。特别是2007—2008年，北美国家尤其是美国遭遇全球金融危机，导致唐人街的族裔经济大幅衰退，许多在唐人街的新移民只能够通过降低自身工资希冀在唐人街谋求一份职位。[①]

图3-1　新移民住所

对部分具备一定教育水平的坎镇移民而言，从边缘迁移到世界中心同时提升与贬低了他们在劳动力市场中的地位。从事餐馆、家务、帮佣等工作虽然帮助移工获得足够的经济收益在异乡立足，但他们的声誉地位却不得不面临向下流动的境况，他们社会地位的三要素（声望、收入以及权力）在全球化力量及区域发展不均等的背景下发生了断裂。

伍建威在20世纪80年代毕业于广州暨南大学，在来美前是坪县小有名气的名画收藏家，拥有一份足以支撑小康生活的生意。而来到美国之后，主要在唐人街内从事装修工程，收入并不比在国内赚得多，而且在国内享有地位与尊严的他不得不面临社会声望直线下降的

---

① 根据2011年10月24日，笔者在旧金山唐人街关帝庙对关家公所成员关孝路的访谈。

窘境。拥有大学文凭的伍建威对于从事体力劳动心有不甘，因而对工作并不上心，这使他甚至成为唐人街"游手好闲""眼高手低"的标志。

洛杉矶华人洗榕环在 20 世纪 80 年代由家人申请全家移民美国。洗榕环在出国前是坪县基建部门的一位副处级干部，尽管他的绝对收入比在国内增多了，但繁重的体力劳动让洗榕环极其不适应：

> 我去之前是管基建的，已经是副处级，我当时没出去时事业是如日中天，要权有权，要势有势。我在外面干装修，要扛很重的东西，是楼梯来的，没有电梯。当时我就在想："我在世界上最发达的国家用最原始、最简单的方式从事最繁重的体力劳动。"①

我在洛杉矶唐人街做调查时在街上偶遇一位新移民，她觉得来美能够获得比自己在国内更高的经济价值，但却是以牺牲自己的理想为代价的。② 所谓的"牺牲自己的理想"，反映出移民为了获得移居国高额的经济价值，而牺牲了自己在国内良好的社会身份与地位，被迫接受经济与声誉要素断裂的事实。

（三）低下的"种族他者"

华裔在北美国家均属于少数族裔群体，无论是具备一定经济基础的老华侨还是迫于族裔内部剥削的新移民除了面对社会阶级脱位的困境外，都不得不面临移居国主流社会对于华裔的歧视，这也是导致坎镇移民群体的声誉地位遭遇向下流动（即使不是向底层流动）的重要原因。

以美国为例，美国主流社会是建立在基督教精神之上，由盎格鲁—撒克逊基督教新教徒为主的欧裔白人族群（White Anglo – Saxon Protestants）组成主流社会的核心族群，独尊英语。美国虽也自我标

① 2010 年 11 月 18 日，笔者在世纪之舟咖啡厅对洛杉矶华人洗榕环进行的访谈。
② 根据 2011 年 9 月 18 日，笔者在洛杉矶唐人街与一位来自广州、嫁给坪县老华侨的新移民的闲聊。

榜为民族大熔炉，强调来自各地不同文化背景的移民摒弃族裔文化而融入主流文化，但长期以来，非欧裔背景的有色人种包括华裔，被主流社会边缘化，被排斥在民族大熔炉之外。19世纪末北美《排华法案》的出台就是例证（详见第二章第一节）。坎镇移民最集中的国家主要分布在美国和加拿大。历史上的排华对于移民群体在移居地的社会境遇产生了深远的历史影响，至今影响坎镇移民在北美国家的生存境遇。这种被移居地主流社会所排斥的历史记忆仍然存留于坎镇移民心中。尽管如今的美国早已废除《排华法案》，但这种族群的集体记忆通过代际相传并与当下的社会情境相互作用，影响着华人移民在美国主流社会的社会境遇。司徒其榕是我在旧金山的关键报道人之一，他于20世纪70年代辗转香港来到美国。2011年年底的一天晚上，他带我在旧金山的唐人街闲逛，突然遇到一位白人骑着摩托车在唐人街横冲直撞，并大鸣喇叭。司徒其榕恨恨地说："他在唐人街都敢这样子，这里的白人还是很有优越感，所以有时到 Chinatown 来撒野。"①

此外，由于拥有"非标准的外貌"，即便当今华人的社会地位不断提高，华人在一些社会流动的硬指标（如教育、职业和收入水平）已经接近甚至超过白人，但他们在群体的层面上还是被种族分层制度所边缘化。许多移民尽管由于迁移获得了较高的经济收入，但在移居国仍然被认为是低下的"种族他者"，即使是加入移居国国籍的移民及其后裔至今仍被当地主流社会视作"永远的外国人"，并时常饱受"他者"身份的困扰。司徒焕是我在美国见过的最高度同化于美国主流社会的五邑籍华人之一。与很多以老工身份来美同乡不同，他是以留学的方式来到美国。在芝加哥大学毕业之后成为工程师。他住在白人聚居的郊区，朋友圈子以白人居多，对于唐人街这些族裔聚居区也往往嗤之以鼻。尽管如此，他也常常遭受来自主流社会的歧视："比如晋升的时候，上司就会觉得你是华人，不适合做领导者。我的邻居都是白人，一般都不和我打招呼的。他们见到你是华人的面孔，心底

---

① 2011年10月21日，笔者在旧金山唐人街的田野笔记。

里是有点瞧不起你的。"①

　　由于遭受来自移居国主流社会的歧视与排斥，坎镇移民大多积极地寻求自己的中国人认同。20 世纪 70 年代，洛杉矶中华会馆原主席伍京均在十几岁时由父亲申请而移民美国。在美国接受高等教育后，伍京均依赖族裔社区内的族裔资源，自己创办了公司，靠着流利的中英文游刃于华人圈与主流社会之间，目前已是颇有资产的族裔企业家。尽管他通过族裔经济的融入模式已经在美国安家立业，但他仍然觉得自己是"中国人"：

　　　　我呢，觉得自己是中国人，我永远都不可能觉得自己是美国人的。因为我出生在中国，而且我爸妈都是中国人，对吧，所以我不可能是美国人。而且这个人家不会这么看，他们不会觉得你是美国人。比如说像这个"二战"时期，珍珠港事件后，美国政府把那些日本人，不管你是美国土著（笔者注：指在美国出生的日裔）还是日本土著（笔者注：指日本第一代移民），反正只要你是日本人，就都把你关进这个集中营的，他不会说，你在美国出生你就是美国人，他到那时就不会这么认为的了。所以不是我不想做美国人，是人家不让你做美国人。一直到今天都是这样。他们认为你是永远的"外国人"，这是肯定的。除非说美国人让你当华裔美国人（Chinese American），说是这么说，但他不是这样（做）的，他还是觉得你是个 Chinese。比如说"二战"时期日本人被抓进集中营的事情，如果再发生一次的话，我一点都不会惊讶。②

　　在上段话中，伍京均提到了"二战"期间美国日裔被关进集中营的事情，深刻反映出祖籍国与移居国之间的国际关系、移居国的移民政策及移居地主流社会对于移民的可接受程度会直接影响移民的社

---

① 2011 年 10 月 28 日，笔者在旧金山凤伦公所对来自芝加哥的华人司徒煌的访谈。
② 2011 年 10 月 5 日，笔者在洛杉矶唐人街对坎镇移民伍京均先生的访谈。

会境遇。而坎镇移民所普遍存在的"中国人"认同可以理解成既是一种族裔自立和团结的赋权机制,也是一种隔离来自移居国主流社会的种族主义和社会分层结构的抵御机制(黎相宜、周敏,2013),由此从侧面反映出其"永远的外国人"的生存状态。

我在美国两个主要的田野调查点——旧金山与洛杉矶(也是坎镇移民比较集中的城市)都是一个多族裔聚居的城市,相比美国南方城市要更为开放、宽容。当然这种多族裔聚居的状态往往并不一定直接降低种族歧视以及改善少数族裔的边缘化境地,冲突也不仅发生在少数族裔与主流群体之间,甚至在少数族裔内部也会由于经济、种族等因素而爆发冲突。事实上,1992 年美国洛杉矶就发生了一次因种族问题而产生的城市暴动。① 而在这次暴动中受害最深的是与"罗德尼·金案"的种族瓜葛毫不相干的韩国裔居民。不少韩裔居民所拥有的商店遭到针对性破坏。尽管此次事件主要的矛头不是指向华人,但由于韩裔与华裔在外貌上并无分别,这导致了一些华人及其开的商铺也遭遇抢劫。许多受访者在回忆当时情景时还心有余悸。②

这种侨居者(sojourner)③ 的心态时常显见于华人移民群体中。尽管来美多年甚至入了美籍,他们还是将自己当作在异乡的"客人",随时不安地看着"主人"的脸色,并抱着随时准备打包回家的心态。我有一次在洛杉矶唐人街参加宴会,到晚上九点钟结束。一位侨领司徒卓富跟我说夜色太晚,一定要小心,并好意陪在车站等车。他表示,即使是现在他晚上在唐人街特别是稍微偏僻的地方活动,都

---

① 这次暴动被称作"1992 年洛杉矶暴动"(1992 Los Angeles riots),也叫"罗德尼·金起义"(the Rodney King uprising)。此次暴动的导火线为 1992 年 4 月 29 日陪审团(大部分是白人)宣判释放四名警察(3 名非拉丁裔白人和 1 名拉丁裔),指控的罪名是使用过当武力殴打交通违规的黑人罗德尼·金。实际上是罗德尼·金拒捕在先,警察才出手打人,大部分民众甚至市长看到的录像只是媒体剪辑的打人部分,并没有拒捕部分;而陪审团看到的是全部。且市长与警察局长私怨较深,故市长为罗德尼·金说话,这导致上千名在洛杉矶的非洲裔和拉丁裔参与了这场暴动,其中牵连许多违法行为,包括抢劫和纵火。

② 根据 2011 年 11 月 14 日,笔者在洛杉矶唐人街金龙酒家对坪县校友司徒淡的访谈。

③ 社会学者萧成鹏在其对于芝加哥华人的研究中,运用 Sojourner 的概念形容那些维持自己的族裔特色和文化,并不愿意永久定居在移居地的移民(Siu,1952)。

会打电话给家人或朋友，告知自己现在所处的位置。如果有遇到什么紧急情况，就直接按他们的电话，让他们过来营救。从这些移民紧张的神情与语调中，我依稀可以感觉到，尽管他们在入籍时声称喜欢美国的自由民主并表示在两国交战时会支持美国——这大概是最富华人功利特色的一种表述，但他们在这个国度里有着更多的不安全感。即使是他们定居在这里，把这里称作"家"，他们还是抱着谨慎小心的态度来保护自己，由此发展出一种"抵御性的族裔身份认同"（黎相宜、周敏，2013）。

这种边缘化的社会境遇也催生坎镇移民的某种"远距离民族主义"（long - distance nationalism）。安德森（Anderson，1992）用"远距离民族主义"的概念来描述全球化背景下的移民身份。他认为，移民"故乡情结"的政治指向是一个"想象的祖籍国"。很多移民口中的"爱国爱乡"既是真挚情感的呈现也是其边缘化社会境遇的映照。正如李明欢（Li，1999：2 - 3，14）所指出的，华人移民生活在两个世界中，一个世界是虽遥远、但心理距离却十分接近的祖籍地，另一个世界则是他们日常生活所在的移居地，虽然近在咫尺却远在天边。很多移民哪怕是入了籍的公民依然自称是华侨而不是华人，这反映出移民在心理上从未远离祖国的某种情感上的联系。① 这也导致移居国的文化奖罚（culture sanction）制度对移民往往不起作用。移民的文化奖惩制度是脱节的，并没有因为移民的迁移而转移到移居地。移民依然是将家乡的奖惩制度作为评价标准，使用这种奖惩机制来进行编码与解码，所以他们需要返乡以家乡的奖惩制度作为日常微观实践的标准。

移居国与祖籍国在世界政治经济地理格局中位置的差异，以及移民群体在"强势客文化区域"（李亦园，2002a：13）中的边缘化境遇，加之移民个体在迁移后面临社会地位要素的断裂，这些社会因素共同导致了坎镇移民的社会阶级脱位，这也是坎镇移民需要社会地位补偿

---

① 李明欢主要是基于荷兰的华人移民而做出上述判断，但由于华人在荷兰与北美均属少数族裔群体，因而其情况与北美的华人移民基本相似。

的重要原因。

二 "叹世界"①：跨国阶级向上流动

如上所述，移民的社会评价体系在迁移过程中出现断裂，因此许多移民在移居地站稳脚跟的同时，选择季节性地重新跨越民族国家边界返乡寻求自身社会身份与地位的重新界定，被学者称为"跨国阶级划界"（transnational class mapping）（蓝佩嘉，2011：33）。他们为了弥补在移居国主流社会中所遭遇的族群结构向下流动，被贴上"华侨"标签的他们回到家乡后延续传统乡村的"士绅传统"，承担起为家乡提供公共物品和社会福利的道义责任，成为家乡人可以倚赖的"新士绅"。墨尔本大学教授海格（Hage，2002）指出迁移通常意味着个体离开某个社会共同体，这样的离开有着潜在的道德指向，移民会基于道义产生内疚。移民通过源源不断地给予家庭、社区甚至是社会群体以公共礼物（gift of communality），分期偿还个体对于家乡的"欠债"。在侨乡，如果移民不愿或不能"还债"，他往往会被剥夺在家乡的成员身份和资格。因此，第一代移民在绝大多数情况下都愿意遵照惯例办事，这使得道义传统在整体上得以存续。下面，我将详细分析坎镇移民这种"跨国阶级划界"行动。

（一）回乡"叹世界"

坎镇移民为了更好地生活，从世界体系的边缘走向中心，身在中心却由于无法跨越移居国主流社会所设置的种族、阶层门槛而处于边缘位置。然而当他们再次返乡时，却发现曾经的边缘位置由于国家间的不平等、资源分配的差异、华侨光环等因素早已悄悄转换成了中心位置。坎镇移民不断跨越边界，从边缘走向中心，再从中心的边缘走向边缘的中心，在这种不断跨越空间与时间的过程中，坎镇移民获得了一种"叹世界"的优越地位，导致其社会地位落差初步形成。

---

① "叹世界"与"捱世界"一样，也是粤语的表达方式。"叹世界"在粤语中是风光潇洒地享受生活的意思，同时带有周游世界之义，五邑移民常用此词来形容自己跨国享受生活的状态。

在坎镇，每年清明节及十月份前后都是移民返乡省亲的高峰期。① 在移民前曾是中学老师的冯霍兆就是其中的一位。目前他在美国开了一家日本寿司店。② 尽管餐馆工作艰辛而繁忙，但在每年的生意淡季，他和太太会回到坪县，享受喝茶、会友的休闲惬意生活。③ 像冯霍兆一样季节性回乡的坎镇移民非常多。因而坎镇乃至坪县市区内的茶楼食肆十分兴旺，很多都是回乡请客吃饭的移民所促成的。

频繁的跨界活动在某种程度上会增加移民的经济负担。移民回乡的消费远远不止旅行费以及回乡的食宿费用，还包括赠予亲友的礼物、红包、请客吃饭等支出。这种跨界活动的成本对于一些才站稳脚跟的新移民来说，就更加昂贵。比如上面提到的伍建威 2005 年第一次偕家眷回国，总共花费了 3 万美元，相当于他们一年家庭收入的一半。而且大部分坎镇移民回乡的消费远远超过他们的日常消费水平，他们通过压缩"里子"消费而扩充"面子"消费的方式树立了"叹世界"的标准，这使得"叹世界"的门槛被无形中提高了。有些不想"破费"的移民也不得不遵从这种社会标准，除非他选择不回乡。而且回乡"威水"④ 虽然会让移民在经济上受损，但却能使移民在邻里的社会期待中出手阔绰，制造"富有"的假象，从而获得相对于家乡人的优越感。卡陵（Carling，2005）指出移民与非移民在三个方面存在差异：第一，移民与非移民在跨国道义体系（transnational mo-ralities）中的地位不同；第二，移民与非移民在跨国社会场域的信息获得上不平等；第三，移民与非移民在不同资源上的分配不均等。由此可见，移民有一种相对于家乡人的"歧视性对比"［参见凡勃伦，（1899）1964：29］的优势，使得他们可以在侨乡地方政府以及社会凝视下弥补自身的社会阶级脱位，实现跨国阶级的向上流动。

2011 年 5 月，我在坪县参加了一次海湖学校的高中同学聚会。

---

① 据多位移民反映，这是由于这两个时期是属于旅游与留学淡季，机票较为便宜。

② 根据我的田野观察，坎镇移民在北美开的餐馆除了部分为中餐馆外，有不少开的是日本餐馆。主要的原因是后者的利润要更高。

③ 根据2011 年 5 月 14 日，笔者在坪县潭江半岛酒店对美国华人冯霍兆的访谈。

④ "威水"，在粤语中有"威风""有威望""有地位"的意思。

在侨乡，同学聚会除了具有联络同学情谊、保持与巩固社会资本的社会功能外，也是不少海外移民显示自身优势地位的重要场合。而在此次聚会中担任核心角色的是移民美国芝加哥的冯沃生。冯沃生于2002年由妻子的姐姐申请到美，目前住在芝加哥的唐人街，从事装修行业。由于工作紧张，冯沃生在外面几乎没有参加什么社团活动，但他却很积极地回乡筹备并成立海湖72届高中同学会并捐款。由于是主角，冯沃生在整个同学会中都很忙碌，他答应在聚会的第二天接受我的访谈，并约了从事侨务工作多年的坪县县志办主任以及《海湖月报》主编邓剑强（他也为海湖学校校友）以及两个同学一起喝早茶，以下是当时的情形：

> 今天冯沃生一来就塞给邓剑强800元人民币，表示其中500元人民币是给老人协会的，300元人民币是给海湖月报社的。随后他从容坐下并为迟到表示抱歉，解释说他一直打麻将打到凌晨，就在富豪酒店睡了两个小时就过来吃早餐了。大概10点多时，冯沃生说要回去帮同学退房，随后带了两个同学过来喝早茶。他们开始天南海北地聊天。冯沃生偶尔会聊到在国外的生活："我是算幸运的。2006年，当时奥巴马还是议员，他和我一个朋友很熟的，所以我们还和他一家吃了饭，当时他还带了他的女儿。在国外，很多老番很喜欢中国武术，在唐人街很多地方都有的。"这顿早茶一直吃到了中午12点，最后由冯沃生买的单。①

从上面的片段，可以看出冯沃生在坪县的生活，是由各种饮茶、吃饭、交流、玩乐所组成的，这与他在美国的生活形成对比。作为新移民，到美国的主要任务是赚钱养家。由于移居地主流社会所设置的种种障碍，他的休闲娱乐无法完全在美国实现。而家乡成为他享受生活和消费娱乐的地方，而慷慨大方的捐赠也能给他带来心理上的愉悦与满足。这种跨界活动同时促进了冯沃生社会地位的向上流动。

---

① 2011年5月19日，笔者对坪县海湖72届高中同学聚会的田野笔记。

（二）跨国的"夸富宴"

夸富宴（potlatch）作为普遍存在于原始社会和部落中的社会制度，被学者们认为具有夸耀、显示地位、互惠与再分配的社会功能（露丝·本尼迪克特，1987：146 – 148；马文·哈里斯，1988：104 – 105；马塞尔·莫斯，2002：69 – 70）。有些原始部落的夸富宴是竞争社会地位的方式。竞争的双方有一方社会地位较高，另一方则社会地位较低。社会地位较高的一方为了保护自己的地位，尽量把宴席摆得很大、送出许多礼品；而社会地位较低的一方，为了挑战前一方以获得较高的社会地位，也倾其所有、尽其所能地设宴送礼（王铭铭，1997：143）。促进这种社会竞争的因素不是保存财富，而是散发财富（杨丽云，2007）。坎镇移民回乡也会举行类似的"夸富宴"。移民独自消费积聚在手里的财富，是不能充分证明他的富有的。于是他们定期地回到侨乡，大肆宴请家乡的亲朋好友、地方官员就成为必备的表演剧目。

黄铭广在坪县侨界甚至是五邑侨界是赫赫有名的侨领。我总共与他见了四次面，其中有两次是在坪县，第三次是在美国洛杉矶的唐人街，最后一次是在广州。每次见面大多数是由黄铭广主动打电话请我吃饭。尽管，黄铭广邀请时的态度颇为诚恳，但每次赴宴都发现他邀请者众多，我只是他宴客中的一个小配角。在宴席上，黄铭广永远是主角。他非常善于炫耀自己与"著名人物"有过交情，甚至是很好的交情，这些"大人物"甚至是托他关照才得以发展等。

董建华帮我爸打理过生意。马英九当时在美时是到我餐馆打过工的。董建华在中学读书时，当时我们一帮广东人打球，他想进来，是我将他带进来的。杨振宁的弟妹是我们乡下的，我是叫她姑或姐的……我参加的是美国安良工商会①。2009 年的 4 月

① 美国安良工商会1893 年11 月创建于纽约，现在全美23 个城市设有分会。该会以发展工商事业，增进会员福利，互助合作，注重慈善，兴办教育及推进社会公益为宗旨。成立一百多年来，该会在华人社会中具有较高地位及一定影响，是美国华人社会最大团体之一。

份，台湾"总统"马英九邀请美国安良工商会去访问台湾，我们都去了。你看，这是我和马英九的合照，而且我们每个人都有一只手表，我手上这只就是马英九送的。①

在说到马英九时，黄铭广叮嘱我，他与马英九的合照不要到处传。他说大陆这边不同意登安良工商会代表成员与马英九合照的相片。但实际上，黄铭广晒了很多张并到处派发。黄铭广特别喜欢宴请亲朋好友齐聚一堂。而被邀请的人哪怕有十万火急的事情都不得不基于他侨领的面子前来赴宴。上面所提到的从事侨务工作多年的坪县县志办主任邓剑强早上 10 点多才结束与黄铭广的早茶，刚回到家又接到黄铭广的电话叫吃中午饭，只好又从家中匆匆赶赴宴请。邓剑强私下向我表示"其实自己不想过来但又不好意思不过来"。马克斯·韦伯曾对于权力做出定义："某一行为体在一种社会关系中，尽管遇到抵抗而有机会实现自己意志的可能性"（Weber，1978：53）。而罗伯特·达尔则在韦伯的基础上给出更为直观的定义："A 对 B 拥有权力就是指 A 能让 B 做 B 本不愿意做的事"（Dahl，1957：201－215）。由此可见，侨领黄铭广对于侨眷邓剑强是具有某种权力的，使后者不愿意冒着关系断裂的风险而拒绝前者的"盛情邀请"。

我应邀参加的第二次宴请也在坪县。当天早上黄铭广宴请了坪县侨务局的大多数干部及一些同乡。听同桌的人说，这是因为侨务局领导到访美国，都是由黄铭广接待的。黄铭广人脉广且拥有一定的经济实力，因而具有很强的号召力，每次招待都能够办得有声有色，让前去的地方领导十分有面子。所以黄铭广每次回乡恳亲，都会宴请侨务局的官员，以保持联系，联络感情。在宴席上，侨务局的官员对黄铭广很是毕恭毕敬围坐在旁，并认真侧耳倾听黄的讲话，并适时地附和与微笑。就在黄铭广宴请的前一天我到坪县侨务局拜访时还碰了钉子。但在这次宴请上，侨务局官员看见我被黄铭广邀请并被安排坐在

_____

① 2010 年 11 月 29 日，笔者在坪县京华酒楼对美国路易斯安那侨领黄铭广宴请同乡的田野笔记。

他的旁边，明显对我客气有加。这从侧面也彰显了黄铭广作为著名侨领在坪县显赫的社会地位。①

　　黄铭广第三次请我吃饭是在美国洛杉矶，当时他得知我在洛杉矶进行调查，而他刚好经过洛杉矶。宴请的地点设在了洛杉矶唐人街的金龙酒家，酒家的董事长黄锦权是整个洛杉矶侨界的元老级人物，与黄铭广不但是同姓而且同乡。尽管当天黄锦权没有来，但黄铭广邀请了众多在洛杉矶的侨领，一共开席三桌。在餐桌上，我也见到了许多之前拜访过的移民。② 在此次宴席上，黄铭广还是展示了他一定的社会地位，但他的社会地位明显不如前两次在坪县那样"众星捧月"。许多侨领进餐完之后就表示要先回去了，与在坪县众多侨眷以及侨务局干部陪伴黄铭广大半天甚至是一整天的时间形成鲜明对比。黄铭广在坪县的社会地位某种程度上也是陪同他的人员用时间与陪伴而凸显出来的。

　　黄铭广第四次请我吃饭是在广州。当时他刚参加完上海市旅游局组织的华东五市游，他带着众多儿孙准备回坪县，刚好经过广州。他订了广州一家历史较为悠久的五星级酒店。我到餐厅时，已经有三分之二的人就座了。有些被邀请者已经在餐桌上等了有两三个小时，还有的家里离餐厅有两个多小时的车程。此次前来赴宴的大部分是在广州工作的坪县人。有的是黄铭广的同学，有的则是同乡。大概过了半个小时之后，黄铭广一行十多人到了。他的几个初中同学忙起身主动上前跟他握手。随行的还有坪县侨办的人，他们前去广州白云机场接黄铭广一行人，并在下午将其送回坪县。我在饭桌上还意外碰到了在坪县调查就认识的坪县侨务局的司机师傅。黄铭广见到我很高兴，并带着我到众人面前吹嘘，说在美国洛杉矶的时候帮助我良多。在饭桌上，与我同桌的一位阿叔先是问起了餐厅喝茶的价格。负责帮黄铭广组织这次聚餐的黄先生表示，这里是五星级酒店，价格都不便宜的，

---

　　① 根据 2010 年 11 月 30 日，笔者在坪县京华酒楼对美国路易斯安那侨领黄铭广宴请同乡的田野笔记。

　　② 2012 年 2 月 8 日，笔者在洛杉矶对美国路易斯安那侨领黄铭广宴请亲戚及乡里的田野笔记。

最便宜的小点的都要十几元，贵的还有几十元的，茶位每个人八元钱，还要加收服务费。在座的胡先生则表示自己 10 点钟就来这里占位了，因为拿到三个连着的大桌不是这么容易的事情。他们还絮絮叨叨地谈论了一下宾馆的规格以及这里菜式的昂贵。虽然他们的生活过得不错，但也不会经常光顾五星级宾馆。[①]

在广州的宴请与前三次不同，此次参加聚餐的人大多数是从坪县到广州读书并留在当地工作，大部分是拥有一定社会经济地位的中产阶级。许多是黄铭广当年的小学、中学同学，他们的平均教育水平也比黄铭广高。但多重跨界行动却使黄铭广以"美国侨领"的身份，跨越民族国家的界限与社会等级的藩篱来重构自身的社会身份与地位。这种"做阶级"（doing class）的互动实践，透过在地的生活空间与文化资源来重塑了黄铭广在坪县、广州、美国不同场域中的社会地位。

（三）跨国族务

坎镇移民除了不定期地返乡省亲、宴请乡里之外，他们很重要的跨国阶级划界活动就是建立拥有广泛跨国联系的宗族网络并积极地展开各种世界宗亲恳亲大会、编纂族谱、修建宗祠等活动，使得原本拘泥于一定区域的宗族事物逐步演变成跨越国界的宗族活动。与此同时，地方政府也积极与这些跨国宗亲组织通力合作，承办了各种世界性同乡大会和宗亲大会，试图从中寻求华人投资、推动地方经济发展的重要契机（廖赤阳、刘宏，2008；麻国庆，2009：119）。

上文曾提到在美国由于"游手好闲"被耻笑的伍建威，我在美国访谈他时，他已经准备重新回到坪县寻求商机。伍建威回坪县没多久就成立了摄影工作室。与此同时，他也打算将部分精力用在伍氏宗族事务上。[②] 他回国的第一件事情就是以世界伍氏宗亲总会伍子胥[③]学术研究会副会长以及随团摄影师的身份参加并全程记录了在广东顺

---

① 2012 年 2 月 8 日，笔者在广州东方宾馆对美国路易斯安那侨领黄铭广宴请同学及乡里的田野笔记。

② 根据伍建威 2011 年 10 月 4 日 QQ 空间日志整理而得。

③ 伍子胥，春秋时期著名政治家，相传为伍氏始祖。

德召开的世界伍氏宗亲总会第九届恳亲大会。

而上文提及的洛杉矶中华会馆原主席伍京均也以总会理事长的身份参加了此次恳亲大会。在此次会议中，伍京均地位显赫，不仅就座主席位的中央，还在恳亲大会上首个致辞。在开场白后，伍京均首先介绍自己以世界伍氏宗亲总会理事长的身份，经多方协商最终解决了祖墓的拆拢问题，最后他还雄心勃勃地表示要积极推动原伍氏祖产——广州绿园书院申请历史文化遗产的工作以及《伍子胥传奇》一书的编撰。在解决祖墓拆拢的过程中，伍京均利用海外华侨华人的特殊身份，在与当地各方利益博弈中占据极其有利的位置，这使他不仅顺利地解决了此事，还由此在世界伍氏族内提高了自身的社会地位与声望。[1] 此次恳亲大会由伍建威全程录像。在制作录像时，他特意加上了一段极富感情的歌曲，其中歌词如下："最甜是故乡水，最好是故乡人……多谢你数十年，牵挂众乡邻。多谢你为家乡，解囊送真情。多谢你难以难舍客家梦，乡情是酒爱是金。"[2] "最圆是故乡月，最深是故乡情"是伍建威这将近十年在美生活的最有感触的体会。这不仅饱含着对于家乡的真挚感情，还是对于自己无力改变自身阶级脱位的困境的真实写照。"多谢你数十年，牵挂众乡里。多谢你为家乡，解囊送真情"则是从虚写的角度描述了侨乡人对于移民的社会期待。这种期待既是移民积极参加跨国实践的动力，也以一种"被需要"的方式为移民实现跨国阶级向上流动提供了可能。

对于在移居地具有一定经济地位的族裔企业家伍京均来说，参与跨国族务能够进一步提高声望与实现社会价值。参加这样的盛会本身，也正是他在祖籍国与移居国均享有荣耀的体现：他在移入国的社会地位，通过被中国官方认可而得到进一步提升；而他在中国地位则由于其在移居国的地位而受到家乡人的尊重（参见 Li，1999）。而对于在移居国不甚如意的伍建威来说，参加这些恳亲大会也能够弥补他由于阶级脱位而造成的心理失落以及实际社会地位向下流动的缺憾。

---

① 根据伍建威提供的"世界伍氏宗亲总会第九届恳亲大会"实况录像整理。
② 根据伍建威提供的"世界伍氏宗亲总会第九届恳亲大会"实况录像整理。

无论对于前者还是对于后者来说，跨越国界参与这些世界性宗亲会是重新修复经济、声望与权力三要素，实现社会评价体系统一的重要实践。当然，这些跨界者对于所属社会阶级的协商并不是毫无依据的，而是受到其在移居国的社会经济地位的制约。比如伍京均原本不低的社会地位为他在跨国宗族网络中赢得了更高的荣誉。但对于原来社会地位不高者（比如伍建威），也是一次重新实现跨国阶级向上流动的旅程。

（四）"回报桑梓"

除了回乡"叹世界"、跨国宴请以及参与世界性宗族活动之外，对于坎镇移民来说，最传统也是最主要的跨国实践就是社会文化馈赠。王爱华就曾指出："施善，是一种文化积累的活动，就像节日里发礼物一样，一个人把自己的经济资源分发给人们（或者说挥霍）。作为一种公益活动，施善是文化积累的一种引人注目的形式，它是其他资本形式（如教育、象征等）之后最后可借助的一种策略——如果其他资本形式未能帮助一个人提高其社会地位。"（Ong, 2007）

坎镇移民返乡后为了获得侨乡社会的认可，追求在侨乡社会范围内的地位和声望，往往在学校、医院、图书馆、修路、侨刊等公共事业上进行大量馈赠，引起当地熟人社会的注目和羡慕，从而补偿了他们在移民前与目前在移居地所遗缺的社会声誉，这对于出国前在家乡社会地位不高以及在移居地处于边缘地位的移民来说尤其如此。

1. "人过留名"

方传捷是美国旧金山的著名侨领，时年 85 岁。方传捷家里三代都是美国华侨。他在 20 多岁时被在北美经商的父亲从坪县接到了美国。由于家庭支持，他得以在美国继续大学学业。大学毕业后，方传捷一直从事保险业。他的两间保险行都设在旧金山唐人街的边上。我去拜访方传捷时，看到他的保险行挂满了在唐人范围内获得的各种荣誉。在他办公室最显著的位置还挂着与时任国家主席江泽民的握手相片（见图 3-2）。

图 3 - 2 方传捷与时任国家主席江泽民的握手相片

在与方传捷的接触中，我发现他特别健谈，尤其是很善于表现自己对家乡的贡献，以及通过强调与中美政要的接触来显示自己的社会地位。在刚见面时，他就赠送了一本自己的摄影集，集中了他与中美政要及社会贤达人士的合照。当我坐下来开始访谈时，他还特意强调我坐的位置许多国家政要都曾经坐过：

> 彭克玉（笔者注：时任中国驻旧金山总领事）和我也是很熟悉的。他也是在你坐的位置上跟我聊了一个多小时。还有赵美心，她是洛省（笔者注：指洛杉矶）的（笔者注：时任）国务院参议员，她也是跟我很熟悉的，在我这里，也是在你这个位置上跟我聊了很久。我跟这些国家领导人，美国的政要都是很熟悉。当时胡锦涛访问时，美国总统布什还邀请我去啊。你看照片，胡锦涛在这里，小布什在这边（笔者注：照片上只看到方传捷本人，根本看不到国家政要，估计是距离比较远）。①

---

① 2011 年 10 月 27 日，笔者在旧金山方传捷保险行对侨领方传捷的访谈。

我在与方传捷的两个小时攀谈里，他基本上都在介绍自己对家乡的贡献：1987 年，方传捷以旧金山溯源堂总堂[①]主席身份与家乡的同宗方戎邑等人商量重新修复位于坪县的溯源家塾，也即全世界溯源堂的发源地。经过多方协商，1988 年，方戎邑、邝全新等作为坪县溯源堂的代表以公务考察的名义访美，希望能够筹得款项重修溯源家塾，但一些老华侨由于土地改革受到波及，对于大陆来的官员仍抱有一定敌意，不愿接待方、邝一行。溯源堂总堂位于旧金山（坎镇移民称为"大埠"），时任溯源总堂主席的方传捷提出应摒弃党派之见，专注于自身内部宗族事务的讨论。由于方传捷的从中协调，方戎邑等人最终得以到二埠拜访溯源堂主席，并提出筹款的请求。在筹款过程中，作为总堂主席的方传捷发挥了极大的作用，总共筹集了 8 万美金。跨国宗族网络在上述过程中也得到了修复。1989 年 10 月，雷、方、邝三姓宗亲在坪县溯源家塾举行重修落成典礼，许多海外移民都回来参加典礼。[②]

方传捷在此次重修溯源家塾上不仅带头捐资，还扮演着招揽人心、筹集资金的"领头羊"角色。此后，方传捷陆续投入总额 100 万元人民币给自己家乡的村小学——崇义小学。[③] 方传捷在访谈过程中还特意拿出了崇义小学的照片向我展示。崇义小学建好后不久，方传捷个人捐资 210 万元，并由坪县政府补贴了两倍的资金，重修了坪县一中的主教学楼。学校为了表彰他的贡献，特意为其塑造铜像，摆在了主教学楼一层的中央，正对着校门口，十分醒目（见图 3 - 3）。[④] 在捐资坪县一中的同时，他还对曾就读的广州一所中学捐资 100 万美金，并参与设计了该校的图书馆。

---

① 清朝年间，坪县的雷、方、邝三姓宗亲为了抵御附近大姓的欺辱而组成联宗宗亲会，其在家乡的组织称为"溯源家塾"。后三姓宗亲多往海外，逐渐建立海外派生组织，遍布北美，是北美重要的社团之一。

② 根据 2011 年 5 月 23 日，笔者在坪县区对原坪县侨办主任方戎邑的访谈。

③ 根据 2011 年 10 月 27 日，笔者在旧金山方传捷保险行对侨领方传捷的访谈。

④ 根据 2010 年 10 月 28 日，笔者在坪县一中的田野调查。

图 3-3　坪县一中矗立着方传捷的铜像

　　方传捷的跨国实践除了传统的文化馈赠之外，他还积极地参与到侨乡地方的社会政治事务当中。在 20 世纪二三十年代，大量华侨回乡置业，先后建起了集村落景观与中西建筑风格为一体的建筑群——坪县碉楼。从 2000 年开始，"坪县碉楼与村落"申报世界文化遗产工作正式启动。当时中国申报世界遗产的项目有一百多项，"坪县碉楼与村落"面临着极其严峻的挑战，但经过多方努力，坪县碉楼终于得偿所愿。根据方传捷提供的"故事版本"，他在此事上扮演着举足轻重的角色：

　　　　坪县搞这个碉楼的时候，当时坪县报上去，人家说你等排队啦，中国很多地方都在申报世界遗产呢，我就跟这个钱其琛说这个事情，因为当时他来这边是我接待的，后来他也邀请我到中南海访问的。我就跟他说。他很快就到坪县来，看了坪县的碉楼，还去了我家乡看了，然后回去才把坪县的这个碉楼申报提前。后来拿去申报，当时是在纽西兰申报的，我又去找这个联合国的人，后来成功了之后就打电话给我，我是第一个知道这个申遗成功的，当时坪县还不知道的。①

_____

① 2011 年 10 月 27 日，笔者在旧金山方传捷保险行对侨领方传捷的访谈。

虽然方传捷的口述似乎有夸大之嫌，但也反映了大部分的事实。2012 年我到坪县碉楼的景区之一参观，在展览厅里特别开辟了一栏专门介绍华侨华人在此次申遗中所发挥的重要作用，其中提到了方传捷，并附上他与夫人回乡恳亲受到热情接待的图片。①

2010 年 12 月方传捷回到坪县，积极促成距离旧金山不远的密市与坪县结成姐妹城市。他在阐述这件事的来龙去脉时特别强调了自己拥有高层人脉的重要性：

> 上次我去年到坪县，不是结成这个姐妹城市吗？当时要缔结这个友好城市不是这么容易的，又要这个审批那个审批的，坪县那边上报，人家中央说这种事情有几千个城市在等着批准，还没轮到你们。是我打电话给中央侨务办主任说这个事情，马上就批下来了。②

我在旧金山调查时，方传捷刚好到密市办事，顺便带去密市转了一圈。经过密市市政大厦时，方传捷还不忘说："这个就是市政大厦，里面还有我的相片，因为我帮密市和坪县结成姐妹城市。"③

从倡议筹款重修祖祠到捐资村小学、市中学，从祖籍地的馈赠到非祖籍地的捐资，从经济上的捐赠到文化交流与政治支持，方传捷从 20 世纪 80 年代开始不遗余力地参与到各种跨国实践中，也不断延续了与家乡的道义关系，担任起为家乡提供公共福利的社会责任。在方传捷眼中，自己的贡献堪称巨大。但他的所作所为却逃不出"博取名声"之嫌。我在坪县司徒氏图书馆第一次见到方传捷，图书馆主任司徒良杰在旁边小声地跟我说："他这个人就是要名而已。"而移民周光贵也认为方传捷积极地介入坪县的政治事务更多是为了提高自

---

① 根据 2012 年 11 月 21 日，笔者在坪县参观立园所做的田野笔记。
② 2011 年 10 月 29 日，笔者与旧金山侨领方传捷一起参观密市的闲谈。
③ 2011 年 10 月 29 日，笔者与旧金山侨领方传捷一起参观密市的闲谈。

己的社会声望，其实质的贡献极其有限。①

不管别人如何评价，方传捷通过跨国活动，从一个不为人所知的海外族裔企业家成为侨乡人所尽知且国家不得不倚重的"著名侨领"，这不能不说是一个跨国阶级向上流动的典型个案。尽管他经济实力在移民中堪称雄厚，但这种经济地位在移居地却难以得到完全表达。方传捷凭借自己的相对经济优势以及"侨领"的特殊身份，频频参与祖籍地的跨国活动。无论是在侨乡，还是在海外族裔聚居内，他的名字几乎无人不晓。作为一个移民，他游刃于祖籍地与移居地之间，并很好地实现了"荣归故里""光宗耀祖"的心愿，成功地在侨乡地方社会以及海外族裔聚居内提高了自己的社会声望，实现了季节性的社会地位表达。

2."女当家人"

以往我们在讨论跨国实践时，往往会忽视移民的性别因素。许多跨国主义研究是基于男性移民而得出的结论。这与历史上男性移民较多而且也更积极参与跨国实践有关。尽管如此，我们也不可忽视女性移民的跨国实践。以坎镇的情况来说，这些女性移民对于娘家、夫家的社会文化馈赠，足以在侨乡地方社会的公共文化事业方面撑起"半边天"。

麦雨琴是为数不多的长期住在祖籍地的移民之一。村里的人都亲切地称她为"琴姑"。1952 年，琴姑去香港与丈夫团聚。1988 年全家移民美国。琴姑在美国主要在餐馆里做点心。先生去世后，琴姑独自一人回到夫家月山村长住。她一年中大半部分的时间都待在村里，偶尔上到市区与老友们喝喝茶。由于长期在村里，琴姑对家乡甚为熟悉，既为方便自己出行也出于对村里的感情，这些年来，她陆续出钱修缮村里的道路、牌楼、宗祠以及寺庙（见图 3-4）。当然，做慈善并非总能获得赞誉与支持。琴姑对于村里的大小事务的过问也招来一些村民对于这位"外来媳妇"的非议。

---

① 2011 年 9 月 9 日，笔者在洛杉矶至德三德公所对洛杉矶谭江联谊会元老、至德三德公所顾问周广贵的访谈。

图3-4　麦雨琴捐建的牌楼、村庙等

　　在我去月山村进行调查时，她正打算将2005年她捐资修建的村路重新扩展。然而此次修路并没有以往顺利。麦雨琴及村里其他移民之前捐资所剩余的资金（1.5万元）放于侨委会，需要全村人开会来决定是否取出这笔钱用于修路。更为重要的是，完成修路需要村大队追加5000元。有些村民并不同意从侨委会支取这笔钱，更不愿意让村大队再出5000元，况且扩路会使得路边的菜地受到影响，伤害到一些村民的利益。对此，琴姑颇多怨言。就当时的情形看，琴姑此次修路应该说困难不小：不但大部分村民不愿自掏腰包，加上当时美国遭遇金融危机，许多移民自顾不暇，未必有足够能力追加资金用于修路。然而，事情没过多久就有了转机。琴姑与村长以及另外几位加拿大华侨司徒昨伦、司徒潮等人商量开一个讨论会议。我也参与了当时的会议，尽管村民私下有不同意见，但由于琴姑和村里几位华侨的鼎力支持，反对意见并没有机会在会议上出现。① 会议开完后，资金仍然还没有到位。琴姑表示起码要一月份才能够制订出完整的计划。然而令人错愕的是，我当时因事回了广州。一个星期后回到月山村，我发现这条路竟然已经修好了。琴姑一见面就说：

　　　　这条路已经弄好了，你没看见吗？本来是说大队出一点的，但后来村里意见不统一。我考虑到这点后，后来就不从大队出

————————
　　①　根据2010年12月12日，笔者对坪县坎镇海湖月山村开会商量扩路事宜进行的会议记录。

钱，全部从侨委会拿钱，侨委会有1.5万元，有个华侨又出了1000元，就差不多够了。我还拿了2500元。这条路现在已经弄好了，很快的。农村这些人是很自私的，他就想你华侨出钱修路给他用就好，让他出钱他就骂死你的。①

尽管琴姑向我抱怨村民不愿出钱，但2010年正值金融危机席卷北美，拥有在籍人口不到50人、却拥有海外移民100多人的月山村竟在短短的时间内筹措侨资，并用之扩路。可见，尽管受到近年北美国家尤其是美国的经济衰退的冲击，琴姑对于夫家的道义责任依然在延续。琴姑也在这个过程中，充分利用其在海外的比较经济优势，从由一个在海外打工的点心师傅跨国阶级向上流动为村里说一不二的"当家人"，重新构建了自己的社会身份与地位。

3. 重拾荣光

在分析移民的跨国阶级划界时，我们不能忽视的是政治因素对于海外华侨华人的社会身份与地位的影响。在不同的历史时期，海外华侨华人的地位是存在很大区别的。在"海外关系"被污名化的阶级斗争时代，华侨华人不但没有享有更高的社会地位与特殊的社会待遇，反而由于受土地改革及随后政治运动的冲击，一些华侨家庭被划"华侨地主"，失去房产、土地甚至是亲人的生命（见第二章第二节）。改革开放后，曾经被官方历史贬低的华侨华人需要通过捐建宗祠、编撰族谱以及文化馈赠等跨国实践来挽回曾经拥有的地位与荣光，弥补由于历史原因造成的自己与家族社会地位的向下流动。

关荣杰就是一个重拾荣光的典型例子。关荣杰在民国时期为国民党官员，在坎镇一带是一位颇有威望的士绅。无论是在领导抗日还是赈灾救民方面都表现卓越，被当地亲切而恭敬地称为"荣杰公"。1949年国民党战败后，关荣杰随军去台而后辗转到美。由于其特殊的经历，"反右"与"文化大革命"两场政治运动对关荣杰尤其是留在国内的亲属造成很大创伤，家里所有的土地及房产都被政府没收。

---

① 2011年1月5日，笔者在坪县坎镇海湖月山村美籍华人麦雨琴家对其的访谈。

1984 年落实侨房归还政策后，在地方政府及家乡关氏宗亲的鼓动下，关荣杰时隔三十多年第一次回乡。同年，他决定捐资关族的中学——光裕中学。随后，他捐资重修关族大宗祠，其中在宗祠二楼的勋衮堂以其父名字命名。到了 20 世纪 90 年代，他积极利用"华侨"身份，将曾作为封建遗产被没收的供奉着刘关张赵四姓先祖的龙冈古庙从政府手中要了回来，并出资重修古庙。祠堂与古庙的重修更进一步重建了关荣杰在整个关族中的地位。祠堂里部分相片、对联和题字都出自关荣杰之手。祠堂在一年间落成，揭幕礼当天，海内外的刘关张赵四姓宗亲齐聚一堂，大摆宴席。正如景军（Jing，1996）所指出的，重建祠堂是一个重写本地历史的过程，而在动员重建的过程中，一度被官方历史压迫的人，试图重拾他们在地方的社会地位。在这个故事中，地方政府为了获得侨资，逐步开放了空间让地方重新书写历史，让曾经作为被压迫者的海外移民有机会重新获得话语权。尽管官方和地方的历史相互矛盾，但却在地方政府的默许与包裹下，没有产生正面冲突（参见林蔼云，2006）。

而最让关族人津津乐道的还是关荣杰在临终前"不计前嫌"地将归还给他的"侨房"捐给关族图书馆。1996 年，关荣杰弥留之际打电话给同在旧金山的同宗关中禄，告知自己的捐资意愿。关中禄将其全程录音，部分内容如下：

> 我在坎镇有四间铺，预备找多几十万去修理好，捐给图书馆，上面刻着关荣杰捐助关氏宗亲、关族图书馆，是为慈善基金会之用。每年，可以将铺租租金做慈善，或给贫穷者施舍寒衣，或给老人家也可以。这个由图书馆处理。①

从上面的遗嘱可以看出，关荣杰延续的是一种济危救困的道义传统。这个事情几经辗转，最终由关荣杰在香港的侄子关中望拿着遗嘱

---

① 录音全文登载在《光裕月报》第 112 期，由于是以粤语口音为基础誊写出来的文字，笔者将大概意思概括并转译成普通话。

说服关荣杰子女,将铺业于 2010 年正式委托给关族图书馆,其所得租金由关族图书馆支配。

关荣杰的临终之举给他在族内赢得了颇多赞誉。首先是关族的月刊《光裕月报》给予关荣杰很高的评价,并着重表扬了他"不计前嫌"的美德。① 关荣杰去世后,其曾捐巨资的龙冈古庙也拟了副挽联总结其一生的功德:"国难八年,布德施仁,侨梓沐恩称族宝;战后半纪,义薄云天,龙冈兴盛挽忠魂。"关族图书馆早前为关荣杰立了一个白玉雕像,放置在关族祠堂二楼大厅(也即以其父命名的勋衮堂)的正中位置(见图 3-5)。2010 年 10 月,关族图书馆还专门为此举行了"荣杰公铺业捐赠暨荣杰公汉白玉雕像和荟英厅揭幕仪式"。在这个仪式上,关族宗亲又再次赞扬了关荣杰对于宗族的卓越贡献。许多比关荣杰经济实力更强的侨领都没有得到如此殊荣。

图 3-5 关族祠堂正中位置矗立着关荣杰的白玉雕像

关荣杰一直到去世的前十几年里,不遗余力地对家乡进行文化馈赠,此举不仅在熟人范围内树立了一个旨在促进公共福利的"新士

① 《光裕月报》复刊 112 期,2010 年 10 月至 12 月,坪县关族图书馆出版,第 8、16 页。

绅"的良好形象，还重拾了他在家族、侨乡地方社会中的社会地位。这里要指出的是，关荣杰不仅是为了改变自身的社会身份，如果仅是为了这一点，他没有必要选择在临终仍然将祖业捐出来。他所致力于的还是整个家族甚至宗族在侨乡中的社会地位重构。

4. 后来居上

前面三个故事的主角都是老华侨，由于其移民时间较久，在海外拥有一定经济实力，他们所面临的更多是经济地位上升而社会声望下降的情况。但对于新移民特别对于国内拥有一定地位的移民来说，迁移所造成的财富与声誉之间的断裂也许更为严重。

李国胜在移民前是一所中学的体育老师，其退休后由家人申请移民美国。虽然拿着原单位的退休金到美，但足够在国内过着小康生活的退休金显然无法应付在美支出。为了贴补家用，李国胜在唐人街的餐馆找到了洗碗的工作，工作了十年才正式退休。2010 年，恰逢李国胜回坪县恳亲，我的关键报道人、《海湖月报》的主编邓剑强将其介绍给我，以下是当时的情形：

> 李国胜进了酒楼后，先跟邓剑强夫妇打招呼，我也起身打招呼。邓剑强就跟我介绍李国胜，并赞扬李国胜支持《海湖月报》，捐了很多钱，邓太太也附和。李国胜推辞谦虚了一番，然后掏出一沓人民币，边数边说，我给《海湖月报》几百元啦，就把钱给了邓剑强。邓剑强就说那就多谢啦。接着，他又拿出一张 20 元美金，跟邓剑强说这是给你的。邓剑强说这怎么好意思呢，推脱一下就收下了。然后李国胜又掏出一张 20 元美金给邓太太，邓太太推让了一番后也收下。接着，李国胜掏出了一张面额为 10 元美金的钞票给了我，我比较惊讶，连连摆手说我就不用了，然后李国胜说没关系讨个吉利，我看了看邓剑强和邓太太，他们说主席给的就收下吧，我就收下了。①

---

① 2010 年 11 月 6 日，笔者对美籍华人李国胜回乡所进行的田野笔记。

从上面的社会互动场景可以看出，李国胜尽显"大方"与"慷慨"之态。但我后来到洛杉矶再次拜访李国胜，了解到李国胜目前与老伴儿的生活主要依靠每月政府所给予的 800 美元救济金。尽管如此，他还是积极地参与到对于家乡侨刊的资助中，偶尔他也会发表自己的诗作于《海湖月报》或《坪县明报》等侨刊上。这些报纸之所以刊登李国胜的诗作，很大程度上是由于他时常给这两个侨刊以经费。

李国胜同时兼任美国洛杉矶唐人街多家侨团的领导。他的名片上有不下十几个头衔。李亦园（2002b: 122 - 124）在对马来西亚华人社团领袖的研究中指出，个体兼职的社团领导越多，其可施加的影响力会由于社会网络在不同程度的叠加而更甚。李国胜也不例外，但这种"海外侨领"的形象是需要物质化手段来进行塑造的。李国胜每次回到坪县的费用都不菲，这既包括宴请亲戚朋友、同事同学的费用，还有捐助学校、侨刊、侨报等公共文化事业上的开销。

在坎镇，有很多新移民像李国胜一样沿着老华侨与侨乡建立的道义关系的路径依赖，携带着并不丰厚的财富回到家乡重新协商自己所属的社会阶层。虽然，新移民的捐助数额比不上一些经济实力较好的老华侨，但由于新移民人数众多且频繁往来于家乡与移居地，导致地方社会所接收到的馈赠从整体上呈现源源不断且持续发展的态势。

更为重要的是，移民在跨国阶级划界的过程中，跨越民族国家边界与社会阶级的区隔来协商自身社会阶级的定位。这些移民群体通过支持侨乡的公益事业，以有意无意的炫耀方式向家乡人展示其"成功"，以提高自己在祖籍地的社会地位与声望。这种通过跨国实践穿越于不同空间而实现社会地位向上流动的方式往往屡试不爽。移民在祖籍地所寻求到的阶层归属都会高于在移居地实际所属的社会阶层。其原因无不与侨乡对移民的归类有着密切关系，这在后文会撰述。

三　社会地位落差的形成与廉价的社会地位补偿成本

由于跨越多个社会文化空间，迁移个体的资本积累并非如布迪厄所认为的那样是在一个封闭及静态的社会空间内的。移民在移居国与祖籍国经常面临两种完全不同的社会地位等级（Levitt & Glick - Schiller，2004；Raj，2003）。上文就提到坎镇移民从社会阶级脱位到跨国阶级跨界，导致了他们在祖籍地与移居地的社会地位不一致性，我称为"社会地位落差"。移民的社会地位落差会对社会地位补偿的成本产生直接作用，从而最终影响其对于社会地位补偿的需求。

（一）价值"膨胀"

货币作为一国经济的象征，在很大程度上反映了一国的经济实力及其在世界体系中的位置。由于祖籍国与移居国在世界体系中的位差，中国与坎镇移民的主要移居国（美国和加拿大）之间存在客观的货币汇率的差额。这种差额既进一步制约着坎镇移民在跨界过程中所面临的社会地位落差，也影响了实现社会地位补偿的成本。

以坎镇移民人数最多的美国为例，1994 年以前，尽管美元兑人民币汇率较低，但由于侨乡本地普遍生活水平不高，移民带回的美金具有很高价值。1994 年后中国实行以市场供求为基础的、单一的、有管理的浮动汇率制度，美元兑换人民币的汇率受到中美两国经济差距的影响，美元对人民币大幅度升值，美元兑换人民币比率很长时间处在 8 以上，直到 2007 年才跌破 8。[①]（参见图 3 - 6）

尽管与此同时，侨乡本地经济有了长足发展，但在这种悬殊的货币汇率下，移民将海外赚来的"辛苦钱"带回侨乡时出现了价值"膨胀"。这极大地降低了社会地位补偿成本以及提高了移民进行社会地位补偿的能力。侨眷邹竞智的大姐与二姐均随夫家移居美加，而

---

① 1994 年以前，中国为均衡国际收支，采用了以钉住出口换汇成本为主的从爬行钉住到管理浮动汇率制度。我国采取以官方汇率为主、和市场汇率并存的汇率形成机制。当时中国政府强烈干预，美元兑换人民币的汇率一直处在较低值状态。但随着中国对外开放不断深入，需要不断引进外资发展本国经济，开始不断对人民币进行贬值。与此同时，美国采取强势美元的货币政策，导致美元兑人民币大幅升值。1994 年至 2005 年 7 月 20 日，中国为维持汇率的稳定，再次采用了钉住美元的汇率制度；2005 年 7 月 20 日以后，中国汇率政策的目标变为保持人民币汇率在合理、均衡水平上的基本稳定，采用了以市场供求为基础、参考一篮子货币进行调节、有管理的浮动汇率制度，人民币汇率保持着稳中有升的状态（参见于森，2012）。

图 3-6　1978—2016 年美元兑人民币汇率

小儿子也在加拿大的多伦多打工，对于移民的这种相对经济优势他是这么说的：

> 华侨的含金量是很高的，因为以前在 80 年代的时候，我们这边赚几十元，在那边赚到几百美金，人家赚一个星期相当于我们这边赚一年的。所以那些华侨回来花钱是随便花，对于他们来说，国内的东西实在是太便宜了。因为我们这边和海南不一样，海南主要是去东南亚，而我们这边都是去发达国家，美国、加拿大，美金相比人民币高很多，这种差别是很大的。①

邹竞智指出，与前往东南亚的移民相比，北美移民具有更大的相对经济优势（本书第五章会对此进行详细论述）。尽管近年来，人民币升值使得从海外移民的"含金量"出现降低。②但美金和加币在侨乡的价值仍然是"膨胀"的，这也降低了移民回乡的实际费用："现在国内的东西也贵了，物价也蛮高的，但相比美国来说还是低一些

---

① 2011 年 5 月 15 日，笔者于坪县雅致酒店对原坪县广播电视大学校长邹竞智的访谈。

② 2005 年 7 月 20 日以后，中国汇率政策的目标变为保持人民币汇率在合理、均衡水平上的基本稳定，采用了以市场供求为基础、参考一篮子货币进行调节、有管理的浮动汇率制度，人民币汇率保持着稳中有升的状态（参见于淼，2012）。

的。这边（指美国）拿回去花，还是觉得会便宜一些。"① 由于两国的货币汇率导致的价值"膨胀"，也使得移民在移居地所赚到的钱用于跨国实践时具有较高的社会效用。

（二）较高的社会效用

在迁移后，大部分的移民在移居国的相对收入原本就要高于祖籍地，加上受到祖籍国与移居国的货币汇率差额的影响，移民的绝对收入要远高于祖籍地的平均收入水平。因此，同样支出在家乡所实现的消费价值要比在移居国高得多，其所产生的社会效用也更为明显（参见黄重言，1994：186）。

虽然坎镇移民属于劳工移民，在北美地区的平均收入属于中等偏下，但与祖籍国的平均收入相比要高。2011 年坪县人均收入是16567.5 元人民币。2012 年坪县人均收入是 18671.5 元人民币。② 而根据我的调查（2011—2012），坪县移民在北美一年的人均收入为 3万美元左右，是坪县本地人的 10—12 倍。由于美元在每个国家的实际购买力存在差异，所以除了人均收入外，还要参考祖籍国与移居国在"购买力平价"（Purchasing Power Parity，PPP）上的差异（Stalker，2002：36）。根据世界银行发布的数据，2011 年中国大陆的人均购买力（PPP）为 1.02 万美元，而美国与加拿大的人均购买力平价分别为 5.07 万美元与 4.08 万美元。2012 年中国大陆的人均购买力（PPP）为 1.13 万美元，而美国与加拿大的人均购买力平价分别为5.29 万美元与 4.14 万美元。总的来说，美加的人均购买力是中国大陆的 4 倍左右。③

这种在收入及购买力上的差异也使移民进行跨国实践所需成本大大降低了。移居美国的关民是个典型例子。关民于 20 世纪 80 年代移民，在洛杉矶的华人餐馆打工十年，现已退休。关民于 2010 年年底回乡恳亲，捐给关族图书馆 3 万元。在访谈中，他说道：

---

① 2011 年 9 月 7 日，笔者在洛杉矶老唐人街与金龙酒家李国胜喝茶时的闲聊。

② 江门市统计局、国家统计局江门调查队：《江门统计年鉴 2013》，第 194、196 页。

③ 数据来源于世界银行，参见 http：//databank.shihang.org/data/reports.aspx？source = 2&type = metadata&series = NY.GNP.PCAP.PP.CD。

3万元人民币，也就4000多美金。我虽然说退休金不多，一个月有800美金……四五个月的退休金，我自己也吃不了这么多的。难得回来一趟，肯定是要给图书馆的，支持一下家乡嘛。①

对于经济状况非常普通的关民来说，4000多美金虽不是小数目，但也并没超出自己的经济能力范围。而对于捐赠对象——地处乡村的关族图书馆来说，3万元人民币所带来的社会效用是显著的。关族图书馆的工作人员在访谈中提到了这笔捐款：

我们今年图书馆有收到关民的3万元（人民币），算是比较多了。我们图书馆每个季度要出《光裕月报》，这些钱够出两个季度的侨刊了，包括侨刊的印刷费及寄到海外的费用。虽然说现在人民币是升值了，但是美金怎么说也是有六点几的汇率。以前美金更值钱时，华侨给一千美金，我们就差不多有一万了。而且以前的一万能干很多事情了。②

尽管坎镇移民在外的经济状况大多并不理想，即使个别移民通过努力小有所成，但也大多局限在移居地的华人聚居区族裔经济，属于移居地主流社会的边缘。但移民利用祖籍国与移居国在世界体系中位置的差异，其经济地位在跨国范围内很容易显示出比较优势来。关族图书馆主任司徒良杰表示：

去北美的华侨在外面也是做下等公民，都是干低等活，比如餐馆等服务行业啊，当地人不想做的就给你做咯。他们很多在当地也生活得比较艰辛，但北美毕竟是发达国家。比如你赚1000

① 2010年11月3日，笔者在坪县坎镇对美籍华人关民的访谈。
② 2010年11月3日，笔者在坪县坎镇对关族图书馆工作人员的访谈。

美元，在美国就不算什么，但兑换成人民币有将近 1 万元，那你拿回来请大家随便吃，也顶多花个两千多元。他们虽然在美国的生活比不上白人，但是和家乡比起来还是好一些的。他们寄钱回来也会显得比较多，能显示他们的主要价值。①

因此，对于在移居国从事低薪工作的普通移民来说，将省吃俭用积攒起来的小部分存款用于侨乡的社会文化馈赠，就足以在侨乡地方社会获得一定的声望与地位，实现移民回乡"叹世界"的愿望。尽管近年来人民币升值带来一定的影响，但坎镇移民进行社会地位补偿的成本仍然相对低廉，这一方面导致移民社会地位补偿需求的产生，另一方面也促使非营利的传统道义型跨国实践在坎镇移民中普遍出现。

第二节　持续的社会地位补偿供给

社会地位补偿并不只停留于移民的主观想象，其真正实现还涉及谁赋予移民社会地位及声望的问题，也即社会地位补偿的供给者的问题。虽然社会地位补偿是社会行为而非纯经济行为，但它得以运行的基础还是受到"需求—供给"模式的影响。上一节主要讲述了坎镇移民为什么需要社会地位补偿，如何通过传统道义型跨国实践实现社会地位补偿，本节则主要从供给角度来讨论社会地位补偿得以展开的基础。下面我将从坎镇地方政府、民间社会以及海外离散社会的角度进行论述。

一　"谦卑"的坎镇地方政府

在各种社会地位补偿供给的主体中，地方政府所扮演的角色极其重要。这一方面是由政府的权威性与合法性所决定的，政府给予的社会地位补偿在许多移民心目中比其他供给者的补偿要更为重要，也更

---

① 2010 年 8 月 28 日，笔者在坪县坎镇司徒氏图书馆对图书馆主任司徒良杰的访谈。

能抬高被补偿者的社会地位。另一方面，地方政府的行动对于其他行动主体也具有引导与示范作用。下面就坎镇、坪县地方政府的补偿供给进行阐述。地方政府之所以愿意为移民提供社会地位补偿不外乎移民能够满足他们发展地方经济与获得政治支持的二元需求。对于坎镇地方政府来说，他们的供给动机主要出于发展地方经济的目的。因为虽然他们也希望获得移民的海外政治支持。但由于坎镇移民是由新、老移民所组成，政治立场较为多元化，导致坎镇移民作为一个群体很难被祖籍地政府整合为一个统一的亲华力量。坎镇地方政府为了吸引侨资发展地方经济，其为移民提供的社会地位补偿供给十分多元化，包括为移民提供身份归属及声誉补偿、热情的侨务接待等。

（一）恢复"尊侨"的传统

坎镇是一个有着一百五十多年历史传统的侨乡，也产生了大批回报桑梓、支持中国革命的华侨华人，侨领司徒美堂是其中的佼佼者。1904 年，孙中山赴美进行革命宣传，与司徒美堂建立了深厚的友谊。其后，司徒美堂多次发动筹款支持国内革命。而更多默默无闻的华侨则将侨资源源不断地寄回家乡，支持家乡教育与民间资本的发展，使得坎镇在 20 世纪初曾被一度誉为"小广州"。因此，坎镇延续和保留了浓厚的尊重华侨的历史传统。

然而这种传统在 1949 年后尤其是土地革命后受到了冲击，并在随后的"反右""文化大革命"等历次政治运动中被逐渐消磨殆尽。在阶级斗争时代，海外关系成为人们避之唯恐不及的污名（stigma）。当时坎镇地方政府积极展开了批判"三洋"（慕洋、向洋、靠洋）思想的活动，批判资本主义倾向，使在家的侨眷不敢和香港、澳门及海外亲人联系（坪县地方志办公室，2002：23）。这也导致了不少侨眷在50 年代通过"逃港"等各种方式离开大陆，离乡背井辗转到了北美。

据《坪县县志》记载：1979 年 4 月，中共中央召开工作会议，在会上提出了对整个国民经济实行"调整、改革、整顿、提高"及"对内搞活、对外开放"的方针，使全国开始进入"改革、开放"的社会主义建设新时期（坪县地方志办公室，2002：24）。此时中央和地方政府所面临的"政治任务"发生了根本变化，如何动员各种社会资源发展经济、启动社会转型成为首要的"政治任务"。在这样的背景下中央政府和地方政府开始关注几乎被忽视近30年的海外华侨华人，注意到他们的变化和经济实力的增长，并意识到他们有可能成为中国社会转型与现代化建设的重要动员力量。由此，国家对于华人移民的态度从"歧视"转变为"动员"（黎相宜，2011）。

在"改革、开放"这种国家意识形态的大背景下，坎镇地方政府也积极地拨乱反正，给予这些曾经的"海外特务"与"海外敌人"以平反、归还侨房等待遇。这些政策逐步恢复了地方尊侨的传统，整个坎镇对海外华侨华人的态度也基本上回复到了1949年以前及新中国成立初期的状态。对华侨华人特殊地位的确认为随后的社会地位补偿奠定了合法性基础。原坪县侨办主任方戎邑在介绍改革开放初期地方政府的侨务时也说：

> 改革开放后，落实华侨政策，首先是人的政策，1979年将在土改和"文革"时期被划分华侨地主富农的2400户人变成侨工和侨商，这是为了争取侨心。对于那些坐牢的，还有逼害致死的侨眷和归侨给予平反……到了1980年的时候，落实侨房政策。农村侨房当时没收给农民住的有57万平方米，所以主要是落实乡下的侨房……接着是落实城镇的侨房，大概有56万平方米。那么侨房政策一直落实了十年，就基本完成了。①

与此同时，在地方政府对于侨汇的态度也从原来的"自力更生""不向华侨要钱"转变为注重吸收侨汇及侨捐。1983年3月23日，时任广东省侨办副主任杨山在全省华侨捐赠、侨汇供应工作座谈会上的讲话，就反映了当时官方对于海外移民捐资的态度：

> ……
> 四、关于接受华侨港澳同胞捐办公益福利事业问题。为了更

---

① 2011年5月23日笔者在坪县区对原坪县侨办主任方戎邑的访谈。

好调动华侨爱国爱乡的积极性，利用我省优势，加快侨乡"四化"建设，我们意见当前要着重抓好以下几方面的工作：

......

（二）要对华侨、港澳同胞自愿捐资兴办公益福利事业给予积极的鼓励和支持，如对捐建工程的收费标准、土地征用、征收税款、材料供应价格等，均应考虑给予方便和优待。同时，对捐赠人也应给予必要的表彰。

......

积极做好引导工作，既要尊重捐赠人的意愿，不得强加于人，又要根据实际情况，做好引导工作，捐赠的重点要放在支援工农业生产，发展文教、卫生、科研、造桥、修路等方面，要注意发挥捐赠效益，对捐建的项目，在规划、设计、合理布局等方面要通盘考虑，讲究实效，积极引导，防止放任自流，贪大求洋，造成浪费。不少华侨一向热心捐办公益事业，但不了解国内及家乡急需兴办哪些项目，他们想的不一定适合我们的国情、乡情，这需要我们加以辅导，我们应当因势利导，积极做好宣传引导工作。最近省委、省政府做出《关于努力开创我省教育事业新局面的决定》，下大决心把广东教育工作抓上去，我们也要根据省委的要求引导他们多捐办一些学校，搞智力投资，现在不少华侨主张捐办一些职业学校，我们应当欢迎和鼓励。

......①

从上面的工作报告中，我们可以看出，地方政府并不对拥有移居国国籍的"华人"与未入籍的"华侨"做出明确区分，而是以"华侨"笼统概之，这反映了当时地方政府亟须争取"侨心"、拉拢"海外关系"的政治意图。而对于侨捐对象也多集中在科教文卫等当时政府无力投入的公共物品上。到了 20 世纪 80 年代中期后，伴随着侨

① 《省侨办杨山副主任在全省华侨捐赠、侨汇供应工作座谈会上的总结发言（记录稿）（一九八三年三月二十三日）》，根据在坪县档案局收集的档案材料整理而成。

务政策越来越开明，坎镇政府为了在很大程度上争取海外华人移民的认同与支持，甚至默许或开放了一些原本"禁忌"的领域。例如以公共事业的形式归还了一些曾被斥之以"封建遗产"的家族祠堂及寺庙。大部分的宗祠及寺庙都陆续在这个时期开始出现归还的转机。上面所说到的雷、方、邝三姓的溯源堂就是在"争取侨心"的大背景下归还的。关荣杰也是在这一时期通过修葺关氏大宗祠、龙冈古庙、捐资学校而重构合法性话语的。

从20世纪70年代末开始，坎镇政府在整个国家侨务政策转变的历史背景中，重构了"华侨"以及"海外关系"的合法性话语，恢复了"尊侨"的传统。这使坎镇移民回乡时能够被地方政府划归到较高的社会分类（比如爱国华侨、侨领等），为后续的社会地位补偿奠定了基础。

（二）创造"威水史"

在重构地方性话语后，为了达到吸引外资、发展本地经济的目的。坎镇政府及相关的侨办、侨联乃至上一级的市政府开始利用官方的话语与资源，为回乡进行跨国实践的海外乡亲提供了各种名誉资源与"政治待遇"，形成了事实上的社会地位补偿。比如捐赠工程竣工会举行大型仪式，捐赠建筑经常以捐赠者名字来命名，各级政府为海外乡亲提供高规格的接待、授予荣誉称号、颁发奖牌奖状，以及推荐其担任各级政协委员等，以上种种都是对做出贡献的海外乡亲的认可与回报。坪县侨办原主任方戎邑说：

> 我们对于在海外有影响力的华侨，他回来捐赠，我们都会立个捐赠碑之类的。捐款是有回报的，而且是看你捐款的额度多少。比如说如果比较少钱，可能就是在碑上刻个名，再多点钱可能就有相片，钱再高点，就有冠名权，以他或其祖先的名字命名，比如某某教学楼。①

----

① 2010年8月19日，笔者在坪县文化局对副主任伍久亮的访谈。

上面的描述深刻地反映了政府给予移民的是一种竞争性社会地位补偿供给。移民所得到的社会声望大小直接与他的捐资额度挂钩，由此形成了一种阶层化的社会地位补偿。

此外，坪县政府对于捐资助学的移民还给予经济上不菲的补贴。位于坎镇的坪县一中就是例子。侨领方传捷与邹乾毅对于坪县一中捐资最多。其中邹乾毅于1996年与2003年分别捐了150万元人民币和100万元人民币，其中政府分别补了同样额度的资金，建立以他名字命名的两栋教学楼。而上文提到的方传捷，也是在政府补贴两倍资金的情形下重修了主教学楼，并举行了隆重的典礼（见图3-7）。除了给予经济及荣誉的补偿外，从市政府到学校都给予这些捐赠者高规格的"接待"。

图3-7　由方传捷捐资、政府补贴的坪县一中教学楼

坎镇地方政府很擅长通过血浓于水的意涵来激发海外乡亲对祖国家乡认同的思想工作，官方话语也强调歌颂华人移民爱国爱乡的美德，而且移民们也大都乐见其成。对于很多在移居地处于边缘位置的

移民来说，得到这样的"美誉"无疑是一件很"威水"的事情。上文提到的美国洛杉矶华人李国胜每月只能够领政府的救济金。但李先生在访谈中只字不提自己在海外的生活，反而兴致勃勃地谈起了自己受到国家及地方领导人接待的"威水史"：

> 我9月28日要去参加一个中华人民共和国驻洛杉矶领事馆宴请华人的盛会，主要是为了庆祝国庆。都是邀请一些比较有名望的华侨参加，一般都是对家乡有重大贡献的华侨才能够被邀请出席这个宴会。现在很多国家领导人来洛杉矶访问，都是我们社团参与接待的，比如朱镕基和江泽民，当时我们还参加了PAR-TY。我回去一般都给市领导打电话，让他们接机，这次我回去，市侨务局局长还说亲自来接我，后来他临时有事，就没有亲自来，但还是派车来接我。①

从李先生的讲述中，我们可以发现对于移民来说，能够得到来自家乡官员甚至是祖籍国的省、市或更高级的领导人的接待，是"荣誉的象征和信任的表现"。坎镇侨乡地方政府在程式化的侨务接待中，力所能及地给予移民在回乡生活上的方便及人际情感方面的积极回应，并在重要的公共场合积极扮演社会观众配合移民进行社会表演，这不仅极大地补偿了移民在移居地的边缘境遇，也在某种程度上提高了移民在侨乡的社会声望。实际上，抱着与李先生相似心态的华人移民并不在少数。大多数坎镇移民非常热衷于与政府官员保持密切的关系，不少人都以能拜会或受到祖籍国各级政府官员尤其是国家领导人的接见为荣。

（三）制造"拟亲关系"

如果说创造"威水史"是一种声誉补偿，那么制造"拟亲关系"则更多是对海外移民身份归属的一种补偿。在海外乡亲面前，侨乡政

---

① 2011年9月7日，笔者在美国洛杉矶唐人街对坎镇移民李先生的访谈。

府尽量少地表现出威严的科层制"官僚"面孔，而更多地表现出热情好客的"主人"角色，以非正式的形式对待海外亲人（张继焦，1999：228-229）。侨务部门作为与移民接触最多的政府部门之一，其中一项最主要的工作就是"亲情陪伴"。在一次对坪县侨务局的侨务接待的参与式观察中，坪县侨务局副局长梁慧燕说：

> 我们侨务局就是迎来送往，请客吃饭，但不是说那么容易的，现在谁不缺顿吃的，陪人很累的。我们是很辛苦的，要接待的话，都是要迁就别人的时间，比如像今天，中午我们就没有得休息，要到快两点才能吃到饭。一般像今天的这种活动，一年有三十多次，一个月就有两三次，有时候多的，一个月就有五六次。①

由此可见，接待海外华侨华人是侨务局日常工作的重要组成部分。政府的代表——侨务部门实际上在这种接待与陪伴过程中扮演的是"拟亲人"的角色。陪伴除了体现被陪伴者也即移民的社会地位外，还体现出移民与政府之间的一种"拟亲关系"，这种制造"拟亲关系"的接待工作为移民跨国实践奠定了良好的基础。梁慧燕表示很多捐赠项目就是在这种"亲情陪伴"下促成的：

> 我们侨务局的工作全部体现在坪县的 11 亿的捐赠上。像捐赠的话，一般我们都是等到与华侨感情深厚了，才会适当提出。他不可能一回来就捐钱的，肯定是要规划，看下他的实力、财力及兴趣，我们衡量计划出一个符合他能够被他所接受的捐赠项目。而且这个东西不是一次两次的，要做很长时间的规划与讨论，要请他多回家乡看看，让他对家乡的感情更浓一点，与我们的关系更深厚一点的时候，他有时候就会自己提出来要做什么方

---

① 2010 年 12 月 2 日，笔者在接待新西兰华裔青年寻根团时与坪县外事侨务局副局长梁慧燕的闲聊。

面的捐赠，然后我们才会统筹规划，给他一个详细的计划，这样大家商量才有可能办得成。而且你要让他心里舒服。华侨回来都是说在外面很辛苦，好不容易有点钱了，有些赚了大钱了，想回来要名声的，想要回家乡流芳百世的，这点你一定要给他做足，要不他就会觉得不值得，下次就不捐赠了。①

从梁慧燕的叙述，我们可以看出地方政府十分清楚如何给予移民何种规格、何种程度的地位补偿。地方政府给予移民的这种高规格的陪伴与接待实际上也显示了将海外移民放置在较高社会阶层类别的诚意。当然，坎镇移民众多，接待谁、谁来接待以及以什么样的规格接待虽然没有明文规定，但在接待者及被接待者的心中都有一杆无形的秤。"亲情接待"的对象与标准是依据被接待者的社会地位及等级而定的，而且被接待者被分属的社会地位等级不仅受到其原有客观经济收入的制约，也受到地方政府对于移民"主观想象"的影响。梁慧燕说：

> 一般来说，我们都是跟侨领吃饭。每天都有华侨回来的，但我们不可能所有人都接待。那些小华侨也不会找我们，就是一些侨领啊、对家乡贡献大的，比较有统战价值的，我们就会和他们联系下感情，接待下他们……今天早上就是陪一个华侨吃饭，但因为他还不是很重要，如果是很重要的侨领，我会让冯局（侨务局正局长）出面。②

梁慧燕上面所说的"重要侨领"主要指积极参与侨乡的社会经济及公共文化事务、能够在海外离散社会中扮演组织、统筹角色的移民，这样的移民不一定具有非常雄厚的经济实力。可见，积极参与跨国实践的移民往往能够被侨乡地方政府划归到较高的社会类别中，而

---

① 2010年12月2日，笔者在接待新西兰华裔青年寻根团时与坪县外事侨务局副局长梁慧燕的闲聊。

② 2010年12月13日，笔者在坪县外事侨务局对副局长梁慧燕的访谈。

与其本身相对客观的社会经济地位不一定直接相关（尽管参与跨国实践需要一定的经济能力作为基础）。

（四）被迫补偿

如果说恢复"尊侨"的传统、创造"威水史"、制造"拟亲关系"是侨乡地方政府为移民提供社会地位补偿的主动行为，那么我们需要注意到有时地方政府的社会地位补偿是具有某种被动性的。上文提及的邹竞智在访谈时就给我讲了一个发生在侨领邹乾毅身上的故事：

> 毅伯（邹乾毅）是非常要面子的，如果你给他面子，他就会尊重你。对于这些重要侨领，是要给予特殊待遇的。毅伯跟我说一件事情，就发生在去年，毅伯有一个亲戚，毅伯想通过关系将他的亲戚介绍到坪县一中读书，但坪县一中的校长不敢拿主意，然后就问教育局局长，教育局局长就说不行。搞得毅伯非常恼火，觉得很没面子，因为他也不是随便开口的，要不是很重要的亲戚，很重要的关系，不得不做的，他也不会求到坪县一中，更何况他捐了400万到坪县一中。后来他就告到市长那里，最后还是由市政府出面，把这个事情办了。①

上面故事中的坪县一中校长及教育局局长显然原先并不打算给邹乾毅"特殊待遇"，但最后迫于市政府的行政压力而不得不满足了邹乾毅的特殊要求。这种被迫给予社会地位补偿的行动不仅破坏了补偿双方原本预期的表演脚本，也使作为补偿者的政府部门面临某种信任危机，但移民的社会地位在这个过程中得到了最大限度的彰显。作为故事的旁观者，邹竞智对于"不会做"的校长和教育局局长也表示了"不认可"的态度：

---

① 2011年5月15日，笔者于坪县雅致酒店对坪县广播电视大学原校长邹竞智的访谈。

　　所以说这个校长和教育局局长就是很不会做的。这种重要侨领是要给予特殊待遇、特殊处理的……你校长当时就应该自己做主要了这个学生，而且还要好声好气地跟毅伯说当然没问题啦……哪用搞到教育局还搞到市政府。这样处理就很不恰当。你如果同意，毅伯说不定后面又捐 200 万给坪县一中。毅伯跟我说的时候骂这个校长和局长笨，不会做。你得罪了这些侨领，你是很麻烦的。①

　　如邹校长所说，侨领尤其是有名望的侨领是"不能随便得罪的"。作为补偿者的政府部门及官员如果没有事先了解移民的社会经济地位并以此来制定相应的互动脚本，则会给自身带来麻烦。邹竞智为了说明这个问题，给我讲了邹乾毅的另外一个故事：

　　　　毅伯以前 90 年代回来，之前的县委书记对他都是毕恭毕敬的。当时刚换了一届县委书记，当时安排他和毅伯吃饭，县委书记不是很热情，也不是很想和毅伯握手，然后吃完饭，匆匆就走了，毅伯就非常恼火。觉得县委书记很不给面子，当时透过其他人就表达不满，说我回来就这么应付我，这么不给我面子，我告到省政府去。当时那个县委书记也没搞清楚毅伯是什么人物，不知道他有这么大的能量。后来听人家说了之后，这个县委书记就知道自己怠慢了毅伯了，连忙登门道歉，请吃饭啊，后来才取得谅解。②

　　从上面的故事可知，尽管侨乡地方政府及其官员是作为补偿者的角色出现在与移民的互动表演中，但作为被补偿者的移民在其中所扮演的角色并不是完全被动的。事实上，补偿者的补偿行动受制于被补

---

　　①　2011 年 5 月 15 日，笔者于坪县雅致酒店对坪县广播电视大学原校长邹竞智的访谈。

　　②　2011 年 5 月 15 日，笔者于坪县雅致酒店对坪县广播电视大学原校长邹竞智的访谈。

偿者原有的经济实力与社会声誉等各种结构因素，社会经济地位越高的被补偿者越可能就政府的社会地位补偿行动提出异议，并最终修正双方的行动脚本。

（五）善后工作

坎镇政府的社会地位补偿还表现在一些与捐赠有关的善后工作上，比如采取有效措施应对侨捐学校的撤并。费孝通（1998：12-23）曾用"文字下乡"来概括民国教育现代化的趋势。然而在历经百余年的教育现代化后，随着计划生育推行，中国乡村人口的大量外出，加上政府希望集中资源办学等因素的影响，不少乡镇中小学都面临撤并，出现"文字上移"的反过程（熊春文，2009）。而在坎镇，不少华人移民捐赠的侨校也面临被撤并的风险。为了避免撤并给移民与家乡之间的道义补偿关系带来负面影响，广东省政府2001年专门出台了《关于涉侨学校实施中小学布局调整的意见》［粤教基（2001）85号］，试图保护移民捐赠的积极性：

> ……属两个或以上行政村合并一所学校的，尽量选择侨校作为新校，撤并其他条件较差的村办学校。捐建学校生源不足，占地太少，办学条件比不上邻近公立学校或村办学校而需撤并的，在征得捐建者同意，做好当地群众思想工作的基础上才予撤并，但保留捐建的建筑物，不能拆除。充分利用新闻媒体、侨刊乡讯、标语等宣传工具，深入宣传学校布局调整的深远意义，宣传撤并成功的典型……对已经确定撤并的捐建学校，必须在实施撤并之前，做好对华侨捐赠者的解释沟通工作。各级政府要给予高度重视，教育及侨务部门应积极配合，当地镇、村领导应直接与捐赠者联系沟通，做好思想工作，取得共识，尊重和采纳捐赠者提出的合理意见。思想工作未做好，不得匆忙撤并。……涉及撤并的侨校的校产原则上用作分教点、幼儿园等教育用途或其他文化公益事业用途；对撤并后校产的处理必须征得捐赠者的同意。对暂时未能利用的校舍，应加强管理，防止损坏。继续保持华侨捐赠者的既得荣誉。对因捐建学校而设立的纪念性或象征性标志

应妥善保留。……各地在实施调整规划时，要依法行政，不断总结经验，既达到调整布局的目的，又保护华侨港澳同胞捐资办学的热情不减，更加热心支持侨乡的公益福利事业。[①]

由上面意见可以看出，地方政府充分考虑撤并侨校可能存在的负面影响，强调在整个撤并过程中要重视与海外华侨华人的充分沟通与协商，尤其提到对于象征性、纪念性捐赠物以及芳名碑的保护。这为坎镇地方政府的具体实践提供了制度性支持。

除了上述一系列的制度保障外，侨乡地方政府还采取了不少补救措施，比如鼓励将侨资转移到被并入的学校或是其他的公共事业中去。而移民也十分乐意这样做，因为这样既能够延续基于"馈赠—补偿"的传统道义关系，也有利于移民实现社会地位补偿，"挽回"由于学校被撤并而失去的"面子"。

二 低密度网络的坎镇地方社会

侨乡地方社会是除了地方政府之外的另一补偿主体。与地方政府相比，侨乡地方社会所发挥的作用更加长期、非正式，也更易于深入人心。对于许多移民，仅在官方评价体系中获得赞誉是不够的，还要在侨乡地方社会的民间评价体系中获得声望。而且侨乡社会通常比地方政府拥有更多让海外乡亲回馈家乡的道德权利，被称为"道义资本"（Gowricharn，2004）。

无论是拥有广泛跨国联系的地方宗族网络，还是侨刊与侨眷，坎镇地方社会的这些积极因素是通过低密度的社会网络与软约束的方式来对移民实施影响的。下文将从跨国宗族网络、侨眷以及侨刊三个角度论述坎镇侨乡地方社会是如何动员这种道义资本，在吸引侨资的同时给予移民以社会地位补偿的。

（一）跨国的地方宗族网络：光宗耀祖的展演舞台

在中国传统社会，宗族是村落社会重要的集团形式。费孝通

---

① 广东省人民政府侨务办公室，内部资料，2015 年 10 月获得。

（1987：80）认为，使家庭成员联系起来的基本纽带便是亲属关系。五代以内同一祖宗的所有父系后代及其配偶，属于一个亲属关系集团称为"族"。其中，宗族组织及其观念在形塑移民与家乡之间的道义传统中扮演着极为关键的角色。华南地区（恰恰是华南侨乡所在地）宗族的发展实践是南宋以降理学家利用文字的表达，改变国家礼仪，在地方上推行教化，建立起正统性的国家秩序的过程和结果（科大卫、刘志伟，2000）。在这种历史背景下，从宗族盛行的华南侨乡走出的海外移民大多会形成以宗族为纽带的海外组织形态，与家乡的宗族遥相对应。王铭铭在对于福建塘东移民的研究中就提出了"双边家族共同体"，即侨乡本地围绕家庙、族谱、家族仪式等形成自我认同的团体，而海外那边也通过建立同乡会（或宗亲会）形成相对应的团体。在这样一种双边家族共同体内部，依据政治经济力量的差异，形成了海外半边在地位上高于本地半边的状况。现代或传统的公共事业提供了回归游子重振一体化大家族的符号机制（参见王铭铭，2005：202－206）。

坎镇位于整个华南侨乡的中部，曾有着强大的地方宗族力量。坎镇人口在村落与姓氏的分布形态上具有以一村一姓为主、多姓共生的特点。但就人口规模和宗族势力而言，基本呈现出关氏、司徒氏两足鼎立，其余姓氏居于次要地位的格局（邓玉柱，2011）。关氏与司徒氏均于北宋中后期迁入坎镇，作为开拓者，经过多年发展，两家都成为当地的望族，坎镇逐渐为这两大宗族所把控。而随着地区发展，两家也在各方面开始明争暗斗。由于关、司徒两族海外移民众多，两族移民为了在异域守望相助，在宗亲人数较多的聚居地纷纷成立了宗亲社团。这种海外宗亲会与国内宗族组织在文化上具有同构性，是国内宗族组织的延伸。他们与国内的宗族组织之间以侨汇为物质支撑，以族刊互通音讯，最终形成了宗族的跨国状态。这种跨国的宗族网络既延续了两大宗族的竞争，也促进了海外移民与家乡的联系。特别到了20世纪二三十年代，宗族之间的竞争逐渐演变为两族海外移民攀比各自对家乡的贡献。至今依然作为地标建筑矗立在坎镇的司徒氏图书馆和关族图书馆以及各自的族刊就是两大家族数百年竞争的见证。①

有学者指出，作为组织严密、结构完整、制度完善的中国宗族组织到 20 世纪 50 年代可以说已画上了句号（麻国庆，2009：122）。坎镇也不例外，新中国成立后，坎镇地方的宗族力量在相当长的历史时期归于沉寂。但随着 20 世纪 70 年代末中国农村政策的转型与体制的突破，宗族组织经历了一个重建与重构的过程。坎镇的地方性宗族网络在吸引侨资、统战等名目下，以"侨"的名义在政府的默许下重新得到某种恢复。②时至今日，尽管两大宗族的势力无法与 1949 年前相比，彼此关系也逐渐走向融洽。但两大宗族的跨国网络至今仍然在维系移民与祖乡关系之间扮演着重要角色。

目前，据关、司徒族人介绍，两大宗族旅居海外及港澳台的人数加起来约有 8 万人，大多分布在北美洲，部分在东南亚及南美洲，是坎镇著名的侨族。而且这两大宗族都建立起了非常紧密的、以关族图书馆与司徒氏图书馆为重要节点的跨国宗族网络。实际上，这两大宗族的图书馆就是处理本族事务的中心，其功能相当于宗族委员会。这些地方性社会网络具有将海外移民聚集起来回乡捐助本族图书馆、族刊、宗祠及编纂族谱的社会功能。由于两大跨国宗族具有很多同质性与相似性，这里仅以关族为例说明地方宗族网络在移民跨国实践中所扮演的角色。

关族人自诩为关羽的后代，"光裕"是其堂号，意为光宗耀祖，

---

① 1920 年司徒族人开设阅览室以满足族人文化需求，反响热烈。后来有海外族人提议兴建图书馆，1923 年动工，1925 年建成，总投资三万多银圆，建筑风格为欧式。落成后一年，再置美国大钟一座。馆内陈列本族名人事迹，藏品还包括慈禧太后题字等珍品。此举震动了关族人，为了挽回面子，他们马上于 1925 年组成家族图书馆组委会，1927 年动工，1929 年建成关族图书馆，规模与司徒氏相当。他们采用德国大钟，馆内也有各类珍贵藏品。《教伦月刊》和《光裕月刊》均是在兴办图书馆的倡导声中创刊的，因此它们其实也是两个家族竞争的产物。1924 年，兴办司徒氏图书馆的计划确定后，为便于向海外华侨宣传筹款，《教伦月刊》在其海外族侨和地方有识之士的倡导下正式创刊。1925 年司徒氏图书馆新大楼落成，关氏族人备受刺激，发愤赶超，《光裕月刊》作为舆论宣传工具也正式创刊。值得一提的是，《教伦月刊》和《光裕月刊》创刊后，成了两族族人发表言论、了解家乡的信息平台，同时加强了两族族侨对各自宗族事务的参与度，间接地促进了两族的竞争（参见邓玉柱，2011）。

② 根据 2011 年 5 月 22 日，笔者于坪县区对原坪县县委常委方桦信的访谈。

发扬光大。加拿大华人学者温远芳曾以坎镇关族为个案，考察了华侨汇款、投资、捐赠及回乡探亲等活动对侨乡集体经济、家庭生计和社会组织的影响。她指出在国家改造乡村社会和民间社会保持传统宗族制度的拉锯战中，关族经历了一个从鼎盛到涣散再到复活的过程（Woon，1984 & 1989 & 1990）。1936 年，关族图书馆在海外移民大力支持下建成，曾在抗日战争时期停办，随后由于政治变迁，图书馆一直未复办。改革开放后，政府落实华侨政策，关氏族人尤其是海外移民纷纷倡议复馆。与此同时，海外移民积极响应，热情赞助，使关族图书馆于 1982 年重新开放。从 20 世纪 80 年代开始，关族图书馆及光裕堂既是关族海外宗亲重点捐赠的对象，也扮演着为本族移民尤其是热心本族宗祠、祭祀及族务的海外捐赠者提供社会地位补偿的角色。

首先，关族图书馆会定时以光裕堂与图书馆的名义邀请海外宗亲回乡捐赠，并为他们提供高规格的接待，这使远道归来的海外移民能够从这种接待中感知到自己被家乡的宗亲归属到较高的地位类别中。美籍华人关叶兴回乡恳亲的事迹就是一个例子。关叶兴原来是广东某建筑设计院的中层领导，于 20 世纪 80 年代由远嫁美国旧金山市的女儿申请他和太太到国外生活。关叶兴到美后，主要在餐馆里打杂，工作了 10 年后退休。我在美国访谈他时，他这么描述移民前后的心境变化："未来金山羡金山，到了金山怨金山。"关叶兴于 2010 年年底回乡恳亲并拜访了关族图书馆，以下是当时的田野记录：

> 我按照约好的时间早上 10 点钟到达关族图书馆。当时已经有很多人聚集在图书馆里，有些是平时不常见到的图书馆理事，大概有十几人左右。图书馆的门口打着横幅："欢迎旅美乡亲关叶兴回乡恳亲"字样。大家都忙着布置图书馆：挂横幅、添茶具、打扫图书馆。当这些准备工作都完毕之后，大家开始翘首以待关叶兴的到来。
>
> 关叶兴和太太、二媳妇在 10 点 4 分左右到了关族图书馆。所有图书馆的理事一齐簇拥着关家一行进入图书馆。关家一行被

安排坐在中央，其他人依次按职务大小围着关叶兴就座。接着，关叶兴和大家聊起了家常，在座的图书馆理事连连附和，共叙乡情。大概寒暄一刻钟后，关叶兴拿出一沓钱说，指着 10 张 100 元美金说："嗯，这是给月报的，这是给图书馆的。"接着再拿出 4 张 100 元美金说："还有这些是给大家兄弟们喝茶的。"关叶兴给钱后，图书馆的出纳马上就开出收据，并把收据递给关叶兴，关看也不看就顺手给了他太太，并继续与大家寒暄。

大概 11 点多时，关叶兴起身表示要离开。图书馆副主任提议大家一起照个相，大家就在图书馆门口留影。之后，关叶兴夫妇和媳妇离开图书馆。图书馆主任和副主任等一干人等把关叶兴和太太、二媳妇他们一直送到门口外很远。①

在侨乡"小传统"② 文化理解的道德逻辑中，财产越多、权力越大、越有资源的人越有能力为社会负起责任，这种小传统既影响了侨乡对于移民个体的社会期待，也制约着移民对自身道德行为的自我期许。这个逻辑从反向来推理的话就是：如果移民对于侨乡的贡献越大，说明他在海外"赚到大钱""衣锦还乡"了。尽管在上述个案中，移民在海外赚取的是微小的"辛苦钱"，作为补偿者的关族图书馆也并非完全对移民在海外的艰辛生活一无所知，但图书馆的理事们刻意避免在交往互动过程中提及关叶兴在美国的境遇，而是表现出极大的热忱来接待关家一行人。家乡的宗亲们不遗余力地为海外乡亲制造"地位假象"，这对面临巨大社会地位落差的海外乡亲产生了巨大吸引力。从热烈的欢迎横幅、热情的簇拥、主席位的安排到依依不舍的送别，这整一套侨乡固定的"迎来送往"的仪式化的文化展演模式，为移民创造出了一个"虚假的社会地位"，使得漂泊海外、历尽

---

① 2010 年 11 月 9 日，笔者在坎镇关族图书馆做的田野调查记录。

② "小传统"出自美国人类学家雷德菲尔德（Redfield，1956）提出的大传统与小传统的二元分析框架，用来说明在复杂社会中存在的两个不同文化层次的传统。大传统是指以城市为中心，社会中少数上层人士、知识分子所代表的文化；小传统是指在农村中多数农民所代表的文化。

艰辛的移民能够获得人际情感上的抚慰与温暖并从中获得社会声望（见图 3-8）。

图 3-8 关叶兴回乡恳亲与图书馆人员座谈

上面的个案是一个普通坎镇移民回乡恳亲的寻常经历。尽管受到经济条件的制约，他们还是竭尽所能地对家乡进行文化馈赠。地方性网络除了能够为普通移民个体提供社会地位补偿，还会针对个别具有较强经济实力以及较大动员潜力的本族侨领重点招待，进行更为细致与贴心的"补偿"行动。上文提及的"重拾荣光"的关荣杰就是一个例子：

1992 年，关族图书馆及光裕堂与旅美侨领关春如宗长多次书信联系，商讨为旅美德高望重、备受族人和华侨所尊敬及爱戴的荣杰宗长九秩华诞祝寿事宜，取得共识后，提交常委会讨论，常委一致赞成。在关族图书馆举行隆重的祝寿会，除了全体常委参加外，还有市、镇有关领导参加，有关部门还致送贺章贺联，春如宗长寄来贺词，会场充满吉祥、愉快的气氛。这次祝寿会在华侨中反应极其良好，说乡亲亲情深厚，当地领导富有人情味。荣杰宗长及家属们感觉满意，随即寄回祝寿费费用美币一千元，为1994年荣杰宗长回国观光，参加龙冈古庙奠基典礼铺平道路。[①]

上面所谓的"祝寿会"是在没有"寿星"参加的情况下举办的，由此可见关族图书馆及光裕堂的"用心良苦"。在这种"感人"的仪式背后，蕴藏的是对作为被补偿对象关荣杰的社会期待。而关荣杰随后果然"不负众望"，不仅捐巨资修葺了龙冈古庙及关族大宗祠，而且在临终前将改革开放初期归还给他的"侨房"捐给关族图书馆（参见本章第一节）。

（二）侨刊：颂扬海外乡亲的"集体家书"

除了拥有紧密而广泛的跨国宗族网络外，坎镇地方社会还有着独特的、与海外乡亲联系的"集体家书"——侨刊乡讯（梅伟强、梅雪，2007）。[②] 侨刊乡讯通过文字的形式强调"华侨"在家乡应该扮演的角色，以此来获得侨资在公共领域中的投入。而侨刊也会为这些热心捐资者提供社会地位补偿。徐元音（Hsu，2000）对早期侨刊的研究发现，侨刊为捐资者提供声誉补偿，这在很大程度上弥补华工在北美所面临的寄人篱下、毫无尊严的生活。当这些劳工以家乡为标准时，他们会获得很大的成就感。坎镇共有六种侨刊。其中，族刊与地方宗族网络的关系最为密切，为了展示这其中的关系，本书选择关族的族刊《光裕月报》作为个案进行分析。

《光裕月报》于1925年创刊，为坎镇关氏族刊。"光裕堂"[③] 是坎镇关族的堂号、"关氏大宗祠"的别称。与其他侨刊一样，它们发行至世界各地关氏族亲居住的地方，刊中多见到各种"表扬信"，内容主要为颂扬回乡热心捐赠者的美德，其目的之一是为捐赠者提供社会声誉方面的补偿。这种"表扬信"一般遵循着一定格式：首先叙

---

① 《坪县关族图书馆馆史》，内部资料，第28页。

② 严格意义上的侨刊乡讯是专指在侨乡由民间编辑出版、旨在满足海外华侨华人、港澳台同胞怀乡念亲的感情需要，主要由旅外乡亲捐助经费、在国家新闻出版主管部门取得国外发行统一登记证号［CN-44（Q）第＊＊＊号］、向海内外乡亲赠阅的非营利性报纸和刊物（姚婷、梅伟强，2009：4）。

③ "光裕"，有缅怀先祖、弘扬祖德、光裕后人的深远意义。

述与表扬捐赠者以往热心家乡公益的事迹；随后介绍此次捐赠的具体情况，包括捐赠的对象、具体数额及对于捐赠者的荣誉性回报；一般还会提及捐赠者的相互交往情况，如陪同参观宗祠、图书馆及共进宴席等事宜。

图 3-9　侨刊登载的捐资者照片

《光裕月报》上有一则消息是报道加拿大侨领谢女士回乡捐资关氏祠堂、关族图书馆及月报的事迹：

赤子情深　旅加谢英翠宗婶乡土情深

为家乡公益、文化事业做出较大贡献的谢英翠宗婶她又默默地继续献爱心。在坪县谈起谢英翠的名字，大家都记起热心教育事业的她，过去多年来为家乡公益及文化教育事业捐献，据不完全统计已达五十多万元了。她高尚情操是令人敬佩的。她默默地奉献爱心，一如既往把自己的觉悟献给故乡，她不为名不为利，她捐出这么多钱，但她从不显山露水。只有一个心眼，热爱自己的祖国、热爱自己的故乡，关心侨胞，服务侨社。因此，在海外社团受到侨胞的爱戴和拥护，她担任加拿大温哥华坪县各中学校友会副主席、加拿大谢氏宗亲会妇女部主任、坪县关族图书馆顾问等职务。经常放弃休息时间兢兢业业地为侨胞与社团服务，受到人们的尊重，是一个德高望重的女侨彦。

于 2010 年 10 月 20 日那天，金秋气爽，风和日丽，她从加坐飞机历时 16 个钟头，又转大巴回到坪县，刚住进宾馆行李放下，为了与父老乡亲及亲朋好友相叙，真是忘记了自己时差及旅途的劳累，当日就通知亲朋戚友及同事等有三十多人在凯旋门酒店二楼加拿大厅，宴开三席饮茶，食饭，相互倾谈离别情，谢英翠宗婶还向在席各人分发红包，场面十分热闹，我们大家十分高兴。关族图书馆有七位理事参加宴会。她对关族光裕堂特别关心，当时即向关族光裕堂捐助人民币 3 万元，另向关族图书馆和光裕月报社各捐助人民币 500 元。关族图书馆管委会同人万分感谢，并通过讨论一致认为谢英翠宗婶素来关心支持我们关族图书馆，为我们图书馆发展增添了力量，我们永远也不会忘记她的，为了答谢谢英翠宗婶的善举，决定为谢英翠宗婶刻制一尊瓷像放在光裕堂前厅以作留念，以启迪后人学习她爱国爱乡热心教育的高尚情操。[1]

上述故事的主人公谢英翠是 1981 年全家移民加拿大的，移民前是一所中学的校医，而丈夫关先生则是中学校长。在访谈中，谢女士对于自己在加拿大的生活用了"揦"字来形容。可见，谢女士在移民加拿大初期生活并不如意。到晚年退休后，她略有积蓄，儿女也都工作成家了，于是便把一部分心血转移到当地的华人社团活动及家乡的公益事业上。这种由于跨国空间所造成的移民个体社会地位的不一致性落差，为其接受社会地位补偿提供了前提。在倾诉完其在海外的艰苦生活后，谢女士开始告诉我她捐赠的一些情况：

在一中、二中、长师都有捐，《海湖月报》啊，关族图书馆

---

[1] 《光裕月报》复刊 112 期（2010 年 10 月至 12 月），内部资料，第 26 页。

啊，我们村里啊，我都多少给点。尽一点自己的力咯。去年坪县一中校庆，我都有回来参加的。我捐了 10 万元奖学金，最主要是鼓励学生们读书咯。有些家庭困难的学生就资助一下咯，这样子。我先生关族那边的活动我也有参加啊，好像昨天晚上六七点时我就去了关族图书馆，就是拜关公的仪式，去关族宗祠那里，我也不是很会拜祭的啦，就是他们教我的，我也捐了 3 万人民币的。①

谢女士最后"顺带"提到了她捐给关族宗祠的 3 万元人民币。谢女士讲述的语气很平淡。与《光裕月报》夸张式的热情赞美相比，谢女士的自我表述则显得漫不经心、轻描淡写。这大概能反映出作为捐赠者和社会地位补偿者所遵循的不同的"叙述风格"。在这种不同社会表演的相互承接中，社会声誉的补偿也最终从补偿者转移到了捐赠者手里。

侨刊对于移民的声誉补偿通常是与其他奖励结合在一起的。与其他补偿相比，侨刊能使捐赠者的美德广为传播。上面提到关荣杰临终将铺业转赠关族图书馆，《光裕月报》对此花了很大的篇幅来报道这件事情的来龙去脉，并给予关荣杰很高的社会评价，并着重表扬了他慷慨大方的美德：

> 荣杰公热爱祖国，热情支持家乡建设，办公共事业，辞世前近二十年来，做了不少有益于家乡的好事：捐巨资复办关族图书馆、重建关氏大宗祠，世界龙冈古庙；重建开办光裕中学、兴建芦阳小学及坎镇卫生院门诊大楼。在病危期间，留下遗言，将他在坎镇四间铺位捐给关族图书馆为永久产业，其收入一部分用于慈善公益事业，助贫济困。
>
> ……
>
> 追溯荣杰公的人生历史轨迹，是"布德仁爱"的一声。荣

---

① 2010 年 10 月 31 日，笔者在广东五邑坪县坎镇对谢英翠的访谈。

杰公弥留之际仍不忘扶贫济困。荣杰公是我族的慈善家、真的是现代的"孟尝君"。他值得世人学习和怀念，更应发扬光大，以励后人。①

除此之外，作为补偿者的侨刊及其工作人员，出于希望移民更多地捐资支持本宗族事务的动机，在侨刊的编排及与馈赠者沟通的过程中，都非常注重给予馈赠者一定的声誉补偿。上文提到的邹竞智是一位侨刊负责人，他是这么说的：

> 我们月刊这次这个封面是我特意设计的，只要是人民币给300元以上，美金或加币给100元以上的，捐赠者的照片都登在月报的第一页。这个是很有刺激性的，希望能够刺激华侨捐多点。比如你捐200元，那就没有照片登，但300元就有，那你说你是多100元有个照片还是少捐100元？这些对于华侨来说是很重要的。你再有钱，别人不知道你有钱也是没有用的。但如果你有钱的话，捐多点，那就上照片了，全世界的人都知道。这个不夸张的。我们的读者遍布各个国家，一寄出去，所有人都知道的，一看你相片就知道，哦，你现在发达了。这个是很有刺激作用的。我准备以后如果有人捐10000元的话，我就一整面都登他的照片。②

任何社会地位评价都需要以经济地位作为支撑，但经济地位是需要通过消费、捐赠等外显的方式表达出来的，如邹竞智所说，"你再有钱，别人不知道你有钱也是没有用的"。而侨刊能够将捐赠者的名声广为传播，从而间接地使捐赠者通过慈善方式将自身的经济地位表演出来，从而展现自己相对于别人的优势地位。而所谓"全世界的人都知道"是一种夸张的修辞手法，实际上，这种"名声"的传播

---

① 《光裕月报》复刊112期，2010年10月至12月，坪县关族图书馆出版，第8、16页。

② 2010年12月29日，笔者在坪县坎镇对坪县广播电视大学原校长邹竞智的访谈。

范围仅限于某一固定的群体（比如阅读该侨刊的同村或同族的海内外乡亲或族亲）。

除了通过将社会声誉补偿作为一套模式固定下来外，侨刊还通过向华人移民传递中国及侨乡社会的具体情况，维持华人移民对于祖籍地的想象及从未离开家乡的感觉，使华人移民产生一种"既在此处又在彼处"的心态，从而把华人移民和家乡联结成一个虽分属不同空间却有着相同生活体验的共同体，为远在他乡的移民提供身份及归属感缺失的补偿。

（三）侨眷：动之以情

无论是跨国宗族网络还是侨刊都需要通过具体的个体也即侨眷①与移民产生联系。与侨乡地方政府一样，侨眷与移民的互动基本上也是在各种"接待"中展开。与政府的正式接待不同的是，侨眷给予移民的接待更多是一种"亲情服务"。很多侨眷的接待工作是种仪式性表演，意在彰显海外乡亲的身份地位。移民社会地位的获得往往来自侨眷与移民长期的日常互动。其中，餐桌消费是展示侨眷与移民关系里的象征性阶级差异的日常实践。"雇佣"②侨眷，购买他们的表演，是移民彰显身份地位的一种"炫耀式消费"。上文多次提及的邹竞智，曾任坪县一所大专院校的校长，现退休任一家侨刊的主编。他为了获得侨资，经常需要接待与陪同一些侨领。对于这种接待工作，邹竞智如是说：

> 这些华侨回来，有时要全程陪他们的。陪他们也是一件很辛苦的事情。他们是侨领，很多都是很有钱的，很有地位和面子的。他们回来打电话叫我过来吃饭，你又不好不过去的。这些侨

---

① 根据《中华人民共和国归侨侨眷权益保护法》中的定义，"侨眷"包括华侨、归侨的配偶，父母、子女及其配偶，兄弟姐妹、祖父母、外祖父母、外孙子女以及同华侨、归侨有长期抚养关系的其他亲属。而这里所指的侨眷未必与移民有着直接亲缘关系，而是从广义上来指称在侨乡地方社会的人。

② 侨眷与移民之间当然不是直接的雇佣关系。但移民回乡后，许多日常事务比如祭祖、建房子、接送、安排食宿等一般会麻烦在家的侨眷，因而移民会通过购买礼物、给红包等间接方式给予侨眷以"劳动报酬"，这也形成了潜在的雇佣关系。

领都是头面人物，不可以得罪的。像前天晚上，我有其他事。但毅伯（指邹乾毅）打电话过来叫我吃饭，本来我是不想去的，但我还是特意去了，因为如果不去的话，他可能会有意见的，以后很多事情想求他就没有这么容易了的。所以我还是去了，还把最新一期的《新民月报》给了他。之前我寄给他一本，我是亲自写了地址，寄给他的，但他没有收到，就打电话过来说怎么没有收到啊，然后我又寄了一本给他，前晚我又给他一本。上面有他的事迹和照片，他看了很高兴。又给了我很多照片，让我挑选，在下一期登。他这次一高兴又给了 1000 元人民币，说是给《新民月报》的。其实他有大把钱，但你要让他开心，他就愿意给。如果他觉得你好，够义气，（他）有面子，他感情一上来，别说给 1000 元，10 万元他都愿意给的。①

邹校长与邹乾毅属于邻近村，并没有直接的亲属关系，因此邹校长属于广义上的"侨眷"。但邹校长对于邹乾毅从来不敢怠慢，而是每求必应，尽己所能"哄"得邹乾毅高兴。当然邹乾毅明白这种"迁就"不是没有条件的，而是需要他源源不断地支持邹竞智当主编的侨刊。这种道义关系的表演脚本尽管并没有明文规定，但如何按照脚本进行以满足双方的期待，对于坎镇的移民与侨眷来说是烂熟于心的。关族图书馆主任关展唐将侨眷的期待说得很明白："我们给华侨很多聘书，也是图他有钱或有地位，也是看中他的荷包，说直白点就是这样子咯。"②

有时，侨眷也不仅是需要侨汇这么简单，他们往往希望能够借助海外亲属"华侨"的特殊身份，搭上"华侨"符号的便车。1998年，旧金山老华侨司徒银汉受到市政府邀请返乡恳亲。在此次返乡过程中，由司徒氏族人捐资的教伦中学和司徒氏图书馆承担了主要的接待任务。对于这种接待，司徒银汉的心情是矛盾的：既为自己回乡受

---

① 2010 年 1 月 3 日，笔者在坪县宝丽园酒家对坪县广播电视大学原校长邹竞智的访谈。

② 2010 年 8 月 22 日，笔者在坪县坎镇关族图书馆对主任关展唐的访谈。

到了热情欢迎感到自豪，也为自己没有更多充裕时间自由活动而感到遗憾。而作为陪伴者——教伦中学校长及司徒氏图书馆主任，他们对于司徒银汉是有着期待的，希望能够借这个机会让司徒银汉捐资支持学校和图书馆。司徒银汉这次回乡，其中在坪县市区居住的堂弟提出说自己的儿子高考分数不理想，想请司徒银汉和五邑大学的校长沟通，看能否就读五邑大学。司徒银汉详细描述了当时的情形：

> 因为当时我还刚刚拜访完这个五邑大学的校长，他说你可以的，然后我就带着堂弟的儿子去找这个校长，还是侨务人员出的车，这个校长说，他是属于华侨子弟，那我可以给他加分，但问题是现在已经录取了，所以现在还不能马上收他，但肯定有人不来读的，如果有空额出来的话我就给他啦。我后来回到三藩市（笔者注：旧金山的别称）之后，我就听校长说我这个堂弟的孩子已经进这个五邑大学读书了。①

司徒银汉在侨领中属于比较低调的，但对于五邑大学给予的"特殊待遇"还是感到十分自豪。侨眷对于移民的接待十分有分寸，而不致让移民感到尴尬。司徒氏图书馆主任司徒良杰认为过问移民在国外的生活不仅无必要而且还会让在海外备尝艰辛的移民感到尴尬。② 可见，侨眷十分谙熟这其中的微妙关系。对于大部分侨眷来说，他们并不关心（并非不了解）移民在海外的生活，重要的是后者能源源不断地支持家乡的公共事业，而他们所需要做的是为移民创造一个虚假的社会地位，并在移民的社会地位表演中扮演热心的社会观众。

格雷（Gray，2003）通过研究发现，在跨国空间内，因传统文化而形成的复杂的血缘责任关系得到一种新的延续方式，它可以把留在国内的亲人和远渡重洋的移民紧密联系在一起，并在必要的时候召

---

① 2011年10月25日，笔者在旧金山唐人街华盛顿餐厅对旧金山凤伦公所司徒银汉的访谈。

② 2010年10月28日，笔者在坪县坎镇司徒氏图书馆对图书馆主任司徒良杰的访谈。

唤海外移民回归以履行他对家族、家庭的义务和职责。侨眷的亲情服务所产生的影响是长期且潜移默化的，很多不见得直接对移民的跨国实践有影响。这种潜在的交换关系是基于长期道义传统而形成的，并不是一次性交易。一旦需要移民给予家乡支持尤其是社会、文化方面的馈赠时，长期持续的亲情服务便成为侨眷"动之以情"的重要基础。

方铭栋目前居住在美国旧金山，在唐人街内从事印刷业。原侨办主任方戎邑与他是同村人，在劝募发动方铭栋捐资中扮演着重要角色。方戎邑原本不认识方铭栋，在一次接待中，经侨领方传捷（上面提到）结识了方铭栋。10 年前，方铭栋斥资 80 万元捐助母校沙溪小学。但 3 年后由于学生人数急剧减少面临被撤并①的困境。方戎邑当时为了保住这间小学还与多方交涉，然而交涉无果，学校最终被并入西江小学。耗费心血的学校被撤并使得方铭栋一度不愿捐资家乡。1997 年，方铭栋回乡。方戎邑向时任教育局局长提出要趁此机会跟方铭栋解释，并召集西江小学的师生为方铭栋举行欢迎仪式。方戎邑回忆了当时的情形：

> ……学生都夹道欢迎他回来，当时刚好碰到下雨，学生们都要躲雨，我就趁机说，是不是建个礼堂，这样下雨也不怕。他（方铭栋）就说这些学生好可爱，我回去考虑一下啊。后来他回去过了几个月，就给了 8 万美金，大概有 60 万人民币。那么下面是可以做礼堂，二楼就是教师办公楼，三楼是教师宿舍。1998 年建成时，（方铭栋）全家回来，很隆重，《坪县县报》和《羊城晚报》都报道了。②

---

① 当前中国最显著的乡村教育现象莫过于 20 世纪 90 年代末以来由国家发动的大规模撤点并校布局调整和农村寄宿制学校建设工程所导致的大量村庄学校的急剧消失。有些研究试图用"文字上移"这一概念来概括当前这种中国乡村教育的新趋势，指出"文字上移"或"村落学校加速终结"的事实是在人口因素、城乡关系、规模效益以及政策驱动等多重因素的综合影响下发生的（熊春文，2009）。

② 2011 年 5 月 23 日，笔者在坪县区对原坪县侨办主任方戎邑的访谈。

上面的叙述中可以看出，方戎邑不仅调动了行政资源——教育局长出面澄清解释学校撤并之事，还动用了道义传统和亲情资源，让学校的学生给予方铭栋以热情欢迎。在这种双重激励下，方铭栋不仅摒弃前嫌将资金转投到原来沙溪小学并入的学校——西江小学，还拓展性地将回报桑梓的热情投入他从未就读的学校——白河中学：

> 当时这个白河中学学生没有吃饭的饭堂，吃饭都是在外面站着吃，我就和方铭栋说，他说那我考虑一下。后来他就寄了有10万美金给我们，他说剩下的就教育局或政府补贴吧。后来这个教育局大概补了有40万人民币，加起来一共有120万。用了他爸爸的名字，叫富康年楼，下面吃饭，上面可以做礼堂的。因为当时小学撤并了，也是放着他父亲的名字，所以我就想着给他在这个学校拿回个面子，当时我向他提出来，他也同意了。这次回来剪彩时，教育局局长说现在也有了饭堂了，但缺一个跑道，学校应该搞一个塑胶跑道，大概60万，你给30万，我们教育局就补贴30万，他这次又同意了。①

通过上面方戎邑的叙述中，我们可以发现作为发动者的方戎邑，他以"给他（指方铭栋）在这个学校拿回个面子"为由，成功将沙溪小学被撤并的劣势转化成侨领方铭栋继续支持家乡的动力。在坎镇侨乡地方社会中，许多侨眷都像方戎邑一样，特别善于利用长期与海外移民所形成的道义传统来达到劝捐的目的。

三 弱控制的海外离散社会

本书所提及的"海外离散社会"沿用周敏、刘宏等学者的定义，包括从同一祖籍国移出、生活于祖籍国边界之外的人群，包括暂时性、永久性及循环性的移民及其他们在当地出生的后裔。海外离散社会虽有一定的地理根基，但不会被固定于某一时空之中。海外移民群

---

① 2011年5月23日，笔者在坪县区对原坪县侨办主任方戎邑的访谈。

体可能会在有形的或象征的空间内，再确认或重建各自的族裔身份认同并建立区分于我者与他者群体、族群内与外的可标识的社会结构。比如，在华人移民主要聚居的城市里的唐人街就是海外离散社会的表现形式之一（参见 Zhou & Logan，1989 & 1991）。发展得较为成熟的海外离散社会一般都有可见的有形族裔聚居区，移民通过这些离散社会的组织结构重新建立和发展与家乡和祖籍国之间的关系（参见周敏、刘宏，2013）。

侨乡地方政府及社会的评价对于移民来说之所以重要就在于侨乡会将移民划分到较高的社会地位类别，由此形成对移民的补偿。而坎镇移民的海外离散社会作为侨乡地方社会的延伸，在移民的社会地位补偿供给中扮演着不可或缺的角色。下面我将从合作与竞争两个角度来进行分析。

（一）侨乡的延伸：海外族裔聚居区

在 20 世纪 50 年代至 70 年代末，由于中国大陆处于相对隔绝的特殊状态，不少从事汉人社会研究的学者难以进入中国内地做实地调查。他们将海外华人社会视作中国大陆社会的延伸，采用实地调查的民族志方法，以此来了解中国内地的社会状况。英国学者弗里德曼（Maurice Freedman）和美国学者施坚雅（G. William Skinner）将海外华人所得的观点用于解释中国社会本身，尤其是华南中国社会。著名人类学家李亦园（2002a: 15）也指出，海外华人社会是中国文化的一个实验室，可以通过实地调查了解中国文化与中国人的社会组织在本土以外的环境下如何适应与发展。在相当程度上，他们的研究立场与态度，大多是将海外华人社会视为中国本土社会的复制（赵树冈，2003）。尽管上述立场现在看来是有其问题的，但对于移民来说，空间上的移位（displacement）并不意味着他们就完全脱离原生社会：原有社会环境的地方性特质会在新环境以另一种形式呈现出来（段颖，2012: 282 – 283）。与故土相似的族裔社区、族裔经济和族裔组织等要素所构成的海外离散社会确实某种程度上可以作为侨乡社会的延伸，为移民提供保留自身族裔文化以及与家乡密切联系的机会（Zhou，2011）。

坎镇移民在北美的聚居城市主要以美国的洛杉矶、旧金山及加拿大的多伦多和温哥华为主。其中，我在美国洛杉矶和旧金山进行了为期 4 个月的田野调查。因此，这部分内容主要以美国的族裔聚居区为例。美国最早的华人移民社区——唐人街（Chinatown）出现于 19 世纪末，它是美国历史上西海岸反华运动和 1882 年联邦政府《排华法案》产生的直接结果（参见周敏、林闽钢，2004）。在过去的四十多年间，伴随着来自中国大陆及其他地区的华人移民的大量涌入，在传统华人聚居城市的郊区涌现出与传统唐人街有本质差别的新华人移民聚居区，也即"少数族裔聚居郊区"（ethnoburb）（Li，2009）。到 2000 年，洛杉矶仅有 2% 的华人居住在唐人街内，而旧金山和纽约仅有 8% 和 14% 的华人分别居住在各自的唐人街里。而大多数华人人口分散在郊区，包括新华人移民聚居郊区。如洛杉矶地区的蒙特利公园市（Monterey Park）① 就是其中的典型（阿列汗德罗·波特斯、周敏，2011）。

布莱顿（Breton，1964：193 - 205）在一项族裔社区如何影响成员融入主流社会的研究中首先提出了"组织完备性"（institutional completeness）这一概念。坎镇移民所在的海外族裔聚居区是一个组织完备性较高的社区。族裔社区中既有非正式的组织也有各种类型的正式组织，既包括非营利的社区服务组织，如宗教、政治、教育、商会和专业协会和娱乐组织等，也包括营利的经济组织以及少数族裔媒体（电台、电视台和报纸）等（参见 Zhou，2011）。我到达美国洛杉矶后没多久，就请求洛杉矶凤伦公所元老司徒朝剑带我参观洛杉矶的蒙特利公园，以下是当时的直观感受：

---

① 洛杉矶的蒙特利公园市被称为美国"第一个郊外唐人街"。蒙特利公园市位于洛杉矶县的东郊。它本身是构成洛杉矶县的 84 个卫星城市之一，该市约 7.7 平方英里，建筑密度低，住户稀疏，距洛杉矶市中心的唐人街仅十多分钟的车程。"二战"后蒙特利公园市的居民绝大多数是白人，有关数据显示，1950 年该市的白人居民的比例为 99.9%。自 1970 年起，蒙特利公园市的白人居民的比例迅速下降到 7%。而亚裔居民的比例则从 1970 年的不到 15% 急剧上升到 2000 年的 62%，其中华人占 47%。到 2010 年，15 个普查区中有 11 个普查区的华人人数占半数以上（而 2000 年只有一个）（参见周敏，2006：59 - 60；周敏、刘宏，2013）。

蒙特利公园到处都是标有中文字的商店、银行、医院、超市，中文下面才是相应的英文（见图3－10、图3－11）。路上行人大多是亚裔的面孔，语言以粤语为主。我在蒙特利尔公园的华人商店买了一张可打回中国大陆的国际长途电话卡。电话卡上面写着中文，整个卡片的底色是中国红。由于恰逢中秋佳节，电话卡上左、右两边写着"花好月圆人团聚，祝福声声伴你行"，下面写着"中秋节快乐"，很有些喜庆的味道（见图3－12）。司徒朝剑还在店里买了几张中文报纸，其中有《星岛日报》《侨报》。《侨报》是洛杉矶本地办的，除了报道美国的内容外，有很大的版面是报道中国的新闻。

图3－10 充满"中文"的蒙特利公园

图3－11 蒙特利公园餐厅的菜单上充满职业机会

图 3 - 12　在蒙特利公园购买的可打回大陆的电话卡

随后我们去了一家中餐馆吃饭，顾客也大多有着华裔面孔，菜单上虽然有西餐，但大部分还是很典型的广东菜谱。在饭桌上还垫着一张布满广告的纸。上面用中文写着各种各样的广告，有装修、诊所、会计事务所等，上面对于应聘者的语言要求为国语、粤语、英语三者中一种都可。午饭后，司徒朝剑带我去了一趟香港人开的超市，里面基本上都是中国人爱吃的食物及用于烹饪中国菜的各种调料品，无一例外都写着中文。在超市里只要操粤语或普通话即可。我们在整个蒙特利尔公园逛了一个下午，我一句英文都不用说。①

在美国西海岸，与蒙特利公园类似的华裔聚居郊区还有洛杉矶的阿尔罕博拉（Alhambra）、柔似密（Rosemead）、圣盖博拉（San Gabriel）及旧金山的日落区（Sunset）等。这些海外族裔聚居区成为类侨乡社会的延伸，为移民尤其是新移民提供了落脚的地方，是移民融入移居国主流社会的缓冲带。同时，海外族裔聚居区在空间上起到了凝聚、整合华人移民的功能，为移民的社会地位补偿提供了地理空间。

---

① 2011 年 8 月 27 日，笔者在洛杉矶蒙特利公园以及唐人街的田野笔记。

图 3 – 13 洛杉矶唐人街

图 3 – 14 旧金山唐人街

海外离散社会不仅形成于现实地理空间的"唐人街"或是如蒙特利公园的族裔聚居郊区中,还包括这些区域中的一些关键节点,比如在泛血缘地缘基础上建立的宗祠庙堂、社团组织及华文学校、华文媒体等。许多研究都证明移民社团可以帮助移民解决工作及住宿问题,并在生病或失业时提供帮助。移民通过社团可以重新建立与家乡的联系,复制他们的家乡文化,社团甚至成为为家乡做贡献的平台(Okamura,1983;Georges,1984:7;Siu,1987;陈祥水,1991)。

尽管有超过一半在洛杉矶的坎镇人口已迁往蒙特利公园等洛杉矶县的东部卫星城市,但大部分的侨团仍然坐落在市中心的唐人街内。传统的祭祀、祭祖仪式多是在这些社团内举行。龙冈公所是其中经常举行祭祀仪式的社团之一。龙冈公所①是前面略有提及的龙冈古庙的海外派生组织,由刘、关、张、赵四姓的海外宗亲所组成,是北美华人社团中政治经济实力较强的社团之一。在坎镇移民人数较多的城市,比如美国洛杉矶、旧金山及加拿大温哥华、多伦多等地还有关族自己的社团——关光裕堂,后者既与龙冈公所有着密切联系,但在资产、财务与日常管理方面又相互独立。我到洛杉矶后首先通过坪县关族图书馆联系到洛杉矶关光裕堂主席关席瀚。他邀请我参加在洛杉矶龙冈公所举行张飞诞辰庆祝活动(见图3-15),下面是当时的片段:

图3-15　龙冈公所举行张飞诞辰的庆祝活动

---

① 龙冈公所利用了《三国演义》里刘备、关羽、张飞与赵云结盟成兄弟的故事,形成了联宗组织。这种联宗组织在海外宗亲会中尤其多,如凤伦公所(司徒氏与薛氏)、溯源堂(雷、方、邝)、至德三德公所(吴、周、蔡、翁、曹)。主要原因是移民在海外人数较少,为了守望相助,海外移民策略性地利用中国传统历史文化作为依据,建立起各种联宗组织。

　　……有许多人聚集在公所里，女人们在偏厅忙着准备食物，男人们在正厅闲聊……祭拜席位正对着刘、关、张、赵四兄弟的画像，两旁是对联，画像前面摆着案桌，上面放满着祭祖的食品，桌子上有两只完整的烧乳猪，一盘鸡肉，一盘萝卜糕，还有一碟煎堆。十二点时，仪式正式开始。首先由司仪请出各位主席、副主席来到祭拜席位上，然后工作人员将香分发给各位主席与副主席，大家共同祭拜。然后由主席倒酒，摸着桌子上的菜以示让祖先吃过。之后把早已准备好的、美元样式的冥纸丢进火里燃烧……①

　　尽管这些祭祀仪式与家乡的仪式相比，在内容和形式上都有了不少变化，比如祭祀的纸钱是美元样式等，但祭祀仪式作为凝聚族人的功能不仅没有减弱，反而由于移民漂泊海外，祭祀作为华人的"传统"被重新"发明"出来（参见 E. 霍布斯鲍姆 & T. 兰格，2004）。移民一方面对固有的宗族传统及其文化仪式在某些方面进行"复制"，另一方面就是对固有的文化传统进行"创新"和"生产"，从而形成了不同于祖籍地的祭祀仪式，比如祭祖祖先的象征化、宗族意涵的泛化、仪式活动的简单化等（参见麻国庆，2000 & 2009：122）。如果说这些祭祀仪式从某种程度上补偿移民由于脱离侨乡母体而出现的身份认同断裂的缺失，那么社团的帮扶功能则从更为实际的角度为新移民提供保护。很多社团尤其是新移民社团为刚来的移民提供找工作、临时住所等福利。

　　在这些社团活动中，移民不仅能够延缓由于脱离祖籍地而带来的阵痛和不适应感，还能够很大程度上为移民提供社会地位补偿。这些海外族裔聚居区与家乡的联系紧密，经常都有移民往来于祖籍地与移居地之间，这些流动的人员将家乡、政府、亲人的消息源源不断地从大洋彼岸带来。移民的跨国实践，比如说"谁捐了学校、宗祠、图书馆，捐了多少钱，谁对家乡的贡献大"这些信息也广泛流传于海

---

①　2011 年 9 月 5 日，笔者对在洛杉矶老唐人街龙冈公所举行张飞诞辰的田野笔记。

外族裔聚居区内。海外族裔聚居为移民所树立的社会评价体系尽管并不直接影响移民跨国实践，但却通过跨国空间下的信息流通与传播，潜在地对跨国实践的频率与深度产生了影响。

（二）兄弟阋墙：社团间的竞争

作为海外华人社会的三大支柱之一，海外华人社团一直以来是学界关注的重点，也通常是学者进行海外华人社会研究的基点和抓手。受到汉学人类学范式的影响，不少学者将海外华人社团视作中国乡土组织在异地的"移植"、重建和复制的组织形式。其中最为著名的是弗里德曼与孔飞力：弗里德曼结合新加坡华人社会的田野调查以及相关文献资料，提出中国汉人宗族组织的理论范式（弗里德曼，2000）。孔飞力也指出海外华人试图通过宗亲会、会馆以及庙宇等组织建立其在移居地的"小生境"，并以此维持与家乡之间文化、社会以及经济上的通道（孔飞力，2016: 39 - 41）。然而由于社团众多，族裔聚居区内的资源有限，兄弟阋墙、相互竞争的事情难免经常发生。

1. 地位之争

坎镇移民本身就由老华侨和新移民组成，因而其所集中的几个城市，都是新老华侨共同聚居的地方。老华侨指在新中国成立前或成立初期、政局动乱之时经由各种方式辗转到达美国定居下来的移民。他们中的相当一部分人对于中国的记忆仍保留在五六十年前，而他们的政治认同也出现多元化的趋向，其中有部分移民仍然认同在台湾的国民党政权。随着中国国力增强以及在世界政治舞台上的地位越来越举足轻重，许多老华侨也转变了思想观念，但大部分还是持"两边走"的态度。新移民则是指在改革开放后出去的移民，几乎所有的新移民对于中华人民共和国有着强烈的认同与归属感。此外，新、老华侨还存在生活习惯、道德素养上的差异。由于老华侨久居美国，在生活习惯、道德素养上逐渐西化，而新移民初来乍到，还是保持着农村的习俗，颇被老华侨所看不惯。[①] 世界关光裕堂主席关席瀚是位老华侨，

---

① 根据2011年9月9日，笔者在洛杉矶唐人街明德公所对顾问周光贵的访谈。

他觉得"那些新移民好像受到'文革'影响比较怕事，而且对宗亲的观念不是这么强，不是很喜欢参加这些宗亲活动，还有就是他们一般女性不随夫姓，不可理解"①等。

　　除了上述问题之外，新、老移民的矛盾集中反映在社团上。下面我以坪县的几家社团组织之间的争斗与合作为例说明新移民与老华侨之间的关系。以坪县地域性社团组织为例，许多新移民来到洛杉矶唐人街后，为了寻求熟悉的家乡感，他们很多经由家人、亲戚（很多是老移民）的介绍加入了由老移民所成立的坪县同乡会。刚开始几年，由于新移民资历尚浅，无论是经济实力还是社会声望都不足以对把控"朝政"的老移民构成威胁，双方基本上相安无事。几年后，新移民李国胜被选举为坪县同乡会副主席。李国胜为了壮大新移民队伍，培养"自己人"，比如推荐同是新移民的周光贵、司徒锦标等人竞选同乡会的副主席。一时之间，同乡会有好几个副主席都是新移民，进一步加速了新移民的进入。新移民在坪县同乡会等传统社团中的地位开始逐渐凸显出来。尽管在族裔聚居区内，新移民的地位仍无法超越老移民，但社区权力结构的变化开始引发了很多原本"掌控朝局"的老移民的不快。一些老移民开始觉得自己的"地位"受到了威胁，越来越不愿意将自己创立下来的"半壁江山""拱手"让给新移民"享受"，比如周金汉。以周金汉为代表的老移民们开始通过各种方式排斥李国胜等新移民，比如使用"自己人""架空"这些新来的"副主席"。愤懑之下，李国胜就带着几个副主席离开社团，李国胜当时扬言："我再也不回来了。"1990年，李国胜、司徒锦标、周光贵等新移民自己成立了新的组织——淡江联谊会，旨在为新移民谋福利，解决工作及生活困难。至此，坪县的地缘性社团分裂为两个社团组织。周光贵从淡江联谊会会长退下来没多久，就被周氏宗亲拉去参加吴周蔡翁的宗亲会——明德公所。周光贵在来美国前是公务员退休，凭着自己从政多年的组织才能，很快被推选为明德公所的主

---

① 2011年9月5日，笔者在洛杉矶老唐人街与洛杉矶世界关氏宗亲会主席关席瀚的闲谈。

席，任期满后转为元老。① 他沿袭当年李国胜在坪县同乡会的做法，积极招揽吴、周、蔡、翁四姓的新移民。而曾经与李国胜、司徒锦标以及周光贵等众多新移民有恩怨的老移民周金汉不仅是坪县同乡会的元老，也是明德公所的原主席，在公所内享有很高的声望与地位。新、老移民的冲突从地域性社团延伸至宗亲会上来。

新、老移民之间的矛盾不见得直接与政治立场的分歧有关系，两方争执归根结底还是对于社会地位的争夺。作为老华侨的周金汉，他希望自己在社团内——无论是在坪县同乡会还是明德公所都继续享有说一不二、唯我独尊的地位。他这种想法在老华侨当中是有广泛根基的，不仅因为在当年购置公所时他出钱出力，而且基于他对社团几十年的贡献。但周光贵并不这么想，他认为周金汉"一言堂"的做法很霸道且无理。可见，新移民对于老移民在族裔聚居区内部的社会地位的冲击是巨大的。新移民不仅成立了自己的地域性社团，还凭着人数众多的优势，将自身的影响力扩展至原本是老华侨居多的宗亲组织上。应该说，新移民作为海外离散社会的后来者，很渴望能够在族裔社区内部占有一席之地，这导致了众多老华侨的不适与反弹。② 虽然新移民与老华侨看似势不两立，实际上两者对于社会地位的争夺，都急需一个外在、公认与共享的评价体系与评价主体，那就是远在大洋彼岸的侨乡地方政府及社会。谁能够更多地得到祖籍地政府的支持与认可，谁就能在这种地位之争中获得合法性优势。

这里仍以淡江联谊会和坪县同乡会为例：在20世纪90年代之前，坪县同乡会是唯一一家坪县的地域性社团，历史悠久、实力雄厚、具有固定接待场所，因而一直是接待中国各级政府官员的主要承办方。改革开放以来，国家、省各级地方官员多次到访洛杉矶，均是由坪县同乡会代表坪县各级社团接待，包括设立欢迎晚宴，陪同参观

---

① 根据社团章程规定，主席负责处理一切会务、主持本会各种会议、对外代表本会。而元老的职责为监督本会一切会务。一般只有连任几届且对社团具有重大贡献的主席才可以成为元老。北美华人社团尤其是传统社团大多遵循此例。

② 根据2011年9月10日笔者在洛杉矶老唐人街对明德公所召开常务会议所做的田野笔记及2011年10月在明德公所所做的田野笔记。

洛杉矶等。但进入 20 世纪 90 年代以来，坪县同乡会的接待能力与组织能力急剧下降，每次前来接待的社团成员都十分少。这点让家乡官员感到"十分没面子"。2010 年坪县县委书记计划带团访问洛杉矶。在以往接待中均扮演"配角"的淡江联谊会想趁此机会争取接待权。联谊会有些成员是退休的公务员，经过他们多方呼吁，坪县地方政府决定将此次接待权交由淡江联谊会举办。坪县同乡会得知此事后，向淡江联谊会交涉，希望淡江联谊会将接待权"交回"同乡会来举办。淡江联谊会当然"不会把到嘴的肥肉拱手让人"①。最后，由于组织不力、人员不足等原因，坪县同乡会最终以参加者而不是组织者的身份参与这次的接待宴会。这也使淡江联谊会在此次争夺合法性中取得了优势地位。

近年来，新社团由于成员人数众多，组织能力强，领导及成员与母国联系紧密，祖籍国国家、省、市领导人到访逐渐转由新社团接待。老社团为了继续保持其在社区内的地位，通过各种话语表述贬损新社团以提高自身的"合法性"。任多家老社团主席与元老的黄锦权今年八十多岁，是洛杉矶唐人街内最有名望的侨领之一。他开的餐馆是各个社团（也包括淡江联谊会在内）举办活动的首选之地。一进餐馆就可以看到黄锦权与许多美国、中国大陆、中国台湾政界领导人的合照。谈到对于新侨团的看法时，他露出一些鄙夷的神态：

> 他们可能就只有几个人成立起来的，比如说三四个人，一两个人就成立起来，然后就印名片，拿着这个头衔回去，看下有什么好处拿。如果中国知道的话，可能就不接受，但是如果不知道的话，也是一样接待的。这是他们的做法，我们也管不着的。我们跟他们也有来往，沟通都没有什么问题的，他们想那样做，我们也管不了的，不是由他咯。我们老侨团是不同的，成立了很长时间，都有自己的会馆的，还有自己的资产啊，收入啊。所以你去支持的话才有底气，要不你拿什么去支持那些政客啊。不像那

---

① 根据 2011 年 9 月 9 日，笔者在洛杉矶明德公所对周光贵进行的访谈。

些新移民的社团的，他们经常说要开个会了，就到酒店来开。你说什么同乡会啊、联谊会啊，在哪里，根本就是个空的，只是印在卡片上的。①

上面两个社团竞争的个案以及黄锦权的表述，我们可以看到新、老社团的冲突不是因为彼此的政治支持对象不同，而是在争夺谁更具有"合法性"。所谓"合法性"的标准是和祖籍国关系的密切程度。老移民指责新移民假借社团名义获得祖籍国的接待，"辜负了祖籍国的信任"。而在新移民眼里，老移民以及传统社团"两边走"的态度以及"墙头草"的形象，使得他们的合法性根本无法与新社团媲美。许多新移民对于自己"一边倒"的态度颇为自豪。

华人社区因成员的政治立场、文化倾向、社会经济地位的差别而存在分野。社团在社会政治方面的紧张与摩擦使华人社区存在被瓦解的危险。但无论如何，华人社区仍然拥有共同的文化传统（参见杨凤岗，2008：56）。更为重要的是，新、老移民之争一个令人意外的结果是，双方之间的摩擦与纷争，导致移民个体为了争夺在族裔聚居区内部的社会地位与声望，纷纷积极地与侨乡建立与延续传统的道义关系，频繁地为家乡提供公共福利，从而获得在海外族裔聚居区的良好评价。"比拼谁对于家乡的贡献大"成为新、老移民的争夺重点，这种竞争和攀比在很大程度上促进了坎镇移民群体的跨国实践。

2. 海外留名

在海外族裔聚居区内部，许多移民都非常热衷于社团活动且竞相争当侨领。在海外族裔聚居区，能够成为侨领的主要有以下几类人：第一类是在移居国奋斗多年，具备一定经济实力的老华侨。他们多从事餐馆、制衣等族裔经济，比如上面提到的黄锦权、周金汉等；也有少数受过高等教育，比如洛杉矶关光裕堂主席关席瀚。第二类成为侨领的是新移民，他们不少在移民前受到中等甚至高等的教育，在祖籍地曾任一定的政府职务或是学校的教师。他们具备一定的政治演讲与

① 2011年11月18日，笔者在洛杉矶老唐人街金龙酒家对其董事长黄锦权的访谈。

组织才能，在新移民中深得人心，比如上文提到的周光贵、李国胜、司徒锦标等人。① 新移民与老华侨尽管经济实力有差异，但大多局限于族裔经济内部，难以在移居地主流社会中获得认可，因而这两类人都十分热衷于参加社团，从中获得社会价值与认可。特别是能够成为海外社团特别是有产业的老侨团的主席，在很大程度上说明移民具备一定的经济实力及社会声望。因此，在海外社团任领导既是对自己在族裔聚居区内部的社会地位认可，也能够进一步提高自己的社会声望。做过多家侨团领导的李国胜回答说：

> 很多人都是争着做这个社团的头的，为了面子，用钱买点名声。你做到会长，尤其是中华会馆的主席，是整个华人社会的--哥，大家就争这个名声咯。嗯，倒是没有具体的物质上的好处，但他就可以出名啊，人家都认识他啊，所以他就会争着做这个头的。②

大部分侨领的主要任务除了要解决成员在移居地的社会适应问题外，还要能够带领社团成员积极参与跨国实践。这其中包括不定时地组织社团成员回乡恳亲，在海外接待来自祖籍国的各级政府部门及民间团体等。特别在祖籍国以及祖籍地政府官员来访时，侨领要具备一定的经济实力与社会声望统筹人员、负责接待，为来行官员"做足面子"③。不仅如此，侨领还要随时响应祖籍国发来的"号召"，筹募资金，支援祖籍地的社会建设及应对突发的自然灾害。任加拿大几家侨团领导的王朝宏说："像这次汶川地震，我们满地可各地的侨团3天就收集了40万加币。"④ 在筹募款项的过程中，作为号召人，侨领必须"身先士卒"："一般要当会长，当然要捐赠多一些，对家乡的

---

① 除了这两类侨领外，项飚还指出第三种类型侨领，他们一般受到了良好的教育，所在社团是移居地主流社会的非政府组织。他们与当地主流社会保持着密切的关系，主要致力于为海外华人社区争取在当地的权益（Xiang, 2003）。

② 2011 年 11 月 25 日，笔者在洛杉矶唐人街金龙酒家对李国胜的访谈。

③ 2010 年 11 月 6 日，笔者在坪县金华大酒楼对美国洛杉矶华人李国胜的访谈。

④ 2010 年 11 月 20 日，笔者在坪县京华酒家对加拿大满地可籍华人王朝宏的访谈。

事业贡献大一些。要当主席要有时间、有钱、凝聚力和公信力。"①

图 3-16 洛杉矶各侨团接待广州侨联一行

改革开放后，出于发展经济与政治统战的考虑，中国政府格外重视与海外华侨华人建立与保持良好联系。因此，一些"高高在上"、普通人不轻易见到的地方甚至中央政府的官员出国访问都会拜访海外的侨团。而且作为社团的侨领更容易与祖国家乡的领导人有近距离的接触："（社团）主席还有很多好处，比如中国有什么官员来，都是你来接待的喔。胡锦涛、温家宝等国家领导人去到美国，就会接见这些社团，那这些人不就可以和当官的接触咯。"② 这在很大程度上弥补移民在移居国所面临的经济地位与社会声望的断裂：

> 当时胡锦涛去西雅图时，侨领方维协积极组织接待胡锦涛，非常积极。方维协做了几十年牛马都没出过头，这一辈子都没有威水过。而接待国家领导人就提供了一个威水的机会。③

移民也通过这种"迎来送往"方式与祖籍国建立更为紧密的联

---

① 2010 年 10 月 31 日，笔者在坪县潮江春酒家对坪县县志办主任邓剑强的访谈。
② 2010 年 10 月 31 日，笔者在坪县潮江春酒家对坪县县志办主任邓剑强的访谈。
③ 2010 年 11 月 20 日，笔者在世纪之舟咖啡厅对洛杉矶华人方锦潮进行的访谈。

系，为跨国实践以及回乡后的社会地位补偿奠定基础。李国胜由于在洛杉矶多次以淡江同乡会元老、协胜工商会副主席等不同身份接待了中国领导人及江门、坪县等地方政府领导。因此，回到坪县他也能享受众多特殊的待遇。[①]

海外离散社会与侨乡同样是坎镇移民进行社会地位表演的重要舞台。对于坎镇移民来说，族裔社区内其他成员的评价甚至会通过跨国网络与空间影响侨乡对于个体的阶层归类。因此，无论是内部合作还是竞争，都会促使移民为了争夺社会地位、获得祖籍国青睐并得到社会地位补偿，而进一步密切与祖籍地的联系，更加频繁地卷入跨国实践中。

第三节 传统道义、声誉补偿与社区福利实践

斯科特从研究东南亚乡村社会中指出一种村庄社会自发的制度安排及财富再分配制度，即通过"向富裕村民提出某些要求，以确保弱者免遭破产和灭顶之灾"（詹姆斯·C. 斯科特，2001：52 - 53）。在中国传统乡村内部，也发展出一种基于集体记忆以及社会认同形成的"道义责任"（Madsen，1990：179）。坎镇侨乡社会与其海外移民在中国这种特殊的道义传统基础上，演化出更为复杂的社会结构和制度安排。在本节当中，我主要考察坎镇移民与侨乡所形成的这种传统道义关系、移民所获得声誉补偿与其社区福利实践之间的关系。如上所述，坎镇移民在迁移与跨界过程中完成了群体社会身份的转变：从第三世界的农民转变成来自发达国家的"爱国华侨"。他们基于传统道义，源源不断地向祖籍地进行社会文化馈赠，由此发展出来的社区福利实践在一定程度上促进了坎镇侨乡的公共事业，他们在这种小社区建设中也获得了一种社会荣誉，以此弥补在迁移过程中所面临的声誉地位下降的情形。

坎镇移民实现声誉补偿并不是一个简单的供给与需求、补偿与被补偿的过程，除了受到移民个体社会地位变动所带来的需求、侨乡与

---

① 根据 2010 年 11 月 6 日，笔者在坪县金华大酒楼对美国洛杉矶华人李国胜的访谈。

海外离散社会提供的社会地位补偿供给的影响外，还受多方利益主体对于声誉资源争夺的制约。这表现在两方面：一是被补偿者之间的竞争。由于需要社会地位补偿的移民人数众多，作为补偿者的侨乡只可能"挑选"其中贡献资源最多的移民给予补偿，这导致移民之间的相互竞争。二是补偿者之间的竞争。作为补偿者的侨乡也存在争夺侨资的情况，无论是学校还是宗祠、寺庙，都会为了得到"爱国华侨"的经济支持而积极"争宠"。下面我们以坎镇移民在乡村小学上的福利实践为例进行说明。

一 "馈赠—补偿"的道义传统

在长期的互动中，坎镇移民逐渐与侨乡形成了基于道义基础的社会地位补偿关系，也即"道义传统"。根据坎镇移民与侨乡所形成的不成文的"道义传统"：一方面，坎镇移民需要延续中国乡土社会（费孝通，1998:6-9）中的士绅传统，承担起为家乡提供公共物品与福利的社会责任与义务，也即源源不断地给予侨乡以文化馈赠；另一方面，侨乡对于给予文化馈赠的移民有着社会地位补偿的承诺。在这种侨乡"小传统"① 的道德逻辑中，财产越多、权力越大、越有资源的人越有能力为社会负起责任。"光宗耀祖""造福桑梓"也被视作一种对于"海外成功人士"的道德要求。这种小传统既影响了侨乡对于移民个体的社会期许，也制约着移民对自身道德行为的自我期许。这个逻辑从反向来推理则是：如果移民对于侨乡的贡献越大，说明他在海外"赚到大钱""衣锦还乡"了。由此可见，移民想要实现社会地位补偿的动机与侨乡希望接收文化馈赠的意愿构成了影响移民与家乡之间的道义传统的重要社会动因。在移民与侨乡的道义关系中，无论是被补偿者还是补偿供给者都自然而然地形成了一种对"馈赠—补偿"体系的"路径依赖"。"馈赠"与"补偿"跟其他象

---

① "小传统"出自美国人类学家雷德菲尔德（Redfield, 1956）提出的大传统与小传统的二元分析框架，用来说明在复杂社会中存在的两个不同文化层次的传统。大传统是指以城市为中心，社会中少数上层人士、知识分子所代表的文化；小传统是指在农村中多数农民所代表的文化。

征交换经济一样（皮埃尔·布尔迪厄，2007：155）是需要有一定的时间间隔的，侨乡并不马上给予馈赠者以补偿的回报，因为这样容易造成"移民是为了补偿才馈赠"的印象而导致双方的尴尬。布劳就曾指出，对恩惠的仓促报答会被指责为不恰当，因为它意味着拒绝背负一段时长的债，并且坚持一种较为公事公办的关系。而持续对馈赠者保持感激与相信他们会履行自身义务会进一步加强彼此之间的社会纽带［彼德·布劳，（1964）2008：116］。通过延长补偿的时间间隔，并且强调移民馈赠的"无价"，能在形式上回避道义传统中的交换本质。

移民对于家乡的"道义"是有着先后次序的，比如说优先调动资源用于培育幼者，这集中体现在移民对于学校尤其是基础教育上。坎镇的基础教育尤其是小学教育作为地方的公共物品在很大程度上是由海外移民所提供的，尤其在改革开放初期地方财政还较为拮据的时候。20 世纪 80 年代，计划生育政策还未产生直接效果。坎镇每个自然村几乎都有一所村小学，甚至在人口规模大一些的行政村还建有初中。人口规模较多、经济实力强的宗族还另设小学、中学，比如关氏、司徒氏、邓氏均有自己的族校。而这些学校基本均由本村、本族的海外移民筹集资金捐造而成。20 世纪 90 年代以来受到计划生育政策、人口外出打工及村民迁移城镇居住等多重因素影响，适龄学童急剧减少，许多学校尤其是小学面临被撤并的困境，出现了"文字上移"的现象。① 师资优良、学校设施齐备、学生人数具备一定规模的学校就能够保存下来；情况相反的学校则被撤并，学生与师资被整编进被保留的学校中。这些侨捐学校承载着许多老华侨幼时就学的记忆以及久居海外的乡愁与眷恋。而且，这些学校多由一代或若干代移民合捐而成，学校从教学楼、教室甚至座椅都铭刻着自己或家人的名

---

① 当前中国最显著的乡村教育现象莫过于 20 世纪 90 年代末以来由国家发动的大规模撤点并校布局调整和农村寄宿制学校建设工程所导致的大量村庄学校的急剧消失。有些研究试图用"文字上移"这一概念来概括当前这种中国乡村教育的新趋势，指出"文字上移"或"村落学校加速终结"的事实是在人口因素、城乡关系、规模效益以及政策驱动等多重因素的综合影响下发生的（熊春文，2009）。

字，是展示个人、家族、宗族及村落荣耀的标志性符号。而将大量资金投入作为侨乡公共文化象征的乡村学校，是海外移民在一定区域范围内借以复兴宗族共同体、增强宗族影响力和扩大象征文化符号资源的手段。移民由此形成了一种攀比与竞争的社会氛围。此外，这些乡村小学如果被撤并，意味着家乡的孩子不得不每日忍受奔波上学之苦。上述种种原因使海外移民觉得有道义责任来避免家乡学校的被撤。各村、各族的海外乡亲为保证自己捐资的学校不被撤并，纷纷尽己所能，利用自身的资源与人脉，通过加大捐资力度、提高师资及生源质量、与地方政府沟通协商等各种方式，在彼此之间展开了一场资源争夺的竞赛。这种竞争因素也给移民与家乡原本稳定的"馈赠—补偿"的道义传统带来了一些不确定性。

坎镇除了关氏和司徒氏两大宗族外，邓氏也是坎镇江南地区的大姓之一。邓氏主要分布在海湖与龙壶两个相邻的行政村。在历史上，海湖与龙壶在历史上是由同一祖先发源而来，尔后由于人口繁衍才分成两村，是较为典型的宗族侨村。两村均拥有分布广泛、数量众多的海外移民。由于邓氏海外宗亲的鼎力支持，到了 2006 年，坎镇江南地区大部分小学都被撤并，只留下了海湖小学与龙壶小学（龙壶小学后来改成梅咏学校）两所。由于农村适龄读书的孩子越来越少，这两所小学为了逃避被撤并的厄运，积极地进行了"自我拯救"。司徒杰斌本身是从海湖村出来的（海湖村除有几户姓司徒的人家外，其余均为姓邓的），目前是一所中学的校长。同样身处教育工作前线，司徒杰斌对于两所小学的情况也较为了解：

> 从 2006 年开始，两个学校的华侨都努力改善各自学校的环境。像龙壶小学也就是现在的梅咏学校，当时邓东国就捐了个功能大楼，而海湖（小学）那边也建了个功能大楼，也建了运动场。就是看政府需要怎么建①，需要留下的学校是怎么样的，就

---

① 在政府的政策文件中对于保留的学校有一定的要求，比如要达到一定的师生规模、达到一定标准的硬件设施。因此，坎镇移民为了使学校避免被撤并，尽量在学校的软件、硬件设施上达到甚至超越政府规定的标准。

怎么建。①

尽管捐资两校的海外移民大多为邓姓，但由于两所学校分别地处海湖与龙壶两个行政村，因而一般来说海湖村的海外乡亲支持海湖小学，而龙壶村出去的移民则支持梅咏学校。其中，海湖小学早期在聚集侨资上一直拥有着优势。早在 20 世纪 80 年代初，当时政府的侨务政策还没有完全落实，海湖村的移民已经开始了对于村小学的支持。这其中，旧金山侨领邓文田是贡献最大的移民之一。邓文田 1949 年前就前往美国谋生，刚开始在餐馆打工，积累原始资本后投身印刷业，在旧金山侨界是小有经济实力的华裔企业家。因母亲姓司徒缘故，还曾捐资司徒氏图书馆，与图书馆主任司徒杰斌有一定交往。对于邓文田的贡献，司徒杰斌是这么说的：

> 当时邓文田是海湖小学与《海湖月报》②复办的功臣，在 80 年代他四处奔走呼号，号召大家捐钱，所以当时的海湖小学是很漂亮的。那些年，坪县有出一些挂历寄给海外华侨，其中教育板块就只有海湖小学的照片。而且邓文田还到处筹集款项，当时筹集了 30 万美金，存在银行里，利息专门奖励海湖小学的老师。当时能够在海湖当老师是一种荣誉，因为老师的待遇很好。他当时是海湖小学的校董会会长。应该说他的功劳是最大的，威望也是最高的。③

邓文田对于海湖小学的文化馈赠实际上延续了传统乡村的士绅传统，承担起为家乡提供公共教育资源的社会责任和义务。而他所得到的回报更多是一种虚拟的社会声誉补偿：邓文田在那个时期颇受家乡

---

① 2010 年 11 月 1 日，笔者在坪县教伦中学对校长司徒杰斌的访谈。

② 《海湖月报》为坎镇海湖村委会邓姓民办侨刊，创刊于 1935 年 5 月。该刊在发动旅外乡亲，尤其是海湖小学校友筹集办刊经费和投稿方面扮演着重要角色（梅伟强、梅雪，2007）。

③ 2010 年 11 月 17 日，笔者在坪县教伦中学对校长司徒杰斌的访谈。

人的赞誉，很好地实现了自身社会地位在侨乡熟人社会范围内的提升。在 20 世纪 80 年代，邓文田与海湖村、海湖小学一直保持着非常密切的传统道义关系。除了开办学校之外，海湖村内大大小小的公益事业，比如说侨刊《海湖月报》的复办、海湖村邓氏宗祠的兴建甚至包括海湖村委会的建设都有邓文田的积极参与。

基于自己对家乡的贡献，邓文田在与村人、其他海外移民的日常互动中具有更多的话语权，为人强势，说一不二，绝不容许有人超过他在村内的社会地位，这也多少引起了其他移民及村内人的反感。这从司徒杰斌口中我们也可以略知一二：

> 因为他的贡献很大，所以呢他人就比较强势，比较有"话事权"（笔者注：粤语表达，意为"话语权"的意思），有时候讲话不注意，别人听起来就觉得很刺耳，认为"有钱就好'巴闭'咩？"（笔者注："巴闭"为粤语表达，意为"厉害""了不起"，略带贬义）这样。①

邓文田一直支持海湖小学的发展，包括筹集资金给海湖小学建造功能大楼等，希望海湖小学能够在与梅咏学校的比拼中"胜出"。保护母村的小学不被撤并似乎也构成邓文田延续道义责任的重要组成部分，这也潜在地凸显他在海湖村甚至整个邓氏宗亲中的显赫地位。由此可见，邓文田这种"爱家爱乡"的意识往往首先体现在对于宗族范围内的公共事务的道义支持上。因此，在宗族内获得名声是满足其对于自我道德期许的重要行动。

虽然回乡的"威水"会让邓文田在经济上破费不少，但在熟人社会期待中出手阔绰使其获得相对于家乡人的优越感。卡陵（Carling，2005）指出移民与非移民存在三个方面的差异：第一，移民与非移民在跨国道义体系（transnational moralities）中地位不同；第二，移民与非移民在跨国社会场域的信息获得上不平等；第三，移民与非

---

① 2010 年 11 月 17 日，笔者在坪县教伦中学对校长司徒杰斌的访谈。

移民在不同资源上的分配不均等。由此可见，作为在道义关系中扮演施惠者角色的邓文田，有一种相对于家乡人的"歧视性对比"［参见凡勃伦，（1899）1964：29］的优势，使其可以在侨乡社会的凝视下弥补自身的社会阶级脱位，获得社会地位补偿，进而实现跨国阶级的向上流动。

二 "凉亭事件"：道义关系的断裂

坎镇移民与侨乡的日常互动是以道义传统作为脚本和依据的，而这种传统道义关系也在生活世界中得以延续与巩固。然而，这种"馈赠—补偿"的道义关系除了具有互惠的特性之外，还隐含着竞争因素：首先，移民要比非移民负有更大的道义责任，这集中表现于文化馈赠基本上是从移民到侨乡的单向流动上。其次，移民要想获得更多的社会地位补偿，就需要比其他移民支付额度更大的文化馈赠。而由于声誉资源的稀缺性，移民与侨乡所形成的道义关系也会受到潜在竞争机制的影响，从而使这种道义关系面临着风险。

几年前，在海湖小学发生的"凉亭事件"直接挑战了邓文田与海湖小学原本稳定的道义关系。起因是海湖村另一位老华侨邓修达出资5万元在海湖小学门口捐建一个凉亭，上面还题写了他的名字。我们去坎镇海湖村进行田野调查时，看到这座凉亭上面清晰标有捐资者邓修达的名字，更为重要的是，凉亭的位置很醒目，位于正对学校大门的右手边，凡是经过海湖小学的人都能很容易注意到凉亭上捐建者"邓修达"的名字（见图3-17）。邓文田知道这件事后，为此大动肝火：

> 当时以邓文田为首的一班人就很不满意了，就说他（指邓修达）捐了那么少钱，就修了个凉亭，而且就在校门口很显眼的位置，谁在外面看就只看到邓修达的名字，我们捐了那么多钱，但却都在教学楼里面，人家拿望远镜都看不到。①

---

① 2010年11月17日，笔者在坪县教伦中学对校长司徒杰斌的访谈。

图 3 - 17　海湖小学及门口右侧的凉亭

　　由此可以看出，移民作为跨国道义体系中的地位较高者，其需要时刻面临来自其他移民的威胁。对于邓文田来说，邓修达此举无疑具有某种挑战意味，直接"威胁"到他作为海湖村"贡献最大者""最富爱心华侨"的社会地位。移民对于这种竞争与挑战并不是没有心理准备的。比如假设邓修达对于家乡的文化馈赠数目远高于邓文田，邓文田可能会追加侨资，维护自己作为最大"道义者"的形象；或者就此作罢，甘愿在这段道义关系中作为一个"陪衬者"。但邓文田不满的地方在于邓修达以少于自己付出的"馈赠"就能获得多于自己的"社会地位补偿"：自己的贡献"拿望远镜都看不到"，而一个对学校贡献不如自己的人的名字竟敢赫然立于海湖小学的门口，如此不成正比的"馈赠—补偿"让邓文田耿耿于怀。为此，邓文田勒令海湖村委会及小学拆掉凉亭，并以撤资作为威胁："邓文田就极力向村委会、月报社、海湖小学表达不满，说不拆掉凉亭就冻结那用于学校建设、奖励教师的基金。"①

　　对此，海湖村委会主任邓国新也大感无奈，因为拆掉凉亭也无法向邓修达交代。② 最终，海湖村委会考虑到多方面的影响，并没有拆

---

① 2010 年 11 月 17 日，笔者在坪县教伦中学对校长司徒杰斌的访谈。

② 根据 2010 年 11 月 30 日，笔者在坪县坎镇海湖村对村委会主任邓新国的访谈。

掉凉亭，此事就此不了了之。由此带来了一个并不令人意外的后果，那就是以邓文田为首的、对海湖小学贡献甚大的一些海外乡亲撤资。经过"凉亭事件"，邓文田也最终与海湖村及海湖小学结束了彼此之间的道义关系。

与此相对的，海湖村及海湖小学随后也不再为邓文田提供社会地位补偿，甚至连邓文田之前的功绩也只字不提。以至我们刚开始调查时，从未在海湖村内听闻"邓文田"的名字。我们曾就此事问过海湖村委会主任邓国新及《海湖月报》主编邓剑强，他们大多不愿提及此事。在说到海湖小学以往发展历史以及受捐情况时，他们也只是模糊地以"海外华侨"来替代某个人的名字。

由此可见，海外移民与家乡所形成的"道义传统"并非一成不变的，而是受到多方竞争影响而呈现相对脆弱与不稳定状态的。移民基于道义给予家乡的文化馈赠与侨乡所提供的社会地位补偿是紧密相连的。一旦作为社会观众的侨乡没有给予捐资者以相应成正比的"回报"或者没有给予不同捐资者以差异性待遇，移民很可能就会从这段"馈赠—补偿"的道义关系上退出，并撤出相应的原本用于侨乡文化馈赠的资金。

道义关系断裂所带来的后果是移民与侨乡双方都尽力避免的：一方面，侨资缺乏会直接影响地方社会所接收到的文化馈赠，并给乡村社区的公共物品、福利资源的供应带来负面影响；而另一方面，本想通过文化馈赠获得社会地位补偿的移民也会被批评为"不讲信誉""不讲亲情"而名誉受损。由于道义关系断裂的后果往往需要更大努力和机缘来重新弥合，基于不同动机的移民与侨乡均会尽量避免道义关系的断裂，在道义关系出现裂缝时尽量弥补，在道义关系无法弥补而宣告结束时会想办法重建道义关系。

三 改换门庭：重建道义关系

在坎镇，移民与家乡的道义关系出现断裂或弱化的情况时有发生。但除非移民不想再在侨乡获得声誉补偿，否则大多数移民往往会在道义关系断裂后寻找其他途径重新建立与侨乡的道义传统。侨乡的不同行动主体为了获得文化馈赠也乐于接受这样的尝试。

上面提到的旧金山侨领邓文田在与海湖小学结束道义关系之后，很快便在乡人的牵线搭桥下，决定改换门庭，将目光转向海湖小学的竞争对手——位于龙壶村的梅咏学校，试图与其建立起"馈赠—补偿"的道义关系。梅咏学校地处墟市，人员往来众多，地理位置更为优越，就读学生人数一直与海湖小学不相上下。2010 年年底，我们参加了梅咏学校建校 100 周年的纪念活动，结识了梅咏学校校长关铭志。据关校长介绍，祖籍龙壶村的加拿大移民邓东国对于梅咏学校的贡献最大，其次就是隔壁海湖村的邓文田。作为"凉亭事件"的最大受益者，关校长对于邓文田与海湖小学的矛盾含糊带过，而积极地颂扬邓义田对于梅咏学校的支持。在短短的几年时间里，梅咏学校在教学楼、运动场、纪念堂等多处建筑都出现了邓文田的名字，还有一些地方是他以亲人或公司的名义捐建。据关校长介绍，邓文田对于梅咏学校捐资累计达一百多万元人民币。[①]

此消彼长，在海湖小学遭受重创之时，梅咏学校得到了前所未有的发展机遇。除了邓文田的加盟外，梅咏学校的首位功臣邓东国也加大了对于学校的投入，希望能够确保梅咏学校在学校间的撤并之战中胜出。作为梅咏学校的最大捐资者，邓东国早在邓文田加入之前就与梅咏建立了稳固的道义关系。他在新中国成立前移民香港，后入了加拿大籍，改革开放后在深圳投资一家电动玩具厂。2006 年，邓东国个人捐资 280 万元，与邓文田合捐总共 400 万元，没有动用市政府一分钱[②]，建起了高达七层的功能楼，用于教学（见图 3 - 18）。没过多久，邓东国耗资 50 万元捐建了 400 百米跑道的塑胶运动场。2008 年，邓东国以父亲的名义修建奇英楼（奇英是其父的名字），其中楼下用作礼堂，而二楼则为学校饭堂。2010 年年初，邓东国以母亲之名捐建碧珍楼（碧珍乃其母名），碧珍楼用作宿舍。碧珍楼专门安排在 2010 年 11 月份举行的梅咏学校建立 100 周年典礼时剪彩。

---

① 根据 2010 年 11 月 10 日，笔者在坎镇梅咏学校对校长关铭志的访谈。

② 在侨乡，地方政府为了鼓励海外移民捐赠，有些侨捐项目是以移民出一半、政府配套另一半资金的方式实现的。

图 3 – 18　邓文田与邓东国合捐给梅咏学校的功能大楼

　　由于邓东国与邓文田等侨领的共同努力，梅咏学校从几年前的乡村小学发展成为硬件不输大城市的市级小学。加上梅咏学校交通便利，地处墟市中心，拥有稳定规模的生源。良好的侨资支持也吸引了较好的师资。[①] 不久，梅咏学校在硬件、师资、学生规模上逐渐超过了海湖小学。

　　海湖小学在结束了与邓文田的道义关系后，再也找不到经济实力雄厚的支持者与之建立"馈赠—补偿"的关系。由于侨资缺乏，海湖小学无论在硬件设施还是师资质量上都跟不上发展的要求。2010年7月，市教育局发文，海湖小学正式并入梅咏学校。海湖小学的学生及老师被划拨到梅咏学校。海湖小学的停办让村民及海外移民很痛心，在我们调查时海湖小学的原校址已经废置，长满了荒草，桌椅板凳都蒙上了厚厚的一层灰。带我们参观的海湖村主任邓国新见此凄凉情景不胜唏嘘："你看海湖小学的风水很好的，前面是山和田野，很漂亮的。可惜呀，都被撤并了。"[②] 尽管海湖小学的撤并，是由地方

①　根据 2010 年 11 月 9 日，笔者在坎镇梅咏学校对校长关铭志的访谈。
②　2010 年 11 月 30 日，笔者在坎镇海湖村对村委会主任邓新国的访谈。

政府权衡决定的，但邓文田几年前的"反戈一击"，不仅使海湖小学丧失了主要的经济来源，还让梅咏学校多出了一位财力雄厚的捐资者。而且，由于邓东国与邓文田的鼎力支持，两校发展的此消彼长，使得地方政府的态度也开始出现了偏向。加之其他各种优势，梅咏学校最终赢得了这场撤并之战。

梅咏学校在海湖小学撤并之后的 4 个月，举行了热闹的 100 周年校庆纪念活动。在庆典活动中，学校校长首先介绍了梅咏学校及前身龙壶小学的历史，却只字未提师资及生源刚被并入的海湖小学的名字。随后邓东国被邀请作为梅咏学校荣誉校长讲话："梅咏学校能够成为（坎镇）江南（地区）唯一一间完全小学是不容易的事情，是依靠政府和华侨的力量，希望全校师生能够珍惜这间学校，好好学习和工作。"[①] 邓东国在讲话中还露出对于梅咏学校在与海湖小学将近 4 年的比拼后终于在他手里保存下来的满意和欣慰的笑容，这也是他获得的最大的社会地位补偿。为此，梅咏学校的师生无不对邓东国的这种"道义"感恩戴德："邓东国是很慷慨的，学校建设有什么问他拿钱，他总是很爽快地答应了。如果没有他的话，我们的学校也不可能留得下来。"[②]

此次校庆活动成为邓东国在整个邓氏宗亲中展示自身社会地位与社会声望的重要舞台。然而邓文田作为梅咏学校的"第二大功臣"并没有出席此次的活动。对于邓文田来说，尽管他重新与梅咏学校建立了"馈赠—补偿"的道义关系，并从中获得一定的社会声望，但他毕竟是后来者，而且自己母村海湖小学的没落也让其在当地颇具争议（比如海湖村人认为邓文田"忘本"：连自己村都不支持而去支持邻村），所以远不能与其曾在海湖村内的社会地位相提并论，并略显尴尬。他捐资梅咏学校更多是向"无视"自己贡献的海湖村表达愤怒与不满。由此可见，作为履行道义的一方尽管能够较为自由地选择退出一段道义关系，但他也可能要面临声誉受损的风险。即便再重建

---

① 2010 年 11 月 1 日，笔者在梅咏学校对梅咏学校 100 周年校庆典礼的田野笔记。
② 2010 年 11 月 9 日，笔者在坎镇梅咏学校对校长关铭志的访谈。

一段道义关系，也不能完全确保其声誉能够完全恢复。

上面的故事凸显出道义关系中的竞争因素：一方面是侨乡地方社会如何争夺侨资的逻辑；另一方面也反映出移民邓修达、邓文田及邓东国等人在这个场域中对于社会声望资源的争夺。移民进行文化馈赠是为了得到名誉上的回馈，而侨乡提供的社会地位补偿则是基于回报移民以及试图保持侨资持续供应的目的。对于补偿者来说，如果没有细致地体察到被补偿者对于地位与声誉的渴望，没有很好地给予不同贡献的被补偿者以差异，那么他的补偿行动就很可能招致被补偿者的抗议，最严重的则是补偿者不得不面临与被补偿者之间的道义关系断裂、侨资撤出的风险，比如海湖小学的情况。而海外移民作为被补偿方来说，与侨乡所建立的道义关系是基于侨乡的社会地位补偿承诺。一旦这种承诺缺失或者是"名不副实"，移民会考虑撤出与其的道义关系，与其他地方利益主体重建道义关系，在另一个空间实现声誉的提高。可见，移民与侨乡的权利和义务都被置入互惠的均衡链中。一旦均衡被打破，道义关系就濒临断裂（王铭铭，1997：143）。

海外移民及家乡各个利益相关主体（如地方政府、学校、宗祠等）都被卷入一个道义传统、社会地位补偿与文化馈赠的角力场中。在这个角力场里，海外乡亲不断或主动或被动地卷入跨国实践中。一方面，他们从中获得了相应的社会地位补偿，修复由于迁移导致的社会评价体系中经济收入与社会声望的断裂，不同程度地实现了社会地位在跨国空间范围内的表达；另一方面，这种基于传统道义关系发展出来的跨国实践尤其是文化馈赠也反映出坎镇移民的意图，即有意识地重建比当代发展中国家政府体制更为悠久的民间制度安排（参见宋平，2011）。社会学家贝克尔也指出，慈善作为一种自我保险形式可以成为市场保险和政府的资源转移的替代［加里·S. 贝克尔，(1995) 1976：321 – 322］。移民的社会文化馈赠一定程度上弥补了地方政府缺位所导致的村落公共物品与福利的缺失，客观上促进了侨乡集体性社会目标的实现。

综上所述，坎镇移民的社会地位补偿基本集中于对社会声望及声誉的追求上。他们由于在迁移过程中出现了社会阶级脱位（经济地位上升，声誉地位下降），因而他们最需要的是社会声誉补偿。这种较为单一的社会地位补偿类型也导致以社会文化馈赠为主的传统道义型跨国实践在坎镇移民中普遍盛行。因为最能够凸显社会身份与地位的就是传统的、纯浪费性的跨国实践——社会文化馈赠。坎镇移民在祖籍地既没有发展出大规模的营利性投资行为，也没有众多移民频繁地参与到跨国政治活动中（不排除有部分新移民参与），原因在于坎镇移民更在乎的是他们能否在侨乡享有（哪怕是虚拟的）社会声望而并不在乎获得实质好处。当然需要补充说明的是，坎镇移民在祖籍地的跨国实践确实以社会文化馈赠为主，但他们在非祖籍地还是有不少投资等跨国经济活动。

第四章 从"偷渡者"①到"美国客"：官镇移民的多元交换型跨国实践②

> 每个人都有梦想，只不过有的人梦想成真，有的人噩梦连连，但不管怎样，有梦想总比没有梦想的强吧！你说是不是这个理？

> ——一位偷渡客如是说

---

① 这里需要说明的是，并非所有的官镇移民都是非法移民并以偷渡方式入境美国的。但大部分官镇移民属于无证移民。即使有少数为正式移民，但其由于被贴上"偷渡"标签，其所受到的社会待遇与其他无证移民没有很大区别。因而在这里统称他们为"偷渡客"。另外，必须要承认官镇移民迁移后的社会经济背景也是多元的，但之所以这里将他们作为一个整体来讨论，主要有以下几个原因：族裔认同对于他们来说是首位的，而阶级认同则是次要的。无论是工人还是族裔企业家由于受到外界的排斥，都生存在族裔经济内部并相互依赖。

② 此章的部分内容曾以多篇论文形式发表，分别为：《跨国空间下消费的社会价值兑现——基于美国福州移民两栖消费的个案研究》发表于《社会学研究》2014 年第 2 期，第一作者；《公益慈善、印象整饰与利益交换：基于一个华南侨乡的考察》，《中山大学学报》（社会科学版）2018 年第 3 期，独立作者；《从生产性身体到消费性身体：基于美国福州青年劳工移民的分析》，《中国青年研究》2017 年第 5 期，独立作者；《跨国集体维权与"回飞镖"效应——基于美国福州移民的个案研究》，《中山大学学报》（社会科学版）2015 年第 4 期，独立作者；《跨越彼岸：美国福州移民的跨国政治实践研究》，《学术研究》2014 年第 4 期，独立作者；"Cross–space Consumption among Undocumented Chinese Immigrants in the United States"，*Sociology of Development*，2016，2（2）：158–182，第二作者。本章内容主要基于官镇移民群体，有部分材料涉及其他邻近闽江口的乡镇的福州移民。特此说明。

　　在上一章中讨论了传统道义型跨国实践，主要分析了基于道义关系所形成的社会地位补偿对于移民跨国实践的影响。在本章中，我将引入第二个个案，即以交换与互惠为基本目的的跨国实践类型。实际上，这两种类型并非截然分开的，道义关系也含有潜在的交换成分。但在社会交换中一一对应的关系更为明晰：当别人做出报答性反应就发生，当别人不再做出报答性反应就停止的行动。这与道义体系所遵循的逻辑不完全相同。社会交换理论将个人和集体行动者间的社会过程视为有价值的资源交换过程。霍曼斯认为人类的一切社会行为都是交换，人们总是试图从交换中获取利益（Homans，1961）。与霍曼斯一样，布劳也把追求回报的交换看作人类生活中最基本的动机和社会得以形成的基础，但他只将社会交换作为人类行为的一部分，并非所有的人类行为都出自交换目的。社会交换往往是以互惠为基础的。齐美尔就曾提出一种互惠的交换模式，后来被布劳发展成"互惠规范"的概念。布劳认为，如果社会行动中的各个主体都遵守互惠规范，愿意为自己的所得提供回报，那么社会交换就开始了［彼得·M.布劳，（1964）2008］。张继焦（1999:227-228）指出，尽管海外华侨华人未必都是基于交换动机，但地方政府和家乡亲人会对华侨华人做出回报性反应，这无形中导致了潜在的交换关系。

　　福州官镇移民的跨国实践模式就是以互惠与交换关系为基础形成的。改革开放后，在持续不断的移民潮中，除了像坎镇这样的家庭连锁移民外，有为数不少的移民是属于从非正式渠道出去的无证移民，其中以福州"偷渡客"最引人注目。许多研究者对于福州移民尤其是他们的跨国迁移形态、社会适应及移民产业链做了相关探讨（Kwong，1997；Chin，1999；Pieke et al.，2004；Chu，2010；Liang et al.，2008；彼得·邝，2001；李明欢，2005a；庄国土，2006a & 2006b & 2003b；林胜，2002）。官镇移民作为福州移民的重要组成部分，主要流向美国，并以纽约为中心散落分布于美国东部。官镇移民由于背负高额债务而偷渡，在迁移过程中面临经济与声望地位的双重下降。同时，官镇移民的跨国实践模式较坎镇更为多元化，既包括了传统的社会文化馈赠，也包括了经济投资、跨国政治参与、跨国集体维权等其他跨国实践模式。与坎镇移民基于道义与福利的传统跨国模式不同，官镇移民的跨国实践大多是遵循互惠与交换原则的。当官镇侨乡积极提供社会地位补偿时，移民往往会积极参与跨国实践，而且跨国实践的模式往往与补偿类型有着密切关系：集中于社会文化馈赠的移民往往是为了获得社会声望，但如果是想获得经济与政治补偿，移民则会参与投资或跨国政治实践。由此可见，官镇移民的跨国实践更多是基于交换目的的。这使得移民与侨乡所形成的社会地位补偿关系更多以互惠为基础。

那么社会地位补偿机制对于官镇移民的多元交换型跨国实践究竟产生怎样的影响，这正是本章想要回答的问题。下面将首先分析官镇移民在迁移过程中所面临的社会阶级失位及返乡后的跨国越级向上流动情况，接着分析官镇移民所面临的社会地位补偿成本及供给，最后讨论这种基于交换与互惠原则的多元化跨国实践与补偿类型之间的关系。

第一节 社会地位补偿需求的高涨

官镇移民出国的制度背景与坎镇移民相比存在比较明显的差异。前者主要是由改革开放后的新移民群体所组成，出国前中国已经开始引入市场改革。加上官镇移民的迁移途径与坎镇有很大的区别，导致他们在迁移过程中所面临的社会地位补偿需求不同于坎镇移民。在本节中，我将论述官镇移民①如何从"黑着"的社会阶级失位，到实现跨国越级向上流动成为"美国客"的，以及他们在这个过程中所面临的巨大的社会地位落差及廉价的社会地位补偿成本。

一 "黑着"②：社会阶级失位

官镇地处闽江口北岸，面积为 64 平方公里，距县城 11 公里，离

---

① 我在海外田野调查的过程中接触到一些非官镇籍的福州移民，由于福州移民作为一个整体具有很大的同质性，因此文章会使用少量非官镇移民的个案，因而有些地方为了方便论述亦会用"福州移民"代替。

② "黑着"以及后文的"黑"描述福州移民由于从非正式渠道入境而没有合法的身份，并且受到移居地主流社会及同族裔社区内的其他移民的歧视的状态。

福州 40 公里。官镇人口有 5.93 万人，其海外华侨华人及港澳台同胞
达 3 万余人，① 分布在以美国为首的世界 30 多个国家和地区，且其
中大部分为新移民，是福州市的一个重点侨乡。官镇所处的地理位置
极为便利，照理说并不是贫瘠的地方。为何这里有这么多国际移
民呢？

（一）"翻身做移民"

在 20 世纪 50 年代，"翻身"作为"社会主义新中国"的意识形
态宣传曾经深入人心，它确立了农民作为社会主义中国的重要参与者
的主体地位（参见宋平，2011）。虽然"城乡二元"的经济社会结构
已经逐步确立。但中国农民的身体并未成为贬抑的对象，反而其
"土里土气"的身体形象是符合当时国家意识形态的。而且农村的土
地改革客观上使不少官镇农民获得了实质好处，加上"世界上还有
三分之二的人民生活在水深火热之中"的官方宣传，当时没有更多
海外资源的福州农民很少萌生"出国"的想法。

真正使这批农民意识到身体可以变成商品换取更好生活机遇的契
机始于 20 世纪 70 年代中期以后。当时有一批来自福州及其邻近郊区
的海员"二战"后通过"跳船"② 方式留居美国（Hood，1997）。
1974 年中美恢复正常邦交后，这些海员的亲属陆续以家庭团聚理由
移民美国。改革开放后，这批"跳船者"及其家属顶着"海外华侨"
的光环陆续回乡探访，他们在家乡的一系列炫耀性消费实践使得一直
深信"翻身做主人"的福州农民受到刺激。随后中国实行改革开放，

---

① 数据来源于廉县地方志编纂委员会。但由于官镇移民有不少是通过非正式渠道出
去，因此统计的华侨华人以及港澳台同胞人数与实际可能存在很大出入。

② "跳船"指船舶到达美国后船员登岸，然后非法滞留美国。在 20 世纪六七十年代，
这些跳船到美国的福州人，通常能通过他们的勤勉工作，得到雇主的青睐，替他们申请绿
卡（长期居留证）。在 20 世纪 80 年代以前，在美非法滞留的华人数量少，通常只要有雇主
担保和雇用，非法入境的华人办绿卡不太困难。这些跳船者成为美国合法居民以后，他们
启动了以亲缘、地缘为纽带的连锁移民。他们以家庭团聚理由，申请亲属合法移民美国，
这些亲属再滚动申请亲属。1972 年以后，中国政府在福建和广东侨乡开放侨眷（包括港澳
同胞眷属）出国探亲，很多福州人移民香港。不少原本有香港护照的"跳船"者的家属移
居香港，再从香港合法移居美国。少数男性到香港后，没有美国的亲属帮助申请赴美国，
仍选择跳船方式（参见庄国土，2003b）。

市场因素的逐渐恢复和引入使得中国农村内部开始发生分化。由于社会转型带来大量的机遇以及海外传来的"发财致富"的消息，使乡亲们开始产生了"相对失落感"（sense of relative deprivation）（Stark & Taylor，1989 & 1991；李明欢，1999）。人们对于生活意义与幸福的理解越来越多地体现为其提高消费水平的相对成就，比如能够盖一栋漂亮的别墅式祖屋，买得起电视机、电冰箱、自行车等。

但低水平的农业耕作根本无法满足官镇人对于"幸福生活"的期待。从这个时候开始，福州人意识到要靠自己达到在经济上"翻身"——改变其主体性，过上小康水平的生活，其可用的资源是已然存在的移民链及其廉价的物理身体。侨乡的人们开始频频议论关于"美国好赚钱"的传闻，以及"某人出国没几年就发了大财、当上侨领"等"侨乡故事"，这进一步提高了人们对于富裕生活的衡量标准，使官镇人形成了一种不轻易接受现状，也不轻易接受自我与他人的社会差距的心理，甚至有些家境还过得去的移民为了心目中更好的生活而打算依靠身体来换取更好的生活机遇。20世纪80年代到美的李立明在移民前有份足以养家糊口的小生意，但想到一个月可以挣七八千元人民币，他还是下决心到美国闯荡：

> 当时我们都没有想来美国居留的，都是想着挣钱了就回去。因为当时美国还是很好挣钱的，一个月能够挣一千多美金，乘以六，都快七八千人民币了。我干个几年，积累个二十几万人民币回去做个小生意，我当时是这么想的。①

李立明口中的"美国工资高"是很多官镇移民的主要动力。正是这种高工资使移民产生了排除万难、历尽艰辛都要到美国打工的愿望。而且这种工资差异一直到现在少则有五六倍，多则有八九倍。福州廉县官镇办公室主任黄行宜的太太也在美国工作，对此他解释说：

---

① 2011年12月29日，笔者在纽约唐人街廉县二中校友会对李立明的访谈。

我们这边那么多人出去，主要是看中国外的高工资。如果外面的工资比我们这边高三倍到五倍的，肯定会有人想去，这些地方都会有我们官镇人的身影，因为他工资高啊。①

官镇人未尝不知道在美打工的艰辛，但家乡工作与发财机会的贫乏依然刺激着一批又一批的移民试图将自己身体作为商品一样"推销"到发达国家以换取更大的"价值"。尽管目前官镇本地经济因为有了侨资的注入而得到长足的发展，但美国依旧是许多官镇年轻人的梦想。我在美国纽约碰到了同年的王晓华，他从 22 岁偷渡来美已经 4 年，至今没拿到身份。他说从小自己就有美国梦。尽管当时在国内已经小有事业，但仍然选择负债偷渡来美。② 美国不仅对于务农的乡下人及从事小生意者有吸引力，对于很多政府干部也如此。林书民原来是县侨联主席。对于海外的生活，他多少表现出了向往："像我做到主席，也就一个月 5000 元，但他们在美国一个月能挣一万多人民币，而且只是普通打工的。如果是放在以前的话，那不是相差更大吗？"③ 这种美国梦当然是有其坚实的物质基础作为支撑。许多官镇人认为到美国能够提前享受到也许在家乡几十年后才能享受的生活。

图 4-1　侨乡贴满了各种"出国"广告

---

① 2011 年 8 月 4 日，笔者在福州廉县官镇对办公室主任黄行宜的访谈。

② 根据 2011 年 12 月 25 日，笔者在纽约唐人街对来自福建廉县官镇的移民王晓华的访谈。

③ 2011 年 7 月 15 日，笔者在福州廉县侨联对原主席林书民的访谈。

此外,很多父母都希望自己的子女有更好的发展。官镇珠村的妇女主任邹萃莹有两个儿子都在美国。尽管她心疼儿子在美国过着负债累累的日子,但她很无奈地表示"如果不去美国能去哪里"。随着"美国客"逐渐增多,官镇的生活成本被人为地抬高。邹萃莹表示如果不去美国打工,根本没有办法生活:

> 像我们这边的人有钱的人很有钱,喜欢摆阔,搞得我们这些穷人也要跟着。像我们这边摆酒还要给人家钱的,不管家里有没有人在美国都要给这么多,如果你不给的话,人家就会说你小气啊什么的。像别人给300,你总得要给100吧。所以说你如果不出去怎么行,怎么过生活,根本就给不起钱来办这个办那个的。所以说这都是被逼的。如果没有侨汇的话,这边物价又这么高,感觉就根本没有办法生活,所以没办法就只好去美国打工挣钱。[①]

在上述多种社会因素交叠的影响下,从20世纪80年代开始,一批又一批的官镇人,怀抱着"美国梦"离乡背井,甘愿冒着偷渡的风险,前赴后继地奔向美国,投入跨国务工的行列中,试图通过积极地参与全球资本主义生产,从而给自己与家人创造更好的生活机遇。在官镇移民决定迁移并为之准备开始,他们的社会地位评价体系中的声誉、经济及权力三个要素不可避免地发生了断裂。下面我将从官镇移民的迁移途径及所花费成本两个角度考察官镇移民所面临的社会阶级失位状况。

(二)偷渡

官镇人劳工移民想要将自己廉价的物理身体贩卖至全球资本主义生产领域并不是一件顺理成章的事情。尽管物流、信息、技术已经全球化,但国家常以主权和安全为由,拒绝一些"不受欢迎的身体"

---

① 2011年8月6日,笔者在福州廉县官镇青芝别墅谭头村美籍华人林兵家对其的访谈。

进入管辖范围。作为世界上最发达的资本主义国家，美国在其移民政策上显然更欢迎拥有英语语言资本、来自较高社会经济背景的投资及技术移民。而来自低社会经济背景、不具备专业技能及语言优势的中国乡下农民的身体显然不在美国的首选之列。那么如何改变自己的身体以满足备选资格进入"梦想之国"呢？其中，偷渡与非法滞留是福州劳工移民改变自身身份以及主体性比较常用的方式之一。

20 世纪 80 年代，当时民间流行一个说法："看见绿灯赶快走，看见黄灯慢慢走，看见红灯绕道走。"这里的"灯"指的是中央政府的政策，"赶快走"与"绕道走"则是地方为了发展所采取的策略。而偷渡通常被视作地方发展的一种策略性选择（Xiang，2003）。"出去一个人，富了一家子；出去 10 个人，富了一村子"，这是许多侨乡地方官员的普遍想法。20 世纪 90 年代后，福州地区的移民迅速成为中国大陆赴美移民的主力，其中通过非正式渠道出国的占 40%—50%（庄国土，2006a & 2006b）。到了 20 世纪 90 年代末及 21 世纪后也有部分移民是由海外亲属正式申请的。

尽管官镇移民以偷渡而著称于世，但很多早期到美的移民表示在 20 世纪 80 年代早期，美国并没有卡得非常严格。许多移民都是通过旅游签证的方式"大摇大摆"地进去。这种方式无论是出境还是入境都是合法的。与很多长期滞留在第三国的移民相比，福州公会办公室主任张隆军才花了 9 天时间就平安到美。当时他也是通过旅游签证的方式途经南美洲入境美国，入境时是合法的，整个旅途也相对比较安全。[①] 正是由于这批人出入境相对自由，很多移民来到美国，通过政治避难等各种方式较容易拿到身份，这进一步引发了福州移民潮。随着美国移民局卡得越来越严格，直接导致了从 20 世纪 80 年代末到 90 年代，大批官镇人以偷渡的方式"进军"美国。

"偷渡""偷渡客"在官镇并不是一个特别贬义的词。与我事先想象的不同，无论是在官镇还是在纽约，人们都很愿意分享自身或亲

---

① 根据 2011 年 12 月 30 日，笔者在纽约唐人街福州公会办公室对办公室主任张隆军的访谈。

人的偷渡经历。官镇人的偷渡分很多种：第一种是非法出境，以 20
世纪 90 年代为盛。据许多官镇人回忆，当时有大批的渔船停靠在闽
江口沿岸，等候着源源而来的偷渡者直接坐渔船离开福州。① 这些渔
船开到公海地段就等待美国船来接。② 这些运送偷渡客的人被称为
"蛇头"。据调查显示，有很多"小蛇头"与"偷渡客"是同村人甚
至有着血缘关系，而"大蛇头"一般不轻易露面，其中有不少是台
湾人。一旦"偷渡"败露，往往抓到的都是"小蛇头"。③ 最为著名
的是 1993 年震惊世界的"金色冒险号"，当时载有 260 多名偷渡客
冲向纽约海岸，主要偷渡成员是福州人，其中有不少来自官镇。由于
这种偷渡方式极其危险，我在官镇时常听闻一些偷渡客至今下落不
明。④ 第二种偷渡方式是以貌似"合法"的途径出境。一般来说，采
用这种方式的人之前有被遣返经历、有案底，因而采用"翻人头"
的方式，即将自己的照片覆盖在一本真的护照上面。这种方式很容易
在出境时就被查出，但相对比较安全和简单，如果能够顺利出境，入
境一般不会出现什么问题。⑤ 第三种是采取合法签证到他国的方式，
先飞往其他国家，再由其他国家或陆路或水路或空路的方式非法入境
美国，非法滞留下来。⑥ 我所接触到的大部分偷渡客均属这种情形。
尽管是合法出境，但为了躲避移居国移民局的检查，出境后的旅程往
往格外艰辛曲折。⑦ 由于辗转多国，跋山涉水，很多人在路途中时刻
面临生命危险。

　　从 20 世纪 80 年代末 90 年代初的用渔船偷渡到现在翻山越岭地
从他国入境，偷渡的方式已经多元化，但偷渡并没有因此而更安全和

---

① 根据 2011 年 7 月 29 日，笔者在廉县官镇珠村对老人会会长的访谈。

② 根据 2011 年 8 月 6 日，笔者在福州廉县官镇青芝别墅谭头村美籍华人林兵家对其
的访谈。

③ 根据 2011 年 12 月 26 日，笔者在纽约唐人街对福州移民张林修的访谈。

④ 根据 2011 年 7 月 25 日，笔者在福州廉县官镇侨联对主席林循祖的访谈。

⑤ 根据 2011 年 7 月 27 日，笔者在廉县官镇丁村对村委书记李先生的访谈。

⑥ 2011 年 7 月 27 日，笔者在廉县官镇丁村对村委书记李先生的访谈。

⑦ 2011 年 12 月 13 日，笔者在纽约唐人街一次华人丧礼上与来自廉县的陈先生的
聊天。

更有保障，依然充满艰辛和危险。实际上，很多官镇人明白偷渡就是把命系在裤腰带上。无论是在官镇还是在纽约，许多移民都向我详尽地描述了偷渡的惊险历程。下面仅以我所调查到的、时间发生最近的一个故事来说明。2007 年，22 岁的王晓华踏着前辈们的足迹，开启了自己的"梦想之旅"，据他回忆：

> 我当时是从福州到深圳，然后到香港，从香港坐飞机到俄罗斯莫斯科，然后从莫斯科坐飞机到古巴，我在古巴就待了两个月的时间，接着再从古巴到墨西哥，我们从墨西哥爬山过去的，好像是在德州的边境，我们当时爬了一天一夜才到的那边。当时我们爬山过去时，还是很危险的，上面有巡逻。我当时肚子又饿，然后领头的是墨西哥人，我会一点英文，而且用手势也都明白是什么意思。反正是他让我们走，我们就走吧。现在想起来还是有些后怕的，我当时到美国时，看到那些汉堡包都流口水，肚子都饿扁了，而且很害怕。我能够来到美国，都是九死一生的，来到这边的话，再苦的话，我也能够接受，因为偷渡的过程已经是最辛苦的了。接下来就干什么都不怕了。①

王晓华在叙述上段话时声音低哑，眼神里充满了恐惧。然而，偷渡对于官镇人来说是达成梦想、踏上美国的第一步。为此，他们甘愿做出任何牺牲。

由于 20 世纪 90 年代福州地区偷渡极其严重，国家出台严厉的打击措施，促使新迁移方式层出不穷，例如"家庭团聚""假结婚""自费留学""旅游探亲""投资移民"或"劳务输出"等。而非法滞留及偷渡者到美后通过各种方式获得合法身份，随后即可正式申请家人来美团聚。因此，目前准备出国的官镇人中有很大一部分是等待亲属的正式申请。②

---

① 2011 年 12 月 25 日，笔者在纽约唐人街对来自福建廉县官镇的移民王晓华的访谈。
② 根据 2011 年 7 月 29 日，笔者在廉县官镇珠村对老人会会长的访谈。

事实上，有学者指出："在这一长期延续的移民潮中，合法与不合法、正常与非正常移民方式一直在不同层面上交织。一方面，'家庭团聚''自费留学''旅游探亲''投资移民'或'劳务输出'等看似正常的出入境手续，其中可能因为潜藏非法操作，或因当事人在入境后'逾期滞留''无证打工'等原因，而使'合法入境者'沦为'非法移民'。反之，'无证出入境'等非法偷渡行为，当事人则可能因为遇到移入国'大赦''获准难民申请''与有正式身份者缔结婚姻'或通过在移入国'国际军团服兵役'等方式摇身一变成为'合法移民'。"（参见李明欢，2005a）

（三）债务脚镣：从"万八"到"八万"

在官镇人实现美国梦的过程中，其所付出的成本是极其高昂的，这其中既包括在旅途中需要承担的风险还包括价格不菲的经济成本。除了正式亲属申请外，无论是偷渡还是非法滞留甚至是探亲、留学、假结婚，种种方式都需要付出一笔昂贵的费用，被官镇人统称为"旅行费"。"旅行费"在整个20世纪80年代都比较稳定，为1.8万美金。[1] 到了80年代末，随着偷渡客人数增多，旅行费用也逐渐升至2万美金。[2] 根据林胜在2002年左右的调查，旅行费用已经达到了6万美金（林胜，2002）。从2006年、2007年开始，旅行费涨至8万美金。[3] 2011年8月我去调查时，普遍的旅行费是8万美金，也即50多万元人民币。尽管官镇的经济水平已比20年前高出许多，但50万元人民币对于在乡下务农的村民来说仍然是一笔不菲的费用。对于大部分普通村民来说，他们依然只能向亲友或地下钱庄筹措费用。[4]

而据官镇人说，由于现在出去的移民人数比20年前翻了几倍，

---

[1] 因此，在官镇，偷渡客被称作"万八"，而留守在家的妻子被称为"万八嫂"。

[2] 根据2011年12月13日，笔者在纽约唐人街参加一次华人丧礼上与来自廉县的陈先生的聊天。

[3] 根据2011年12月25日，笔者在纽约唐人街对来自福建廉县官镇的移民王晓华的访谈。

[4] 根据2011年7月10日，笔者在去福州市区的路上与廉县政府司机小郑师傅的闲聊。

因此，即便向亲友借也需付利息。目前在官镇一般的借贷利息是一分利（不排除有些地下钱庄的利息更高）。因此一个偷渡客全部的旅行费都需借债的话，他要偿还的旅行费除了 50 万元本金之外还要外加将近 20 万元的利息。[①] 如果不幸在旅途中发生意外或在美国被抓，那么旅行费还不止 8 万美金，要多付 1 万美金让蛇头将自己保释出来。[②] 来到美国才被抓，对于许多偷渡客来说已算是幸运。一般能够通过政治庇护或其他方式由蛇头保释出来。对于官镇移民最不幸的是遭遇遣返，因为这意味着他们的美国梦就此破碎了。

无论是危险未知的旅程、高额昂贵的旅行费，还是国家的严控措施，都无法阻挡官镇人追逐美国梦的脚步。在他们心目中，美国是世界的中心，这个过程是他们从世界边缘走向中心的重要一步。为此，他们不惜抛弃自己的人格尊严、公民资格与仅有的低微的社会地位，成为"黑着"的一群人（参见彼得·邝，2001）。

官镇移民在迁移过程中有两个因素会导致他们的社会阶级失位。如果说偷渡使得官镇移民在迁移过程中丧失了社会声誉而污名化，那么他们所背负的沉重的债务脚镣则使得他们在迁移后的相当长的一段时间内必须面临经济地位向下流动的困境。

（四）"黑着"

与坎镇移民从祖籍地来到北美面临的社会阶级脱位相比，那么官镇移民在迁移过程中所要面临的社会地位变动更为剧烈。他们作为无证移民群体移入美国，既丧失了中国的公民资格也尚未获得美国的公民资格。尽管绝对经济收入相比移民前有所上升，但由于刚开始的大部分收入除了用于维持基本的劳动力再生产外均要用于偿还旅行费，其经济地位、社会声望都不可避免地向下流动并发生断裂。下面我分别从官镇移民在移居地的工作情况以及所面临的社会境遇来论述他们这种"黑着"的生存状态。

---

① 根据 2011 年 8 月 6 日，笔者在福州廉县官镇青芝别墅谭头村美籍华人林兵家对其的访谈。

② 根据 2011 年 12 月 25 日，笔者在纽约唐人街对来自福建廉县官镇的移民王晓华的访谈。

1. 自我压榨与内部剥削

早期以"跳船"者为主的官镇人几乎全分布在纽约及周边的外卖餐馆工作，这些外卖餐馆成为新来者的容身之地（见图4-2）。新来者不但可以马上工作赚钱，而且餐馆一般能提供免费食宿，使他们能迅速还清出国费用并有所积蓄，进一步申请或通过借贷方式帮助国内亲属来美。①

这些外卖餐馆早期主要集中在纽约。近年来随着纽约开店成本的升高，大部分的餐馆迁往纽约附近的州（主要有新泽西、宾夕法尼亚、康涅狄格、北卡罗来纳及南卡罗来纳等）。王晓华刚到纽约时在一位朋友的餐馆里打杂。凭着自己的勤奋努力，一年后王晓华开始做炒锅。炒锅的工资虽然相对比较高，但是整个外卖餐馆的枢纽、技术与速度都要求比较高。王晓华的工作时间为早上10点到晚上10点，一个月只有一天的假期。外卖餐馆二楼是员工宿舍——20平方米的房间，有8个人合住。随着日复一日的高强度体力工作，一年后，王晓华发现自己的脊椎发炎，在床上躺了一个月。王晓华来美时正值体力最盛之时。一个年轻健康的男性劳动力在外卖餐馆干上不到两年，身体就出现了各种各样的毛病，由此可见外卖餐馆的劳动时间之长与强度之大。② 为了能够尽快还清欠下的旅行费，王晓华不停地更换工作。凭着自己学过几句英文，王晓华最后改行转做体力消耗没有那么大的意大利餐。③

图4-2 福州移民的外卖餐馆

---

① 根据2011年12月4日，笔者在纽约皇后区法拉盛与来自延边的李先生的闲聊。
② 根据2011年12月25日，笔者在纽约唐人街对来自福建廉县官镇王晓华的访谈。
③ 根据2011年12月25日，笔者在纽约唐人街对来自福建廉县官镇王晓华的访谈。

王晓华还不是最为典型的官镇移民，由于他具备一定的文化素质（高中毕业），使他能够在经历初期的过渡阶段后更换工作。但对于那些大字不识、移民前以务农为业的官镇移民来说，他们唯有依靠压榨自己的身体来换取在移居地的生存空间。黄志辉（2010）在对代耕农的研究中指出，日复一日、繁重而重复的体力劳动将这批前农民逐渐转变成为现代世界生产体系中的工人。分布在美东的官镇移民也大致经历了上述过程，只是这个转变是在一个跨境体系中完成的。在福州的外卖餐馆中，移民逐步将自己的身体"规训"（福柯，1999：227）成"劳动机器"，以符合全球资本主义对于劳动力的要求。由于自身的族裔经济需要大量的廉价劳动力，也为移民提供了"自我压榨"的机会。①

从 20 世纪 90 年代开始，福州餐馆开始以几何级数遍布美国东部，甚至拓展至福州人以前从未踏足的地方。与传统唐人街的族裔经济不同，福州外卖餐馆一般开在华人不多的纽约外州的郊区或山区里。这种时空安排很大程度上让官镇移民隔绝于普通的日常生活。不少移民表示，在纽约外州的工钱比在纽约更多；而且由于没有熟悉的华人社区，朋友聚会、购物等额外花费也大量缩减，因而能够存下不少的钱。官镇移民在外卖餐馆的生活都是由"工作"所组成的，几乎没有额外的休闲时间，休息只是为了满足基本的劳动力再生产，为"下一步劳动储备能量"（黄志辉，2011）。大部分在纽约外州的外卖餐馆周六日都不休假，一个月才准假一次。移民利用难得的休假时光回到纽约唐人街购置所需的日常物品或在老板提供的宿舍休息，根本没有多余的闲暇时间。尽管餐馆工作如此辛苦，但大部分的官镇移民没有更多、更好的选择。对于刚来美的无证移民来说，做餐馆既能够解决食宿问题，还能够尽快地偿还债务。许多移民表示在餐馆打工，"只要手动，肚子就不会饿"②。

---

① 根据 2011 年 7 月 29 日，笔者在廉县官镇珠村对老人会会长的访谈。
② 2011 年 1 月 8 日，笔者在纽约唐人街东方酒楼对酒楼部长林玲的访谈。

官镇移民除了自我压榨外，更重要的是，在移民内部存在严苛的内部剥削。福州人以从事餐馆、制衣、运输等低技能工作为多，但也有越来越多福州人投入其他服务业中。目前长途巴士、婚庆业和汇款业已发展为福州族裔经济的新支柱产业（宋平，2011）。在这些无福利保障、低薪水和劳动密集型的低端产业中，同族裔之间的竞争极为激烈。尤其是20世纪90年代大规模的偷渡潮导致成千上万的无证移民涌入，许多移民只能依靠不断自我压榨与忍受族裔内部剥削等内卷化方式来获得身体在全球资本生产体系下的价值兑现。很多福州人不惜压低成本降低价格以获得更多的收益。但这种恶性竞争不仅导致整个行业利润的急剧下降，这种激烈的内部竞争也导致雇主对劳工的盘剥程度日益加强。据林兵回忆，90年代福州餐馆劳工的月工资曾从1200—1300美元降低至700—800美元。[1] 尽管如此，这批低技能而又没有合法地位的移民不得不继续依赖同样来自福州、已经成为老板的移民。这些企业主甚至为家乡人做担保或提供旅行费让其来美并成为廉价的劳动力，以偿还欠下的债务及人情。尽管任何雇佣关系都存在剥削，但在其他华人移民看来，没有任何剥削堪比福州移民。李先生是我在纽约时的房东，他刚来美时曾在福州人开的餐馆中工作。他在描述福州餐馆雇主与雇员的关系时是这么说的：

> 福州人自己开了店当老板，下面又招了福州人，他们这些福州人更惨，简直是人间地狱来的，他们这样的人当老板了之后，只会对那些工人更差，他们反正都不当自己是人，跟猪狗一样，你还当他是人吗？你切菜切慢点，老板就炒你鱿鱼了，他就想着切快点，干什么都要很快的。他们基本上就把你关在一个地方住，你起来就要去工作，就跟监狱一样。[2]

福州外卖餐馆多为家庭作坊式的，主要劳动力来自家中的青壮年

---

[1] 根据2011年8月6日，笔者在福州廉县福州青芝别墅谭头村美籍华人林兵家对其的访谈。

[2] 2011年12月4日，笔者在纽约皇后区法拉盛延边李先生的住所与其闲聊。

劳动力，顶多再聘请若干名工人，这些劳工也大多数与雇主是亲属或朋友关系。就如有的学者指出，家庭与亲属的定义与界限是随着生命历程而不断变化的（Espiritu，2003；Levitt & Waters，2002；Smith，2006）。在跨国阶层异化的过程中，许多被剥削的劳工被定义为亲属（Ballard，2001；Bryceson & Vuorela，2002；Chamberlain，2002）。福州的外卖餐馆之所以迅速发展起来，在于它通过这种家庭式的劳作，可以交换到家人夜以继日的劳动及不计回报的付出。这种以自我压榨与剥削家庭内部成员的廉价劳动力的方式，很大程度上降低了运营的成本。亲属的这种"跨国道义经济"促进了移民在主流社会的集体性流动及社会资本的积累（Ballard，2001；Fog－Olwig，2002；Gardner，2006；Schmalzbauer，2004；Wong，1988）。外卖餐馆通过家庭劳作的方式既让家人的关系更为紧密，也使家庭关系与家人的生计被卷入这种自我生产体系中并面临更大的风险。有不少官镇移民由于开餐馆失败，导致家人无法解决基本的温饱问题，一家人的生活顿时陷入了困境。① 李立明的例子就说明了这个问题。2004 年，他在俄亥俄州开了一家自助餐馆。为了降低聘请工人的成本，李立明的太太放弃制衣厂的工作，三个正在读书的孩子辍学成为家里的劳动力。怎奈李立明运气不好，餐馆因运营不当才开了 8 个月就关门了。辍学的孩子也难以回校读书，而太太也要重新找工作。② 外卖餐馆是福州人实现美国梦的重要阶梯，但往往是以牺牲第二代的教育及发展为代价的，这种生产体制剥夺了移民第二代向上流动的机会，导致了底层的再生产。

　　华裔学者邝治中认为福州移民饱受同族裔企业家的内部剥削与摧残，每个人都后悔偷渡美国（彼得·邝，2001）。但正如周敏指出的那样，对于几乎不会说英文，受教育程度很低，缺乏工作技能和缺少创业资本的新移民来说，正是族裔聚居区经济（ethnic enclave economy）为他们提供了较为便利的生活条件，熟悉的文化氛围和较多的

----

　　① 根据 2011 年 12 月 12 日，笔者在纽约唐人街对美国福州管乐团成员周冰的访谈。
　　② 根据 2011 年 12 月 29 日，笔者在纽约唐人街廉县二中校友会对校友李立明的访谈。

就业和创业的机会，为他们建构了一个向上社会流动的平台（Zhou，1992）。我的调查也表明，无证移民认可这种自我压榨与内部剥削的方式作为生命历程的一个阶段，他们难以以某种积极的态度将自己认同为工人阶级的成员，而是想尽快摆脱受鄙视的地位。他们在"脱嵌"状态下的"非人生活"都是为了重新嵌回到"正常人的生活"。他们相信如果能"吃得苦中苦"，终将有一日自己能够重构主体性——成为"老板"，像雇主那样去剥削其他更新来的移民。有学者指出，劳工阶级都有一个梦想，有朝一日能自己当老板，从事小生意是提供劳工认识往上层阶级移动的一个主要方式（陈祥水，1991：267－268；Kwong，1987）。这种"内部劳动力市场"的流动性降低了雇工对于老板及生产体制的反抗，还强化了雇工之间的竞争个体主义（迈克尔·布若威，2008：110）。在福州劳工移民看来，"老板梦"何时实现取决于其身体卷入族裔经济生产模式的程度。这种想法既加剧了雇工之间的身体竞争，也使资本可以利用个体竞争从中轻易地挑选出更年轻、廉价、更有活力及更"听话"的身体，比如雇工会以不断提高工作效率、额外加班等方式吸引老板的继续雇用、加薪与升职。最为重要的是，在很多官镇移民看来，一旦他们获得绿卡，就可以季节性地回到祖籍地实现社会地位的跨国范围内的表达，从而显示出他们高额的"回归价值"（项飚，2012：148）。这也是他们"美国梦"很重要的组成部分，这在后面会详述。

2. 非人境遇

由于华人移民在北美国家均属少数族裔群体，因而官镇移民与坎镇移民面临的社会境遇比较相似。但是由于官镇移民多为无证移民，他们不仅受到移居地主流社会的排斥，甚至还被包括坎镇移民在内的其他移民视作另类，甚至被贴上污名化的标签，其在移居地主流社会中的社会境遇与坎镇移民相比更为边缘化。

（1）遭遇抢劫

官镇移民除了要背负高额债务忍受超负荷的体力劳动及面临无身份的困境外，他们还不得不面临在移居地的人身财产安全问题。在20世纪90年代，大规模的偷渡使得纽约唐人街拥挤不堪。随着劳动力竞争的加大，许多新移民不得不忍受越来越低廉的工资，也引发了一些治安的问题。其中，早期移民是首当其冲的受害者。上文提及的林兵在90年代时曾利用自己打工的钱开了一间理发店，就遭到了新来移民的抢劫。①

官镇移民为了赚钱也往往将餐馆开在治安不太好的黑人或意大利人聚居区内。布朗克斯（Bronx）是纽约市最北的一个区，以黑人聚居为主。很多官镇移民就将餐厅开在了这个区内。② 除了布朗克斯区外，纽约的中城（middle town）也聚居着一些少数族裔，这也是外卖餐馆的另一集中地。出于保障人身安全的目的，许多福州人在外卖餐馆里都设置防弹玻璃将顾客与餐馆内部隔开，只开一个小窗口，方便顾客购买。尽管如此，仍有不少移民遭受厄运。张林修在来美后没多久就在布朗克斯区内开了一家外卖餐馆。短短的几年时间内，他就遭遇两次抢劫。他的太太还在抢劫时被人打晕，最后不得不送往医院救治。③

尽管大部分福州人并没有真正被抢劫的经历，但很多表示，经常见到深肤色的黑人或西班牙裔来来往往，再加上一些同乡被抢劫的经历时，他们经常生活在恐惧中，觉得人身财产无法得到保障。④

（2）被扭曲的身体

官镇移民的非人境遇除了受到整体移居地主流社会结构因素的影响外，还与这个群体的非法身份有着密切关系。由于长时间的工作及背负还债的精神压力，许多福州人的身体健康状况都非常差，这与其餐馆工作密不可分。

餐馆是一个高速运转的生产领域，从打杂、下单、炒锅以及外送都需要快速而无误，这不仅对于员工的身体是很大的透支，也进一步形塑了员工进餐的时间与质量。由于餐馆最忙碌的时间都是在中午和

---

① 根据2011年8月6日，笔者在福州廉县官镇青芝别墅谭头村美籍华人林兵家对其的访谈。

② 根据2011年12月5日，笔者在纽约唐人街福州公会对郑时刚主席的访谈。

③ 根据2011年12月26日，笔者在纽约唐人街对福州移民张林修的访谈。

④ 根据2011年12月29日，笔者在纽约唐人街廉县二中校友会对校友李立明的访谈。

晚上的就餐时间，所以从事餐馆业的移民，无论是老板还是劳工都会避开日常就餐的高峰期：早餐通常是在第一个高峰期（早上 11 点到下午两点）之前吃完，这仅限于餐馆老板。大部分的员工要准备食材、清扫厨房、布置餐馆，并没有时间吃早餐。而午饭则是在下午的 3 点左右开始。通常来说午饭的菜并不多，以能够大量补充体能而又廉价的米饭为主，饭菜均来自厨房遗留的食材。第二个高峰期是从下午 5 点到晚上 9 点。因此，晚饭的时间在 10 点左右。当然，这种就餐时间的安排并不仅限于工人。很多老板即使可以自主选择就餐时间，他们的就餐时间表依然与劳工的进餐时间一致。他们表示中午 12 点及下午 6 点的时间，他们并不肚子饿。这种工作性惯习是个体由于其社会经历与所处位置而形成的（许多老板也是从劳工干起），福州青年劳工对待自己身体的方式揭示了长年从事餐饮工作的惯习所遗留在身体上的痕迹。此外，这也是为了表示与工人同甘共苦、共同进退的象征性身体实践。

官镇移民的日常餐饮惯习显然是嵌入在高度组织化及效率化的生产实践中的。所谓追求美味的食物、健康的饮食习惯、良好的就餐环境对于他们来说显然是一种奢侈的想象。这种长时间不定点就餐的直接后果是大部分从事过餐饮业的移民都患有胃病。身体"成为一台机器，却无法忍受机器能忍受的程度"（Freund，1982：101）。由于身体需要每天承受超负荷的劳动，许多官镇人的身体健康状况都非常差，导致这个群体经常面临一项不愿意支付但又无法绕开的消费——看病。

林修祥在来美前是福州市一家中医院的老中医，他来美后在东百老汇街上开了一家诊所。据他的介绍，除了胃病外，肺病、心脏病及癌症也是劳工移民常见病，这很大程度上是由于长时间在工作条件极差的厨房工作，吸入油烟过多导致的。超负荷的厨房工作也使得不少移民腰椎、颈椎及肩膀受到不同程度的损害。[1] 这些遗留在劳工身上

---

① 根据 2011 年 12 月 9 日，笔者在纽约唐人街东百老汇盛美同乡会对管乐团团长林修祥的访谈。

的病痛铭刻下其所处的政治经济关系的效应。在某种程度上也可视为潘毅（1999）所说的个体抵抗日常经验的次文本，只不过潘毅笔下的女工所反抗的是"世界血汗工厂"，而这些青年劳工身体上的病痛所意欲表达的却是对这种在少数族裔聚居区所形成的家庭作坊式生产的无奈。

更雪上加霜的是，无证移民不在美国医疗保障体系之内。许多移民即使身体不舒服也不敢上社区医院看。一方面是由于语言不通，另一方面是无法负担昂贵的医疗费用。移民往往会吃些民间中草药或到福州移民开设的小诊所就医。在纽约唐人街东百老汇大街（福州移民的主要聚居区之一），随处可见大批药方及中医。中医的费用要比去正规社区医院便宜得多。唐人街的很多中医并不具有美国所认可的西医执照。当然，这些"非法行医"的人大部分在中国国内有过行医经验，比如林修祥。由于中草药便宜，就诊费用低廉，每次看病的费用大概在十几美元，对于经济不宽裕且病情不严重的移民来说也是不错的选择。但也有一些江湖骗子，为了迎合移民想尽快治愈但又无力花更多钱的需求，他们往往会给前来就诊的患者开一些无益于康复的"药丸"。有不少移民由于得不到及时与有效的治疗，小病被延误成大病，拖着被过度压榨和剥削的身体回乡，没过多久便在乡下去世。甚至有些移民由于无力医治"千疮百孔"的身体而选择直接放弃生命。

而很多官镇女性移民的身体健康状况甚至比男性更糟糕。虽然迁移使许多女性开始养家糊口，似乎使她们与男性之间的地位更为平等（Hondagneu–Sotelo，2001），但也有例子显示迁移有时反而强化了比在祖籍国更不平等的两性关系（Alumkal，1999；Caglar，1995；Espiritu，1992）。女性移民除了与男性同样承受沉重的劳动压力外，还要精打细算地过日子，满足家人对于维持生存、身体关爱的基本需要，为家庭经济共同体的持续与发展操劳。长此以往，不少女性移民患有妇科疾病甚至是癌症。为了给家庭尽量节省医疗成本，"忍"是不少女性患病后的首要选择。因此，相异于普通人群中女性寿命较长，官镇移民有不少是妻子先于丈夫去世的，女性移民所承受的重压可想而知。

如上所述，官镇移民通过各种非正式渠道来到美国，开始了一段"黑着"的岁月。在移居地，作为"偷渡客"的他们被视作"过街老鼠"，受到主流社会与海外华人社区的双重排斥。被剥夺公民资格的他们不仅社会声望下降到最低点，而且由于背负巨额债务，经济地位也同时面临下降。官镇移民所面临的这种"社会阶级失位"情况为其随后的跨国越级向上流动提供了前提。

二 成为"美国客"[①]：跨国越级向上流动

上面说到许多官镇移民在迁移过程中所面临的社会阶级失位的困境，他们能够忍受"黑着"，是因为相信自己终将有一日会华丽转身成为受人尊敬的"美国客"，在"客死他乡"之前能够"衣锦还乡"，实现跨国空间下的"越级向上流动"。而所谓的"美国客"是一种属于乡村但又高于一般村民的新身份，是需要官镇移民通过不断地跨国阶级划界完成的。与坎镇移民相比，官镇移民的跨国阶级划界受到了多层结构性因素的影响：首先，他们要在移居地取得身份（绿卡）才能返乡，有些移民甚至为了更快申请家属来美，直到入籍之后才选择回乡。其次，官镇移民在跨国阶级划界之前需要较长时间进行经济储备，这部分是由于官镇移民经济实力有限，部分是因为他们的跨国阶级划界确实耗费巨大。我在下面将详细论述官镇移民返乡后是如何通过多重划界行动重构自己的社会身份的。

（一）跨境消费

1. 炫耀性的跨境消费[②]

在官镇的社会文化背景下，出国打工被认为是最有前程的事业。

---

① 官镇把从美国回来的移民称为"美国客"，其言辞间无不夹杂着尊敬、巴结、艳羡、嫉妒的心态。

② 尽管很多研究将移民作为跨国者来进行研究（参见 Satzewich and Wong，2006），但很少有文献将移民消费与跨国主义联系在一起。有一些研究尝试考察移民在移居地的消费（Wang and Lo，2007a & 2007b）。但这些少量的关于跨国移民消费的研究大多将移民作为在移居地的"完全公民"来看待，认为其拥有完整的消费权利，可以主动地、不受任何限制地进行消费并以此来表达其族裔认同。但这些移民却忽略了移民在移居地所面临的种族与阶层界限对于其消费能力和选择的限制。

当这个目标实现时，他们要将"成功"的信号传达给家乡父老，其办法就是通过跨国实践来建构自己的"新身份"，以赢得家乡父老乡亲对其身份变化的认可。但要在侨乡这样的"熟人"社会短期内改变人们的态度、重构自己的社会地位与身份是不容易的（参见王宁，2012；甘满堂、邓莲君，2012），而通过炫耀性的符号消费恰好可以直接起到改变社会地位的作用。由于移民的特殊性，这种炫耀性的符号消费是通过"跨境消费"的形式实现的。作为投身海外劳动力市场的社会群体，官镇移民的生活世界与系统世界在一定程度上是被跨国空间给分割开的（哈贝马斯，1994）。移居地更多是移民获得物质利益与实现工具目标的系统世界，而祖籍地才是移民实现人生价值与休闲享乐的生活世界。对于官镇移民来说，所谓实现人生价值与休闲享乐很重要的组成部分就是将在移居地被抑制的消费通过跨境释放出来，其主要表现形式为建豪宅、修豪华坟墓、举办奢华的葬礼、酬谢神灵、婚嫁上的攀比等。

（1）长期性消费：空置的"豪宅"

官镇移民回乡后，首先要做的就是进行包括住房在内的长期性消费，因为长期性消费最能够显示移民生活品质的根本提高。如今在福州，有许多样式新颖、造价不菲的洋房，大多是海外移民出钱兴造的。"家"的概念在传统意义上具有联系亲情的作用。而"祖屋"作为"家"的物质化空间往往具有特殊的象征意义（陈杰，2008）。移民在家的物理空间里是"缺场"的，但他们会通过各种途径跨越民族国家边界去维系远在万里之外的家庭关系，如为家人建造房子——有形的"家"，以某种"在场"的方式来构建自己对家庭的责任。因此，当侨民在海外赚得第一桶金后，为家人做的第一件事就是盖屋起楼。走在福州侨乡的一些村子里，随处可见高达六七层的洋房，根本看不出是身处农村（见图4-3）。这些"洋房"刚开始确实由家里的老人和妻儿居住，但不久这些亲人也都被陆续接到美国。因此，福州现在的很多洋房除了在移民偶尔返乡时有使用价值之外，其余时间多为空置。其功能已经主要不是居住而是具有象征性的符号功能，是使自己的支付能力可视化（刘飞，2007）的重要方式。很多洋房不但外观颇为典雅气派,在内部装修上也极尽奢华。这些空置的"豪宅"以一种长期存在且实物的形式展示着主人无形的社会地位、特殊的华侨身份以及在海外的"成功"(见图4-3、图4-4)。

图4-3 村里随处可见移民盖起的"豪宅"

除了在村里兴建"豪宅"外,许多移民还会到官镇镇区、廉县县城或福州市区购房置业。官镇最令人瞠目结舌的是它的房价。2011年7月我去调查时,官镇房子的均价在8000—10000元(就镇而言,这个价格确实偏高),与当时福州市区的平均房价仅低一些。这样的房价连城里的工薪阶层都无法承受,更不要说是乡下的村民。但令人更为惊奇的是,官镇的房地产一直很兴旺,刚开发的新楼盘没多久就被抢购一空。据官镇人介绍,官镇的商品房大部分都是被回乡的移民买走的。不仅如此,这些移民除了要在镇上买房外,如果资金足够,还会在县城甚至福州市区买房,导致县城和福州市的房价也被炒高了。①

当然,移民购买其他房产的前提是要先在村里建好"豪宅",然后才考虑到附近城区购房。因为村里的房子是最易向熟人社会展示的,体现着主人作为"美国客"的特殊身份和地位。

---

① 根据2011年8月3日,笔者在福州廉县官镇谭头村对村委书记董兴明的访谈。

图4-4　洋房及内部奢华装修

（2）即期性消费：奢侈的"道场"与娱乐

虽然长期性消费能够以更为引人注目、耐用且长久的方式彰显消费者的地位，但由于长期性消费的功能价值往往要凸显于符号价值，这使其能够达到的与他人的差异性与炫耀目的的程度是有限的。因此，除了长期性消费外，进行奢侈性、纯浪费性的即期性消费也是官镇移民实现消费的社会价值兑现的重要方式。其中，用于民间信仰与娱乐闲暇的消费是两种较为明显的消费形式。

由于官镇地处福建中部，一直有着出海打鱼、海外谋生的传统，因而妈祖信仰十分兴盛。特别从20世纪80年代官镇开启无证移民潮后，妈祖庙的香火有盛无衰。以廉县城关妈祖庙为例[1]，由于其邻近港口，许多移民从这里坐渔船偷渡出闽江口。为了保佑自己出国顺利，许多移民在出国前都会来此庙拜祭，因而香火开始旺起来。[2] 而如果移民顺利到达、取得身份或是正式入籍一般都会亲自或托家人来此庙还愿，并且大摆道场。据妈祖庙工作人员介绍：

---

① 廉县城关妈祖庙又称天妃庙，始建于元代延祐四年（1314）前，旧址在龙西铺（今西南街魁龙桥），清康熙三十八年（1699）移至崇云铺（即仙塔）。乾隆二十六年（1761）移建于资寿铺资寿院之左。乾隆五十六年（1791）奉旨重修，由福州府廉县乡绅大户盐商及台、马戌守官兵共同捐资重建后座。1990年东南街乡老及台湾同胞热忱筹资，再次修复。1995年4月被批准为县级文物保护单位。

② 根据2011年7月16日，笔者在廉县县城妈祖庙的田野笔记。

道场分为很多种，有一天一昼夜的，有三天三昼夜的，甚至还有七天七昼夜的。一天一昼夜的要一万多元，七天七昼夜的要二十多万元，都是请道士来作法的，这个费用是包括一些香烛、金粉、银粉的钱。我们一般收取几百元的场地费。一般都做到晚上凌晨一点，早上很早起来。在做道场时，这些蜡烛和香火是不能够断的，甚至是晚上也要持续地烧。所以如果做几天道场下来的话，就会耗掉很多蜡烛和香火。这种锡箔纸里面包着金粉和银粉，我们这里叫作基凡，用来做祭的，因为你要求妈祖娘娘，那当然也要送钱啦，这些金粉和银粉就是冥钱来的。纸烧没了之后，就留下金粉和银粉在香炉里，这是有专门人回收的，我们叫香灰，一斤香灰能够卖到 30 元。凡是做妈祖生意的都能够发达，像这种专门回收香灰的都发达了。像做几天几夜道场的，能够烧掉几百斤的烛台和香火，烧得外面的树都变焦了。[①]

我第二次来这家妈祖庙时，恰好碰到了一位为儿子还愿的李先生。刚见面，他就十分兴奋地说他儿子在美国已经拿到绿卡。据说他儿子是 20 世纪 90 年代末偷渡出去的。为了获得身份还颇费周折。在他儿子拿到绿卡之前已经去美 16 年未曾回乡。他儿子这次也没有选择回来，原因在于希望能够尽快入籍申请家人到美。在儿子申请入籍之前，李先生虔诚地到妈祖庙来祈福："妈祖跟我们心灵相通的，懂我们的心意。"[②] 儿子成功取得合法身份后，李先生出手大方，立即给妈祖庙捐了 5000 元，并预订过几天做道场。做道场酬神除了希望能够得到神灵保佑外，还是显示自家财力、社会威望以及向家乡宣扬自己在海外赚到钱、有出息的手段。有一位移民表示，"做道场"并不是他的本愿，只是因为移民成功获得绿卡或入籍后都会做，所以他也就做了。[③] 因此，做道场不只谢神这么简单，而是获得歧视性对比

---

① 2011 年 7 月 16 日，笔者在廉县县城妈祖庙的田野笔记。
② 2011 年 7 月 16 日，笔者在廉县县城妈祖庙的田野笔记。
③ 根据 2011 年 8 月 6 日，笔者在福州官镇对美籍华人郑先生的访谈。

的重要方式。

即期消费除了信仰方面的消费还有娱乐消费。许多移民等到还完债、获得绿卡，把妻儿接到美国后，自己也人到中年，独自或结伴（通常不带太太）回来享受前半辈子都未曾享受过的"奢侈糜烂"的生活。在福州乡镇遍布了众多餐馆、KTV、夜总会、按摩会所等娱乐场所。这些场所一到晚上开始人声鼎沸，一直持续到午夜。这些来"享受"的人当中不少是回乡的移民。他们要将在美国没时间消费与消费不起的服务转移到家乡来享受："因为在国外享受不起啊，拿着钱回来可以享受到比较好的。"[1] 据廉县侨联干部林先生的介绍，大至福州市区小至辖管的乡镇总是有很多回乡享受的官镇移民：

> 一般移民在清明节前后回来，住上两三个月，六、七月份出去，等国庆回来再住上几个月。不少移民甚至回乡后一直住在那些酒店、高级会所里，那里什么玩的没有，玩女人、赌博，你能想到的都有。一个月花个万把元，十几万甚至几十万的都有。这也是体现华侨的身份吧。[2]

福州廉县官镇镇政府干部黄先生甚至劝海外朋友趁着自己还能享受的时候赶紧回来，弥补社会阶级失位所带来的缺失。[3] 由于娱乐消费的即期性与纯浪费性，使其成为官镇移民实现结构性社会地位提升的重要手段。官镇移民通过在祖籍地释放这种在移居地被压抑的符号性消费，也重新构建了"美国客"的身份与地位。这使得后来回乡的移民为了满足侨乡对于"美国客"的期待而不得不遵从潜在的社会规范，以博得大家对其华侨身份的认同。

2. 互惠性消费与侨乡福利

移民及其家庭由于侨汇所建立起的新消费模式容易引起其他非移

---

[1] 根据2011年8月4日，笔者在福州官镇镇政府对干部黄先生的访谈。

[2] 2011年7月19日，笔者在福州廉县侨联对干部林先生的访谈。

[3] 2011年8月4日，笔者在福州官镇镇政府对干部黄先生的访谈。

民家庭的羡慕和妒忌。官镇移民如果仅是用于自身的纯浪费性消费会引起家乡熟人的"妒忌"，"惹人妒忌"在熟人社会中是不可接受的，往往会对原有的社会规范与秩序形成威胁与挑战。因此，移民在家乡的消费往往还带有很强的"互惠"与"福利"性质，因为如果一个人的炫耀行为，其动机是要使自己的家人、家乡人过上"体面"的生活，那就很容易获得公众接纳。移民的互惠性消费集中体现在仪式的支出以及回乡见面礼上。

（1）涨价的仪式

根据迪尔凯姆的理论，仪式和节庆都包含着整合的社会功能。仪式是社会群体定期用来巩固自己的手段，"是在集合群体之中产生的行为方式，它们必定要激发、维持或重塑群体中的某些心理状态"（爱弥尔·涂尔干，1999：11）。在仪式当中，因为集体、情绪、气氛等种种因素共同构造出道德和社会集体感。官镇移民回乡的其中一个消费支出大项就是包括红白喜事在内的生命仪礼。

葬礼仪式承载着对亲人的悼念祝福、报恩孝亲、尊祖敬宗、和睦乡邻的文化理念（参见甘满堂、邓莲君，2012）。在官镇，一般用于葬礼仪式的花费需要十几万元，中等水平的丧礼是四五十万元，丧礼高至百万的大有人在。[1] 官镇丧礼昂贵的原因在于举办丧礼的主人家需要给每位前来参加丧礼的宾客从两百到几千元不等的费用，被称为"辛苦费"（意为辛苦别人来参加丧礼）或"红包"。

这种风俗据官镇人回忆是从大规模出国潮出现后才开始兴起的。[2] 从传统的客人给礼金、到客人不需要给礼金再到主人家"倒贴"，福州丧礼礼俗变迁的过程反映的是移民日益增长的对于结构性地位的需求。随着出去的移民逐渐取得身份，在美国定居下来，因而有更好的经济能力来进行丧礼消费，间接地促进了移民彼此间的攀比。丧礼价格（包括"辛苦费"、酒宴在内）在十几年间逐渐涨了起来。林兵解释了为什么移民如此愿意将钱投入丧礼中："主要还是为

---

[1] 根据 2011 年 7 月 28 日，笔者在廉县官镇山兜村对村长王兴星的访谈。

[2] 根据 2011 年 8 月 3 日，笔者在福州廉县官镇谭头村对村委书记董兴明的访谈。

了面子和排场吧。这么多钱肯定是外面的华侨出的。"① 林兵父母前几年去世，他就花了 120 万元为两位老人举办丧礼。当时他摆了 70 席，有 600—700 人来参加。林兵还给每位参加丧礼的来宾 500 元红包。

如此高额的丧礼费用即使是在大城市里也难以负担。许多官镇人表示丧礼的费用确实昂贵，但由于家家户户都依靠侨汇，因此丧礼价格依然只升不降。一场葬礼结束后，人们总会讨论这家修建坟墓花了多少钱，酒席摆了多少桌，酒席质量怎么样，"辛苦费"给了多少等。本来相当廉价的仪式硬是在这种攀比与面子下涨了将近百倍。许多官镇人表示如果没有人去美国，"根本就死不起"。② 这也使官镇不少青壮年劳动力选择到海外务工，以确保家里能够负担得起这种重要仪式的昂贵费用。

喜事也是重要的人生仪礼之一，从男方家给女方家的聘礼中就显示出"不菲"的价格。据福州人介绍，男方给女方家的聘金最低是从 5.3 万元人民币起价。如果男方是移民，聘金会更高。当然，女方在有条件之下往往很乐意返还更多的嫁妆，因为希冀男方不久能够将女方及其家人都申请到国外去。③ 项飚（2012：52）曾指出跨国 IT 产业对于印度嫁妆制度的革命性推动作用，IT 新郎获得的高额嫁妆被视作对新郎父母早期对儿子教育投资的回报。而在福州，给予移民新郎高额的嫁妆一方面是为了换取以后的海外生活；另一方面也可看作对于新郎因为早期偷渡欠下的"旅行费"的补偿。这种补偿除了具有物质意义外，还具有某种象征性意义，是对曾经"偷渡客"的一种"去污名化"的补偿。

喜事最重要的仪式是通过办喜酒体现的。与举办丧礼相同，作为操办喜事的主人家要给客人送牙刷、米油等生活用品。④ 而与丧事不

---

① 2011 年 8 月 6 日，笔者在福州廉县官镇青芝别墅谭头村美籍华人林兵家对其的访谈。

② 根据 2011 年 8 月 2 日，笔者在廉县官镇珠村对妇女主任邹萃莹的访谈。

③ 根据 2011 年 8 月 3 日，笔者在福州官镇某村对村民董先生的访谈。

④ 根据 2011 年 8 月 2 日，笔者在福州官镇某村对村干部邹女士的访谈。

同的是，丧事一般是主人家给宾客一定数额的红包，而喜事则需宾客给主人家"见面礼"。"见面礼"之价格根据主家、参与者以及双方关系的亲密程度而不同。但据福州人说最少的"红包"也得给 500 元人民币，给 200—300 元的人是很少的。① 人们不敢给少的原因在于"红包"很多时候是被公开的。在婚宴开始，媒婆会当场念出每位来客的见面礼数额。在极为讲究面子和人情的熟人社会，每位前来喝喜酒的客人都不敢少给。如果与主家是亲戚或很要好的朋友，"红包"一般需要给到 1000 美元。如果关系更为亲密的话，"红包"甚至达到 1 万美金。因此，很多新婚夫妇在举办完婚礼后少则有十几万多则有上百万人民币的收入。② 侨汇通过婚礼礼金这种习俗认可的方式给予新人以经济支持，起到了某种社会福利的功能。但婚礼礼金之所以在福州居高不下，也跟大规模移民潮有着紧密关系：因为礼金多少反映的是赠礼者及亲人在海外的生活状况。在这种情境下，人们为了显示"海外成功"都不会少给礼金，最差者也会达到平均数。

这种仪式费用属于熟人社会中的"礼尚往来"，除了有助于血缘与地缘群体的团结外，也在一定程度上促进了侨汇在侨乡范围内的循环流通，具有社会福利的功能。但在公共福利背后，支持这种仪式费用不断攀升的还是移民对于结构性地位的追求。

（2）回乡见面礼

莫斯在其《礼物》一书中提出："在后进社会或古代社会中，是什么样的权利与利益规则，导致接受了馈赠就有义务回报？礼物中究竟有什么力量使得受赠者必须回礼？"（马塞尔·莫斯，2002：4）事实上，并非所有礼物都需要回礼，有时为了凸显赠礼者的地位，受赠者只要对赠礼者表示满怀感激之情即可。官镇移民的见面礼就遵循这样的社会准则。上面说到官镇移民会用炫耀性的跨境消费来重构自己的社会地位与身份，但如果仅是用于自身的纯浪费性消费会引起熟人社会的"妒忌"，"惹人妒忌"在熟人社会中是不可被接受的，往往

---

① 根据 2011 年 8 月 3 日，笔者在福州官镇某村对村民董先生的访谈。

② 根据 2011 年 7 月 25 日，笔者在福州官镇镇政府对办公室主任黄先生的访谈。

会对原有的社会规范与秩序形成威胁与挑战。因此,移民跨国实践往往还带有很强的"互惠"与"福利"的性质。马林诺夫斯基、古尔德纳以及萨林斯都曾强调礼物交换中的利他与互惠因素,而且这些礼物交换通常都是发生在关系较为紧密的亲戚与朋友中间[马林诺斯基,(1922)2002;Gouldner,1973:260-290;Sahlins,1972]。与多数回乡的移民相同,官镇移民回乡尤其是第一次回乡都需要给亲戚朋友带"见面礼"。这是一种既能体现移民的特殊地位与身份又不会招致嫉恨的社会表演,能够将官镇移民的经济地位表演出来。据张林修回忆,他自己的回乡是属于比较"低调"的:

> 第一次回去就是请大家吃饭咯。有些人回去是做得很夸张的,我们就普普通通的,请村里面吃个饭,然后有些老人有病的、有困难的给点红包,然后家里的长辈,比如说姑姑啊、婆婆啊、伯伯啊,这之类的话呢,就每个人给300元人民币,或是一百美金,这不算是很多的了,比较亲的人会给。礼物就没有买了。①

在官镇,张林修的做法确实属于比较"低调"的,属于最起码和最基本的花费。周冰尽管批评福州人"要面子",但她回乡后也不能"免俗":

> 我第一次回去的时候,1997年,我当时在香港买了30个金戒指,当时国内还是很稀罕这个戒指的,我当时是在香港买的,美金和港币大概是1:7的汇率,所以当时要20多美元一个,我拿回去之后根本就不够分的,其实就都是给亲人了,奶奶啊、爸爸妈妈啊,还有兄弟姐妹啊,其他亲人啊。还有带那些人参回去,给一些朋友什么的。②

---

① 2011年12月26日,笔者在纽约唐人街对福州移民张林修的访谈。
② 2011年12月12日,笔者在纽约唐人街对美国福州管乐团成员周冰的访谈。

官镇移民一般买礼物时都会预计多买一些，因为家乡人对于哪个要回来也"门儿清"，即使没有提前知会的亲友也有可能突然出现。此外，移民还要备好现金，以备不时之需。特别在十几年前，侨乡与海外的差异更为明显。移民的见面礼往往承担着"救济贫困"与提供公共物品的社会功能：

> 以前很多家乡人生活不好，孩子可能没钱读书，老人没钱看病，有时给"见面礼"也相当于帮助他们解决一些日常生活困难。因为时常回去的"美国客"多，有不少人拿着这些积攒下来的"见面礼"给孩子交学费、给老人看病什么的。[①]

对于移民来说这一方面是一个经济负担，但另一方面也是"幸福"的负担，能够无形中重构"美国客"的社会身份。许多移民在瞬间消费掉多年在移居地的储蓄，成功营造了"衣锦还乡"的假象。这对很多暂时没有还完债的移民造成了挤压效应。很多移民也不敢在无法购买更多"见面礼"的时候回乡。[②] 邹女士的儿子刚拿到绿卡，她虽然牵挂儿子，但却让他暂时不要回来。因为回乡的成本（包括来回旅费、"见面礼"及其他一些炫耀性消费）对于还没还完债的移民来说实在太"昂贵"了。[③] 许多移民会为第一次回乡做好"充足准备"，从而确保其"风光体面"。

"见面礼"虽说无须受赠者真正买一份礼物回报给赠予者，实际上他们也"还不起"。但这种赠礼并非完全不需要回报的（马塞尔·莫斯，2002：4）。按照潜在的社会规范，受赠者通常需要在受礼的刹那间"制造"羡慕及感激的表情（这种羡慕与感激有时是真实的）。在侨乡，这种"见面礼"的赠予甚至已经成为隐藏于社会秩序背后

---

① 2011年12月10日，笔者在纽约唐人街对美国福州管乐团成员周女士的访谈。
② 2011年7月27日，笔者在福州官镇丁村对村委书记李先生的访谈。
③ 2011年8月2日，笔者在福州官镇珠村对妇女主任邹女士的访谈。

的既定规则，既具有促进社区福利与公共物品获得的性质①，也成了区分移民与非移民、移民之间社会地位差别的评判依据。

3. "寄生阶层"与代理消费

前面主要讨论了官镇移民的消费的社会价值是如何在祖籍地兑现的，实际上侨眷的消费也受到了移民的影响。由于劳动力的大量外流与缺失，侨乡逐渐成为依赖海外侨汇的消费型社会。在移民身上产生的消费的社会价值被部分转移到了家乡的亲人身上，甚至形成了一个纯依赖移民汇款的"寄生阶层"（费孝通，2006：96）。福州官镇镇政府办公室主任黄先生形象地描述了这种"寄生阶层"是如何形成的：

> 我们其实这边还是就业在国外，消费在国内……辛苦我一人，幸福一家族。他虽然在外面辛苦，但他有回报啊，能够寄钱回去给家人啊。他们在外面都是非常不舍得花钱的，比如说在外面赚3000美元，他就希望最好是（能够寄）3000美元回来这边，他那边能够节省就节省……他就是很有牺牲精神，想着还有人在家，都希望把赚到的钱给家里人，他们就在外面拼命干活，压制消费，回来这边才消费……而家里的人就很舒服，只是在家里消费。②

由于福州有着众多依靠侨汇的侨眷及花着美金享受跨境消费好处的移民，福州的土地价值飙升、房价急剧上涨、生活成本日益增大。我们在福州调查期间的生活成本（包括食宿、交通费用）甚至比在大城市还要高出许多。许多福州人表示，这都是由于侨汇，如果脱离了侨汇，即使是工薪阶层都无法承担如此高的消费水平。以人们的日常饮食消费为例，由于福州邻近闽江口，人们常喜吃海鲜，许多海鲜价格是令人难以置信的。尽管如此，黄先生表示福州人在乎的不是食物的价格，而是是否真的物有所值："我们看到好东西是先放到菜篮

---

① 尽管从主观动机来说，移民在仪式与见面礼上的花费很大程度上出于追求名声；但从客观来说，这些支出达到了促进公共福利的社会效果。

② 2011年8月4日，笔者在福州官镇镇政府对办公室主任黄先生的访谈。

里才问价钱的，如果真是好东西都被抢走了，哪怕是几百元一斤的鱼。"① 当然，黄先生的表述有夸张之嫌，但起码描述了相当一部分依赖侨汇的侨眷们的惬意生活。这些依赖移民汇款的侨眷实际上执行的是一种凡勃伦［（1889）1964：65］曾提及的"代理有闲"与"代理消费"，显示的是移民在海外的"成功"，因为侨汇具有较高价值，可以使家人不再需要从事生产性劳动而专事"消费"与"享受"。移民在海外劳动力市场刻苦工作，一定程度上为的是侨眷可以在适当场合以适当方式，为他执行某种程度上的"代理有闲"与"代理消费"，实现社会价值兑现。

图4-5　侨乡的汇款

官镇移民通过在祖籍地释放这种在移居地被压抑的符号性消费，也重新构建了"美国客"的身份与地位。这使得后来回乡的移民为了满足侨乡对于"美国客"的期待而不得不遵从潜在的社会规范，以博得大家对于他华侨身份的认同。

---

① 根据2011年7月30日，笔者在福州官镇饭桌上与镇政府办公室主任黄先生的闲聊。

（二）社会捐赠：回馈桑梓

除了互惠性的礼物赠送外，捐赠是另外一种既能够体现移民的特殊地位与身份又不会招致嫉恨的社会表演，能够将官镇移民的经济地位表演出来，是展示财富与地位的重要方式。一般来说，移民会根据其他人捐资情况尽量多捐，向乡亲展示财力，以提升自身及家庭在村里的社会地位和威望。甚至有些"偷渡客"由于没有拿到身份无法回国就会委托家人替他捐赠，显示自己在异国的"成功"。上文多次提及的林兵就是其中一名积极参与村内建设的移民。林兵到美后没到一年就接到村里要兴修水利设施的消息：

> 当时我还是欠债在上面，出国的钱还没有还清的。当时我爸爸是村里的生产队队长，他打电话跟我说，这个是不是看外面的人能不能筹集点钱回来这边做一做。①

在接到父亲的电话后，林兵积极地向同村的海外乡亲筹款，这其中也包括了很多尚未还清旅行费的无证移民。尽管这些移民本身债务缠身，但由于人数众多且凝聚力强，很快在短短几个月筹集到 4 万美金。随着事业的发展，林兵逐渐扩大了捐资范围并增加捐资额度。最近村内准备修建寺庙，林兵也积极参与：

> 谭头村最近准备修一个藏龙寺，我也捐了 5000 美金进去，我还不算多的，有人捐了一万美金的。然后廉县这个寺庙我当时也有捐钱，当时是我太太去寺庙里面拜观音，后来寺庙的和尚就找到我太太，钱是从我这里出的，当时给了 5 万元人民币，今年又给了钱。②

---

① 2011 年 8 月 6 日，笔者在福州廉县官镇青芝别墅谭头村美籍华人林兵家对其的访谈。

② 2011 年 8 月 26 日，笔者在福州廉县官镇青芝别墅谭头村美籍华人林兵家对其的访谈。

当然，随着侨乡本地经济的发展，捐资的费用也在提高。尽管如此，官镇移民还是源源不断地支持家乡的公共事业。2010年年初，张村就靠海外移民募捐了70万美金才将村里的自来水修建好。同年11月，张村迎来了从美国回来的600多名宗亲，平常空荡荡的村落一时间突然热闹起来。他们此次组团回来是为了参加村里的自来水落成及族谱修葺完成典礼。纽约福州公会办公室主任张隆军的两个儿子就回去参加了此次的恳亲活动。① 一些省市领导也来参加此次的典礼，并给予了极高的赞誉："你们村的华侨真是爱乡啊。"②

张村移民的贡献还不仅止于村里公共设施和学校的建设，他们还抱着极大的热情来筹集资金编写本村的族谱。据移民张子东的介绍，有一位移民为了搜集素材专门回乡撰写族谱。③ 当然，捐资编纂族谱除了具有"福利"的功能外，还是重构自己在整个宗族的社会身份与地位的重要方式。在张村的这本族谱中，移民被描绘成不惧艰难险阻、努力奋斗拼搏的"海外英雄"，对于为村里做出重大贡献的移民还会在族谱中给予高度赞扬。

回馈桑梓是这些"美国客"获得社会声誉及光宗耀祖的重要途径。在芳名榜上可以看到，很多海外移民的捐赠会直接写上"美元"，以此来显示捐赠人的海外身份。与甘满堂、邓莲君（2012）对于福州侨乡的研究相似的是，官镇乡村的理事会作为管理村务的机构也会为捐资较多的华侨制作锦旗或匾额，用以歌颂他们的善举。不仅自己实现了社会地位的向上流动，就连留在侨乡的亲人也会因此而被其他人高看：

> 在外面再苦再累，但回来做些捐赠，做名气，脸上也有光。而且不仅是他脸上有光，他父母脸上也有光啊，很多华侨的父母就在家乡的，如果他回来捐赠，他父母走过的话，乡里人就会说

---

① 根据2011年12月30日，笔者在纽约唐人街福州公会办公室对办公室主任张隆军的访谈。

② 根据2012年1月5日，笔者在纽约唐人街侯域联谊会对成员张荣的访谈。

③ 根据2011年1月15日，笔者在纽约唐人街侯域联谊会对张子东的访谈。

这是你儿子捐的。就算有些是连父母也接到外国去了，但他总是
要回乡的，回乡了家里的人就会赞扬他为家乡做出的贡献，就会
高看他，他也会得到一种满足。①

官镇许多村里宗族委员会、老人会等地方组织的成员，大多由华
侨代表或其在家乡的亲属担任。特别是如果子女在海外实现"成
功"，父亲就可以在村里管理一些日常事务，比如村庄集体财产、祠
堂与村庙等。

---

① 2011 年 7 月 15 日，笔者在福州廉县侨联对原主席林书民的访谈。

图4-6　移民捐资的精美的妈祖庙

图4-7　移民捐资修建的村内公共活动空间

回到家乡后，尽管移民的经济实力不尽相同，但大多数移民都会想办法根据自己的实际情况捐资（见图4-6、图4-7）。而捐赠的范围与数目通常一定程度上反映移民所属的社会地位等级。具备一定经济实力的移民往往除了捐资自己所属乡村还会将捐赠范围扩展至镇、市甚至是省的范围；而经济实力一般的移民至少也会让自己的名字在村内"上榜"。① 官镇镇政府办公室主任黄行宜就指出"面子"

---

① 2011年7月15日，笔者在福州廉县侨联对原主席林书民的访谈。

对于官镇移民的重要性：

> 我们这边的捐赠，说得不好听，都是为了面子。很多人捐赠都不是说很有钱再捐赠，很多人自己也在打工，甚至还在欠债，他也要捐钱，甚至借钱也要捐钱。面子这个东西，很重要。比如说你在国内做得很大，村委会这些人未必会让你去捐钱，但如果你是华侨，村委会肯定会说让你捐个钱什么的，比如说他说你是华侨，我们村里要搞什么什么建设，你出个300美金。他捐赠的想反正300美金也不是说很多，咬一咬牙，他就出了，反正说多也不是很多。所以这种很难说是主动的，但你说他是被动也不完全是。现在如果要华侨捐赠的话，最重要的资源都是要利用他爱面子，希望能够回来这边得一个好听的名声的心理。①

在黄行宜的叙述中，我们可以发现这种"好面子"也从侧面说明了官镇移民从污名到正名所经历的巨大的社会地位落差。他们通过回馈家乡的方式在某种程度上体现了自己的社会价值，弥补在海外尊严扫地、被污名化的岁月所带来的创伤。这种做面子的公益事业通常还要"立碑存据"，以比较持久的方式向社会观众展示自己的社会声望。山兜村村长王兴星就指出：

> 我们这边做一件公益事业就会立碑，你可以在村里看到很多碑刻，都是不同年代留下来的。因为只有刻在碑上，很多人才觉得这个钱没有白给。否则如果没有碑刻记下来的话，很多人可以不捐，反正不捐他也可以说自己捐了，没有凭证。但如果有碑刻，你说你捐了，别人在碑刻上就可以看到你的名字。所以一般如果有碑刻记名的话，他捐献也会踊跃一些，也一般会多给一些。②

由于官镇移民众多，不同村的移民之间也形成了攀比，希望能够

---

① 2011年8月4日，笔者在福州廉县官镇镇政府对办公室主任黄行宜的访谈。
② 2011年7月28日，笔者在廉县官镇山兜村对村长王兴星的访谈。

通过对村的贡献抬高本村声望并间接地提升自己的社会地位：

> 我们这边华侨这么多，别的村的华侨有建公共事业，如果我们村不捐，好像也不像样子。如果你对家里不贡献，跑到外面好像也不好意思讲出口，也不好看。比如说你人在外面发展得很好，但家乡都很落后，而人家的家乡建设得很好，都是华侨，肯定面子上不好看，这个也是做名气的事情，华侨们还是愿意的。①

"攀比"既极大地鼓动有一定经济实力的海外移民的跨国实践，也作为一个潜在的社会规范制约着其他经济实力一般或仍在负债的移民，使其迫于压力进行福利性捐赠。

这群流浪在外的"美国客"在偷渡后，大多面临社会声誉与经济地位同时下降的情况。即便有些官镇移民凭借族裔经济的融入模式较好地适应了移居地的生活，但"即使在外面挣的钱再多，还是想回来的，因为毕竟在外面是人家的国家，语言也不是很通。在外面毕竟是流浪，感觉不是故乡"②。由于受到美国主流社会的种族因素及社会结构制约，不管是"成功"的族裔企业家还是工资低廉的打工仔，他们的社会经济地位都没有办法在海外得到完全表达，这促使他们必须回乡充分实现自身声望的最大化，从而使其断裂的经济、权力和声望三要素有重新修复的机会。因此许多移民一旦获得绿卡便会回到家乡，进行社会捐赠方面的表演，利用自己的相对经济优势实现社会声望的提高。

（三）文化馈赠：办音乐会的制衣工

文化馈赠与社会捐赠都可以纳入社会文化馈赠的范畴，这二者同属基于非生产目的、非营利性的跨国实践。但与社会捐赠有些区别的是，文化馈赠一般是指移民对于侨乡公共文化事业上的贡献，这种贡献主要是通过组织、参与或统筹等方式实现的，而不是经济支持

---

① 2011年7月29日，笔者在廉县官镇珠村原老人会会长郑靖志家对其的访谈。
② 2011年7月29日，笔者在廉县官镇珠村对老人会会长郑时的访谈。

（比如捐资某项文化活动）。

　　与大部分来自农村的官镇移民不同，黎捷的跨国实践既不是回去享乐，也不是捐赠、投资，而更多是一种文化馈赠。黎捷在出国前是文化局的干部，精通乐器，在当地是小有名气的音乐家。我跟黎捷见面时，他用公文包装着一大沓他早年所获得的荣誉证书与奖状，大部分都是他移民前的辉煌成绩。一坐下来，他就很兴奋地向我介绍每项荣誉背后的故事。虽然，黎捷是少有的正式身份过来的移民。但到美之后，黎捷的音乐才能没有施展的机会，与其他移民一样，他同样是到制衣厂工作，开始了艰苦的生活：

> 　　我是从早上八点钟要一直工作到晚上十一点，中午的话制衣厂有饭吃，一点多吃饭，然后休息一小会儿就开始工作了。晚上一般就到十一点，下班结束了回家煮点东西吃。如果你活干不完的话，还会干到凌晨一点钟左右，然后才能回家，第二天又要早起上班，是很辛苦的。我们制衣厂是计件的，一般我是做那个包衣服的，其实看起来也不是很累的活，很简单，只是把成衣包一下而已，但时间做长了是很单调，也很累。我还算是好的了，我两只手都可以包，比别人用一只手包得要快很多了。这也跟我以前是练琴的有关，手比较灵活。我们一般是做一件五毛钱吧，一个月的话都能够赚两千多元吧。我在福州制衣厂做了几年，都已经胃出血两次了。[①]

　　虽然黎捷很礼貌地配合回忆在制衣厂的生活，但我看得出其实他不太愿意提起这段艰辛经历。他自嘲地说"我这个拉琴的手竟然去包衣服"。黎捷一直对于牺牲自己在国内备受尊敬的职业及有声有色的事业而感到十分遗憾。

　　而令黎捷十分庆幸的是，他到美的第 10 个年头，一次福州市领导的拜访让黎捷终于盼到了施展才华的机会。2001 年，福州市广播

---

　　① 2011 年 12 月 28 日，笔者在纽约唐人街东百老汇怡东楼对黎捷的访谈。

电视局文化处处长访问纽约。据黎捷回忆，这位处长颇懂音乐，在国内时对黎捷就有所耳闻，希望邀请黎捷回去参加廉县建市十周年晚会。为了得到这次千载难逢的机会，黎捷在制衣厂下班后还拼命写曲子，终于得到了这位领导的认可。2004 年他被邀请为廉县建市十周年晚会作曲。对此，黎捷非常得意地说："当时的七场晚会有三场是我作曲的。"①

自此，黎捷从这些跨国活动中获得一些收入后，再没有回到制衣厂工作，而是选择利用自己的音乐才能，积极参与家乡的文化活动。2005 年黎捷的母校小学邀请黎捷参加校庆并为母校重新谱写校歌，黎捷这么描述当时回去参加庆典的情形："我们校庆的时候很热闹，有一个是北京的中将，他是工程院士来的，就是发射火箭的，要三个人签字，其中一个就是他。还有中央音乐学院的，我们三个站在一起。"② 黎捷这么描述无疑是将自己与他口述的另外两位"人物"等同起来。最令黎捷有成就感的是 2006 年他举办了一个以他作曲的"母亲城之恋"的晚会，整场晚会一共耗资 30 万元（费用由黎捷找的一家赞助商承担），全场演奏与歌唱他编写的乐曲。说起这场晚会，黎捷神采奕奕，不断给我展示当时的相片，最后告别的时候还赠予我记录这场晚会的 DVD。

在谈到回乡经历时，黎捷的语调开始转而轻松。在美国，他不过是一个被主流社会边缘化的制衣厂工人，然而跨国实践却使其华丽转身成令人艳羡的美籍华裔音乐家，弥补了由迁移所造成的社会阶级脱位。

（四）经济投资：无利不起早

与坎镇移民相比，除了进行社会义文化馈赠外，不少官镇移民还特别积极地回乡投资。由于美国法律较为健全，对于族裔企业家来说，其利润空间受到很大限制。而中国特别是家乡的市场经济体制虽然确立却还没有完善，这使得这些跨国企业家们能够有利可图。

许多官镇移民利用在美国赚取的"第一桶金"回乡投资房地产

---

① 2011 年 12 月 28 日，笔者在纽约唐人街东百老汇怡东楼对黎捷的访谈。
② 2011 年 12 月 28 日，笔者在纽约唐人街东百老汇怡东楼对黎捷的访谈。

或发展其他产业，从而成功地转型为跨国企业家。像这样来往于美国与中国的官镇移民不计其数。早年，美金比人民币汇率高时，华侨携带着高价值的美金回乡投资房地产。而近年人民币升值，这些回乡投资的移民不仅赚取了房地产升值所带来的利润，还利用人民币升值的趋势投资国内从中赚取汇率差额。①

官镇移民的投资与捐赠也往往都是捆绑在一起的。② 许多官镇移民通过捐赠，不仅能获得土地价格等方面优惠，而且能够更容易结识当地的政府官员。在许多官镇人眼里，捐赠也是一种社会资本的投入。廉县侨联原主席林书民就指出：

> 虽然说法律并没有明文规定有捐赠的华侨才能够享受优惠。但通过捐赠，他能够认识更多的官员，当地官员的关系也会跟他很好，对他的印象也会很好，那么他办企业不就很方便咯。别人自然很主动地就提供一些便利，比如说你办企业的手续会快一些啊，还有如果需要什么公共资源的配合，当地政府也会比较愿意提供给你。③

从林书民的叙述中，我们可以明显发现官镇移民与家乡建立的是一种不同于传统道义、基于互惠规范的社会交换关系。捐资时常作为建立社会关系的手段而被频繁使用，以期促进移民的营利性跨国实践。而这些跨国企业家在家乡赚取的利润也可再次用于社会文化馈赠，促进官镇公共事业的蓬勃发展。而在相互协商与讨价还价中，移民与家乡逐渐形成一种互惠互利的"新传统"。

上面主要讨论了官镇移民的各种跨国阶级划界行动。与坎镇移民相比，官镇移民在从社会阶级脱位到跨国阶级划界的过程中，其所实现的社会向上流动是飞跃性的。官镇移民不仅成功完成了从"非法"到"合法"的"正名"过程，还一跃成为令人称羡、备受尊崇的

---

① 根据 2011 年 7 月 19 日，笔者在福州廉县侨联对原主席林书民的访谈。
② 根据 2011 年 7 月 14 日，笔者在福州廉县侨联对主席杜淳其的访谈。
③ 2011 年 7 月 15 日，笔者在福州廉县侨联对原主席林书民的访谈。

"美国客"。官镇移民通过炫耀性的跨境消费、见面礼、社会文化馈赠及经济投资等方式，以此来实现其"美国客"身份的物质化表达。

三 社会地位落差的扩大与低廉的社会地位补偿成本

我在上文分析了官镇移民在迁移过程中所遭遇的声望与经济地位同时下降的情况，以及他们在跨国阶级划界中的各种社会实践。官镇移民在不同社会文化空间中的地位不一致性逐步扩大，大部分的官镇移民面临比坎镇移民更大的社会地位落差。这些都对社会地位补偿的成本与需求产生了深远影响。

货币作为民族国家经济的象征，在很大程度上反映国家的经济实力及其该国在世界体系中的政治地位。由于祖籍国与移居国在阶层化世界体系中的位差，中美之间存在客观的货币汇率的差额。这些无证移民在美收入比坎镇移民要更低一些，但与祖籍地的平均收入相比仍然要高出几倍。2011 年廉县人均收入 15583 元。[①] 2012 年廉县人均收入 18253.5 元。[②] 而根据调查，福州移民在美国一年的人均收入大约为 2.4 万美元。[③] 这意味着移民在美国的收入是福州廉县本地人均收入的 8—10 倍。[④] 这一定程度上也降低了官镇移民的社会地位补偿成本。

此外，受到两国货币汇率以及两地收入差距的影响，同样的支出在家乡所产生的社会效用更为明显，能够很大程度上实现移民的符号需求也即社会地位在全球范围内的最大化表达。这意味着移民通过在移居地的紧缩消费策略所积累下来的社会价值需求在被兑现到侨乡时出现了"膨胀"，也进一步使得官镇移民在回乡前就已经积累了较高的"回归价值"。

除了祖籍国与移居国之间的生活水准差距明显外，许多官镇移民

---

① 《福州统计年鉴 2012》，中国统计出版社 2012 年版，第 319、330 页。

② 《福州统计年鉴 2013》，中国统计出版社 2013 年版，第 307、318 页。

③ 根据 2011—2012 年笔者在美国纽约对福州移民调查所得。

④ 2011 年、2012 年中国大陆的人均购买力（PPP）分别为 1.03 万美元和 1.13 万美元，而美国人均购买力平价分别为 5.07 万美元、5.29 万美元，是中国大陆的 4.7 倍。数据来源于世界银行，参见 http：//databank. shihang. org/data/reports. aspx? source ＝2&type ＝ metadat a&series ＝ NY. GNP. PCAP. PP. CD。

是在回乡的短时间内消费掉多年在海外积攒下来的储蓄，使得许多官镇移民很容易营造出手阔绰、腰缠万贯的"美国客"的形象。上面提到的周冰第一次回乡"见面礼"就花了1.4万美金，相当于她一年的收入。尽管这笔钱在美国也不是小数目，但换成人民币所产生的社会效用则更为显著：

> 当时的美元拿回去还是好花，很好花，你看我拿了1.4万，都已经是十几万人民币了，当时在国内来说也是很多钱了。现在这种差异小了一些，不过还是有差异的，在这边一般每个月赚到一千、两千元，就等于一万多元人民币，目前在国内还是很少一万元人民币的工作。①

与坎镇移民不同，大部分官镇移民的个人捐赠数额都不是非常高。他们往往是依靠强大的宗族与地缘网络筹集款项。上面提到林兵向海外筹募资金修建村里的水利设施。尽管许多移民身负债务，但偶尔从口袋里拿出省吃俭用下来的几百美元还不至于是一件非常困难的事情。作为筹募人林兵当时就只出了500美金。可见，移民个体的捐资额度极为有限。但官镇移民凭借着海外众多的乡亲，共筹集到4万美金，相当于当时的20多万人民币，完全能满足村里修建自来水的需求。②

从上述例子，我们可以看出，对于在美国从事低薪工作的无证移民来说，将省吃俭用积攒起来的小部分存款用于自身的跨国实践，就足以在侨乡地方社会获得一定的声望与地位，完成去污名化的过程。尽管近年来人民币升值带来了一定的影响，但官镇移民进行社会地位补偿的成本仍然相对低廉。

美金价值膨胀及较高的社会效用，这是官镇移民与坎镇移民相似的地方。而不同的是，官镇移民的跨国实践比坎镇移民要更多元化。上面也有提及，除了非营利性的社会文化馈赠外，许多官镇移民还回

---

① 2011年12月12日，笔者在纽约唐人街对美国福州管乐团成员周冰的访谈。
② 2011年8月6日，笔者在福州廉县官镇青芝别墅谭头村美籍华人林兵家对其的访谈。

来参与营利性的跨国实践活动，不少移民通过捐赠享受到优惠条件，比如说极低的土地价格，这使得大批官镇移民从中获得实际好处。[1]坎镇移民的跨国实践大多集中在没有额外收益的社会捐赠，而很多官镇移民本身从跨国实践中就能够获得收益，这也是导致许多官镇移民拥有低廉的社会地位补偿成本的原因。

第二节　积极的社会地位补偿供给

上一节主要从需求角度讲述了官镇移民进行社会地位补偿的动因以及如何在跨国实践中实现社会地位补偿。本节则主要探讨作为社会地位补偿供给者的官镇地方政府与民间社会是如何对官镇移民进行分类并给予社会地位补偿的？

一　矛盾的官镇地方政府

官镇政府乃至上一级县政府对于本镇的无证移民的态度是极为矛盾的。特别是当出现严重事故时，偷渡往往成为地方政府饱受诟病的硬伤。而大多数时候，这批偷渡客又带动了侨乡的社会经济与公共事业的发展。地方官员深知有效地利用海外侨汇，不仅能为自己带来政绩，还能客观上促进地方发展。曾几何时，官镇每届政府照常例都要打造一个足以反映本届政府政绩的"形象工程"，这都少不了让这些偷渡客出钱。[2]地方政府出于发展本地经济的目的，希望能够与这些海外移民建立密切联系。而"偷渡客"们也以与地方官员打交道为荣。除了经济目标之外，官镇移民还具有国家所看重的政治资源。由于官镇移民大多分布在美国，而且多为新移民，大多秉持亲大陆的政治立场。因此，笼络这批移民、获得他们的海外政治支持，以此来发挥他们在中美关系中的特殊作用，这成为地方政府为移民提供社会地位补偿的重要动机。

----

① 2011 年 8 月 4 日，笔者在福州廉县官镇镇政府对办公室主任黄行宜的访谈。

② 根据 2011 年 8 月 6 日，笔者在福州廉县官镇青芝别墅谭头村美籍华人林兵家对其的访谈。

（一）为偷渡建构合法性话语

侨乡地方政府为了保持与海外移民的联系，采取了很多措施为海外的偷渡客们提供了社会地位补偿。首先，地方政府对于偷渡及偷渡客采取"明里反对，暗地默许"的态度，并潜移默化地为偷渡建构合法性话语。廉县侨办主任杨严嘉在接受访谈时就表示偷渡客与华侨的界限其实很模糊。他认为只要在外面待足 5 年就算是华侨而不管是从什么渠道出去的。① 杨严嘉的说法实际上将没有拿到身份的无证移民也纳入"华侨"的范畴，由此无证移民也成为侨办的服务对象。如果说杨严嘉的说法还属模棱两可（他并没有直接提到无证移民），那么侨联原主席林书民的说法则是很明显地为"偷渡客"正名：

> 偷私渡的这种，按照广义来说也算是华侨吧，因为是在国外居住的嘛，在法律上只有有身份的才称为华侨。但这种偷私渡的也可以归到出国人员，就像那些留学生也是属于出国人员啊。我觉得对那些偷私渡的惩处措施不要太严厉了，稍微惩戒一下，给他们美国看一下就好了。就好像自己的孩子犯了错，在外人面前惩戒了一下就好了，不要真的惩处。然后这些人经过一番努力，在外面有了一定基础，他们也会像那些有身份的人一样，支持家乡建设。像是做公益事业，很多没有身份的人一样对家乡很热爱的，他们与有身份的华侨一样是爱国爱乡的。所以我觉得不应该惩处措施太过严厉了，他们也是想出去谋生活而已。而且他们在爱国爱乡上面也和有了身份的一样的。很多偷渡过去了，在后面慢慢转了身份，那这些其实他也算华侨了。所以我们一般广义上是将他们都看成华侨的。②

透过林主席稍显混乱的话语逻辑，我们可以清楚地看到他是如何为偷渡建构合法性话语的：首先，他从目的的角度合法化偷私渡行为：

---

① 2011 年 7 月 11 日，笔者在福州廉县侨办对主任杨严嘉的访谈。
② 2011 年 7 月 15 日，笔者在福州廉县侨联对原主席林书民的访谈。

"也是想出去谋生活而已"，在中国一个人基于生存动机而做些错事无论如何是可以被原谅的。其次，他强调偷渡客的合法化过程："在后面慢慢转了身份，那这些其实他也算华侨了"。事后合法化也属"合理"范畴。最后，他从结果的角度为"偷渡客"建构合法性："与有身份的华侨一样是爱国爱乡的"，这更是从"合情"角度为偷私渡开脱。基于动机、过程以及结果三点，林主席就完成了对于"偷渡客"合法性话语的建构。由此他归纳出政府应该采取的态度和措施：首先，将偷渡客纳入服务范畴，"所以我们一般广义上是将他们都看成华侨的"。其次，政府的惩处措施不应过于严厉且惩戒最好形式化，"就好像自己的孩子犯了错，在外人面前惩戒一下就好了，不要真的惩处"。上述话语在官镇地方官员中并不少见。为了充分发挥官镇移民在社会文化馈赠、经济投资以及政治支持上的作用，官镇地方官员在各种非正式场合积极为海外移民建构合法性话语，将其当作一般的华侨华人对待。这对于经历过社会阶级失位的"偷渡客"来说无疑是将他们放在较高的社会阶层类别上，这也是最为基础的社会地位补偿。

实际上，"华侨"这个名号对官镇移民来说不仅具有很大的吸引力，也是促使他们进行跨国实践的关键性原因："如果刚好有个捐赠项目的话，一般很难拒绝，因为人家都知道你出国了，虽然不管是什么渠道出去的，但出去的就算华侨，那么华侨不捐钱的话很难说得过去。人家叫你捐钱是把你当成华侨，你能不捐赠吗。"[1] 由于华侨素来有捐赠传统，因而捐赠是之所以为"华侨"的重要表征。尽管有些官镇移民还未拿到身份，但为了摆脱"污名"也不得不略尽绵力。

此外，地方政府还会针对一些对家乡有重大贡献的移民给予更高规格的待遇。与坎镇类似，官镇乃至县政府会为捐资、投资等贡献巨大者给予高规格的接待，对其授予荣誉称号、颁发奖牌、奖章等。坎镇有颂扬海外乡亲的侨刊，而官镇则有侨联出版的半官方性质的《青芝乡讯》《官镇侨联报》。坎镇的侨刊多半由民间组织起来，而官镇这两份寄往海外的报刊是由政府出资筹办的。在这些报刊中，有许

---

① 2011年7月15日，笔者在福州廉县侨联对原主席林书民的访谈。

多是报道官镇移民回馈桑梓的事迹的：

美国华侨林绍桢先生慷慨解囊心系桑梓教育事业

······

官镇籍美国华侨林绍桢先生在美国打拼，事业有成后，又投资家乡的房地产开发，也取得了一定的成绩。廉县第二中学五十周年校庆他慷慨解囊伍拾万元（笔者注：后来林追加了50万元人民币，总共捐资100万元），在该校成立奖学助学教育基金会。这次他听到官镇镇党委林书记等领导介绍官镇中学因资金短缺至今无法建校门大门档电动闸门（笔者注：原文有语病，应是指没有资金将学校大门改成电动闸门）时，当场表示捐助30万元给官镇中学，以资救急。

官镇中学校门电动闸门的建设工程已经接近尾声。林绍桢先生慷慨解囊，心系桑梓教育事业的赤子情怀高尚品德之佳话，在官镇侨乡广为传颂。①

上面提及的林绍桢于20世纪80年代中期偷渡美国，恰逢美国大赦，很快获得绿卡。除了上面对于各中学的捐资外，林绍桢还积极参与其他的社会文化馈赠：2001年林绍桢个人捐资58万元，其中50万元用于建官镇下塘村水泥路，4万元给廉县残疾学校，另外4万元用于救济受台风影响的困难户。2002年官镇修建青芝大道（后文会详细提到），他个人捐资19万元。2005年，林绍桢捐赠5万元用于廉县的台风救灾。改革开放以来，林绍桢在大大小小的公益项目上投入了将近200万元（数据统计截至2007年）。② 官镇政府对于这样的"杰出代表"除了给予各种荣誉证书及奖励之外还会派官员以政府行为的方式"见证"移民的捐赠表演。2007年9月，廉县县委副书记专门参加了在廉县二中隆重举行的"林绍桢奖教奖学基金"捐赠仪

---

① 2008年7月30日，廉县官镇归国华侨联合会编写，《官镇侨联简报》（第一期）。
② 根据《廉县海内外乡亲捐资我县公益事业一览表》（2007年3月28日），廉县侨务办公室内部资料。

式。会上，县委副书记对林绍祯先生"情系桑梓、报效母校"这一慈善行为表示了高度赞赏，并勉励学生刻苦学习、回报社会。[1] 此外，地方政府还给予林绍祯在开发房地产方面以优惠的土地价格及政协委员的虚职，在社会、经济、政治等各个方面与林绍祯建立了多方面的互惠互利的关系。

(二) 周到的服务

官方侨乡地方政府不仅只是为"偷渡客"建构合法性话语，还从实际角度为这些无证移民提供与华侨华人几乎相同的待遇与服务，这等于在实质上将无证移民放在与海外华侨同等的地位类别上。由于侨联半官方半自治的性质，在处理无证移民事务上有着侨办所不具有的优势，许多移民也寻求侨联的帮助。县侨联原主席林书民大概介绍了一下侨联服务的范围：

> 现在来侨联找我们的主要是要来办事情的。第一个是办公证。有一些是华侨子女加分的，高考加 10 分，这是很多的分数了，就找我们侨联帮忙。像那些没有身份的移民的子女高考想要加分确实是有些麻烦，但我们一般就跟外面的领事馆联系，说是需要证明，一般他也不会说证明你是华侨，但就会用模糊的字眼来描述，比如说证明这个人确实是在海外的，他也没有明确说是华侨。一般可以通过这样子办。第二个是要来办结婚和离婚手续的。比如说我们这边有一个女的假结婚出去了，但本来在这边是有丈夫孩子的。她去了美国拿了身份就想申请丈夫孩子过去，就得和这个美国人离婚，但解除这种涉外婚姻的程序很复杂，要通过司法程序，在国外办更麻烦，她想回来办看能不能快点，但这边也是有些程序要走，也需要有六个月。但她想快点把自己在这边的丈夫和小孩接出去。她就找到我们这边侨联，我们就帮她跟司法部门说，这两个人还是要离婚的，已经协商好了，而且事情有些急，所以能不能够简化程序。后来经过协商，这个程序就

---

① 根据廉县教育网。

变得非常简单，首先，就是她在这边办好一些证件，通过传真的方式从国外传来一些必需证件。她在国外的丈夫在上庭的时候只要来一下就好了，第二天就可以走了，这样就很方便。第三个呢就是有一些是回来盖房子，但和邻居起了矛盾，要打官司，跑来我们这边，有些我们就是调解，如果实在是调解不了的话，我们也会让他们到法庭进行诉讼，我们侨联本身也有一个律师顾问委员会，也会提供一些法律咨询。①

可见，侨联的服务对象一直以来都包括无证移民，其服务范畴涉及为无证移民的出国提供各种证明及便利，从政府官方的角度为这些丧失公民资格的无证移民提供身份归属感的补偿。

如果说县级侨务部门更多是统筹性的工作，那么落到镇级政府，其服务内容就更加具体与细致，从更直接的角度影响移民的跨国实践特别是社会捐赠。官镇侨联副主席林循祖跟我讲过一个故事：

我们以前有一个上坪村，姓张的美国华侨，他也是在美国开餐馆的，当时他回到村里面想盖房子，但村里头不让他盖，他就找到我们侨联请求帮助。我们就找村委会的干部来协商和协调，后来就让他盖了房子，他房子盖了非常高兴，对我们侨联也非常感激，出去都说这个侨联为我办事情，这样很自豪的样子。然后他拍板说，你们侨联需要什么，我出钱，我们当时就说缺什么桌椅板凳什么的，他就给了我们一万元还是一万两千元，让我们去置办一些桌椅板凳什么的，我们买回来之后还要在桌椅板凳上写上他的名字。②

具有半官方性质的侨联出面帮移民圆满解决事情，无形中也提高了移民的社会地位，因为在侨乡只有具有一定地位的人才能获得政府的便利与帮助。这位移民随后捐资给侨联，一方面为表谢意与联络感

---

① 2011 年 7 月 15 日，笔者在福州廉县侨联对原主席林书民的访谈。
② 2011 年 8 月 2 日，笔者在福州廉县官镇陇村对侨联副主席林循祖的访谈。

情，另一方面也再次提高了自身的声望。林循祖这些侨联工作人员实际上在代理表达移民的社会地位。

此外，官镇侨联的服务内容还涉及为移民提供迁移所需证明（有些甚至是提供假证明）、为侨眷解决一些日常事务（如帮助移民子弟读书转学、帮助其亲属申请等）。凡是移民及其侨眷提出的要求，官镇侨联大多根据情况协商其他部门解决。这些服务事实上潜藏着很多非法操作，无疑助长了无证移民的增长。侨联中有几位工作人员的子女也是通过这种非法操作的方式出去的。非法与合法在官镇人眼里极其模糊，只要"搞出去"就有办法成为"合法"的。而当非法的移民转变成合法的华侨"衣锦还乡"时，自然想办法回馈曾经提供过便利的地方政府。地方政府尤其是侨务部门通常成为回乡移民捐资的重点对象。从县政府、县侨办、侨联到镇政府、镇侨联，小到办公用品大到办公大楼都不乏这些"华侨"的支持。像镇侨联的三层办公大楼就是海外移民出资捐建的，其中有两层用以出租，所获资金用于补贴侨联的日常办公经费。

（三）经济补偿

官镇移民与坎镇移民不同的是，他们不仅满足于政府所给予的荣誉、声望及虚拟的社会地位，他们更在乎的是有没有得到更多的经济实惠。获得"实惠"除了追求经济利益的直接目的外，也可以成为移民炫耀的社会资本，凸显其"华侨"的身份与地位。官镇政府与海外移民的互动大多建立在互惠互利的社会规范上。比如，地方政府为这些捐资的移民提供优惠的土地价格。以魁岐小学为例，当时移民刘望捐资30万元修建魁岐小学，条件是要求村委会专门批出一块地，以极其优惠的价格卖给他，供其建盖房子。① 在官镇，像刘望这样的个案数不胜数。

许多官镇移民为了能够与地方政府建立互惠关系以获得实际经济好处，他们也积极参与海外侨团的活动，争取以侨领的身份回乡，以便更容易获得县级、市级甚至是省级官员的接待，与地方官员建立起

---

① 根据2011年7月14日，笔者在福州廉县侨联对主席杜淳其的访谈。

密切的互利网络。对此，任多家福州侨团领导的林兵对此间利害关系极为熟悉：

> 可能当上会长之后，他们回来这边见领导会方便一点，比如说你如果很有钱，但也不能够随便见什么省市领导的，但如果你是社团的侨领回来的话，你就会比较容易找到地方领导，他们一般也是会出来见面的。比如说你回到当地，先找到侨联，说想跟领导见面，这个是相对比较容易的事情。那么如果你想拿地啊，或享受什么优惠啊，都比较方便跟领导提出来，还是有这点好处的。①

经济补偿是官镇移民与地方政府都极为熟悉的演出脚本。虽然，林兵并不承认在与地方政府接触中获得好处，但从我多方了解到的情况，林兵本人实际上也从这种互惠互利的关系中获得不少经济收益，这在后文会提及。

二 高密度网络的官镇地方社会

除了地方政府外，侨乡地方社会也是移民进行社会地位补偿的重要观众与见证人。如果说地方政府更多是基于国家代理人的合法立场为移民提供社会地位补偿，那么侨乡地方社会则主要利用文化传统来实现地位供给。与坎镇相比，官镇的地方性社会网络的密度与强度更高，这既表现于承载网络的地方性组织更为多元，也体现在这些组织对海外移民与侨眷的强控制上。

（一）村委会：保留"在场"资格

虽然在中国基层，村委会具有半官方的性质，但仍属于群众自治组织。因而这里我将村委会放在地方社会层面进行讨论。在促进与海外移民的互动过程中，官镇的村委会十分注重成员资格的补偿。

陇村村委会就是一个典型。陇村在家的户籍人口有 1200 人，在

---

① 2011 年 8 月 6 日，笔者在福州廉县官镇青芝别墅谭头村美籍华人林兵家对其的访谈。

外面的有 1100 人，大多分布在美国东部。不管这些海外务工者是否以偷私渡的方式到美（事实上从非正式渠道出去的移民比例非常高），是否取得绿卡，是否入籍，陇村一直都把他们当作"自己人"。在陇村村民眼里，这些移民更像是暂时性的外出务工者，只不过他们是跨越国境而已，而且由于"华侨"身份比其他村民享有更高的地位。每年村委会在移民回来较多的清明或春节开一次华侨联谊会，向移民报告村内大小事务。陇村书记林冠秋说：

> 我们都会到家里请他们（移民）过来开会，商讨村里的规划和大事，让他们把家乡的消息带到国外去。今年我们要规划做个公园，有些华侨回来，我们都让他们把图纸拿到国外去，我们在外面有一个陇村联谊会，就看他们能不能筹集到一定资金。①

陇村村委会这么做的直接目的是得到海外资金支持，但也具有保留移民"在场"资格的潜功能。成员资格的补偿促进了移民将村内建设看成自己的分内事，并且基于"美国客"的身份甚至应该负担更多。林冠秋介绍村内所有的基础设施及公共文化设施都依赖于海外移民的支持："陇村的路、公园、门亭、老人会及各姓氏宗祠都是华侨捐钱做的。"（见图 4 - 8）②

图 4 - 8　陇村海外乡亲捐建的牌楼与妈祖庙

---

① 2011 年 8 月 2 日，笔者在廉县官镇陇村对书记林冠秋的访谈。
② 2011 年 8 月 2 日，笔者在廉县官镇陇村对书记林冠秋的访谈。

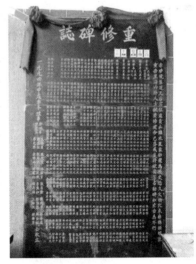

图4-9　陇村为捐资者立的各种"芳名碑"

陇村村委会将每位捐资者（无论其捐资多少）的名字镌刻到"芳名碑"上，让捐资者的名字显见于村内的各个公共空间，用以歌颂他们的善举（见图4-9）。在陇村给捐资者的各种"芳名碑"上可以看到，海外华侨的捐赠都是直接写上"美元"字样，用来显示捐资者的身份和地位。这种"上榜"且公开张贴的方式使在物理空间上"缺场"的海外乡亲以某种"在场"的方式影响并参与着村内的公共事务。

在官镇，几乎所有村委会都会通过保留"在场"资格的方式，密切与海外移民之间的互动，建立与其的良好互惠关系，以期移民将更多资金投入村内的公共建设中。

（二）老人会：半强制摊派

在有关东南沿海的民间自治组织研究中，许多学者注意到老人会①在民间事务中所发挥的特殊作用（阮云星、张婧，2009；甘满堂，2007）。曾有学者用社区成员日常聊天、活动的空间——"榕树

---

① 老人会全称老人互助会。老人会一般是由回乡养老的移民、退休干部或是移民的父辈组成。老人交一定费用入会后，日常的喜事丧事、生老病死，老人会都会出资。有些颇为富裕的老人会还拥有一定资产，比如小旅店、餐馆之类的，经营所得作为老人会的日常经费。

头"来比喻社区层面的公共领域（黄晓星，2011）。而在官镇的老人会也同样是村庄公共领域存在并得以发展的物理基础。由于其非政府、非营利的特性，相比村委会更能获得移民信赖。

图4-10 珠村老人会墙上挂的捐资者芳名榜

以珠村为例，珠村老人会是村内最早的公益事业，在一位海外移民捐资支持下于1981年建成（见图4-10）。这栋大楼位于整个村落格局的中心，是村民日常活动的公共空间。目前楼内有部分空间用于出租，而租金用于支持老人会的日常开支。老人会的其他收入则来自老人交的会费（一次性交会费500元）及老人会管辖下的寺庙所得香火钱。老人会在村落空间扮演着多重角色：一是管理侨资。老人会自成立后就成为移民资金流动的枢纽。许多移民寄回来用于村内建设的侨资也大部分由老人会管理。二是组织公共活动。每逢重阳节、春节等节日，老人会均会邀请村内老人来参加联欢活动。三是承担社会福利。村中如有老人过世，老人会则派代表参与丧礼，并给家属500元殡葬费以示慰问。四是促进移民跨国实践。老人会既是移民重点捐赠的对象，也是捐赠的主要组织与实施者。珠村的自来水设施、水泥路及珠村小学大多是老人会发起筹款、组织实施的成果。

老人会之所以有如此大的组织与动员能力，原因在于其成员多为海外务工者的父母或返乡养老的移民。珠村现任老人会会长郑时就是被遣返的偷渡客。他由于在美国生活过，与珠村的海外乡亲特别熟稔，在促进海外移民捐资上有着举足轻重的作用。① 村内有任何公共事务需要资金支持时，一般会由老人会内部商议，吩咐成员将此消息传达给在海外打工的子女："都是通知家里面的人，然后通过家里人告知外面的人，一般都是以家长的名义捐，比如说有老人在家的话，就用老人的名字，但钱是孩子寄回来的。"②

老人会进行社会地位补偿的对象不一定直接针对海外移民，而是针对其留在家中的侨眷（多为移民的长辈）。而捐赠项目建好后，在芳名碑刻上的也多为家中老人或其他亲属的名字。这看似没有对直接出钱的海外务工者给予声誉补偿，但由于官镇是一个有着强大家族宗族传统的社会，家里老人"有面子"，不仅意味着海外的子女"孝顺"，而且显示其在海外"发大财"了，这带来的不仅只是海外务工者及其家属的社会地位提升，甚至还连带着提高整个家族与宗族的社会地位。换言之，子女捐资多少直接关系到老人在老人会及村内的地位与面子。父母在家乡"有面子""有地位"也从侧面显示出子女在海外的"成功"。而不出或少出者，不仅会使家里老人"颜面尽失"，还会让人诟病"此家风水不好，在外面挣不到大钱"。实际上，老人会是通过亲情转嫁的半强制方式使许多移民为了让亲人尤其是父母在侨乡有一定社会地位而参与跨国实践中来。

老人会不仅在移民捐赠上面发挥着积极的促进作用，在移民的其他跨国实践上也不遗余力。上面提到的珠村老人会会长郑时就透露，他打算与村里比较有名望的侨领（如说郑时鸣、郑时刚兄弟）商量，并在地方政府的配合下，拆迁旧房开发房地产。这甚至已经超出了传统捐赠的范畴。郑时表示"这种既能提高名气又能赚钱的项目，海外移民一定会感兴趣的"③。

老人会是官镇不同于坎镇的最为突出的一种地方性组织。作为海

---

① 根据 2011 年 7 月 29 日，笔者在廉县官镇珠村对老人会会长郑时的访谈。
② 2011 年 8 月 3 日，笔者在福州廉县官镇胡村妈祖庙对林亦集的访谈。
③ 2011 年 7 月 29 日，笔者在廉县官镇珠村对老人会会长郑时的访谈。

外直系亲属的代理人，老人会成员既是海外移民社会地位补偿的供给者，也是社会地位补偿的对象。老人会通过日常性半强制摊派的方式很大程度上增强了移民跨国实践的频率与深度。

（三）宗亲会：竞争比拼

与坎镇类似，官镇的地方宗族力量在改革开放后也得到了一定程度的复兴与发展，表现为先后成立、形式各异的宗亲会。有些宗亲会不仅横跨镇、县乃至市，还与海外社团组织保持着密切联系。虽然宗族的控制范围与势力远不如前，但对于官镇移民来说仍是实现社会地位的重要平台。这些海外移民的社会地位也体现在他们所属宗族在其地方社会中的位置。

在官镇的大部分村落里，都坐落着由海外移民捐资建立的宗祠。以官镇丁村为例，最引人注目的是李氏宗祠。据该村李启淳介绍，李氏宗祠主要由李远崇、李远桦和李祖波等美国华侨鼎力支持。上述三人均是在 20 世纪 80 年代末至 90 年代初偷渡出去的。其中，李远桦出去时刚好赶上国内政治风波，申请政治避难后很快拿到绿卡。2000 年李远桦第一次回乡，就决定将村口的一片烂地开发成公园，他出资 1 万多元人民币修建公园。当时李启淳作为他在村里的代表操办此事，公园最终于 2002 年建成。①

在公园落成后，丁村里的另一大姓唐姓宗亲准备修建唐氏宗祠。李远崇、李远桦和李祖波等人看到邻村的李氏及同村的唐氏都开始筹备建宗祠，也积极在海外筹募资金。2006 年，他们筹集到 300 万元人民币。宗祠经过四年施工，于 2010 年竣工，总共花费 280 万元人民币。剩余资金成立基金会，用于支持宗祠的日常运作。令李氏宗亲十分高兴的是，他们总算是抢在同村唐氏之前率先建好宗祠。

在官镇，宗祠香火兴盛代表着宗族成员在海外的兴旺发达。筹集款项、修建宗祠既是一个书写地方历史、重新建构海外移民身份的社会过程，也是宗族成员提高在地方性宗族网络内的社会声望、获得族内较高社会评价的重要方式。这些宗族社会组织虽然网络松散，却为

---

① 根据 2011 年 7 月 27 日，笔者在廉县官镇丁村对村书记李启淳的访谈。

参与跨国实践的移民实现社会地位补偿提供了重要的组织基础。

三 强控制的海外离散社会

官镇移民与坎镇移民的海外离散社会在地理空间具有某种重叠性。但由于官镇移民多为无证移民,相比坎镇移民,官镇移民更加依赖于海外离散社会,其社会的内部网络更加紧密与更具排他性,其对于移民的控制力也更强。官镇移民的海外离散社会既包括所有华裔的海外华人社会,也包括由福州移民甚至官镇移民所组成的、范围更小的海外福州人社会。下面从作为面的海外族裔聚居区与作为点的移民组织两个角度论述海外离散社会的补偿供给。

（一）齐全的"娘家"

对跨境流动的生活者来说,获得必要的就业机会,处理各种法律问题,争取教育、福利、娱乐等各种生活机会,都是通过移民族群网络来进行的。这个网络可以将正式层次的需求"内置"于日常个人关系中（广田康生,2005：220）。官镇移民所形成的海外离散社会并不只是"想象中"的产物,而且与具体的"场所"密切相关,正是在纽约东百老汇大街（East Broadway）与布碌伦区①（Brooklyn）的第八大道（Eighth Avenue）所形成的共同体支撑了福州人在海外的生活世界。

1. 东百老汇大街

大都会纽约一直是外国移民谋生的首选地之一。早期福州籍海员通常选择在纽约"跳船"并落脚。他们来的时候,纽约唐人街仍然还是广东人的地盘,其中以五邑籍移民为最,上面详细论述的坎镇移民就是典型代表。福州公会主席郑时刚的父亲是香港船员。在父亲的申请下,才十几岁的郑时刚在20世纪70年代末来到美国,并在唐人街内落脚。当时唐人街以五邑话和粤语盛行,虽然身处族裔聚居区内,郑时刚仍感觉十分不适应:"即使是 bilingual（双语,指粤语与英语）的,人家也没有讲普通话,更没有讲福州话的,我反正两样

---

① "布碌伦"纽约的一个区,在曼哈顿岛的东南面,也被译作"布鲁克林"。由于当地华人移民多称为"布碌伦",因而本书采用"布碌伦"的译法。

语言都不懂。"① 而后 20 世纪 80 年代福州人大量涌入，这彻底改变了美国唐人街的地理面貌与文化景观。以东百老汇大街为中心，福州人逐渐形成了以福州方言为纽带的族裔经济及聚居区（见图 4-11）。

图 4-11　东百老汇大街

目前，在东百老汇街上，由福州人开设的餐馆、理发店、商铺、工作中介所、殡仪馆、花店及福州籍社团等一应俱全（见图 4-12）。东百老汇大街上的工作介绍所基本只对福州移民开放。据来自东北的房东李先生告诉我，主要原因有两个，一是语言共通；二是福州移民由于背负债务更为吃苦耐劳，是最理想和廉价的劳动力。② 街上有着数量众多的"服务公司"，他们帮助无证移民申请政治避难、驾驶执照、社会安全卡或出生证明。许多公司还提供打折机票或"包办"特定项目，即为一些家庭提供特定服务，比如照料刚出生的婴儿回国，或是为亲属移民美国代办票务。我的一个关键报道人王立彰在东百老汇街上租了一个三居室的公寓，其中分出一个房间再次出租给那些平时在外州工作的移民。这些分布在美东的移民都会定期回到"娘家"——东百老汇大街上，在此处短暂歇息，满足一些日常需求。东百老汇大街上除餐馆外，最多的就是理发店。由于许多移民在外州，语言不通，必须定期回来理发。③

---

① 2011 年 12 月 5 日，笔者在纽约唐人街福州公会对主席郑时刚的访谈。
② 根据 2011 年 12 月 4 日，笔者在纽约皇后区法拉盛延边李先生住所与其闲聊。
③ 根据 2011 年 12 月 28 日，笔者在纽约唐人街盛美同乡会对主席郑望廷的访谈。

图4-12 东百老汇大街的职业介绍所

东百老汇大街在移民心中不仅是族裔经济中心，还是自身灵魂及精神的寄托之所。过年过节时，许多官镇移民来此购买喜爱的海鲜及其他食物回去。① 由于受到身份及路途的阻隔，许多官镇移民都无法回乡完成自己重要的生命礼仪，比如说婚嫁、做寿、丧葬等。东百老汇街就成为他们生命历程的重要见证者。② 在调查期间，我参加了福州人两次葬礼（见图4-13）。两次葬礼虽然在规格上有着明显差异，

图4-13 在殡仪馆举行的一位官镇移民的丧礼

---

① 根据2011年12月27日，笔者在纽约唐人街东百老汇官镇联谊会对福州公会外交部部长王立彰的访谈。

② 根据2011年12月28日，笔者在纽约唐人街盛美同乡会对主席郑望廷的访谈。

但唯一相同的是，死者的灵柩都会被送上车，丧殡车队在东百老汇大街上缓缓驶过，与自己的"娘家"做最后告别。甚至有的还要到生前所在社团做告别仪式。[①]

东百老汇大街除了为移民提供身份归属的补偿，延缓其由于迁移所带来的不适感外，还为移民参与跨国实践提供了平台。许多移民回"娘家"最重要的事情就是将挣得的工资及在美国购买的珍贵药品、手机、平板电脑以及其他电子产品等物资尽快地寄送回乡，将侨资送至"嗷嗷待哺"的家人手里。因此，在东百老汇大街有众多的"包办"业务，包括运送电器、电子产品（20 世纪八九十年代是电视机和冰箱，现在是电脑、手机和平板电脑）到福州。据王立彰介绍，现在从美国到福州的货物流动时间大大缩短，只要两天至三天就可以送到福州家人手中。[②]

随着移民规模的扩大，东百老汇大街无法容纳众多移民，官镇移民出现了大规模向布碌伦以及纽约外州发展的郊区化趋势。在东百老汇大街的中段设有车站，这里的大巴多是驶向纽约附近州县，许多官镇移民通过这些大巴流向美东的外卖餐馆。但现在福州人到美第一站仍是纽约的东百老汇大街，在那寻找工作机会。许多移民在失业后会再次回到东百老汇大街找工作。纽约的东百老汇大街作为官镇移民的族裔经济中心的地位依然没有被动摇。

2. 第八大道

如果说东百老汇大街是族裔经济文化中心，那么布碌伦的第八大道则是许多官镇移民日常生活的区域。第八大道被称为仅次于曼哈顿唐人街（Chinatown）与皇后区法拉盛（Flushing）之外的纽约市第三唐人街。布碌伦原是黑人聚居区，从 20 世纪 90 年代开始，东百老汇大街容纳不下日益增多的官镇移民，许多官镇移民来美后为了赚钱，开始在黑人聚居区附近开设外卖餐馆，而后慢慢定居布碌伦。福州人聚集在第八大道的主要原因在于那里租金便宜，比曼哈顿唐人街要低

①　根据 2011 年 12 月 14 日，笔者在纽约唐人街对廉县侯域张志存丧礼的田野笔记。

②　根据 2011 年 12 月 27 日，笔者在纽约唐人街东百老汇官镇联谊会对福州公会外交部部长王立彰的访谈。

很多。不少福州人白天在东百老汇大街工作，晚上回到第八大道居住。第八大道与曼哈顿区的唐人街、皇后区的法拉盛之间有地铁相连，这对在曼哈顿区的唐人街开店、布碌伦居住的福州人异常便利。

我第一次到布碌伦是为了找两位官镇移民——俞康与郑兴财访谈。当时去的时候下着雨，但街道上人头攒动，十分拥挤。在那些狭窄拥挤的街道两旁，五花八门的大小店铺鳞次栉比，商铺招牌上写着熟悉的中文大字。没走几步可以看到街边店面敞开式售卖福州人喜欢的鱼类和贝类。地摊、货物和小贩的手推车密密麻麻，与熙来攘往的行人一起挤在拥挤不堪的人行道上，空气中还不时地飘来各种海鲜的腥味，以及听不懂的福州话。① 俞康与郑兴财请吃午饭后，带我逛了一下布碌伦的第五至八大道，并大致介绍了一下布碌伦的情况：在布碌伦居住的华人中有80%是福州人。② 他们称第八大道为福州街。第五、六、七、八大道的地方都有许多福州人居住。③ 郑兴财在路上还碰到不少熟人，基本上这个第八大道变成了他们的熟人社会，讲的也都是福州话（见图4-14）。随后他们还带我上第八大道的爱心中心

图4-14　郑兴财用福州话与海鲜店老板讲价

① 根据2011年12月7日，笔者在纽约布鲁克林做的田野笔记。
② 另一种说法是布碌伦区的华人中，广东人与福州人各占一半。
③ 根据2011年12月7日，笔者在纽约布碌伦第八大道对闽峰联谊会秘书长俞康的访谈。

拜访。爱心中心属于非政府组织,主要的服务对象是福州移民,比如说申请养老金、救济金,以前还有为不懂英文的移民提供粮食券申请的服务。现在爱心中心主要的经费来源是靠办托儿所。由于几乎每个福州人都是背了一身债过来,因而夫妻双方都必须外出工作且时间都十分长,爱心中心就负责帮忙接送与照顾其年幼的孩子,并从中收取一些费用。

无论是东百老汇大街还是第八大道,这些族裔经济聚集区都具有提供经济资本与社会资本的功能:一是提供获得经济资本的机会。族裔聚居区的许多职位,不必通过广告,企业家依靠社会网络来招收雇工。通过以家庭、宗族关系等为基础构成的、有千丝万缕联系的就业网络,为没有更多教育与语言优势的官镇移民能够在唐人街的东百老汇大街或布碌伦的第八大道谋取相应的职位和收入,有效地减少为寻找工作而花费的时间和精力。二是强化社会网络与社会资本产生。在族裔聚居区的企业家和劳工,双方都愿意接受互尽义务、信任和忠诚的制约,因而双方也从中得到利益。这就构成一种只在族裔聚居区之内才存在的社会资本。在一定意义上,企业家降低管理和劳工成本,从而增加利润。而劳工既能较容易地获得就业机会并通过职业培训积累技能和工作经验,又能积累资金,为他们将来创业和迈向主流经济提供了可能性和有利条件。三是促进经济与社会资本的转化。在族裔社区内,通过各种信用社、储蓄会和其他"会"的形式能使企业家获得创业所需的小额金融资本和其他资源。结果,在强化人力资本和金融资本的过程中,社会资本也得到进一步的强化(参见周敏,1995)。①

---

① 当然学界关于族裔聚集能否帮助移民融入移居地主流社会有着不同的看法。有的研究甚至持与周敏等人相反的观点,也即族群聚集造成了移民与主流社会的隔离,限制了移民进一步学习英语和适应美国主流文化,不利于其长远发展(Xie and Gough, 2011)。关于这个问题,有进一步研究指出应该区分强势聚集与弱势聚集之间的区别。强势聚集更多对经济收入有着正面影响,而弱势聚集所起到的主要作用并不是提高收入而是争取就业机会(张春泥、谢宇,2013)。就福州移民情况而言,由于它由雇主和雇工所组成,这个群体既强势聚集也有弱势聚集。对于福州移民来说,族裔聚集在一定程度上确实促进了移民在当地社会的融入,尽管这个论点需要进一步的实证研究证实。由于本书的主旨并不是讨论这个,这里就不详述。

各种类型资本在族裔聚居区内的聚集、流动与转化，也促进了社区内高密度、高强度及控制力强的社会网络的维持与发展。这种社会网络也同时为社会阶级失位的官镇移民提供了身份归属感的补偿，很大程度上规避了移民由于丧失公民资格以及未获得合法地位而带来的不确定性与风险，这也很大程度增强了官镇移民对于海外族裔聚居区的依赖程度，也使海外族裔聚居区对于官镇移民的控制程度更高，从而也对移民跨国实践产生了间接影响。

（二）组织：从"无名小卒"到"显赫人物"

如果说东百老汇大街与第八大道为官镇移民提供身份归属与开展跨国实践的平台，那么社团和帮派则是直接通过其高密度及强控制的社会网络形塑了移民的跨国实践。

1. 社团

受到移民历史影响，大多数福州社团相对来说成立得较晚，除了福州联谊会及一些由早期"跳船者"所组成的社团外，其他侨团多成立于20世纪80年代。目前福州籍侨团已经有上百家，多位于东百老汇大街。很多移民都是交叉参加多个社团。以官镇移民为例，他们既可以参加福州公会、廉县公会，也可以参加官镇联谊会及各村级联谊会。以上文多次提及的林兵为例，他参加的社团多达六七家："我在外面参加的社团很多，有福州联谊会、福州公会、廉县公会、官镇联谊会、谭头联谊会，还有福建工商会。"①

由于官镇移民在20世纪80年代开始大量涌入唐人街，分摊了唐人街其他华人移民的利益，加上其没有合法身份且能吃苦耐劳，在唐人街必须经常忍受来自五邑籍移民以及其他移民的排挤；而且由于在异国他乡，也不通晓当地语言与法律，一旦遇到意外就会立马陷入困境。此时福州籍社团的作用就显得很重要。福州公会②主席郑时刚跟

———————

①　2011年8月6日，笔者在福州廉县官镇青芝别墅谭头村美籍华人林兵家对其的访谈。

②　福州公会虽然是名头比较大，但实际上以廉县官镇移民为主。原本福州公会的成员都是参加福州联谊会，20世纪80年代末由于选举的问题，而与同乡会内的乐县人闹僵，因而许多官镇移民离开福州联谊会转而在1990年成立了福州公会。

我讲了一个真实发生在福州公会的故事：有一个 20 多岁的年轻女孩林英偷渡到美国后得了骨癌，由于为无证移民，亲人也不在身边。远在官镇的父母只好到侨联求助。侨联与福州公会取得联系，福州公会先与女孩取得联系，并送了一些钱急用。紧接着公会通过华文媒体登出这个女孩的近况，在接下来的两个月中，福州公会就从社会各界筹募了 10 万美金，用于女孩的治疗。① 这些无证移民在异乡除了面临疾病的困扰外，还不时会遭遇交通意外。在 2013 年 2 月 12 日，康州发生 1 死两伤的严重车祸，受害者均为在附近餐馆工作的闽籍年轻女子，当时肇事车辆逃逸现场。其中死者陈盈巧家境贫穷，两年前家中举债让她偷渡来美。她的死讯传到家乡，债主即上门逼债，家庭难以偿还如此巨大的债务。而另一名伤者杨红来美才一年多，同样承担着 8 万美元的债务。事故发生后，福州公会积极地筹募善款。截至当月 25 日，美东地区华人共为康州车祸的 3 名遇难及伤者捐款 5 万多美元。② 由上述两起事件可以看出，作为官镇移民应对不确定性的自治性组织，福州籍社团为移民提供了重要的身份归属及社会保障的补偿。

许多福州社团已组建到乡村一级，如官镇辖属的珠村、谭头村、陇村等移民人数较多的乡村等都设有村联谊会。以珠村联谊会为例，由于移民历史较其他村要长、移民人数众多，珠村拥有不少族裔企业家（其中郑时鸣、郑时刚兄弟也是其中的重要成员）。因此，珠村的海外乡亲筹资 200 万元在唐人街买下一处作为同乡会的会所，是为数不多拥有固定会所的村级海外联谊会。珠村联谊会不仅为初到美国的新移民提供食宿，还为其提供工作机会。③

正是由于福州籍社团为没有合法身份的移民提供工作机会、人身保障，导致移民十分依赖于社团，这使得社团对于成员的控制要明显高于其他华人社团。因而移民也十分重视自己在社团内的社会地位与声望，因为这与他们在异域的生存紧密相连。上面提到的陇村就是一个例子。陇村村委书记林冠秋在接受访谈时就提到了由本村移民组成

---

① 根据 2011 年 12 月 5 日，笔者在纽约唐人街福州公会对主席郑时刚的访谈。笔者 2011 年 7 月 29 日在廉县官镇珠村原老人会会长郑靖志家对其的访谈中也有提及这个故事。

② 根据与福州公会主席郑时刚通越洋电话以及媒体报道。

③ 根据 2011 年 7 月 29 日，笔者在廉县官镇珠村对老人会会长郑时的访谈。

的社团——陇村联谊会。通常村内需要海外乡亲的资金支持时，村委会会向这个社团报告情况。陇村联谊会不仅每年定期汇回资金，支持村内老人会的日常活动，还设立奖学金奖励考上大学的村内子弟。而这些费用都是依靠联谊会的成员捐资得来的。陇村联谊会成员每有类似筹募资金都表现踊跃，成员之所以如此积极，是因为他们在社团内的声誉不仅关系到他们在移居地的生活境遇，还直接关系到其他联谊会成员如何看待自己，名声还会透过跨国网络传递到家乡，影响到家乡人如何看待自己。①

陇村的公益事业除了靠临时筹募资金外，还有比较稳定的收入来源。许多陇村移民在纽约结婚都会捐给联谊会一笔钱，数目从500—1000 美金不等，官镇移民称为"喜捐"。这笔钱大多会以陇村联谊会的名义汇回陇村用作公益事业。我在陇村公告栏上就发现了2009 年陇村联谊会的喜捐名单：

> 旅美乡亲子女结婚志喜乐捐名单公布
> 2009.1.5 李俊和次女李虹婿倪达 500 美元
> 1.5 张义利次子张智辉媳林艳 1000 美元
> 1.20 林福之子林天彪媳郑凤 1000 美元
> 1.27 林永芳次子林远雄媳曾×莉 1000 美元
> 3.9 郑木法之女郑锦慧婿董用锟 500 美元
> 6.8 林祖通次女林美梅婿黄新爱 500 美元
> 6.16 林燕良次子林国媳杨燕芳 500 美元
> 8.11 陈桐俤长子陈树炳媳倪玲玲 500 美元
> 10.11 郑天梨长女郑敏婿夏斯昊 500 美元
> 10.13 林依嫩长子林用斌媳刘霞 500 美元
> 10.19 黄美官之女黄英婿陈美栋 500 美元
> 美国福建陇村联谊会
> 二〇〇九．十一．十九②

---

① 根据2011 年8 月2 日，笔者在廉县官镇陇村对书记林冠秋的访谈。
② 2011 年8 月2 日，笔者在官镇陇村的田野调查。

许多移民不仅满足于做个普通的社团成员，其中不少移民都积极争当社团领导，因为这不仅是社会地位的体现，也能更容易扩大社会声望。而当上社团的领导需要花费不少经济成本。像林兵任多家联谊会、同乡会的领导，他曾向我透露为了参加这些社团，他投入的钱都有上百万人民币。除了社团的日常费用及拉票时请客吃饭的花费外，每当有公益捐赠活动，作为社团领导都必须"身先士卒"为其他成员做出"榜样"。[1] 许多福州籍社团都设有常务副主席一职，这些职位并不处理社团的实际事务而只是虚职。这个职位只要捐资达到一定数额便可担任，被官镇移民称为"捐个名誉"。[2] 即使参加社团不符合经济效率的逻辑，很多官镇移民还是热衷于参加这些社团。主要的原因有以下两个：

首先，社团为海外移民的社会地位补偿提供某种现实依据，使其从"无名小卒"摇身一变成为"显赫人物"（from nobody to somebody）。在许多官镇移民眼里，担任社团领导成为"侨领"是一种社会荣誉的体现。我的关键报道人王立彰就是一个典型的例子：王立彰早年做过餐馆，现在呈半退休状态，偶尔为办丧事的人家吹奏哀乐赚点小钱。他在唐人街租了一处房子。每天，他都会循例到福州公会、官镇联谊会、盛美同乡会等社团转一转。我在与王立彰频繁的接触中，发现他自视甚高：

> 我跟这些领导很好的，因为我很会做事情。我是在村里面很有地位的，在外面我也是做官的，我参加很多社团，而且是福州公会的外交部部长。他们叫我做副主席我不愿意做，因为副主席、副会长一个会里面好多的呢，都是没有实权的，当官就是要当有实权的官，我现在当的官就是很有实权的，我是福州公会的

---

① 根据 2011 年 8 月 6 日，笔者在福州廉县官镇青芝别墅谭头村美籍华人林兵家对其的访谈。

② 根据 2011 年 12 月 27 日，笔者在纽约唐人街东百老汇官镇联谊会对福州公会外交部部长王立彰的访谈。

外交部部长，相当于李肇星的角色，都是很有实权的。我认识的人很多，在美国这边都有很多。在福建那边我也认识很多人的。我在唐人街，人家都知道我的名字的，我的地位在这个地方是很高的，不光是在唐人街，很多广东侨团都有熟悉我的人，在纽约领事馆，还有在福建的地方官员，都是很多人认识我的。①

实际上，王立彰的"官位"以及所谓的"有权力有地位"就算是仅局限于唐人街甚至是福州社区内，也大部分含有吹嘘夸大的成分，但这不妨碍他的自我幻想。从某种意义上来说，这种幻想多少能够补偿来美后社会阶级失位所带来的失落感："我现在后悔啊，如果我留在国内的话，我现在起码是局长了。"② 尽管以王立彰喜欢夸耀的性格，就算不偷渡留在家乡，也未必如他所说的能够当上局长。但这多少反映出偷渡给迁移主体的人格、尊严、价值等方面所带来的负面影响。在我访谈的移民中，像王立彰一样"爱吹牛"的人不在少数。而参加由社团组织的跨国实践能够为移民"吹牛"提供某种现实依据。移民可以大张旗鼓地说"我跟某某国家领导人握过手""我捐了某某公益事业""我是某某社团的主席"等。

其次，移民通过社团的组织形式更易于引起海外华人社会及祖籍国的注意，能有更多机会接触到祖籍国的国家及地方领导人。这一方面可以弥补他们由于非法偷渡、公民资格缺失带来的社会阶级失位："参加社团最主要是可以受到国家领导人的接见。像我们的胡锦涛主席、温家宝总理啊，外交部的部长啊，他们出去的时候社团都有去迎接啊。"③ 另一方面也更方便移民从事有利可图的跨国实践：

比如说像这个福州联谊会做主席的，他回去的话直接就可以

① 2011 年 12 月 6 日，笔者在纽约唐人街东百老汇官镇联谊会对福州公会外交部部长王立彰的访谈。

② 根据 2011 年 12 月 5 日，笔者在纽约唐人街东百老汇官镇联谊会对福州公会外交部部长王立彰的访谈。

③ 2011 年 8 月 1 日，笔者在福州廉县官镇胡村对美籍华人杨修藩的访谈。

接触很多高层的领导，那对他在国内做生意是很有帮助的。比如说他顶着一个常务副主席回去，那人家可以接他啊，做个什么生意都方便很多的。不过也有一些是混混来的，就是在这边拿着名头回去，骗吃骗喝的，做个小生意的。①

对此，在国内有多项投资的福州公会主席郑时刚说得更为明白：

> 回去中国是很好做生意的，他们说只要你认识人就可以了，只要你认识那个地方官员，你就好办了。所以为什么大家在这里争着做社团的头就是这样，因为你在这边做社团的头了，你就可以用社团的名义回国。你回到中国了，中国的领导人会接待你，有可能是国家领导人，也有可能是地方领导人，这要看你社团的实力以及影响力咯。但是以社团的名义还是会好很多，地方政府也好接待你。所以我们这边很多人都是打着侨团的主席啊、部长啊的名义回去，这样你就可以认识更多更高级别的官员。②

由此可见，福州籍社团一方面通过组织内部的身份归属以及声誉补偿促进移民跨国实践，另一方面也鼓励移民积极参与祖籍国在经济、政治、社会、文化等方面的事务，从这些跨国实践中获得进一步的社会地位补偿。

2. 帮派

帮派是除了社团以外官镇移民可以依赖的地方性组织。有些移民来到纽约后找不到工作，就加入福州帮派，通过在唐人街收取保护费或打劫新移民赚取生活费。据俞康介绍，他刚来纽约时有许多福州帮派明目张胆地在街上抢劫勒索，甚至有些抢劫对象就是福州人。③ 虽然这些帮派从事一些非法的事情，很多帮派的头目就是运输无证移民

① 2011 年 12 月 26 日，笔者在纽约唐人街对福州移民张林修的访谈。
② 2011 年 12 月 5 日，笔者在纽约唐人街福州公会对主席郑时刚的访谈。
③ 根据 2011 年 12 月 7 日，笔者在纽约布碌伦第八大道对闽峰联谊会秘书长俞康的访谈。

的"蛇头"。但在许多移民眼中，这些帮派的头并不是什么十恶不赦的"坏人"，而是帮助他们来美的"观世音菩萨"。比如前几年被抓的总蛇头郑翠萍①，很多福州移民都亲切地称她为"萍姐"，为她被抓深表遗憾与可惜。上文提到的老中医林修祥就是郑翠萍的同村人，他说他们村之所以有众多移民也是"托萍姐的福"。②

实际上，帮派与社团存在着密切的关系：首先，帮派与社团之间的界限是模糊的。珠村老人会会长郑时在美国时参加了由福州移民组成的福青帮（全称福州青年帮）。郑时的外甥当时是福青帮的"老大"。据郑时介绍，由于福州移民较广东移民晚到，无论是在经济还是社会层面都容易受到广东移民的排挤，因而成立帮派变得大有市场。郑时表示为了谋求生存与发展，参加帮派也是不得已。还有不少族裔企业家刚开始是通过帮派起家，最后才慢慢由黑道转成白道的，开始从事正当生意。③ 其次，社团与帮派是相互依赖与支持的。廉县公会主席林兵就表示自己有亲戚也参加福青帮，并且私下都有频密往来。④ 而曾是福青帮成员的郑时则表示，由于社团与帮派黑白两道的性质，不仅可以互补还能相互帮助。⑤ 许多帮派的成员甚至头目都会参加社团，捐资支持社团的发展。他们也希望通过这种方式将自己去污名化与合法化。⑥

与社团所发挥的功能相似，帮派除了给移民提供身份及归属感方

①　郑翠萍（1949— ）是一名华裔美籍商人，并参与组织非法移民进入美国的活动，有偷渡皇后、蛇头之母之称。郑翠萍祖籍福州，1974 年移民香港，1981 年移民美国纽约市；她在美国东百老汇大街上经营杂货店和餐馆，但同时参与组织和资助中国大陆的居民非法偷渡来美，并经营向中国人陆汇款的地下钱庄。1993 年 6 月 6 日，郑翠萍出资的偷渡船"金色冒险号"在纽约市皇后区附近搁浅，引起美国联邦调查局的注意。2000 年 4 月 17 日郑翠萍在香港国际机场被捕，2006 年 3 月 17 日被判有期徒刑 35 年。部分内容参见维基百科。

②　根据 2011 年 12 月 12 日，笔者在纽约唐人街亭江盛美同乡会对管乐团团长林修祥的访谈。

③　根据 2011 年 7 月 29 日，笔者在廉县官镇珠村对老人会会长郑时的访谈。

④　根据 2011 年 8 月 6 日，笔者在福州廉县官镇青芝别墅谭头村美籍华人林兵家对其的访谈。

⑤　根据 2011 年 7 月 29 日，笔者在廉县官镇珠村对老人会会长郑时的访谈。

⑥　根据 2011 年 12 月 26 日，笔者在纽约唐人街对福州移民张林修的访谈。

面的补偿外，还以声誉补偿为诱饵鼓动成员积极参与与祖籍国相关的事务。就调查所知，许多帮派成员都乐于参与跨国政治实践，比如迎接国家及地方领导人等。由于其"亦正亦邪"的角色及独特的内部运作模式，往往与社团取长补短，在跨国政治支持上发挥着重要作用（后文有提及）。

第三节　互惠交换、复合补偿与多元跨国实践[①]

与坎镇移民的传统道义型跨国实践不同，官镇移民的跨国实践大多是遵循互惠与交换原则的。彼德·布劳［（1964）2008：132］指出，社会交换对于参加者总带有内在意义的成分，使社会交换区别于严格的经济交易。但社会交换的重心落在某种外在价值的利益上并且至少意味着为好处而讨价还价。因此，社会交换是纯粹对利益的深思熟虑与纯粹表现情感之间的一种中介情况。如果社会行动中的各个主体都遵守互惠规范，愿意为自己的所得提供回报，那么社会交换就开始了。这种交换之所以不同于道义，就在于这种"交换契约"在移民进行跨国实践之前就拟定好并在进行跨国实践之后很快就履行交换契约，从"馈赠"到"补偿"有时并没有一定时间间隔。根据"互惠规范"的内容不同，官镇移民与侨乡所形成的交换关系也呈现多元化的发展。与坎镇移民相比，官镇移民所获得的社会地位补偿更加类型多元化，这使其跨国实践模式呈现多类型化的发展趋势。比如，集中于社会文化馈赠的移民往往是为了交换到社会声望。但如果是想获得经济补偿，移民则会参与投资；而参与跨国政治实践的移民多是为了弥补偷渡所造成的国家公民资格的缺失（见表4-1）。我将在本节中，着重讨论官镇移民与家乡形成的互惠交换关系以及多元复合型补偿对其跨国实践类型的影响。

---

① 本节内容以官镇移民为主，但涉及少量来自廉县马镇、乐县的福州移民，由于后二者也以前往美国的无证移民为主，因而这里一起使用，特此说明。

表4-1 官镇移民的多元交换型跨国实践

跨国实践类型	社会文化馈赠	营利性跨国实践 （投资，附带优惠的捐资）	跨国政治实践 （跨国政治支持、跨国政治 参与、跨国集体维权）
交换基础	共同体	经济互利	政治同盟
补偿内容	声誉补偿	经济补偿	政治地位补偿

一 声誉补偿与地位竞赛

与坎镇相同，官镇移民也会将资金大量地投入祖籍地的公共事业中（例如学校）。官镇移民的社会文化馈赠不排除道义成分，但更多是基于与侨乡所形成的交换关系，这从官镇移民的捐资形态可以看出来。对于社会地位补偿有着迫切需求的官镇移民往往喜欢独资创办一所学校（通常以自己名字命名），而不似坎镇的中、小学多由一族、一村的移民共同捐资。这种方式实际上更有利于移民与侨乡进行清晰的、一对一的社会交换，虽然这种交换关系未必能获得实际的经济利益。社会交换也是存在竞争与攀比的，体现在交换者必须不断提高自己的捐资额度来换取更高的社会荣誉。下面我们以廉县两所侨资中学为例分析在社会文化馈赠中移民与家乡所形成的互惠互利的补偿关系。

（一）互惠的交换关系

最早在廉县独资办学的是来自美国的郑德善。1997年，郑德善捐资1800万元筹建德善中学。郑德善早年家里穷上不起学，因而他特意将学校设在农村而非县城，希望能够让更多农村子弟能够继续接受教育。郑德善这种将资源分配给弱势群体及地区的做法首先在民间获得了广泛赞誉。

学校于1998年正式成立后，郑德善持续将资金投入学校的基础设施建设及各类奖学金中。据德善中学校长吴中梅说，学校从创办至今，除了教师工资属于政府财政拨款外，德善中学其余所有的硬件软件费用均由郑德善个人承担。[①] 截至2009年郑德善投入德善中学的

---

① 根据2011年7月18日，笔者在福州廉县德善中学对校长伍中梅的访谈。

资金就将近一亿元（见表 4-1）。2017 年 8 月，笔者进行回访得知，从 2011 年至 2017 年，郑德善又捐资将近 5000 万元人民币，主要用于学校的基础设施建设以及奖学奖教基金。①

表 4-2　　　　　郑德善捐资德善中学一览②

年份	用途	款项（万元）
1997	筹建德善中学	1800
1998	德善中学的奖教基金	200
2000	捐赠学校二级扩建	200
2001	捐赠德善中学赞助学校与福三中协作费	200
2002	捐赠德善中学教育基金会	1000
	2001—2002 年捐助三级达标硬件	210
2003	补充学校二期扩建亏空	200
	捐助学校三期扩建工程（体育馆、图书馆、食堂、体育场、绿化等）	567.8
	奖教教学	188.5
2004	捐给德善中学奖学奖教金	45
2005	捐赠德善教育基金教学基金	200
2006	廉县德善中学三个奖金	3
	教师节慰问金	10
	德善中学第四期学生宿舍、食堂、梯间、实验加层、天文馆、植物园、绿化工程、体育场看台、篮球场、配电房、升旗台	1000
2007	德善教育基金会增加注册资本	1000
2008	德善中学校庆	37
2009	德善中学奖教金	100
	捐赠德善募金会	1000
	德善中学教学楼、宿舍楼、基础设施建设	1898
总计		9859.3

---

① 根据 2017 年 8 月 26 日，笔者在福州廉县德善中学的调查。

② 数据由廉县侨务办公室提供的内部资料整理而得，数据截至 2009 年。

在廉县，郑德善是首位独资办学的海外移民（见图 4 - 15）。为了鼓励移民捐资助学，当时政府不仅给予郑德善很多虚拟的社会荣誉，而且从很实际的角度来支持学校的发展。社会表演获得了地方政府的积极配合：

首先，地方政府动用行政资源支持郑德善的公益慈善。由于德善中学设在边远乡镇，学校刚创办时，许多学生并不愿意到德善中学就读。县政府采取划片区的办法，将几个区域的学生划拨给德善中学，保证了学校的生源质量。政府不仅在生源上给予优惠，还通过正式途径优先选调良好师资给德善中学。[①] 在各政府部门的配合下，经过七八年的稳步发展，德善中学从一个新校初步发展成最好的重点中学之一。这无形中促进了郑德善"无私奉献"的事迹的广为流传。

其次，地方政府通过正式制度路径树典型。2008 年省人民政府侨务办公室以省人民政府的名义对郑德善捐资兴办公益事业给予立碑表彰。

图 4 - 15　德善中学

鉴于郑德善多年对于德善中学及家乡公益事业的投入，经廉县政府申报，2008 年福建省人民政府侨务办公室以福建省人民政府的名

---

① 根据 2011 年 7 月 15 日，笔者在廉县华侨中学对其教务处主任吴敏的访谈。

义对郑德善捐资兴办公益事业给予立碑表彰：

> 福州市人民政府侨务办公室：
>
> 美国侨胞郑德善先生，热心家乡公益事业……为弘扬郑德善先生热心公益、造福桑梓的崇高善举，根据……《福建省华侨捐赠兴办公益事业表彰办法》，决定以福建省人民政府的名义对郑德善先生进行立碑表彰。立碑位置在其捐赠的主要建筑物上（碑石规格为 1200 毫米×800 毫米×20 毫米 "印度红" 天然花岗岩板材），碑文为："郑德善先生，祖籍廉县，旅居美国，情系桑梓，慷慨捐资兴办公益事业，为弘扬公德、特此立碑。福建省人民政府。二〇〇八年十一月"同时，授予郑德善先生 "福建省捐赠公益事业突出贡献奖" 金质奖章、奖匾和荣誉证书。
>
> 二〇〇八年十一月二十七日[①]

为了凸显被表彰者突出的贡献，上面的表彰决定还特意说明授予郑德善的 "芳名碑" 的规格、材质、镌刻内容及立碑的位置。2010—2016 年，郑德善还连续获得市政府颁发的热心公益事业大榕树金质奖章。立碑和奖章不仅肯定了郑德善的公益慈善实践，而且以更为外显及持久的方式向公众展示捐赠者 "慷慨大方" "桑梓情深" 的良好形象。

除了非营利性的社会文化馈赠外，郑德善在家乡并没有其他的投资行为。这种 "不图利的爱国华侨" 的形象塑造使廉县的官方与民间对于郑德善的评价都颇佳。郑德善的捐资与地方进行的声誉补偿虽然形成了一种交换关系，但这种交换关系是在互惠基础上形成的。从郑德善的角度来说，他得到了声誉补偿，在家乡建立了良好的社会形象；而从侨乡的角度来说，郑德善的捐资为地方提供了教育公共物品，促进了地区福利。这类交换型的跨国实践是最接近传统道义逻辑

---

① 廉县侨务办公室内部资料。

的。但随着追赶者的加入，这种交换关系逐渐向功利性质的交易转变。

（二）互惠关系的利益化

在侨乡，纯公益性的行为显然是符合共同体道德价值的。但在实际情境中，海外移民的全部行为未必能够满足这种价值需求。郑德善成功的表演深深地刺激了其他有相似经济实力的移民，经济实力更雄厚的跨国企业家王汝伦决定也以自己的名字捐资一所中学。相比郑德善，王汝伦的捐资则呈现出其与地方政府互惠关系的利益化，主要表现在以下几方面：

从学校的冠名权来说，王汝伦中学的名称是王汝伦积极向地方政府争取的。2001 年，廉县政府准备兴办第七中学。王汝伦得知后主动要求捐赠，并向地方政府提出将七中更改为王汝伦中学的要求。L县长李峰说："其实当时财政还是够的，但王汝伦提出要捐资，能否以他的名字命名，所以这个学校就变名称了。"① 从李县长这段描述可以看出，王汝伦的捐赠具有博取名声的嫌疑。

从资金来源来说，县政府配套了相当雄厚的资金。在建校的时候，王汝伦投入 2000 万元，地方政府配套 1000 万元。而后除了 2009年王汝伦为确保学校能够申上省一级中学捐资 1200 万元外，学校的所有基础设施均由地方财政支出。据王汝伦中学副校长林敏奇介绍："我们的一些学生宿舍，一级 300 米的塑胶跑道，这个钱是县财政出的钱。"② 2017 年回访学校领导，他表示 2011 年后王汝伦基本没有再向学校捐资。③ 可见，王汝伦充分地利用了政府的配套政策来实现自身的印象整饰，这与德善中学基本上靠郑德善的个人捐资有很大的差异。

从后续配套政策来说，王汝伦不断敦促地方政府对学校采取优惠政策。从 2002 年办学开始，地方政府也通过划片区的方式保证王汝伦中学的生源。但王汝伦仍不满足并质问县政府："为什么德善中学

① 2011 年 7 月 20 日，笔者在 L 县县长办公室对李峰县长的访谈。
② 2011 年 7 月 18 日，笔者在王汝伦中学对其副校长林敏奇的访谈。
③ 2017 年 8 月 25 日，笔者在王汝伦中学对其副校长林敏奇的访谈。

已经是一级达标学校，但王汝伦中学还是三级学校。"2009年，王汝伦中学准备评省二级达标学校，王汝伦为确保申报成功再次投资改善学校的硬件水平。王汝伦的捐资在客观上完善了学校的基础设施建设，但带有很明显的目的性与竞争性。

王汝伦作为追赶者，其功利性质明显增强：一方面，他希望通过捐资获得比郑德善更高的社会荣誉，从而在虚拟的社会地位上"赶超"郑德善；另一方面，他希望通过捐资与侨乡地方建立良性循环的社会交换关系，在地方树立良好形象与口碑，以利于他以后在祖籍地及非祖籍地上的营利性跨国实践。由上面的故事，我们可以看出即使在非营利性的社会文化馈赠中，官镇移民与家乡所建立的社会地位补偿关系都难以摆脱互惠互利的色彩。

那么互惠关系是否会影响捐赠者的形象呢？如果将捐赠看作一种表演的话，同一种表演在部分观众看来是合法的，而在另一些观众看来是骗局（欧文·戈夫曼，2008：52）。民间与官方对于王汝伦的行为是有不同看法的。从民间角度来说，很多官镇人认为王汝伦捐赠动机不单纯，只是为了获得社会声誉及实际的经济好处。政府办公室司机小郑师傅曾在王汝伦的酒店打过工，对王汝伦其为人颇为不屑："你不要听他讲希望为家乡做贡献，讲得这么好听，其实啊就是为了作秀……"① 小郑师傅提到了"作秀"，说明观众意识到这是一场由王汝伦精心准备的表演，直接影响了印象整饰的效果。而从官方角度来说，地方政府不但认可这种印象整饰，而且给了积极回应。F省、市政府曾多次授予王汝伦"F省捐赠公益事业突出贡献奖"、热心公益事业大榕树金质奖章，并颁发奖匾和荣誉证书。民间与官方在此事上不同的态度在于其评判逻辑的差异。在民间观念中，只有社会文化馈赠才是真正地为家乡做贡献，这种价值理念使侨乡民众无法接受背后的各种功利行为。而对于地方政府来说，捐赠或投资都能促进经济发展，进而扩充地方财政并创造政绩。只要捐赠者的功利行为不损害地方经济与政府权威，地方政府是十分乐意配合这些移民的表演

---

① 2011年7月23日，笔者与L县办公室司机小郑师傅的闲聊。

甚至积极参与其中。

二　利益交换与经济互惠

与坎镇移民的传统道义型跨国实践相比，官镇移民与家乡形成的社会地位补偿脚本更多带有交换性质。官镇移民参与跨国实践除了提高社会声誉外，还要获得经济利益，这使得他们的非营利性跨国实践往往会附带着利益交换。如果说移民在社会文化馈赠中的地位竞赛还是对虚拟社会声望的争夺，那么移民在营利与交换性质较为明显的跨国实践中所看重的既包括虚拟的荣誉也含有实际的利益。

上文提及的王汝伦的公益慈善不仅局限于祖籍地，其在祖籍地之外均有捐赠。2016 年，王汝伦以个人或企业名义的捐赠累计达到 8.2 亿元。[1] 为此，省、市以及外省领导多次表示高度赞赏或直接做出批示。此外，王汝伦还坐拥名目繁多的政治头衔，如政协常委、侨联常委、商会会长等。这些既为王汝伦塑造了良好的地方形象，也间接帮助地方政府实现了政绩，为双方达成利益交换提供了条件。2015 年前后，市区有一棚户区因旧城改造计划而被拆，面积接近 3000 亩。王汝伦与其他众多房地产商均相中了这个地块。王汝伦赶在正式招标条件公布前找到当地政府协商此事。市侨办的章副主任十分清楚内情：

> 王汝伦他和省、市领导很熟悉的，他知道这件事情后就表示想拿这块地。政府主要是考虑王汝伦是本地人，熟悉房地产市场，而且对于家乡的慈善贡献很大，做出了很多有显示度的公益慈善项目，让政府也很有"面子"。反正给谁都是给，给一个对家乡贡献大的。所以就有这个"内定"的意思。[2]

---

① 数据来源于南州市侨办内部资料。
② 2017 年 8 月 30 日，笔者在南州市侨办对章艳副主任的访谈。

地方政府为王汝伦及其企业"量身"制定了相关的招标条件。2016 年年初，南州市国土局挂牌出让旧城改造地块的国有建设用地使用权，同时对土地竞标人提出了一系列苛刻的条件，比如需具有一级房地产开发资质、开发过达一定建筑面积的大型房地产项目、国内投资开发各类房地产项目累计达到一定建筑面积。而在众多房地产商中，只有王汝伦的企业"凑巧"符合了所有条件，而且在土地竞拍前几天，市国土局迟迟不提供土地出让的标书和资料，屏蔽了潜在竞争者获取信息的渠道。最后，在上述种种保护措施下，王汝伦顺利以低于市面价格 8000 元/平方米的价格拿下这个地块。

在王汝伦的个案中，由于缺乏强有力的竞争者，因而整个利益交换过程非常顺利。但在更多的案例中，多方行动者之间会面临竞争与信任的问题。郑时鸣、郑时刚兄弟与林兵、林绍桢郎舅均为美国跨国企业家，他们回乡投资时都相中了南州清风山旁边的一片地。而地方政府则想在此修葺一条"清风大道"。郑氏与林氏双方均努力试图通过捐资修建道路的方式与地方政府交涉换取优惠价格的土地。郑氏兄弟与林氏郎舅无论在经济实力，还是在所拥有的社会网络上都是相差无几的。在准合作伙伴具备同等条件的情况下，地方政府会选择哪方主要取决于双方互信能否顺利达成。郑氏兄弟直接向政府提出捐资"清风大道"的意向，交换条件是政府以优惠价格把附近土地批给其用于房地产开发。地方官员对于利益交换本身并不排斥，但对郑氏兄弟试图将此交换条件列入捐赠合同的方式有所迟疑：

> 这种东西只能心照不宣，怎么可能写出来。要是让老百姓知道，以为我们政府官员背后与他们（指郑氏兄弟）有什么见不得人的勾当，其实都是为了地方发展。这种事情要是被上面知道了肯定会问责的。①

---

① 2011 年 7 月 20 日，笔者在 L 县县长办公室对李县长的访谈。

地方政府与海外移民的利益交换是需要隐藏的"后台"（back stage）（参见欧文·戈夫曼，2008：19－25）。而交换条件如果"白纸黑字"地写在合约里，就等于将各主体相互协商的后台行为变成确定且公开的脚本。一旦这个脚本被公开，地方政府作为管理者的权威性与合法性很可能会受到损害。基于这种考虑，地方政府当时并没有答应郑氏兄弟的条件。林兵与林绍桢则显得更有策略性。他们联名另外十几位移民，向政府提出"免费"捐资310万元修建清风大道。地方政府接受了林兵等人提出的"无条件捐赠"，很快双方就签署了"捐资清风大道"的协议。清风大道建成后，郑氏兄弟不甘心，再次向政府提出购买清风大道旁边的土地。由于没有捐资清风大道，郑氏兄弟表示购买价格可以贵一些。但令他们十分意外的是，林兵与林绍桢等人早在捐赠前就与政府达成未成文的默契，即对清风大道旁边的土地拥有优先购买权。林兵与林绍桢在内的19位移民在这块优惠价格的地皮上盖起了19栋别墅（见图4－12），最终既完美诠释了"回报桑梓"的前台形象，也成功以优惠价格拿到地皮，完成利益交换行为。

实际上，林兵后续的购地属商业行为，与郑氏兄弟当时对政府提出的"捐赠置换土地优惠价格"并无本质区别。为何前者成功而后者失败呢？林兵等人捐资清风大道时并未明确提出将"购置土地"作为交换条件，尤其没有通过正式文件传达此意。对于地方政府来说，未必不知道林兵等人的意图，但从公开的"前台"行为来看依然是"无偿捐赠"（参见欧文·戈夫曼，2008：19－25）。林兵等人此举实际上是将演绎脚本的"主动权"交给了地方政府，主动承担双方交易的潜在风险与成本（如捐赠后政府有可能不按默契批地给他们等）。地方政府自然愿意将利益交换的机会交由林兵等人。

从上面的个案看，与坎镇移民只要"名"相比，官镇移民的社会地位补偿更多是一种"名利双收"。因为对于后者来说，仅获得社会声誉上的补偿是不够的。大多数官镇移民面临着经济与声誉地位同时下降的困境。因此，从整体上来说，官镇移民参与跨国实践除了提高社会声誉外，还要获得实质好处，这进一步决定了他们不可能只局限于非营利的跨国实践。官镇移民即使在社会文化馈赠中，也大多附带有利益交换与经济互惠的要求。这种交换甚至早在社会文化馈赠进行之前，各方利益主体就已协商好，完全不同于道义所遵循的逻辑。

三　政治利益共同体的形成

除了经济利益的交换外，对于面临公民资格丧失的官镇移民来说，从祖籍国中获得政治资源的补偿有着更为重要的意义。在第二节中，我也曾提到官镇地方政府进行社会地位补偿的其中一个重要原因在于移民能给予母国政府以坚定的海外政治支持。在这种需求与资源的影响下，官镇移民与侨乡逐步建立了一种基于政治利益交换的同盟关系，并进而形成政治利益共同体。这也使得官镇移民出现了比较特殊的跨国模式——跨国政治实践（参见连培德，2009）。

（一）彼岸的守候：跨国政治支持

跨国政治支持是官镇移民最基本的一种跨国政治实践形式。如果说坎镇移民因为有新、老移民的区分而呈现政治立场的多元与分裂，那么以新移民为主的官镇移民则采取了"一边倒"的"亲大陆"的政治立场。这使得官镇移民极有可能被祖籍国拉拢到"爱国统一战线"（官方话语）的阵营里，进而整合进与母国政府休戚与共、紧密相连的政治利益共同体中。这种跨国政治支持一方面能够使移民获得政治地位补偿；另一方面，也有助于移民与祖籍国及地方政府在各个方面建立联系，从而方便随后的营利性跨国活动。

1. "人海战术"

福州籍社团作为官镇移民的大本营，在移民的跨国实践中发挥着组织和统筹的功能。每次中国有国家领导人来访，县、镇、村各级福州籍侨团都会将旗下的成员组织起来，做好充足"准备"。他们主要的"准备"就是针对他们眼中的部分海外异见群体所做的应急措施。

图4-16 2006年胡锦涛主席访美，福州籍侨团组织盛大的
欢迎仪式（郑时刚提供）

2006年4月，胡锦涛主席访美（见图4-16）。福州公会主席郑时刚绘声绘色地向我描述了当时迎接国家领导人的场面：

> 这些国家领导人来访问，我们都会组织我们的爱国侨团，主要是我们福建的大大小小的社团去迎接。而且因为有×功他们也去参加嘛，他们要去抗议，国家领导人是不希望看到这些示威活动嘛，所以我们就会想办法把这些×功挡在外面。欢迎队伍我们有一批，我们另外还有一批是机动队的，我是机动队队长。我们一般都会找一些年轻人，有身份的，会说英文的，比较聪明的，当机动队队长。这个是专门对付×功的。对付×功是很讲究策略的。像上次，胡锦涛访问耶鲁大学，我们开车开了几个小时去到那边。我们是提前知道领导人路线的，但×功那批人是不知道的，我们福州公会有一个管乐团，×功的人就以为我们的管乐团是迎接领导人的，所以他们就跟着我们的管乐团。我们的管乐团专门跑到另一个地方，跑到后方去，不是国家领导人走的路线。因为管乐团还有声音的嘛，所以就吸引一大批×功的人跑到后方去。他们在前面就看不到了。①

---

① 2011年12月5日，笔者在纽约唐人街福州公会对主席郑时刚的访谈。

郑时刚所说的管乐团主要是由福州移民组成,团长由林修祥担任。林修祥在来美前是一名中医院的医生,来美后曾在福州餐馆做过杂工。管乐团的其他一些成员也面临着巨大的社会地位落差,这为他们积极参与跨国政治支持提供了动力。管乐团除了参与唐人街的喜事丧事的伴奏外,最重要的就是参与每年的新年游行及迎接来访的国家领导人。管乐团成员周冰出国前在政府部门工作,现在唐人街开花店,她对于能参与这些政治支持活动感到颇为自豪:"我们管乐团为国家做了很多事情的。当时胡锦涛到耶鲁大学做演讲。那个场面确实是靠我们管乐团救场。"[1]

2009年9月21日,中国国家主席胡锦涛抵达纽约出席联合国的一系列高峰会议。当天凌晨5时许,就有很多移民从新州、上州、布碌仑等地赶到位于华埠的福建同乡会会所集合。福建侨团共出动了30多辆大巴,其中最早的一辆在上午7时许出发,8时许1000多位闽籍侨胞就已聚集到华尔道夫酒店附近的公园大道上,欢迎胡锦涛主席的到来。福州公会代主席郑时刚则表示,希望前去欢迎胡锦涛主席的侨胞很多,但由于场地限制,不得不控制人数。这次,闽籍侨胞首次在迎接国家领导人中统一着装,很好地展现了海外福建人团结向上的精神面貌。[2]

这种"曲线救国"的自发爱国行为也引起了中国驻美领事馆的关注。凡是有中国国家领导人到访,领事馆都会邀请福州籍社团积极参与,国家领导人也都会接见海外福州侨团及侨领。许多官镇移民特别是侨领就也通过这个机会实现自身社会政治地位的提升。福州公会郑时刚在与我第一次见面时就掏出了手机展示他与国家领导人的合影:"你看我有跟温家宝和习近平的相片。和温家宝合照的还是在去年他访华的时候。他们过来都会拜访我们的侨团。"(见图4-17)[3]

---

[1] 2011年12月12日,笔者在纽约唐人街对美国福州管乐团成员周冰的访谈。

[2] 参见《胡主席,纽约侨学界欢迎您》,http://news.usqiaobao.com/2009-09/22/content_247522.htm。

[3] 根据2011年12月5日,笔者在纽约唐人街福州公会对主席郑时刚的访谈。

图 4-17 侨领郑时刚与国家主席习近平的合影（郑时刚提供）

图 4-18 林兵名片影印着与时任总理温家宝的合影

廉县公会主席林兵早年携眷偷渡美国，1986 年恰逢美国大赦，获得绿卡。近年，他以社团领导的身份多次得到中国国家领导人的接见。他甚至炫耀式地将温家宝总理在接见他时的合照影印在自己的名片背面（见图 4-18），这张合照还悬挂在他福州豪华别墅十分显眼的位置。他表示：

像我们老一辈的话，还是觉得能够得到领导人的接见是一件很有面子、很有荣誉的事情。如果你在国内的话，无论赚到多少钱，也不可能得到领导人的接见的，你想见领导人不是那么容易的事情。但是像我们华侨就不同了，我们在外面都迎接过很多国家领导人，也和他们有合影。国家领导人出访，我们也给予他很多支持，我们为他们出访造声势，反对台独、藏独，就是这个方面发挥了很大作用。所以领导人出去都是会去接见这些华侨华人。像当时美国炸驻南斯拉夫的中国大使馆的时候，我们也有去美国政府那边抗议啊。如果没有的话，领导人怎么可能会接见你。所以在国内即使你做再大的老板都不会接见你。①

林兵经常往来于福州与纽约，我们对他的第一次访谈就是在他福州豪华的别墅内。我们发现他将与温总理的合影挂在了他豪华别墅十分显眼的位置。对于曾经偷渡而最终改换身份变成华人的林兵来说，跨国政治支持所能给予他的政治地位补偿是显著的。更重要的是，他还认为这种跨国政治支持维护了国家的"面子"，多少弥补了偷渡给国家形象所造成的负面影响：

> 像很多华侨当时都是偷渡出去的，但是如果没有这批华侨，这里有可能发展得这么好？都是靠我们资金拿回来办厂，建设家乡事业，捐资办公益事业，才会有家乡现在这么好。我觉得政府就睁只眼闭只眼好了，不要去严打，就做个样子给外面看一看就好了，因为我们中国人口这么多，为什么不放人出去呢，让我们这里的人出去发展，回来了自然会带成绩回来给国家。如果国家是为了面子，你就做个样子稍微惩处一下就好了，不要搞得这么严格。如果不是有华侨，你国家领导人哪里有什么面子呢，到处都是反对的声音，什么台独啊、藏独啊。所以要给这些人活路，以后他自然会报效国家。②

---

① 2011 年 8 月 6 日，笔者在福州连江官镇青芝别墅塘头村美籍华人林兵家对其的访谈。

② 2011 年 8 月 6 日，笔者在福州连江官镇青芝别墅塘头村美籍华人林兵家对其的访谈。

由此可见，移民的海外政治支持与"领导人接见"之间存在密切的社会互利与互惠关系。对于曾经偷渡而最终改换合法身份的林兵来说，跨国政治支持所交换到的政治地位补偿是显著的。他在话语中还不断建构自身行为的合法性：他认为这种跨国政治支持维护了国家"在外面的面子"，弥补了自己偷渡给国家形象所造成的负面影响。①

上面林兵的话语建构很好地解释了为什么众多官镇移民如此热情地参与到迎接中国国家领导人来访的活动中。给予祖籍国以政治支持，不仅能够通过合法渠道改善自己由于非法偷渡经历所造成的污名化形象，还能提升自己的政治地位，获得社会声望。许多官镇移民也通过海外政治支持，逐步建立了与祖籍国休戚与共的政治利益交换关系。而且这种基于政治利益的交换关系甚至还有助于官镇移民回乡投资或是参与其他营利性的跨国实践，从而成功地转型为跨国企业家，实现政治利益与经济利益的转换。这种通过跨国经济实现社会适应的方式也成为许多官镇移民融入移居地的重要途径之一。

2."爱国街"

刘宏（Liu，2005）指出，在最近的 20 年里，海外华侨华人的爱国主义重新出现了复苏的迹象，这种复苏与海外华人离散社会的变化有着密切关系。以福州移民为代表的新移民大量涌入美国东部，一定程度改变了美国海外华人社会的人员构成，使得海外离散社会成为移民实现跨国政治支持的重要舞台。

2008 年 5 月 12 日，四川发生汶川大地震。众多福州社团纷纷组织成员在纽约东百老汇大街上筹募捐款。此时，海外异见群体从中捣乱制造混乱。原本在积极筹款的福州移民被突如其来的混乱所激怒，许多福州移民群情激奋，甚至与×功人员发生了肢体冲突。此次冲突事件引来了当地警察局的介入。自此之后，警察局为了维护治安，不允许×功人员进入东百老汇大街。借用福州公会主席郑时刚的话来

---

① 根据 2011 年 8 月 6 日，笔者在福州廉县官镇青芝别墅谭头村美籍华人林兵家对其的访谈。

说："福州移民在此次冲突中获得'胜利'，东百老汇大街由此获得了'爱国街'的赞誉。"①

福州移民这种一边倒的爱国行为招致部分海外异见群体的敌视，被一些美国媒体甚至华文媒体批评为"作秀"。当然福州移民参与这些跨国政治活动是建立在与母国的政治利益交换基础上的，但也与他们的认同紧密相关。通过我的田野观察发现，许多福州移民的跨国政治支持是基于其对祖籍国的深厚感情以及坚定的政治认同。许多福州移民虽然从非正式渠道入境美国，并且为了获得绿卡往往会编造一些"受迫害"的故事，但这主要是出于立足生存的移民策略。由于他们在移民前长期在大陆生活，对祖国大陆有着很深厚的感情以及坚定的政治认同。更为重要的是，福州移民在移民前多为农民，其社会成分大多划归为贫下中农。虽然他们有少数亲属在海外做船员，但归侨、侨眷的比例并不大，因而在历次政治运动（土地改革、"文化大革命"）中并没有遭受来自传统侨乡的移民（如五邑籍移民）那样的冲击。长乐中学校友会会长陈空淮坦言，自己是在共产党的红色教育下长大的：

> 像我们这些都是在共产党的教育下面成长的，我们读大学当时都是国家培养的，说实在的，如果不是有国家的培养，如果不是有共产党的话，像我们这些贫下中农，就是社会的最底层，怎么能够去读大学呢。所以从我们的经历来说，我们对国家是有一份感恩的心的。每个人的经历不同。但是因为我们深受国家恩惠，所以说我们始终来说对国家有一份感情，我们都是爱国的，都是希望国家能够强大。而且从某种程度来说，共产党的教育是成功的，我觉得比美国对于我儿子的教育要好得多。②

不仅如此，许多福州侨领希望通过推动这些跨国政治支持，能够

---

① 2011 年 12 月 5 日，笔者在纽约唐人街福州公会对主席郑时刚的访谈。

② 2011 年 12 月 31 日，笔者在纽约唐人街长乐一中校友会对会长陈空淮的访谈。

"感化"唐人街一部分来自广东传统侨乡、仍然坚守国民党政权认同的老华侨。福州联谊会主席王其说：

> 好像在唐人街里面，也是有些广东的老侨团，他们是很早就来了美国，当时还是在国民党时期，他们有些人支持国民党是很正常的。但是他们现在大部分的人还是有转变的，他们还是慢慢地转变。因为这个是个历史遗留问题，你也一下子改变不了，让它慢慢改变。我们福州联谊会其实也算是老侨团的，也是中华公所 64 所社团之一，我们也是跟他们有很多接触。我们也是希望能够通过日常的交流，让他们了解现在中国（大陆）的变化。我们是长在红旗下的，接受的是共产党的教育的，但是他们毕竟是没有经历过这个，他们在 50 年代前就来了美国了，所以他们对于中国不了解，而且土改啊、"文革"确实对一些华侨有冲击，所以这个是历史遗留问题，我觉得是需要慢慢转变的。有些老华侨没有回去过，跟他解释，他也是不相信的，但这是少数的。①

除了在华人社区内部进行展示外，福州移民的跨国政治支持还表现在对外主动维护中国的国家形象上。福州联谊会主席王其跟我讲起一件亲身经历的事情：

> 我上一年在 New Jersey（笔者注：新泽西州）吃饭与一个白人女人聊起来。她说中国不好，很落后，很穷。我就问她有没有去过中国，她说她没有去过。我说你没去过，怎么知道中国穷呢，她说天天看报纸啊。我就说要不我过几天就要回中国，你买一张机票去中国，到了中国我吃住全包，你去看一下。她说她不去。我说你不去，以后就没有机会去了。现在中国已经不是以前那个样子了，现在中国已经很发达了，不比你美国差，真是不比

---

① 2011 年 12 月 14 日，笔者在纽约唐人街福州联谊会对主席王其的访谈。

你美国差的。这才一年前的事情，所以我才生气，我觉得她对中国没有了解，就是觉得中国不好。①

王其在用他者的立场说出"不比你美国差"这句话时大概也忘了自己已然入了美籍。深受"红色教育"影响的王其最终也没能说服这个受美国主流教育影响长大的白人女性。这种日常生活中主动维护祖籍国国家形象的事情经常发生在福州移民身上。其中重要的原因就是他们作为移民，祖籍国的形象直接地关系到了他们的自我形象及自身在移居地的社会政治地位——这暗含了一种潜在的政治同盟关系。福州移民并没有十分高深的理论作为指导，但他们已经朴素地将中国在世界体系中的位置与自己在移居地的社会政治地位提升联系到一起，这也是他们不遗余力地参与跨国政治支持的重要原因。而在这个过程中，他们也获得一定的政治地位的补偿，实现地位的提升。同时，官镇移民的跨国政治支持由于和母国的政治利益不谋而合，因而被祖籍国拉拢到"爱国统一战线"（官方话语）的阵营里，进而整合进与母国政府休戚与共、紧密相连的政治利益共同体中。

（二）"远距离民族主义"：跨国政治参与

如果说福州移民的跨国政治支持还只是停留在跨国政治实践的初级阶段，那么跨国政治参与则是福州移民有意识、主动积极卷入跨国政治实践的表现。福州移民的"远距离民族主义"不是安德森（Anderson，1992）所指的远在故乡之外"指手画脚"的民族主义，而是承载于实际的跨国政治参与之中。

尽管中国法律规定，只有华侨享有参政议政的权利，而入了籍的华人则没有，但出于外交、统战等多方面的考虑，国家为了培养支持自己的海外力量，会定时通过海外大使馆选派、推荐一部分入了籍的华人回国参加学习（见图 4 - 19）。福州公会主席郑时刚就是其中一位：

---

① 2011 年 12 月 14 日，笔者在纽约唐人街福州联谊会对主席王其的访谈。

**图 4 - 19　2007 年 5 月海外华侨华人中青年代表
研修班合影（郑时刚提供）**

　　我 2007 年 5 月份时有受到统战部的邀请到"中央党校"①学习二十多天。当时是这边的大使馆推荐我去的。当时我还不知道是什么事情，我当时还说我不一定去。结果当时整个纽约只有我一个人做代表，洛杉矶和三藩市各一个，还有加拿大也有，但总共就没有几个人。国家是看准你这个人，才让你去的，要不他也请不了这么多人去啊。你去那边，吃、住都是国家出的费用，如果不是到一定级别，国家才不会请你，这个是莫大的荣誉来的。我当时还不知道，我如果知道是去"中央党校"学习的话，我就一定马上会去的。应该说很有收获的。我今年 10 月份有去，今年是国侨办主办的，也是在北京学习二十多天的样子。都是专门寻找那些年轻的，而且有实力的，侨领中的侨领去的。我们福州公会、福州联谊会还有乐县公会，这三个社团是国侨办的重点

<hr>

　　①　经后来多方查证，访谈对象指的是到"中央社会主义学院"学习。为了保留访谈对象原意，特此说明。

培养对象来的，其他的那些社团都是很小的，国侨办是不会入眼的。①

郑时刚在讲述"被邀请回国学习"的故事时充满着自豪感，他在表述时不断凸显其被祖籍国"选中"的特殊的社会身份与地位。国侨办此举也意在吸引原本就是亲大陆的福州移民，让他们更加了解中国国情及外交、侨务方面的政策，从而进一步获得他们的支持。

福州公会的另一位主席郑桦则直接作为代表列席了 2012 年的中国政协十一届五次会议。下面是中国国内媒体对于郑桦的报道：

> 中国政协十一届五次会议已经闭幕，在这次政协大会中有 40 位来自海外的代表列席会议。今天的两会探访就让我们走进其中一位来自美国福州公会的郑桦。
>
> 他们要么出生成长在海外，要么在海外工作生活多年。今天，我们就带你走近福州公会主席郑桦，探访他作为列席代表的两会生活。从 2001 年至今，全国政协已经连续 12 年共邀请五大洲 51 个国家的 326 位海外侨胞列席政协大会。今年邀请了 25 个国家的 40 位海外华侨华人代表列席会议，是历年人数最多的一次。与其他政协委员不同，海外列席代表并不是固定的。正是由于这个原因，参会侨胞们对这个可以说是"一生一次"的机会分外珍惜。
>
> ……
>
> 作为列席代表之一，郑桦也带来了他的提案，在两会期间郑桦异常忙碌。每天除了要听取工作报告、参与讨论发言外，晚上回到房间，他都要整理一天的报告资料，记录思考代表们的发言。现在，他的屋子已经有两大摞的资料，而他也表示要把这次的收获带回纽约，和大家一起学习。
>
> 去年圣诞期间，郑桦车祸受伤，直到现在都还没有完全恢复。大会因此特许郑桦的夫人前来照料他的生活，并安排专家帮

① 2011 年 12 月 5 日，笔者在纽约唐人街福州公会对主席郑时刚的访谈。

他诊断。这一充满人情味的做法，让郑桦很是感动。他也表示，作为海外侨胞他感受了中国政府对他们的重视，在海外华人华侨归国兴业方面政府也做了不少的工作。

贾庆林在今年的中国政协常委会工作报告中就提出，要"加大海外新生代华侨华人工作力度，不断涵养侨务工作新资源，开拓侨务工作新领域"。今天，政协大会闭幕。郑桦则希望，接下来他们也可以做得更多。①

尽管郑桦已入美籍，但为了达到统战的目的，中国政府还是对如郑桦一样的海外华人给予一定限度的参政议政的权利。尽管这种做法受中国国籍法的限制，并未被国家所大力提倡，而且其参政权利通常是形式大于实质，但却不妨碍福州移民每年都会以各种形式回国参与到县、市、省甚至是中央的社会政治事务中来。

同时，福州移民对于当地的政治事务的参与往往带有跨国特征。由于美国是民选政治，参与地区性事务也容易与美国的政界人物有所接触。许多政界人士为了拉选票与筹集竞选资金都会到唐人街内宣传自己的施政纲领，这不仅包括华裔还包括白人、犹太人在内的其他族裔，这也为福州移民展开自己对于祖国大陆的支持提供了平台。许多福州籍侨领借着与国外政要的接触，试图改变他们对于中国大陆以及华人的刻板印象：

> 像希拉里竞选，我们都有捐钱啊。我代表我们华人社区捐了
> 38 万美金啊。你看，这是我跟她的合影（手机）。我们就是希望
> 能够在美国政坛上发出我们自己的声音，让别人不敢小瞧我们华
> 人，不敢欺负我们华人。像有一个犹太人竞选。他是鼓吹中国人
> 民币升值的，他还跑过来让我们捐钱，我们就反对他，你对中国
> 不好，我们就不捐钱给你。因为他知道我们社团是有钱，而且有

---

① 《40 位海外侨胞列席政协大会　人数创新高》，http：//news. cntv. cn/20120305/106519. shtml。

票权，也有钱也有票。只要有两样，他就会来巴结你的了。①

　　无论是积极地参与祖籍国还是移居地的政治事务，从福州移民的主观动机来说，主要旨在改善自己的边缘处境、提高自身的政治社会地位。但不可否认的是，福州移民的这些政治参与，客观上形成了对于祖籍国的政治支持，并与祖籍国政府达成某种共谋，成为祖籍国在外交、统战政策上可资利用的重要力量。

　　相比跨国政治支持，跨国政治参与在更深层面巩固了移民与母国政府的政治利益交换关系，促进了双方的政治协商机制的形成与运转，为后续政治利益共同体的整合奠定了良好的互动基础。

　　(三)　兄弟阋墙：争取政治合法性资源

　　如上所述，众多官镇移民被广泛卷入跨国政治支持与政治参与中，这进一步导致在海外离散社会中祖籍国的合法性被抬高，谁能争取到更多来自祖籍国的政治资源，谁就能够在移居地发展得更好，这具体到社团也同样如此。由于福州移民数量增多，美国纽约的福州籍社团从20世纪80年代开始有了长足的发展。得到来自祖籍国的政治认可与支持是海外社团得以发展的重要条件之一。因此，众多福州籍社团在面对其他籍贯移民所成立的社团时是亲密的兄弟关系，但兄弟阋墙、彼此之间争夺政治资源的情况也时常发生。

　　美国福州联谊会成立于1942年，由当时旅美的福州籍留学生所建立。20世纪90年代以前，官镇移民来到纽约后多加入福州联谊会，但1990年因一次选举的不愉快，福州公会从福州联谊会中分了出来。从此两个社团分道扬镳，展开了长达20多年既竞争又合作的关系。为了争取到更多的政治资源，福州公会首先是要建构自身的合法性，并通过打压福州联谊会的合法性来实现自身的发展。福州公会主席郑时刚表示：

　　　　我以前在接受报纸采访时说福州公会和联成公所、中华公所

---

① 2011年12月5日，笔者在纽约唐人街福建公会对主席郑时刚的访谈。

是唐人街的三大公所。当时我不知道福州联谊会也是中华公所下面的，那他们当然就不高兴啦。因为这样一来，他们就变得是我们福州公会下面了。这个事情我也是和中央那边提过，说这个福州联谊会怎么能属于中华公所呢，中华公所是台湾的，福州联谊会是挂五星红旗的，难不成你大陆还属于台湾吗。但中央那边说没有关系，说这是历史造成的，要慢慢改变。像福州联谊会，虽然说历史是很早的，但如果论实力是没有我们福州公会强……因为我们人多啊，祖国又是这么强大，你说是不是。①

从上面的叙述中，我们可以发现郑时刚很巧妙地强调福州公会是直接"受命"于祖籍国的，比属于中华公所的福州联谊会对祖籍国的忠诚度更高，以此来贬低福州联谊会，抬升自己社团的合法性。福州公会也借此来积极地笼络人心，将原本分属在福州联谊会下面的部分镇级、村级联谊会吸引到福州公会旗下，并在短短的20年间形成了与福州联谊会差不多的社团规模。②

福州公会与福州联谊会不仅想在华人社区的公共领域一争高下，而且还竞相与祖籍地政府保持紧密联系，希望祖籍地能够给予本社团更多的政治资源，比如争取与祖籍地政府合办"闽侨书屋"也成为争取合法性资源的重要举措。近年来，国家开始逐步重视海外华侨华人在传播中华文化、开展公共外交、宣传中国国情和发展模式所扮演的特殊角色。其中，福建是重点侨乡，而且新移民中有相当大比例来自福州地区，在福州移民聚居区建立"闽侨书屋"、宣传中华文化也就成为新闻出版总署响应中央"走出去"战略的重要举措。福州联谊会在主席王其的努力下争取到这次难得的机会。2011年年初福建新闻出版局与美国福州联谊会签署共建"闽侨书屋"协议，决定由福建新闻出版局捐赠20万元购买图书，在纽约福州联谊会设立全球

① 2012年1月8日，笔者在纽约唐人街东方酒楼对纽约唐人街福州公会主席郑时刚的访谈。

② 根据2012年1月5日，笔者在纽约唐人街珠村联谊会对福州公会主席郑时刚的访谈。

第一家"闽侨书屋"（见图4–20）。① 当年12月底我在纽约调查时，刚好参与在福州联谊会内举行的闽侨书屋揭牌仪式。此次福建省派了福建省新闻出版局副局长林黎民等四名代表来参加揭牌仪式。

图4–20　福州联谊会成立"闽侨书屋"

王其在此次揭牌仪式中所致的欢迎词很好地迎合了来行官员的意图，不仅对祖国的"关怀"表达感激之情，而且表示会将中华文化传播到美国各地：

　　……闽侨书屋今天在我们美国纽约，美国福州联谊会举行隆重的揭牌仪式，非常感谢我们大家在百忙之中莅临指导，剪彩，在此我代表美国福州联谊会的全体同人对你们的莅临表示最衷心的欢迎和最衷心的感谢，"闽侨书屋"是我们中国福建省图书走向世界的第一家……今天由我们福建出版局林黎明副书记率团到纽约剪彩仪式，这意味着我们的祖国对我们海外华侨华人的关怀……所以这些书给我们海外华侨华人一种精神上的满足，也给我们海外华侨华人更深入地了解我们祖国对我们海外华侨华人的关怀和爱护，所以呢，我在此，也代表福州联谊会的全体同人，代表着旅美福建乡亲，对祖国的关怀和爱护表示最衷心最崇高的

---

① 根据2011年12月9日，笔者在纽约唐人街福州联谊会对主席王其的访谈。

敬意……①

接下来是福建出版访问团团长、福建省新闻出版局副局长林黎民的发言。他深明此行的目的是要通过参加"闽侨书屋"的揭牌仪式，将国家及福建省文化大输出的战略意图向海外华侨华人传达，因此发言稿切不可随意发挥，他就将之前拟好的讲稿进行朗读：

> ……由中国福建新闻出版局与美国福州联谊会共同建设的闽侨书屋今天成立了，这是中国出版界在海外设立的华人华侨弘扬中国文化，加强中外文化交流为宗旨的闽侨书屋，在此我代表福建省出版局及福建出访代表团对各位来宾前来参加闽侨书屋的揭牌仪式表示热烈的欢迎，同时对合作方——美国福州联谊会为建设闽侨书屋做出的贡献表示衷心的感谢……长期以来，广大华人华侨不仅积极投身所在国家，而且关心祖国的繁荣和发展，并为促进经贸文化交流做出重要贡献。这几年，福建省新闻出版局十分关心侨胞在海外的工作、学习和生活……我们连续多年与海外的社团合作，包括在海外数十个国家举办了福建书展，极大地促进了中文出版物走向海外，受到当地华侨华人及各国热爱中华文化的朋友的欢迎……今后闽侨书屋将对华侨华人和所有公众免费开放，我们竭诚欢迎各位朋友经常光顾闽侨书屋，并通过这一平台，多了解中国繁荣发展的成就，多感受中华文化博大精深的神韵……建设闽侨书屋，这是以书屋为平台，以读书为载体，着力为华人华侨，以及热爱中华文化的朋友提供免费阅读中文出版物的重要举措，受到中国国家新闻出版总署和中共福建省委、福建省人民政府的充分肯定和大力支持……②

---

① 2011 年 12 月 17 日，笔者在纽约唐人街福州联谊会对闽侨书屋剪彩仪式的田野笔记。演讲稿存在一定语病，为保留原意，在此不做修改。

② 2011 年 12 月 17 日，笔者在纽约唐人街福州联谊会对闽侨书屋剪彩仪式的田野笔记。

在此次闽侨书屋的筹备与成立过程中,福州联谊会不但一举战胜福州公会,还在全世界众多的闽籍社团内脱颖而出,成立首个"闽侨书屋"。这意味着在祖籍地政府眼里,福州联谊会始终是最能代表纽约福建籍侨团的。对此,福州公会表示了沉默。福州公会及其旗下的侨团没有一人来参加此次的"闽侨书屋"剪彩。

两大福州侨团都深知从祖籍国获得政治资源的重要性。对于社团来说,这可以提高社团的合法性与知名度,吸引更多的成员加入社团中来,社团也能获得长期持续的发展。而对于长期面临社会阶级脱位的移民来说,获得祖籍国的青睐并实现社会地位补偿,首先帮助其在社会层面的融入,满足其自我实现的需求,进而可能会出现自我增权的效应。而与祖籍地地方官员的接触,也可以借此机会了解母国家乡的信息并与之建立多方面联系,为其与祖籍地在经贸领域进行合作奠定前提,这也从经济层面间接地促进移民的在地社会适应。

(四)利益分歧与安抚策略:跨国集体维权

所有的政治利益共同体都不可能是一成不变、固若金汤的。来自母国的负面新闻报道以及在跨国活动中产生的利益纠纷都有可能影响海外移民对于母国政府的政治支持。不少海外移民由于在家乡的利益受损从而与祖籍地产生了不少矛盾。下面我们将以一个移民跨国集体维权的案例来说明,在出现利益分歧时,海外移民采取何种策略来实现自己的目标,而祖籍国及地方政府又是如何采取安抚策略解决利益分歧,从而维护与延续彼此之间的政治利益关系的。

随着侨乡本地经济的发展,许多村庄的土地以经济发展与房地产开发的名义被征收,其中不少土地是村民的祖墓祖坟所在地。此举导致了许多海外移民的坟地受到牵连。由于触动自身利益,在官镇有不少村的海外移民为了能够在征地上保障自己及家乡人的权益,而积极针对政府的征地展开跨国集体维权活动。下面笔者将以美国福州卞村移民的跨国集体维权为例,探讨跨国移民的"回飞镖"(玛格丽特·E. 凯克、凯瑟琳·辛金克,2005)维权模式的形成与发展。

1. 上达渠道堵塞与框架整合

卞村全村耕地面积 1180 亩,人口 2111 人。从 20 世纪 80 年代开始，村内就有大量村民到美国务工。目前旅外侨胞1000多人。这些海外务工者虽然远在海外，但在家乡人眼里，他们从未丧失村内的成员资格，反而在很大程度上参与了卞村的日常公共事务管理，甚至由于其"美国客"的特殊身份还拥有一定的决策权。移民与卞村在长期互动中形成的依赖与互惠关系为其在随后跨国集体维权中的话语权与领导权的形成埋下了铺垫。

2010年年初，福州地方政府因建设学校新校区需要，决定征收卞村的部分林地。由于不少村民的祖坟位于林地上，地方各级政府决定将林地上的坟墓迁移到附近并建立公墓，并在村内贴出迁坟公告。此次征收坟地不仅直接影响本村村民，也牵涉卞村海外乡亲的利益。其中以在纽约生活居住的王立彰、俞康、郑兴财等人为代表，他们认为迁坟会破坏风水，影响移民在海外的发展。同年3月，王立彰等人在美国纽约成立了村级联谊会，多次向分布在美国东部的卞村移民发起倡议，以期能有效地动员海外乡亲参与反对坟地征用的活动中去；同时还与村委会及镇政府进行沟通，但交涉未果。

而反对迁坟的移民与部分村民也试图进一步构架出维权框架，以沟通与协商的方式统一村内分歧，以吸纳更多的支持者。但维权框架的整合过程并不顺利：一些国内村民认为只要有赔偿，集体建公墓是可以接受的。而另一些村民得到海外乡亲的授意，采取"拖时间"的博弈策略，以实际行动拒不迁坟。由于村民内部没有达成共识，无论是否同意迁坟的村民都未有实际的迁坟举动，地方政府无法顺利地展开迁坟征地的工作。随后双方陷入胶着状态，事态一直维持到2011年中旬。

2011年6月初，地方政府为了尽快完成拆迁，派驻工作人员进村逐家逐户让村民签字，承诺每亩地补偿7500元。这个补偿标准并未明显违反2011年5月福州市政府公布的征地补偿标准的规定。但村民认为，征用土地种有果树及其他农作物，土地补偿价格应按果园和其他经济林地而不是现在的非经济林地计算，补偿费用在每亩10450—21600元。补偿标准的偏低让原本愿意搬迁的村民产生疑虑。而对于另一些根本就不想"卖地"的村民来说，"刁难"补偿额度则是对抗征地的一种权宜性表达。此外，有不少村民指出，征收工作队在丈量土地时，将五分地只报三分地，并以代签或恐吓等方式逼迫不愿签字"卖地"的村民完成征地任务，这都使村民对工作队所采取的方式心生反感。

随后由于征地工作进展缓慢，对于村民多日劝说无效，政府决定以强拆的方式执行。2011 年 6 月 28 日上午镇派出所出动警车、警员进驻工地，准备启动三部大型勾土机强制施工。卞村自发派出 160 多名村民阻止工程动工。最后由于村民的极力阻拦，工程无法如期执行。两天后，镇政府再次试图采用强制手段暴力施工，引起卞村村民的激烈反抗，使征地无法进行。至此，村民直接与基层政府的沟通渠道基本堵塞：村民的意愿无法上达，基层征地拆迁的意图也无法落实。

在发生上述一连串事件后，卞村村民与村委会、镇政府的对立情绪已经蔓延，原本有些同意搬迁的村民的态度也开始动摇。基层政府的强硬表态和行为间接地为维权框架的内部整合提供了契机。远在大洋彼岸的海外移民很快采取了信息政治策略，利用国内亲人传来的信息进行加工、包装和架构，大肆批判村委会及镇政府的暴力行为。俞康据此撰写了《卞村主干与镇干部强占土地，暴力镇压村民罪行纪实》，"纪实"写完后传回家乡，作为村民的民意表达，具体内容如下：

> 福州市×职业学校要建在卞村农民生产作用土地。占用田园农田保护区地 260 多亩……温家宝于 2011 年 4 月 5 日考察山西吕梁时指出：修路建房不能乱占耕地。卞村主干与镇干部投机取巧，欺上瞒下，气压群众耕地……用手段假代签骗群众耕地，剥压群众生命。2011 年 6 月 28 日上午卞村书记高斐、村长林耀时配合镇长陈元、副书记林冠应等带动社会打手周立美等 30 多人，镇派出所出动警车三部，警员十多人等几十人坐镇工地，工地大型勾土机三部动工。占用农田耕地只给村民补偿款每亩 7500 元，这与福州市 2011 年 5 月 7 日公布征地补偿款相差甚大，卞村强

烈抗议，自发 160 多名村民阻止工程动工。经过一番力争，村民轮番守护，出于公愤和村民强大压力，工程无法如期执行。据云，当天中午，卞村委设在珠湖龙潭山庄酒家六桌大酒宴招待干部和社会打手。现在卞村四个生产队，冒着生命危险，守护耕地，为防止暴力流血事件发生，恳求各级相关领导密切注视，惩罚事件肇事干部，学校向卞村园地及耕地占用 260 亩，到底国土厅有无审批，请上级来查明。

尽管俞康已在美国二十余年，但其表达诉求的思维习惯还明显带有农民的特征。在相当长的时期内，中国农民都是在中央和省市政策的语言框架内进行思考的（于建嵘，2004）。因此，纪实的表述虽稍欠缺逻辑，但并没有脱离农村基层的"反贪、维权"的主题。上述纪实得到村内 70 多位村民代表的签名、表态与认可，意味着海外移民与国内乡亲基本达成了"反对征地及迁坟"的共识。这标志着由卞村海外移民所主导的跨国集体维权初步完成了其框架整合。

2. 重构议题与倡议网络的跨国化

不同于国内运动，跨国倡议网络面对的是不同制度与文化情境。跨国倡议网络运动的关键在于能否抓住架构所关注的问题，利用符号或故事，通过对于象征性重大事件的解释，赢得民众对问题的注意和支持，促进有关议题的跨国化发展，这被称为象征政治策略（玛格丽特·E. 凯克、凯瑟琳·辛金克，2005:19）。

卞村移民在整合框架后，开始策略性地动用象征政治，为跨国倡议网络的扩大、争取更大范围内的合法性资源奠定基础。2011 年 11 月，王立彰等人利用其华侨的特殊身份，以海外侨团——美国闽中联合总会的名义向中国驻纽约总领事馆发了一封"上访信"，并抄送给福建省侨办、福建省廉县县长：

……我们收到卞村委会"迁坟通告"，并据家乡广大乡亲纷纷来电反映，这种举动已严重损害群众切身利益，而引起村民强烈不满，一致认为这是镇人民政府、新区建设工作指挥部、镇卞村委员会及开发商等私自互相勾结，无视党纪国法，亦无福建省、福州市有关政府部门的正式批文，明目张胆地巧立名目，以什么"因福州市某某学院项目建设需要"，强迫广大乡亲迁移坟墓，实质上是这些贪官污吏串通一气，而中饱私囊。我们都是爱国爱乡，遵纪守法的华侨。在美国艰苦奋斗、身心俱疲，祈求祖先保佑安居乐业，是我们精神上的支柱。但据"迁坟通告"中指出搬迁坟墓有1000座，我们全体旅美华侨之祖先坟墓都在其中，并规定要在短短15日之内搬迁完毕，逾期未搬迁的，按自动放弃搬迁及无墓主处理，如此急迫时间，无非是刁难我们，况且通告中亦无提到赔偿之事，更卑鄙的是，卞村某些干部唆使家乡不明真相的亲友以代签名的形式，来达到他们的阴谋诡计，是可忍孰不可忍。卞村某些贪官与社会帮派狼狈为奸，采取威胁恐吓的粗暴手段，强迫乡亲迁坟，弄得广大乡亲无处申冤，民愤极大。为此，我们恳切请求领事馆予以大力支持帮助，则不胜感激之至。

此上访信首先试图将事件问题化、污名化，将政府的征地行为定义成"贪污腐败""强拆暴行"，并给予道德与法理上的严厉谴责，随后阐述爱国华侨在维护自身利益上的正当性，最后再次指责土地征用方，并将其建构成对弱势村民施暴的形象，使"弱势农民需要帮助"的议题凸显出来。跨国倡议网络最能发挥影响的问题是涉及弱势群体的人身伤害及法律上机会均等的问题。这起由海外移民所主导的跨国集体维权的议题既是道德议题也牵涉制度公正的问题。但从其上访信中可以看出控诉者更多是以道德的叙事逻辑展开。这与移民来自乡土世界有着密切关系。在熟人社会中，"合情合理"是个体为人处世的原则，"情理"是优先于"法"的。尤其当民众向国家和政府要求正当权利时，对道义的重视往往超过了对法理的强调（黎相宜，2009）。卞村村民及海外乡亲首先指责的是对方"不讲理"，尤其是不合他们经验中的"情理"，而不是"违法"。

近年来土地征用问题与基于利益表达的集体行动在各地时有发生，如果仅以"维护弱者利益"作为议题难以获得更多关注。为避免政府及民众"见怪不怪"的心理，使其维权行动引起重视，移民还试图把一个弱势群体维权的事件重新架构成"涉侨"的议题，利用其特殊的华侨华人身份获得舆论支持。从 2011 年中旬开始，卞村移民通过在海外华人社区的社会网络，四处奔走反映，并游说华人社区内的侨领给予支持。

上述象征政治策略为跨国倡议网络的扩大奠定了前提。但作为普通移民的王立彰明白，如果要顺利解决此事，需要一位在美东华人社区及福建地方具有一定影响力的侨领作为"客观"的"第三方"给予道义支援，不仅能为维权争取合法性资源，还能扩大跨国倡议网络的辐射范围。前面提及的福州公会主席郑时刚就成为王立彰等人寻求帮助的理想对象。郑在福州公会内不少事务的跟进都依赖于王立彰，与王平日的关系十分密切。而此事如果能够成功，不仅能彰显郑作为侨领的社会地位，也能使其频繁接触祖籍地的地方官员。这些因素都将潜在地有利于他在中国的投资活动与在移居地的发展。郑时刚的加入为原本影响力较弱、组织松散的跨国倡议网络提供了一注强心剂。郑时刚应承支持此事后没多久，就积极与王立彰等人筹划如何先获得来自纽约福州人社区的同情和支持。当时，多个福州籍社团准备就某侨领选举贿选被逮捕一事举行会议磋商。福州籍侨团众多，平常各自为战居多。在此之前，王立彰等人虽多有奔走争取支持，但卞村的征地事件极少为社区内的其他福州人所知。郑时刚认为，此次会议是纽约福州侨界的一次难得聚会，可以利用此机会获得其他福州籍侨团的舆论支持。由郑时刚授意，王立彰等人草拟了一份《美国福建全体华侨华人关于保护海外乡亲在家乡的私有财产之声明》：

> 我们华侨华人是漂洋过海、浪迹天涯的一群，虽然身在海外，但始终心系祖国和家乡的发展，多年来一直致力于促进祖国的和平与稳定，加强中美文化交流与合作。祖坟和祖屋是维系漂

泊海外游子心系家乡的根，也是海外华侨华人与祖国联系的重要精神纽带。但近年来，在我们的家乡福建，有一些地方的开发商无视党纪国法，挟开发房地产、筹建大学城等开发建设之名，时有发生强迫包括海外华侨华人在内的广大乡亲迁移坟墓、侵占祖屋或者是侵占其他私有财产的情况。如果未经我们同意，擅自地侵害我们在家乡的祖屋、祖坟及其他私有财产，不但严重伤害了我们广大海外乡亲们的心，而且还会粗暴地把我们与祖国、家乡联系的文化之"根"给切断了。因此，我们在此郑重声明，我们将尽全力保护海外乡亲在家乡的祖屋、祖坟及祖产，为加强海外乡亲与家乡的联系，为促进中国和平统一贡献绵薄之力。

上述声明并未有明确提及卞村土地被征收的事情，而是联系其他侨乡土地被征用的情况，将此类事件象征化，并将其转化成为"保护华侨华人私有财产"的议题，以此获得广大华侨华人的"移情"。声明中还多次提及具有文化传承与作为联系母国纽带作用的"祖坟""祖屋"，将其参与者塑造成保护中华传统文化及促进祖国和平统一的角色，从而顺利占据道德制高点。此声明在社团集会上一经发出，就获得了不少侨团及侨领的签字支持，使原本局限于一村的事件演变成纽约福州人社区所关心的公众议题。这作为华人社区的重大事件很快就传到了中国驻纽约总领事馆，为此领事馆还专门派官员来社区了解详情。

至此，维权成员在框架整合的基础上，进一步实现了对于议题的重构与跨国倡议网络的扩大化。但与以往的跨国行动者不同的是，郑时刚等人只将维权议题在一定范围内有限传播，确保所在的华人社区及中国驻纽约总领事馆知悉此事，但并未进一步将信息完全公开化（比如披露给美国的 NGO 组织、媒体等），这种不"越线"的谨慎处理方式为后面杠杆效应的产生提供了良好的前提。

3. 杠杆政治与"回飞镖"模式的形成

杠杆政治是指利用强大行为体导致网络中较弱成员无法发挥影

响，从而使目标行为体改变原有做法，在整个维权中起着关键作用。郑时刚长期与中国驻美国领事馆的官员及中国各级官员接触，对于中国尤其是基层的政治运作有一定了解，深谙如何运用策略来争取利益最大化。他认为如果利用侨领的身份实现"越级上访"，很可能微妙改变各方力量的配比，以使态势向己方倾斜。2011 年 12 月 10 日，郑时刚重新整理了王立彰等人的"上访信"，并以福州公会主席的名义分别寄往中国驻纽约总领事馆及福建省侨务办公室：

> ……本人是美国福州公会主席郑时刚，是 2007 年中华海外联谊会青年研修班的第一期学员。在北京学习期间，我深切地感受到党和国家对于我们海外华侨华人的关怀。我与诸同乡是漂洋过海浪迹天涯的一群，虽然身在海外，但始终心系祖国和家乡的发展，多年来一直致力于促进祖国的和平与稳定，加强中美文化交流与合作。我所领导的美国福州公会始终与祖国同呼吸、共命运，为促进中国和平统一贡献绵薄之力。我本人得力助理王立彰先生，是福州公会外交部部长，多年来，王立彰先生爱国爱乡……最近家乡发生一些事情，大概两年多前，由福州市×学院计划在卞村开发新学区……开发方无视附近有一千多座村民的祖先坟墓。在事情还没有完全协调好的情况下，于 2011 年 6 月 28 日，在镇长陈云贞指使下联同派出所一些人员，更配合当地黑社会分子以强硬手段，出动五架推土机进入卞村想进行推土工程。村民知道后，有的村民奋不顾身躺在路中间挡住推土机经过。这些广大村民为什么这样做，第一为保护自己祖先坟墓，第二保护工程工地中有丰富矿石资源。令村民感到气愤的是他们身为干部竟然联合黑社会分子于 7 月 5 日晚 8 点进入村中威胁村民造成村民不安和恐惧……希望你能将情况上报领导，进行了解真相。

与之前的"上访信"相比，郑时刚此信更具逻辑性与策略性。在信的开始，郑时刚相当巧妙地表明其爱国侨领的身份，并强调自己作为福州公会主席在组织社团成员、迎接祖籍国国家领导人来访、抑制海外反华势力、维护国家"和平统一"上所发挥的关键作用，由此为他的"申诉"奠定了可协商与沟通的前提。紧接着，郑时刚提到跨国集体维权的领导者之一王立彰，强调其对于祖国家乡所做出的卓越贡献。在上述背景铺陈完后，郑时刚才详细阐述了卞村所发生的具体情况。同时郑时刚还有意无意地向熟识的中国驻纽约总领事馆官员及福州地方官员透露"将要写信给统战部甚至给中央领导"的消息。郑时刚此举是整个"回飞镖"模式形成的关键一步，并对整个跨国集体维权的效果产生了深远影响。

在此次跨国集体维权中，有可能产生巨大影响力的行为体是国家、省级政府及中国驻外领事馆。而当前中央与地方合法性配置关系呈现出中央合法性强而地方合法性被严重削弱的局面（覃琮，2013）。在这种体制之下，镇政府及村委会对来自上级行政部门的压力具有脆弱性。基于华侨华人与中国所形成的历史传统以及发展经济与政治统战的现实考虑，中国政府及相关的侨务部门强调"广泛团结联系海外侨胞和归侨侨眷，共同致力于中华民族伟大复兴"[1]"将促进侨胞事业发展、维护侨胞合法权益、保障和改善侨界民生作为工作重点……积极回应侨胞合理合法诉求……协调敦促有关部门维护侨胞权益"[2]。在这种背景下，涉侨议题很容易得到相关部门的重视。郑时刚作为中青年海外侨领一直是国家试图拉拢的对象。因此郑时刚等人绕过相关利益主体向中国驻外领事馆、福建省侨务部门反映情况的杠杆政治策略很快显出其有效性。2011 年 12 月底，福建省侨办分别从中国驻美领馆与郑时刚两个渠道收到"上访信"后将其转发给县政府，责其了解并处理。2012 年元旦刚过，镇政府就派人与郑时刚等人沟通表示迁坟之事可再协商。此时郑的态度也有了策略性变化：

> 他们说搬迁坟墓，他们来赔钱。我说不是给钱的问题，你几

---

① 习近平：《决胜全面建成小康社会 夺取新时代中国特色社会主义伟大胜利——在中国共产党第十九次全国代表大会上的报告》，2017 年 10 月 18 日，人民出版社 2017 年版。

② 参见 http://dfoca. hainan. gov. cn/wsqbzw/toutiao/201403/t20140322_ 1175779. htm。

个亿的项目，如果说我只是要一点小钱的话，我们干吗大费周章
地搞这么多事情，我肯定是要讨价还价的余地啊，不是说你给多
少钱就给多少钱啊，肯定是要钱，但就看他们能够拿出怎么个诚
意来。①

虽然郑时刚表示"不是给钱的问题"，但他明白如果还坚守"不
迁坟"的初衷，很可能导致矛盾激化，丧失让事情顺利解决的契机。
既然迁坟无法避免，适当"对抗一下"，为己方争取到与征地方讨价
还价的空间是最有效的维权策略。2012 年 1 月中旬，地方政府及开
发商直接联系王立彰等人，请他们回去私下协商坟地的搬迁地址及赔
偿价格。同年清明，王立彰、俞康等人回乡与当地政府及开发商协调
赔偿及迁坟事宜。最终卞村村民及海外移民均同意征收坟地，但条件
是可以自主选择公墓或另择坟地，费用由征地方承担。村民根据坟墓
的类型、个数与面积计算获得从 1 万元到 10 万元不等的赔偿。其中，
维权的主要领导者之一王立彰及其家人是实际的最大获益者。王立彰
的曾祖父母、祖父母、父母坟墓一共 6 座，获得了 10 万元的赔偿金
额。此外，还有些隐性交易：王立彰妹妹一直打算在村内盖楼房但没
有得到允许，但村委会为了让王立彰回来平息维权之事，最终应允其
妹建房。

至此，郑时刚、王立彰、俞康等人所组织的跨国集体维权成功产
生了"回飞镖"效应：他们通过施加给福建省政府相关部门、中国
驻美领事馆的道德杠杆，顺利撬动卞村村委会、镇政府及开发商，使
其转变态度并允诺提高赔偿额度（见图 4 - 21）。在此次跨国集体维
权中，海外移民不仅获得物质补偿，还无形中抬高了自身的社会政治
地位。作为利益相关之外的郑时刚在整个跨国集体维权中处于核心位
置，他积极利用"侨领"的社会身份及政治网络，使事情峰回路转，
而维权的胜利成为凸显其社会声望与社会影响力的炫耀资本，也进一
步加深了他与地方官员的接触，为其在国内的投资活动提供良好

---

① 2012 年 1 月 3 日，笔者在纽约唐人街福州公会对主席郑时刚的访谈。

前提。

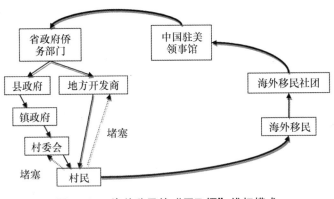

图 4 - 21　海外移民的"回飞镖"维权模式

海外移民的杠杆政治之所以能够有效并产生"回飞镖"效应，与中国的政治框架和社会结构以及海外华侨华人和母国的关系密切相关。祖籍国及地方政府之所以愿意在出现利益分歧时采取安抚策略是基于政治考量的。国家在处理类似这种集体行动时，往往来自意识形态的压力超越了经济压力（周飞舟，2007）。这为海外移民与政府之间"默契"的达成埋下了伏笔。跨国集体维权的主要领导者在抑制海外反华势力、促进祖国和平统一等跨国政治支持上均扮演重要角色，他们在给母国的"上访信"中也多次提及自己这种"爱国爱乡"的"事迹"。在越来越重视政治合法性而非经济利益的母国政府看来，在经济利益上做出一定让步而换取移民的持续与坚定的海外政治支持是必要且值得的。

综上所述，在迁移过程中，官镇移民的声望与经济地位面临同时下降，因而他们的社会地位补偿类型较为多元。他们不仅对虚拟荣誉有着追求，还希望获得经济、政治资源的补偿。这使得官镇移民呈现出基于交换原则的多元化跨国实践模式：官镇移民既保留了社会文化馈赠这种传统的跨国实践，也发展出跨境消费、经济投资、跨国政治实践等模式。其中，官镇移民的跨国政治实践尤为突出。他们在跨国政治实践的频度、广度以及深度上均要超过坎镇移民。无论是积极地对祖籍国政府给予跨国政治支持、参与跨国政治事务，还是争夺政治资源获得祖籍国的认可与支持，从移民的主观动机来说，主要是旨在改善其非法地位所带来的污名化形象及边缘化处境，实现政治社会地位补偿，弥补移民由于迁移所造成的巨大的社会阶级失位。但不可否认的是，官镇移民的这些跨国政治活动，客观上形成了对于祖籍国的海外政治支持，并与祖籍国政府的外交政策、统战策略等国家战略不谋而合，因而获得了祖籍国政府的默许与认可，被祖籍国政府整合为可资利用的亲华的海外力量。

第五章 从"过番"①到同化：文镇移民的衰落型跨国实践②

> 我是马来西亚人呀，对中国人我愉快地回答，是道道地地土生土长的民族。
>
> ——《在原乡》，马来西亚华裔诗人王涛

有学者指出，任何个案研究都必须要面临反事实的问题。反事实思维（counterfactual thinking）是美国著名心理学家、2002 年诺贝尔经济学奖获得者卡尼曼和特沃斯基提出来的（卡尼曼、特沃斯基，2008）。"反事实的逻辑所得出的基本结论是，一个个案不能验证反事实假设，只有多个个案才有可能。"（刘林平，2011）具体到本书的研究问题而言，前面两章主要论述了两种跨国模式，一种是依赖道

---

① 由于受到汉文化中心主义的影响，在仓县侨乡的语境中，"番"代表移居地，"过番"意指移民到"南洋"的意思。

② 此章的部分内容曾以多篇论文形式发表，分别为：《跨国实践中的社会地位补偿：华南侨乡两个移民群体文化馈赠的比较研究》，《社会学研究》2012 年第 5 期，第一作者；《移民跨国实践中的道义与交换——基于衰落型侨乡海南文昌的研究》，《华侨华人历史研究》2015 年第 3 期，独立作者；"Remittances for Collective Consumption and Social Status Compensation：Variations on Transnational Practices among Chinese International Migrants"，*International Migration Review*，2016，Vol. 50，No. 3：1 – 39，第二作者；《海南冠南侨乡公共文化空间的变迁——兼论侨乡范式的式微》，《广西民族大学学报》（哲学社会科学版）2014 年第 5 期，第二作者。本章内容主要基于文镇移民群体，但有部分材料涉及少量与文镇移民同一类型、同属仓县的山镇、东镇与罗镇的海外移民，特此说明。

义基础发展而成的非营利性社会文化馈赠，而另一种则是基于交换互惠规范形成的多元化跨国实践。如果只是就前面两个个案，我们没有办法得出移民实现社会地位补偿会对跨国实践产生积极影响。因为我们没有办法知道当移民无法实现社会地位补偿或社会地位补偿程度比较低的情况下，他们还会不会在祖籍地进行跨国实践。因此，我需要引入第三个个案进行反证，考察当移民面临低度社会地位补偿时，他们的跨国实践会呈现怎样的发展趋势。

本章将论述一种衰落型跨国实践类型。以往的跨国主义研究很大程度上认为所有移民甚至是非移民都卷入跨国参与中。现在越来越多的学者开始怀疑跨国参与在国际移民中的比例实际上很小（Portes et al.，2002；Guarnizo et al.，2003）。跨国华人研究也存在同样的问题：刘宏（2013）就指出，海外华人对跨界中国（Transnational China）的参与在人数和规模上都很有限。许多学者只关注华人移民的各种跨国实践对于侨乡地方经济、社会文化事务所带来的积极意义，却忽视了有些移民在祖籍地的跨国实践尤其是基于道义的社会文化馈赠在呈现衰落趋势。比如来自传统侨乡（广东的潮汕、梅州及海南的东部地区）的移民无论是在捐资、投资还是其他跨国实践上都大量减少（程希，2006；黄静，2003；黄晓坚，2001），他们与家乡原有的社会地位补偿关系也呈现弱化趋势。来自位于海南东北部的文镇移民就是其中的典型代表。与坎镇、官镇移民主要分布在北美不同，文镇移民主要流向东南亚国家。由于他们的祖籍国与移居国在世界体系中的位差比前两个移民群体的要更小，他们在迁移过程中经历了经济与声誉地位同时上升的过程，再加上受侨乡的"冷遇"，他们的跨国实践在整体上呈现衰落趋势。本章将同样从社会地位补偿的机制来考察这种衰落的跨国实践模式，并解释为何文镇移民的跨国实践会呈现下降趋势。

第一节　社会地位补偿需求的下降

文镇移民与坎镇、官镇移民最大的区别在于其迁移区域主要在东南亚，这三个移民群体的移居地分别在世界体系中占据不同位置，使得这三者在迁移过程中所发生的社会阶级变动的剧烈程度以及在移居地所面临的社会境遇各不相同，进一步导致文镇移民对于社会地位补偿的需求与后两者存在较大差异。本节将讨论文镇移民所面临的社会阶级复位与跨国阶级向下流动的困境，以及社会地位落差缩小及其所带来的补偿成本升高与补偿供给减少等因素对于移民跨国实践的影响。

一 从"落叶归根"到"落地生根"：社会阶级复位[①]

（一）"少数中间人"

文镇位于海南省仓县东南部，面积 135.6 平方公里，东临大海，海岸线长 23 公里，西部为山区，南部和北部为丘陵地带（冯子平，1993：164）。与坎镇一样，文镇也是一个有着悠久移民历史的传统侨乡，全镇总人口 3.1 万人，有海外华侨华人和港澳台同胞 5 万多人，多分布在新加坡、马来西亚和泰国等地（参见林红生、樊云芳，2008：36）。

文镇移民众多与文镇的地理位置、政治环境及社会传统有着密切关系。由于文镇地处海南东北部，"地狭人稠"[②]，加上自然灾害多、苛捐杂税重。1858 年恰逢琼州（今为海南）被迫对外开放为通商口岸，导致出洋人数大量增加。下南洋的琼籍人士主要来自海南东北部，其出洋的主要口岸是海口港以及仓县的清澜港、铺前港、冯坡港、抱虎港。文镇之所以方便出国，得益于其紧邻清澜港的地理位置。此外，由于文镇人有着长期下南洋的社会传统，因而也逐渐形成了与坎镇人、官镇人的"金山梦""美国梦"相似的"南洋梦"："一是小孩念到小学；二是有房子住，有个家，哪怕是烂椰子搭盖的屋子

---

① 这一部分涉及的时间段较长，涵盖了东南亚逐步形成民族国家的历史过程，为了尽可能还原历史原貌，本书均沿用论述的历史时段的地名，例如新加坡和马来西亚并没有建国，因此以"马来半岛"或"马来亚"称呼。

② 仓县占整个海南岛面积的 7.05%，但 1928 年的人口达到 440189 人，占全岛总人口的 20%，可见人地矛盾之紧张。

也行；三是孩子结婚。所以很多人下南洋都是为了这三个目标。"①
这也是促使文镇移民众多的原因之一。

就移民形式而言，文镇移民与其他海南人相似，其下南洋主要有
三种形式：自由移民、客头招募和洋行招募。其中客头和洋行招募的
移民多为契约劳工（俗称为"猪仔"）（唐若玲，2012：118）。"猪
仔"贸易从1876年到1913年是当时海南人下南洋的主要方式（苏云
峰，2002：199）。20世纪初，"猪仔"贸易结束后，由于连年天灾，
加上社会动荡等原因，海南人的出洋活动一直持续到新中国成立才基
本停止，史称"下南洋"。② 就移居地而言，文镇移民大多前往马六
甲半岛（今新加坡与马来西亚）及暹罗（今泰国）。

作为文镇移民的移居地，东南亚地区在文化区域上属于"弱势
客地文化区域"（李亦园，2002a：13）。早期的东南亚华人可以分成
商绅与劳工两大阶层，尽管两大阶层相互依赖，但阶级区分也较为明
显（陈达，1938：63）。劳工阶层大多是低教育、低技能的农民，商
绅阶层则为商人和企业家，主导海外华人社会的政治经济生活。华商
移民的历史比华工移民的历史更为悠久。华商的经营范围不仅在本
地，还有一些扩展到国际金融业、银行业、运输业和进出口贸易等跨
国经济活动，甚至有些华商还会在移居地主流社会参政（周敏、刘
宏，2013）。就华商在移居地的社会境遇及社会地位而言，他们扮演
的更多是一种"少数中间人"（middleman minority）的角色（Brien &
Fugita，1982）。从资本主义扩张开始，欧洲殖民者陆续来到东南亚
地区（主要是现在的马来西亚、新加坡、印度尼西亚和菲律宾）建
立上层的经贸与管理体系，而新来的文镇移民尽管在移居地是少数族
裔群体也受到移居地的排斥，但大多不属于社会底层，而是成为介于
殖民者与多数（majority）土著之间的中间阶层。他们在社会结构的
夹缝中自我创业，发展华人的族裔经济（Kuhn，2008）。祖籍文镇的

① 2011年2月12日，笔者在仓县新桃源酒家对仓县马来西亚华人符言川的访谈。

② 这些早期前往东南亚的海南人组成了"琼州帮"群体，与粤帮、闽帮、潮州帮、
客家帮一起，成为海外华侨社会中以地域为纽带的五大帮，海南也发展成为我国的三大侨
乡之一。

马来亚①华人林熙鸿就是一个典型的华商。林熙鸿以建筑业起家，历任星马琼联会主席、雪兰莪琼州会馆主席兼建筑董事长，并被选为雪州市议员、马来西亚上议院议员，兼市政府咨询委员及政治各部委员等职。第二次世界大战爆发前，林熙鸿获得英国铁道大臣的授权，掌管新马所有火车站的旅店和酒吧。基于这个便利，林熙鸿在海南大量招收员工，对于文镇的家乡人尤其是林氏宗亲更加优待。在这种背景下，文镇人大批涌到马来亚谋生，在铁路沿线的火车站、旅店就业。林鸿熙的特权到"二战"后马来西亚独立时被废除。受其影响，文镇移民在马来西亚、新加坡的最多（参见冯子平，1993：165－166）。

当然，华商与华工之间的阶级界限也并不总是清晰而不可跨越的。实际上，大部分文镇移民（除了少数极为富有的华商外）尽管到东南亚时是一无所有的失业农民，但他们早期在洋人家充当佣人和厨师，较早地接触到西方殖民者的社会文化与生活习惯，懂得与西方人沟通，为其日后转型自己做生意奠定基础。比如，不少文镇移民将从洋人家庭生活中学习到的西方文化与技艺，开设本小利薄、竞争性小的咖啡店。在移居地进一步立稳脚跟后，则扩大投资成本，从而成功转身为"华商"。

文镇移民一直到新中国成立前大多属于所在区域的侨居者（sojourner），从事生意，喜欢短平快，然后把赚来的利润再投资到其他地方。但他们这种历史上的"少数中间人"角色为日后移居地采取较为强硬的同化政策、促使文镇移民经历社会阶级复位埋下了伏笔。

（二）"新客"

从20世纪20年代至40年代，海南出洋人数有较大的增长，主要仍以东部沿海的县（琼山县、文昌县、乐会县、万宁县，今海口、文昌、琼海和万宁范围）为主。这些移民由于较之前早在东南亚生活的华人晚，因而被称为"新客"。出洋最多的年份是1927年、1937年和1939年，分别达到4.8744万人、4.4238万人与5万人

---

① 马来亚（Malaya），是马来西亚联邦西部土地即位于马来半岛的部分的旧称，又称西马来西亚，简称"西马"。

（寒冬，2008：101）。马来半岛的海南人从 1921 年的 65883 人增加至 1931 年的 85058 人［陈达，（1937）2009：189］。暹罗的情况也同样如此，1932—1939 年移入暹罗的海南人不仅比例增加（占移入暹罗华人移民总数的 17.3%），而且定居在泰国的海南人也比以往更多了［施坚雅，（1956）2010：189］。特别是 1939 年日军占领海南之后，尤其是仓县东北部地区大批侨眷和难民成群结队，从铺前、清澜、抱虎、冯坡等港湾，乘大帆船寻找逃难之路，人数几达 5 万之众。这些民众经琼侨总会的救济，绝大部分转往泰国与海峡殖民地（寒冬，2008：120 - 121）。新客的到来增加了东南亚海南人的数量。1940 年日本对南洋华侨调查显示，海南人在泰国人口达到 25 万，占泰国华人的 10%，为仅次于潮州人的第二大族群［井村熏雄，（2011）1940：88 - 89］。而马来亚方面的统计数据显示，1947 年马来半岛的海南人有 15.76 万人，在五大族群中居于末位（吴华，1999：2）。

目前仍积极参与跨国实践的文镇移民大多属于"新客"。新加坡华人符时坚就是一个典型例子："我是 1939 年去的新加坡。当时日本侵华，我为了'逃日本'，刚好我父亲在新加坡做工，把我接去，我姐姐把我带去的，坐的是帆船。"① 侨领王富城也是在相同时期被父母接去马来西亚：

> 那时我才 1 岁，为了逃避日本侵略，没办法去到那里（笔者注：指马来西亚）寄人篱下。家乡也穷，所以移民出去。父亲当时是在金矿工作的，当时是英国殖民时期，老板是英国人。当时我们住在海南村，邻居都是从海南移民过来的，都讲海南话。我们兄弟姐妹都会讲海南话，孩子也会讲，因为家里都讲海南话。我会讲普通话、海南话、马来话、英文、粤语五种语言，因为生长环境是多语言的。②

---

① 2011 年 4 月 5 日，笔者在仓县维嘉大酒店对新加坡华人符时坚的访谈。
② 2011 年 4 月 3 日，笔者在仓县维嘉大酒店对马来西亚华人王富城的访谈。

由于当时东南亚地区普遍没有建立民族国家，更没有相应严格的出入境政策。因此与迁往北美的移民不同，许多东南亚移民都是频繁往来于祖籍地与移入地之间。尽管与北美相似，早期下南洋的文镇移民基本为男性。但进入 20 世纪后，随着禁止女性出洋习俗被废后，前往东南亚的琼籍妇女增多［参见陈序经，（1940）2015：509］。至 1931 年，马来西亚琼籍移民的性别比已为 1000：151，1947 年则达到 1000：554（参见陈达，1938：58；吴华，1999：57）。由于华人妇女的加入，许多移民的第二、三代都出生于移居地。许多移民为了能让自己的子女接受华人传统文化教育，到了子女读书阶段，很多都将孩子送回乡读书，由家里的祖父母照顾。等孩子成年后再将其接到东南亚。这些移民后代由于童年及青少年时期是在文镇度过的，不仅熟知家乡语言与文化，而且对家乡有着深厚的感情。尽管他们并不是出生在家乡，如果以出生地主义的标准来判断，他们并不属于"移民"的范畴。但他们频繁跨界与移民的特质很相似，因而本书将曾回乡读书或在家乡待的时间比较长的这批移民第二代也看作移民。仓县马来西亚华人符言川就是一个例子：

> 我是 1933 年在槟城出生的。当时我父母都是在群岛上捞鱼的。这要讲到海南华侨的血泪史。当时海南人还是不能上岸的，都是些渔民。当时我没有条件在马来西亚读书，所以就被送回来读书。①

尽管符言川出生于槟城，但整个少年及成年时期，符言川都是在中国度过的，因而当他再次移民时，我们同样将其看作从文镇出去的移民。

前往海峡殖民地（含现在的新加坡与马来西亚的槟城和马六甲）的"新客"多从事咖啡店、旅店及餐馆业。其中以咖啡店为最，20 世纪 20 年代末至 30 年代初，是琼籍人士开咖啡店、旅店及酒楼餐馆的一个高潮。这些"新客"刚到东南亚就受到全球性经济大恐慌、大

---

① 2011 年 2 月 12 日，笔者在仓县新桃源酒家对仓县马来西亚华人符言川的访谈。

萧条的影响，海峡殖民地的经济受到沉重打击。在百业萧条的新加坡，有些原来由日本人经营的旅店（在美芝路一带）转手，而接手的多半是海南人。那时，很多店铺空置，每月只需付几十元的租金，就可以租到一间相当宽敞的店铺，加上咖啡店的开业资本不需十分雄厚，对于琼州人尤为合适。上述这些社会性因素造成琼州人开咖啡店蔚然成风。在此之前，更早来到海峡殖民地的琼籍移民已经执这一行业的牛耳。到了30年代，由于"新客"的加入，海南人在这个行业更是占尽优势。新加坡的美芝路及海南一、二、三街一带有不少琼籍同乡经营的咖啡店和咖啡摊，那是全新加坡咖啡店和咖啡摊最集中的地方。①

文镇移民除了前往马来半岛外，也有不少前往暹罗谋生。暹罗的上层阶层基本由泰人组成，这与海峡殖民地的上层阶层主要是西方殖民者不同。在暹罗的琼籍"新客"则主要为从事锯木业、旅馆业、理发业以及开咖啡店等。尤其在锯木业和理发业中，海南人的比例很高，85%的锯木厂厂主是海南人，50%的理发匠是海南人［施坚雅，（1956）2010：189］。根据施坚雅提供的1952年的数据显示，华族有2.7%属于最高阶层，74%属于中间，23.3%处于下层。而泰族的相应比例分别为6.2%、64.2%以及29.6%［施坚雅，（1956）2010：306］。由此可以大致估计，华人在整个暹罗社会属于中间阶层，但其并非介于殖民者与当地土著之间，而是介于暹罗上层人士和平民之间［参见施坚雅，（1956）2010：308］，这导致其社会境遇与海峡殖民地的文镇移民存在些微差别。

这些"新客"的大量进入极大延缓了早期移民及其后裔所构成

---

① 咖啡店这种行业的特点是：首先是营业时间长，工作繁重，缺乏刻苦耐劳的精神的人，很难在这个行业长久待下去。其次是营业成本不高，但是利润也非常微薄，没有暴发的机会，这是一种以劳力去换取生活费的工作。最后是老板也要亲自动手做工，老板一个人应付不来，太太、孩子也要出来当帮手，即使雇人做工，所雇的多半是自己的亲戚，所以，劳资关系往往跟亲属关系混合在一起，难分难解。在日据的3年半期间，咖啡店业务基本上照常。战后，虽然百废待兴，市场萧条，物资匮乏，物价飞涨，但是提供大众化廉价饮料的咖啡店业却是复苏得很快。战后的咖啡店业，福州人逐渐超越琼州人，执这一行业的牛耳。参见韩山元《人情咖啡一样浓——琼州人与战前新加坡咖啡店》，新加坡《联合早报》1985年12月28日。

的海外离散社会的本地化进程，甚至一定程度上改变了其民族认同指向。这些文镇移民依然抱有"落叶归根"的传统，他们迁移东南亚的目的是衣锦还乡，光宗耀祖。尽管客观上定居当地的比例并不少，但其从主观意愿上并没有长期融入东南亚的想法。这些新客群体在移居地种族分层结构中依然占据"中间人"的位置，其所扮演的角色往往两头不讨好，经常陷入激烈的族群冲突中。无论是介于殖民者与土著，还是介于泰国的上层阶层与普通民众，都把当地华人当作经济和社会问题的替罪羊。这种社会境遇为文镇移民在随后时局剧烈变化的背景下实现社会阶级复位埋下了伏笔。

（三）"落地生根"

1949 年，共产党在北京天安门城楼宣布新中国成立。意识形态的分歧导致部分东南亚国家与中国断绝外交。中国与文镇移民的主要移入地如泰国、马来西亚及后来独立出来的新加坡均无正式的外交关系。文镇以及东南亚的时局发展深刻影响了文镇移民。

在祖籍国及家乡层面，中国政府"为了国外华侨的长远利益，便于他们的工作和生活，为了有利于处理我国和有关国家之间的关系"[1]，主动放弃了双重国籍原则。[2] 而在家乡，1951 年仓县完成了土地改革。在这次"土改"中，一些华侨在家乡的土地被没收甚至有亲人受到批斗或关押。虽然新中国 1954 年宪法以国家根本大法的形式明确规定国家侨务工作的指导思想，规定"中华人民共和国保护华侨的正当权利和利益，保护归侨和侨眷的合法权利和利益"。（转引自张兴汉等人主编，1990：502）但在基层侨乡中，华侨和侨眷

---

① 彭真：《全国人民代表大会常务委员会工作报告》，《人民日报》1980 年 9 月 14 日。

② 早在 1955 年 4 月，中国政府就率先同印尼政府签订了关于解决双重国籍问题的条约，其中明确规定："缔约国双方同意凡属同时具有中华人民共和国国籍和印度尼西亚共和国国籍的人都应根据本人自愿的原则就中华人民共和国国籍和印度尼西亚共和国国籍中选择一种国籍。"（陈乔之，1992）1959 年 6 月和 10 月，中国总理周恩来在缅甸驻华大使和前新加坡首席部长戴维·马歇尔谈话中，也重申了放弃双重国籍的原则。随后，在与菲、泰、马建交及与印度尼西亚复交时，中国又进一步重申了这种立场。1980 年中国颁布的《中华人民共和国国籍法》第三条亦明确规定："中华人民共和国不承认中国公民拥有双重国籍。"

依然对国家的侨务政策疑虑重重。

在移居地层面，东南亚时局也发生了重大变化。"二战"后，东南亚国家（主要指马来亚、菲律宾以及印度尼西亚）争取脱离殖民统治而独立，东南亚华侨面临着殖民统治瓦解的新政治形势。这批新成立的国家与以往宗主国不一样，它们要求华侨必须归化入籍，效忠新兴的民族国家。与此同时，华人移民历史上"少数中间人"的身份，殖民主义制度瓦解后部分成为利益接收者的角色，加上"红色中国"（Red China）的政治因素影响，均使其深受移居国——新兴独立的民族国家——的疑惧。下面我分别对文镇移民主要的移入地——马来西亚、新加坡与泰国三国为例进行论述。

在马来西亚，1948 年英国殖民政府为了打击反殖民主义者，实施紧急状态令，大举搜捕以华人为首的马来亚共产党党员（海南籍马共党员比例相当高）。牵连所及，50 多万名居于市郊的华人被强迫迁入临时搭建的 400 多个新村，由军警集中管理。1950 年、1951 年，英国政府在全马来亚实行一项行动，断绝民众提供粮食给当地共产党，把郊外的人民集中管理，形同"集中营"。1957 年马来亚宣布独立，对于国内数量庞大的华人人口颇为忌惮，最终导致 1965 年的新马分家。而后马来西亚政府实行严格的同化政策以及"马来人优先"的政策，马来西亚华人取得当地国籍和公民权资格的人数迅速增加（含自然增长及归化）。

新加坡独立后，是唯一一个以华人为主体族群的东南亚国家。但新加坡被国外两大强邻印度尼西亚、马来西亚所包围，立国初期国内族群多元且族群矛盾尖锐。为了促进不同族群对新加坡的认同感与归属感，同时撇开邻国以及美国对其作为中国"第五纵队"的嫌疑，新加坡政府将"新加坡人"作为号召各族群为之奋斗的国家认同目标和身份定位，采取了一系列"去华化"的措施，使得新加坡华人逐渐转变了国民身份认同。

泰国在东南亚众多国家中，相对来说是一个对华人最为友善的移居国。尽管相较马来西亚和印度尼西亚，泰国长期执行的是较为温和的同化政策（銮披汶政府两度实行排华政策例外）。但即使如此，许多移民到泰国后还是受其归化政策的限制和排斥。不入籍的华侨除了每年须缴交人头税外，影响最大的是他们不可以拥有土地业权（这个政策一直延续至今），产业要传承给子孙必须是泰国籍。沿用中国姓氏的华侨无论是受雇或做生意，都会受到歧视，这使不少华侨被迫把姓氏改成泰名。在这种历史大环境下，与许多移民类似，7 岁被父亲从家乡接到泰国生活的符志兵为了更好地生存与获得更大的空间发展，最终选择加入泰籍：

> 后来战争之后，因为如果不入泰国籍的话，很多面临着限制，比如不给做工，不给读书。我当时只能去晚上的补习学校，因为没有国籍证明，不能上学校。当时一讲起华人，就说你是亲共，是共产党，对华人有很多限制。华人的地位在当地也很低，生活不方便，不能参加社会生活，感觉生活过得很辛苦。所以到后来我就加入泰国籍了，我现在是泰国人。①

受到上述国际政治局势的影响，原来那种"来来往往"于"南洋"和家乡的跨国模式不再能够持续。许多移民回国无望，不得不放弃"告老还乡"和"叶落归根"的念头，转而落地生根，从原有的社会阶级脱位转向了社会阶级复位。在马来西亚，20 世纪 90 年代的数据显示，保留华侨身份的仅占 5%，这表明马来西亚华侨在国籍方面已多数转为认同于当地国（许肇林，1996）。新加坡于 1965 年脱离马来西亚取得独立时，绝大部分华人已成为新加坡公民。至 1993 年，据统计，华人有 228 万，占全国总人口 300 万的 76%（李一平、周宁，1996：12）。泰国华人的同化程度更高，据 1983 年泰国政府统计，泰国籍华人有 450 万人，华侨仅 28 万人（蔡仁龙，1990：153）。

尽管加入当地国籍不是大部分文镇移民的最初愿望，然而局势所迫，多数文镇移民基于移居地社会的同化压力，加入移居国国籍，完成了从"华侨"到"华人"的国民身份转变，逐渐接受移居地的评

---

① 2011 年 4 月 1 日，笔者在仓县对泰国华人符志兵的访谈。

价标准与融入移居国的主流社会（参见王付兵，2001）。"落叶归根"的思想亦逐渐被在移居地"落地生根"的想法替代。文镇移民像许多东南亚华人一样对于"中国人"这个词非常敏感。新加坡华人陈瀚学在接受访谈时说：

> 其实我是华人，不是华侨，因为我是新加坡籍了，我就还好，你说我是中国人的话，我还不是很介意。很多家乡人跟华人说"我们中国人"，很多华人会说："你是中国人，我不是中国人，我是新加坡的华人。"这就说明这种认同"我是中国人"的情况已经很少了。以前老一代华侨下南洋，新、马普遍没有成立国家，很多华侨还保留中国国籍。20 世纪 50 年代后，新加坡开放，能够允许长期居住的移民入新加坡籍，当时很多华侨都入了籍，不入的是少数，那么这部分人应该算是华人。①

与坎镇、官镇移民相当理直气壮地认为自己是中国人不同，大多数文镇移民强调使用"华人"或"华裔"，以避免与中国的国籍混淆，并有意无意地疏离及割裂与祖籍地的联系纽带。尽管有时他们也会出于语境或者为了拉近与祖籍地的距离而接受族裔特性而非国籍的"中国人"这个名称（陈志明，2002）。

除了国民身份认同的转变外，"二战"后东南亚华人经济的蓬勃发展也为文镇移民的社会阶级复位提供了前提。在 20 世纪六七十年代，东南亚部分地区进入高速发展的繁荣期，为海外文镇移民创造了潜在商机及良好的发展机遇。以泰国为例，20 世纪 60 年代中期美国支持南越政权，发动越南战争。1965 年，约翰逊政府扩大战争规模，开始对越南北方轰炸袭击，一直持续至 1968 年 11 月。不少在北越作战的美国大兵选择在泰国休假，这给当时的泰国经济带来了发展契机（唐若玲，2012：66）。据许多文镇移民回忆，很多琼籍华人抓住机遇，转向旅店业、休闲娱乐业、旅游观光业发展，由此成就了一批商

---

① 2010 年 2 月 23 日，笔者在仓县文镇官南墟对新加坡华人陈瀚学的访谈。

业巨贾。这也进一步使移民的经济、政治及社会地位得到提升，从而在移居地完成了社会评价体系的修复与统一，实现了社会阶级复位。

改革开放后，文镇移民也与坎镇移民一样，曾经隔断了 30 多年的跨国网络重新活跃起来。文镇侨乡的一部分人依靠原有的"移民链"优势衔接起一度中断的通道而移居海外。但随着中国经济的高速发展，中国与东南亚各国在世界政治经济地理格局中的位置发生了某种程度上的逆转，导致传统的"移民链"和东南亚的移民接收国失去一定的吸引力。与此同时，新兴的国际迁移方式也没有在文镇兴起，以出国留学、涉外婚姻、技术投资等方式迁移的文镇移民数量较少。据 2003 年的海南侨情调查显示，在 1978—2003 年的 25 年时间内，从海南省出去的新移民数为 1.8 万余人，平均每年为 750 人左右（张朔人、于苏光，2008：258），才相当于坎镇一个镇的移民数量。这使得文镇移民主要由 1949 年前出去的老移民构成，而后者又大多经历了社会阶级复位的过程，这对移民的社会地位补偿需求及其跨国实践产生了深远影响。

二 "变穷"的"南洋客"[1]：跨国阶级向下流动

如上所述，文镇移民在"二战"后迅速融入移居地主流社会，财富、声望以及权力三要素在迁移过程中重新得到修复与统一，完成了社会阶级复位。这种社会阶级变动情况随后影响了他们在返乡时对于自身所属社会阶层的重新界定。我下面将详细阐述文镇移民这种"跨国阶级划界"行动。

（一）传统道义的恢复

卡陵（Carling，2005）曾指出，在跨国道义体系中移民与非移民的社会地位是不同的。这集中反映在海外移民与侨乡的关系上也是如此。只要是 1949 年前就形成的侨乡，大多发展出一种基于道义的"侨乡传统"，延续了中国乡村传统自我维续与再生产的社会结构，比如坎镇的例子。文镇作为传统侨乡其与海外乡亲所形成的关系也不

---

① "南洋客"，侨乡对于移居东南亚的海外乡亲的称呼。

例外。与坎镇类似，尽管这种道义关系在 1949 年后尤其是土地改革后受到"自力更生"的革命话语的冲击，但在改革开放后重新得到了恢复。

在 20 世纪 70 年代末 80 年代初，仓县地区的侨务政策在整个社会大背景下随之转变（参见第二章）。中央的特殊政策让边缘的海南成为改革开放的前沿，不久又决定海南建省办特区。尽管文镇移民与家乡之间的亲密关系由于历史变迁已经变得很脆弱，而且随着祖籍国与移居国之间经济差距的缩小，移民所面临的社会地位落差也逐渐缩小。但这批"南洋客"还是顶着"华侨"的光环，在 20 世纪 70 年代末 80 年代初时回乡探亲。当时，家乡才刚刚开启经济转型，地方政府没有更多的财政资金投入地方的科教文卫事业中。这些文镇移民怀抱着中断 30 年而无法抒发的家乡情结，纷纷回乡捐资学校、书报社、修缮宗祠和兴建寺庙，不仅弥补了政府缺位所导致的乡镇地区公共物品与福利的缺失，也借此机会重新修复了与家乡的传统道义关系。双方开始了一段短暂的蜜月期。由于侨资的支持，文镇的公共文化事业得到了迅速发展：

> 整个 80 年代，华侨对于仓县的贡献是最大的。这个时期也是中国最贫困、百废俱兴的时候，无论是道路、医院和学校，政府都没有力支持，这时华侨纷纷将钱投入这些公共领域。①

尽管这些文镇移民大多经历了社会阶级复位，但由于中国与东南亚国家之间的经济差距仍然显著，此时的文镇移民回乡后仍具有较大的经济优势。他们可以沿着原有海外华侨的社会地位表达的路径依赖，通过社会捐赠将自己的"南洋客"的身份地位在侨乡的熟人社会中表演出来，以实现跨国阶级向上流动。在各类捐赠中，他们尤其重视在宗祠、族谱及宗族事务上的投入，以此来提高他们在侨乡宗族网络中的社会地位。新村王氏祠堂就是其中一个例子。

① 2011 年 4 月 7 日，笔者在仓县金梧桐酒家对《侨乡仓县》副主编伍前彪的访谈。

新村是文镇下辖的一个以王姓为主的单姓自然村。改革开放后，新村的海外乡亲纷纷回来捐资新村王氏祠堂，并在祠堂的背面建立了鼎新小学。王氏祠堂呈现出南洋与中式建筑风格相结合的特点，极为引人注目。然而从20世纪90年代后，新村移民对家乡的王氏祠堂的捐资呈现逐年减少的趋势，现在也极少有海外移民会捐钱到祠堂，祠堂更多时候是寂寥无人，呈现出一副冷清的景象（见图5-1）。王氏宗祠不再像以前那样处于乡村事务核心位置，原来还与宗祠连为一体的鼎新小学另外选址后，宗祠开始出现没落。新村移民与家乡的"黄昏之恋"（黄晓坚，2001）就这样提前仓促结束。

图5-1　新村王氏宗祠

侨眷王楠的父亲早年到南洋谋生，他在受访过程中不时提到移民在移居地的社会境遇对于侨资以及新村王氏宗祠败落的影响：

现在华侨捐的很少了，因为老一辈华侨很多过世了。当时很多老华侨下南洋是给人打洋工的，专门给英国人做家佣，洗衣做饭，照顾小孩，都是很低贱的活。他们也没多少钱，在当地也没什么地位，所以对家乡有很强的家庭伦理观念，有责任感。现在很多在当地境况比之前要好了，主要是在那边（指移居地）生活好了……叫他们捐更多，他们就不一定愿意了。我父亲（旅居新加坡的华人）以前是很积极捐资公益事业的，他一般捐个中等的钱数，不会最多，但也不会"落人后"的。他的名字还刻在宗祠上呢。现在，那种"必须要捐，不要落人后"的想法已经没有了，现在的人很少有这种想法了。[①]

从王楠的叙述我们明显看到移民的社会地位补偿需求对于其参与跨国实践有着密切的关系：干"很低贱的活""没多少钱"，"在当地也没什么地位"的"老华侨"在捐赠态度上是"必须要捐，不要落人后"；而现在移民在移居地社会境遇好了却"很少有这种想法了"。这表明文镇移民在移居国并没有像坎镇移民那样面临严重的身份及归属感的缺失，反而随着国民身份的转变，很多人明确表示自己是马来西亚人、新加坡人以及泰国人，对家乡的认同逐渐淡薄。在社会经济层面，文镇移民也大多融入移居地主流社会，逐渐采用移居地的评价标准，这使得文镇移民的社会地位补偿需求已经开始出现了下降，进而影响到他们与家乡原本的道义关系。

由于上述因素的影响，文镇移民与家乡所形成的历时一个多世纪的"通道"［参见孔飞力，（2008）2016：45 - 47］虽然在改革开放后有短暂恢复，但总体上不可避免地出现萎缩的迹象。随后的亚洲金融危机则更是在宏观层面改变了祖籍地与移居地在世界体系中的位置，进一步降低了文镇移民实现跨国阶级向上流动的可能性。

（二）遭遇金融危机

1997 年 6 月，一场金融危机在亚洲爆发。泰国率先宣布实行浮动汇率制，当天泰铢兑换美元的汇率下降了 17%，外汇及其他金融市场一片混乱。在泰铢波动的影响下，菲律宾比索、印度尼西亚盾、马来西亚林吉特相继受到冲击。8 月，马来西亚放弃保卫林吉特的努力。一向坚挺的新加坡元也受到冲击。之后，东南亚金融风暴演变为亚洲金融危机。

此次金融危机给居住在泰国、新加坡和马来西亚从事商业的文镇移民带来了巨大的冲击，导致不少移民的资产缩水，很多华裔企业就此一蹶不振。同时，侨乡本地经济有了长足的发展，移民在这种背景下，连原来所剩不多的相对经济优势也基本消失殆尽。文镇侨乡很快

---

① 2010 年 2 月 22 日，笔者在海南仓县文镇对王楠先生的访谈。

感知到这些"南洋客"在"变穷"：

> 1997 年金融危机之后，泰国受到重创，泰国华侨的产业都大量缩水，起码缩水了有 40% 左右。现在是投资比较多，捐赠比较少了，几乎没有什么捐赠。主要的原因在东南亚的华侨尤其是泰国华侨在经历了金融危机之后，资产大量缩水，有些华侨的经济实力受到打击，没有什么太大的能力资助家乡的公益事业，而一般的华侨就更没能力了。[①]

几乎在同一时间段，国家的侨务政策也发生了一些变化。中国国务院于 1996 年 4 月 1 日起停止了华侨、港澳台同胞捐赠进口小汽车和部分物品的免税政策。华侨在为公益事业进行捐赠之后要缴纳关税，并在捐建工程项目后缴纳各种规划建设费用。尽管这是全国统一的政策，但对于海南移民的跨国实践尤其是非营利的社会文化馈赠造成了严重的负面影响：据有关资料统计，1994 年国家实行优惠政策期间，当年海南省接受华侨华人和港澳台同胞捐款捐物总价值超过5000 万元，但在停止执行优惠政策之后的 2003 年，捐款捐物总价值仅为 1527 万元（鞠海龙，2008：187）。文镇移民的捐赠也在这种大背景下逐渐减少了。

文镇移民在"二战"后经历了社会阶级复位，社会地位补偿的需求本身在减少。同时。东南亚与中国在世界体系中的位差在逐年缩小。因此，与坎镇、官镇移民相比，文镇移民在跨越民族国家边界回乡后，无法再像以前一样利用相对经济优势实现社会地位提升与社会向上流动，反而由于自身财力的削减，这些"变穷"的"南洋客"难以在这个跨界过程中实现社会地位补偿。

三 社会地位落差的缩小与"昂贵"的社会地位补偿成本

如上所述，由于祖籍国与移居国之间的社会经济差距在不断缩

---

① 2011 年 4 月 7 日，笔者在仓县金梧桐酒家对《侨乡仓县》副主编伍前彪的访谈。

小，导致经历社会阶级复位的文镇移民在返乡协商自身社会身份与所属阶层时，发现自己早已不再是"阔绰"的"海外华侨"。移民不得不面临逐年缩小的社会地位落差及不断攀升的社会地位补偿成本，这进一步降低移民的社会地位补偿需求与削弱移民参与跨国实践的能力和积极性。下面我将分别选择纯公益性的学校及集公私为一体的宗祠作为个案来说明文镇移民所面临的"昂贵"的跨国实践费用。

（一）中学的撤并

1985 年，文镇官南墟的地方精英们筹划为官南筹办一所中学。官南华侨初级中学筹建委员会成立一个月后，首先向旅居海外的乡亲发了第一封"动员书"：

> 为筹办"官南华侨初级中学"告海内外同胞书
> ……官南地区偏僻，人口众多，学生来源面广，交通很不方便，学生读中学要走十几公里遥远的路程，往返上学疲于奔命。既影响学生学习情绪，又增加家庭经济负担，致使许多学生中途辍学，这是造成我区文化落后的根本原因。
> ……
> 目前只需三至四万元增建两座教室，几间宿舍，数十副桌椅，即可兴办起来。挖掘各方面的经济潜力，就是再大的困难，也能迎刃而解。为此，特向海内外各界人士疾呼：恳请本着一向热衷办学的精神，群策群力，解囊输将，俾集腋以成裘，共襄善举，完成上级赋予我们的神圣任务！
>
> 文镇官南华侨初级中学筹建委员会
> 一九八五年十二月十四日
>
> 捐款奖励条例：
> 捐款数量不计多少，一律在墙壁上勒名留念。
> 捐款达壹万元以上者，除以一间教室命名及挂玉相留念外并照顾两名亲属子女三年免收学费读书。

捐款达伍仟元以上者，除以一间宿舍命名及挂玉相留念外并照顾壹名亲属子女三年免收学费读书。

捐款达三千元以上者，除挂玉相留念外并照顾壹名亲属子女三年免收学费读书。

捐款达壹仟元以上者，悬挂十二寸肖像留念。

捐款达伍佰元以上者，悬挂十寸肖像留念。①

"动员书"发往海外后，文镇移民总共捐了人民币48576元，超过了预期的"三至四万元"。3年后，官南华侨初级中学于1988年成立。但此时的官南华侨初级中学还没有像样的教学楼，教室多借用隔壁官南小学的教学楼。地方精英以官南华侨初级中学董事会的名义于1990年再次写了一封"动员信"，希望能够动员更多的海外乡亲捐资筹建教学楼：

为筹募"官南华侨初级中学"建校基金启事（1990.1.10）

敬启者：

……

校董会根据一所初级中学所需用地及校舍规模……根据目前造价估计，最低限度需要人民币伍拾万元……素仰旅外同胞，社会贤达，各界大众，热爱祖国，热爱家乡，热心教育，关怀后代，为此吁请慷慨相助，热烈输将，集腋成裘，共襄义举，此不仅于家国有利，子女受惠，就捐献者亦自德泽长流，流芳后世焉。

文镇官南华侨初级中学董事会谨启
一九九〇年一月十日

捐款奖励条例：

（一）凡乐捐达拾万元以上能建教学楼一层（二百四十平方）者，除以该层楼命名及悬挂二十寸彩相留念外，并照顾三

---

① 2010年2月，笔者在文镇官南书报社获得的资料。

名亲属子女三年免费入校读书。

（二）凡乐捐达伍万元以上能建教室两间者，除以教室命名及悬挂二十寸彩相留念外，并照顾两名亲属子女三年免费入学读书。

（三）凡乐捐达两万元以上能建一间教室者，除以教室命名及悬挂十八寸彩相留念外，并照顾一名亲属子女三年免费入学读书。

（四）凡乐捐达壹万元以上能建一间宿舍者，以该宿舍命名及悬挂十六寸彩相留念。

（五）凡乐捐达伍仟元以上为学校配套建设者，挂十四寸彩相留念。

（六）凡乐捐达壹仟元以上为学校配套建设者，挂十二寸彩相留念。

（七）凡乐捐无论多少，芳名勒碑留念。①

我们可以将上文两封"动员"做一些比较分析。侨乡地方社会向海外乡亲动员的数额已经在短短 5 年的时间里发生了变化：从建校之初向移民所提及的"三至四万元"，到 1990 年所提出的"五拾万元"的数额。这反映出移民社会地位补偿成本随着侨乡本地经济发展而逐年出现升高的过程。② 侨乡社会对于移民的要求已经不仅只是当初的微薄资助，而是需要切实地解燃眉之急。这种变化也反映在"捐款奖励条例"上，第一封"动员书"的最高捐款额奖励为 1 万元，而第二封信则多出了捐 10 万元、5 万元、2 万元的条例规定，这明显是想通过提高最高奖励额度，来增加捐款数额，以凑足 50 万元的总数。

然而 50 万元对于在东南亚国家生活的官南籍乡亲来说也是一

---

① 2010 年 2 月，笔者在文镇官南书报社获得的资料。

② 1988—1990 年这三年是人民币通货膨胀较为剧烈的时期，分别是 18.8%、18%和 3.1%。所以侨乡所提出的金额升高确实受到通货膨胀因素的影响。但排除通货膨胀的因素后，50 万元相比 3 万元、4 万元依然有了大幅度的提升。

笔颇为可观的费用。尽管移民的收入在移居地社会属于中等甚至偏上，但他们的收入与祖籍地的平均收入相比并没有明显的相对经济优势。

根据世界银行的数据显示，东南亚十国人均 GDP 与中国人均 GDP 的比值在过去的 40 年里发生了很大的变化。在 1976—1993 年，东南亚十国人均 GDP 是中国人均 GDP 的 10 倍以上。1994—2000 年，东南亚十国人均 GDP 是中国人均 GDP 的 5 倍以上。从 2001 年开始，两者的人均 GDP 倍数逐年下降，从 2001 年的 4.44 倍下降至 2016 年的 1.4 倍。[①] 由于华人移民在东南亚国家的经济状况普遍达到甚至超过平均水平，因此东南亚的人均收入可用作其在移居地平均收入的参考值。而具体到仓县而言，2010 年仓县人均 GDP 为 21107 元人民币[②]；同年东南亚十国人均 GDP 为 10566 美元。2015 年仓县人均 GDP 为 30685 元人民币；同年东南亚人均 GDP 为 11290 美元。[③] 综合这两年情况，东南亚人均收入是仓县本地人均收入的 2—3 倍。考虑到每个国家的购买力存在差异，还需要估算一下东南亚与中国的人均购买力平价比：2010 年东南亚的人均购买力平价为 20995 美元，是中国大陆人均购买力平价的 2.26 倍。[④]

可见，文镇移民的收入在祖籍地并没有很大的优势。上面的第二封信是我们所能找到的最近的一封与中学捐资相关的侨信，我们可以从中清晰地看出社会地位补偿成本上升的过程。此后，官南华侨中学获得的侨资日益减少，加之前来就读的学生人数减少，最终难逃被撤并的命运（见图 5-2）。

---

① 数据来源于世界银行，参见 http：//databank. worldbank. org/data/reports. aspx？Code = NY. GDP. PCAP. CD&id = 1ff4a498&report_ name = Popular – Indicators&populartype = series&ispopular = y。其中，越南缺失 1976—1984 年的数据，柬埔寨缺失 1976—1992 年的数据，老挝缺失 1976—1982 年的数据，缅甸缺失 1993—1999 年的数据。

② 参见《海南统计年鉴 2011》，中国统计出版社 2011 年版，第 53 页。

③ 《海南统计年鉴 2016》，中国统计出版社 2016 年版，第 57 页。

④ 数据来源于世界银行，参见 http：//databank. shihang. org/data/reports. aspx？source = 2&type = metadata&series = NY. GNP. PCAP. PP. CD。

图 5-2 荒芜的官南中学

（二）宗祠的没落

在文镇，受到移民社会地位落差缩小及补偿成本升高的影响，不仅最具公益性的学校由于缺乏侨资而没落，就连集私人性与公共性为一体的宗祠所接受到的社会文化馈赠也在逐年减少。

海南南昌支陈氏宗族董事会是文镇官南地区的一个地方宗亲组织，董事会自1991年正式成立以来，所做的第一件大事便是修建宗祠。1992年秋，宗祠在其旧址重建，包括德尊祖纪念堂、仁族厅、前门三座建筑，面积达482平方米。1993年清明节落成剪彩（见图5-3）。2000年，董事会又开展了另一项浩大的工作——修谱。通过多方努力，主要靠海外侨捐共集资20多万元。族谱经过五次修订终于在2002年清明节之前完成。除了完成修谱、祭祀等工作外，宗族董事会还在春节、祭祀期间组织丰富多彩的文化活动。在扶持教育方面，宗族董事会除了设立教育奖学金外，还在1997年创办了南昌幼儿园，办学地点在南昌支陈氏宗祠内，由董事会基金提供全部办学经费。

2004年之后，随着侨乡本地经济的发展，本地宗族向海外移民所"提出"的捐赠数额越来越大，海外移民开始发现自己要获得名声所需要付出的"成本"在逐步提高。这种微妙变化深刻地影响着陈

图 5 - 3　南昌支陈氏宗祠

氏宗族董事会的后续发展。2004 年，南昌幼儿园由于维持运行的费用升高及后续资金不足而停办。幼儿园的停办引起董事会成员的反思：海外移民捐赠在逐年减少，光靠捐赠已不能支持宗亲组织的良好运行。宗族董事会开始意识到，仅靠提供社会地位补偿已经远不能吸引侨资了。南昌支董事会看到这一点，决定借鉴附近黄姓宗族的成功例子，计划筹资 300 万元创办属于全族共有的海南陈氏南昌大厦。大厦建成后，可用于出租，所得租金用于弥补海外乡亲捐赠意愿不足导致的资金短缺。

　　然而这个倡议本身就反映出社会地位补偿成本升高的过程。300 万元人民币不仅对当地人来说是个天文数字，对于在东南亚国家生活的陈氏宗亲来说也是一笔不可小觑的费用。截止到我调查时，这笔费用在移民群体中应者寥寥。从修宗祠、修族谱到倡议建海南陈氏南昌大厦，南昌支陈氏宗族董事会所"要求"的金额在不断提高，与日俱增的社会地位补偿成本足以使大部分想要通过支持宗族事业而获得名声的海外移民望而却步。

　　从上面的两个个案来看，经历了社会阶级复位与跨国阶级向下流动的文镇移民除了要面临逐年缩小的社会地位落差外，还要承受与日俱增的社会地位补偿成本。这极大降低了文镇移民对于社会地位补偿的需求，也进一步使得社会文化馈赠等非营利性跨国实践难以为继而走向衰落。

第二节　弱化的社会地位补偿供给

上一节主要讲述了文镇移民对于社会地位补偿需要的下降及其对于跨国实践的影响。本节则主要探讨是谁赋予文镇移民社会地位的？在给予移民社会地位补偿的过程中出现了哪些障碍？下面我将分别从地方政府、民间社会以及海外离散社会的角度进行论述。

一　"不缺钱"的文镇地方政府

在各种社会地位补偿供给的主体中，地方政府所扮演的角色极其重要。对于文镇政府来说，一方面文镇移民不再具有雄厚的经济资本，帮助地方政府发展经济；而另一方面，这个移民群体伴随着国民身份的转变，也无法为母国提供海外政治支持。在这样的背景下，文镇地方政府为移民提供社会地位补偿的动机随之下降。

（一）从"乞讨"到"摆阔"

在与海外移民中断了 30 年之后，文镇地方政府与其他侨乡地方政府一样，希望能够吸引侨资，带动本地经济的发展，为此地方政府采取了一系列针对华侨华人、港澳台同胞的优惠措施。[①] 时任海南行政区（当时海南还没有建省）人民政府侨务办公室主任在 20 世纪 80 年代时就意识到海外华侨华人、港澳台同胞有可能成为侨乡经济建设的一支重要力量。为此，他上任后首先抓了归还侨房的工作，接着逐步将侨务工作的重点转移到围绕经济建设服务上来（冯子平，1993：408－409）。

在地方官员的努力下，在改革开放初期，文镇确实吸引了一大批移民回乡捐资。当时地方政府急缺经济发展的资金，无暇顾及基层尤其是乡镇的学校、医院、村路等地方性公共空间的投入。为了吸引侨

---

① 根据在仓县档案局搜集的档案材料。

资，鼓励这些"雪中送炭"的乡亲，地方政府采取了各种办法向回乡的移民"要钱"。[①] 然而到了 20 世纪 90 年代后期，政府的态度逐步发生了转变。伍前彪长期在仓县政府主办的侨乡仓县杂志社工作，对于仓县政府的态度变化体会得较深：

> 现在政府对于华侨的态度也有一些微妙的变化……人总是有一些劣根性的，没钱的时候都是求爷爷告奶奶的，低声下气，但有钱了身子板硬了，不需要了，也不想求人了。这种人的劣根性放在政府也是一样的。现在学校不需要华侨捐钱修了，医院也有政府支持了，乡村道路国家也拨了大量资金，这些都是导致政府对于华侨并不是太热情，倒不是说表面上，表面上还是热情，但就是心底里不是觉得很重要了。[②]

市政府这种"不需要华侨"的态度很快蔓延到了镇级政府。我到文镇调查时，政府部门听到我的博士学位论文是有关"南洋客"时都兴趣索然，与在坎镇、官镇的情况完全不同。文镇干部章坤很困惑地反问道：

> 现在还需要华侨捐学校吗？还需要他捐医院吗？还需要他修路吗？现在这些政府都能够包办了。路，政府直接铺到了村里；学校，政府配备一些教室、老师、书本；医院，政府也有能力购买一些医疗设施。你让华侨捐什么，根本就不需要捐了，当然不是说都是不需要，但基本上从面上来说是不怎么需要了。[③]

就连直接服务华侨华人的侨务部门也受到了影响，主管侨务的仓县侨联副主席伍广鸿就说：

---

① 根据 2011 年 4 月 9 日，笔者在仓县文镇喝茶时与镇干部章坤的闲聊。
② 2011 年 4 月 7 日，笔者在仓县金梧桐酒家对《侨乡仓县》副主编伍前彪的访谈。
③ 2011 年 4 月 9 日，笔者在仓县文镇喝茶时与镇干部章坤的闲聊。

　　现在国家发展了，政府有钱了，现在这里的经济好多了，都是政府出钱多了，要缺什么，政府给钱就可以了。政府很多都能主导了，所以也不太在乎华侨捐钱不捐钱。即使是希望捐钱，也是希望大侨领捐一些大的项目，而不是像 80 年代的时候，华侨捐个 10 元、5 元的，对于政府的意义也不大，帮不上什么忙，华侨也觉得捐得没什么意思。以前是广撒网，就是很少的钱也捐，而且捐的人很多。但现在主要是集中在侨领，普通华侨捐也觉得没啥意思了。①

　　虽然伍广鸿表示政府还是希望海外乡亲捐资，但显然政府的期待无形中已经提高了标准。"腰包丰盈"后的地方政府显然"腰杆也变硬"了，问华侨"要钱"已然不是他们的工作重心了。出于政治统战的目的，政府部门还是会沿袭传统，每年重点招待一些海外乡亲。但这种接待已经从原先的"乞讨"演变成"摆阔"，问海外移民要钱已经不是主要的接待内容。

　　2011 年清明节是许多文镇移民回乡祭祖的日子。仓县政府举办了第四届世界仓县乡亲恩亲节，邀请回乡恩亲的海外乡亲参加。恰逢我在仓县调查，也参与了此次恩亲节。长期负责具体接待工作的仓县侨联主席符暖竹、副主席胡红光认为此次恩亲节的参与人数较往年少了很多，主要是安排不当导致的。符暖竹说：

　　不是少了，而是他们只请了这么多，只有 100 个名额，华侨倒是来了 100 多个人。但安排得也不是太好，请这么少人，那么华侨带的伴侣、孩子、亲戚还有一些朋友根本就没法来这么多，你光安排这几个名额，很多华侨就不愿意来了，他只能一个人来，没法带亲戚朋友过来，他又不是缺你那顿吃的，很多华侨也就不来了。本来如果是请 1000 个人，能花多少钱，没多少钱的，搞得这么小规模。这政府现在不重视也没办法，根本不是经费缺

---

① 2011 年 4 月 1 日，笔者在仓县对仓县侨联副主席伍广鸿的访谈。

乏的问题，而是重视程度的问题。①

一些移民在访谈中对于此次的恳亲节也颇为不满：

> 像今年的恳亲节，华侨为什么今年来得这么少，就是前几届接待、招待不好。这次参加恳亲节的不超过 200 人，他们宁愿回去扫墓，都不来恳亲节，为什么？以前吃、住都很差，但华侨还是愿意来。仓县本地政府不肯拿钱出来，他们对于华侨团体没有足够的重视，看不到华侨在历史上的重大作用。他们往往低估了华侨的作用，认为他们不是那么重要了，其实是很重要的。②

而整个恳亲活动基本上都是在向海外乡亲展示政府的政绩工程，颇有"摆阔"的意思。最后，市政府甚至还带参加者观摩了 2010 年大水灾后政府给当地村民建的别墅式的房子，令许多移民都十分惊叹。

与此同时，作为重点侨乡的文镇也招待了来自本镇 30 多位重点侨领。随着海外移民在本地影响力的下降，文镇没有设立专门的侨务部门，文镇侨务由镇人大副主席王文勋兼任。据他介绍，此次招待也只是例行公事介绍文镇的情况，并不打算问华侨要钱，因为"不需要"。③ 连作为主管侨务的王文勋都抱着"不需要华侨"的"摆阔"心态，那么其他政府官员的态度可想而知。

（二）从"礼遇"到"冷遇"

地方政府上述心态的变化进一步导致其侨务工作的变化。在传统侨乡，海外移民往往以"华侨""华人"的身份自居，这种优越性大

---

① 根据 2011 年 4 月 12 日，笔者在仓县侨联办公室对符暖竹的访谈。

② 根据 2011 年 4 月 17 日，笔者在仓县京都大酒店对仓县马来西亚华人符言川的访谈。

③ 根据 2011 年 4 月 9 日，笔者在仓县文镇对主管侨务的镇人大副主席王文勋的访谈。

部分是因为移民在长期形成的跨国道义体系中占据的是一种施予者的优势位置，这种优越性也进一步强化了移民对侨乡的道义责任。而作为社会地位补偿供给者的文镇地方政府，在这方面为移民提供的补偿力度经历一个由强至弱的变化过程。从马来西亚华人王富城的描述中就可以看出：

> 我第一次回来是 1982 年，当时是国务院邀请我们回来的。当时我先到的北京，国务院的同志接待我们的。然后我才回海南，是省长接待我的。到了仓县，市委书记，侨办主任，侨联的人，都过去机场接我。那个阵势很大，有两个女孩举着一条横幅，上面写着欢迎马来西亚侨领王富城先生省亲归里。我回来以前都打电话给市侨办、市侨联，他们派车去接我，然后送回家乡，现在就没有了。我以前回文镇也捐了很多钱啊，小学的校长伸手要钱我就给。现在中国人太有钱了，生活水平也好了，村里的人也不需要你给的 100 元、200 元的。你不来问我要，我也就不给了。我叫官南小学的校长来吃饭，他没有来，我就没有再捐钱了。也不知道为什么官南小学校长没有来吃饭。①

从王富城的故事可以看出，文镇所给予移民的待遇在逐年下降，从"市委书记，侨办主任，侨联的人都去机场接"的"大阵势"到"现在就没有了"、从"伸手要钱"到"请校长吃饭人也不来"的类似话语表述中，隐约可以感到侨领王富城作为"海外华人"的优越感丧失所伴随而来的失落。这从文镇主管侨务的王文勋的谈话中可以得到印证：

> 现在地方政府领导对华侨重视程度下降了。以前一个华侨回来，很多市委领导甚至是一些省领导都要出面接待的。现在很多领导都不想出来见这些华侨了。我们现在基本上小华侨那些就不

① 根据 2011 年 2 月 12 日，笔者在文镇对马来西亚侨领王富城先生的访谈。

接待了，都是他们自己和这边的亲属联系。如果真是很大的侨领的话，可能是市里接待，我们也不怎么接待了。现在对于华侨的这种迎来送往比较少了。①

尽管王文勋表示大侨领还是会由市级政府接待，但其话语中的"大侨领"的衡量标准也在逐年提高，已远不是改革开放初期的标准。政府的这种态度也影响到了移民。许多移民都开始"知趣"地不再要求地方政府的接待。偶尔个别"不识趣"的移民提出接送时，往往会遭到接待人员的"冷遇"。2011年清明节恳亲，泰国侨领符志兵向侨联要求出车陪他回乡祭祖。仓县侨联副主席伍广鸿为此抱怨连天："像符志兵这样要求我们陪他们一整天，还要求送他们回乡扫墓的比较少见。他这个人比较吝啬，现在捐赠也少了。"② 从伍广鸿的话中，我们可以看出，政府热情与周到的接待是跟移民源源不断地支持家乡建设密切相关的。一旦移民捐资减少，政府的接待意愿也随之降低。像符志兵这种既不热心捐资又要"礼遇"的移民很容易遭到政府的"冷遇"。

"冷遇"还表现在文镇地方政府对于移民的社会声誉补偿的缺位上。我偶尔从移民的抱怨中了解到政府的"消极怠工"。2010年10月，仓县发生特大水灾，导致20亿人民币的损失，其中文镇也是重灾区之一。华人移民对于这种特大尤其是发生在自己家乡的自然灾害向来有着救济的道义传统，侨乡也形成了重大自然灾害依靠海外移民的路径依赖。但此次水灾，文镇移民的反应却出乎意料的冷淡。对此，长期待在仓县的华裔企业家符宏文认为这是政府不重视华侨的结果。③ 事发时，符宏文就在自己所投资的仓县义方家园工作。当得知仓县下辖的几个镇区都被淹没了，符宏文主动下去了解水灾情况，并组织公司员工购买分发一些救济用品到下面镇区。据符宏文事后回忆，当时地方政府几乎处于瘫痪状态，更不要说对于救灾人员的接待

---

① 根据2011年2月15日，笔者在文镇对主管侨务的镇人大副主席的王文勋的访谈。
② 根据2011年4月3日，笔者对第四届世界仓县乡亲恳亲节的田野笔记。
③ 根据2011年4月7日，笔者在仓县义方家园对仓县移民符宏文的访谈。

及筹款其他事宜。他对此表示理解，毕竟当时事出紧急。但事后政府也没有就此事进行表彰：

> 可以说，当时我们是第一个进驻文镇进行救灾的企业。但这个事情政府的接待也没有做得很好，做完之后，也没有见政府表扬啊、报道一下先进事迹。当然我不是说要求一定要报道我和我们企业，而是说政府没有意识到这个社会的力量。即使你不说我公司名也可以啊，你可以说某企业，这样可以激励其他的社会力量进驻帮忙救灾。政府和媒体都没有去做这个事情。其实大家都知道水灾的这个事情。实际上，10月8日的时候，海南侨联都已经通过各种渠道通知海外侨领及各个海外社团，并把消息挂在网上，但华侨的回应很消极。因为这个之前，政府拿着华侨买来的地又卖来卖去的，一提起政府，唉……①

尽管符宏文表面上不在乎政府的表彰："不是说要求一定要报道我和我们企业"，但心里也不免埋怨政府的冷淡："政府和媒体都没有去做这个事情。"从符宏文的表述中，我们可以发现移民与侨乡的关系已经处于非常脆弱的状态。在这种情形下，地方政府不积极、不主动甚至是负面的态度与作为也导致本来就面临社会地位补偿需求下降的移民望而却步。

从原来的"礼遇"到现在的"冷遇"，我们可以发现地方政府在财政充裕之后，不再将移民视作"上宾"，所给予的社会荣誉及情感交流也越来越少。对于一些经济上出现周转困难的移民甚至不想接见，这也进一步挫伤文镇移民在祖籍地进行跨国实践尤其是无偿馈赠的意愿。

（三）经济补偿的缺位

如上所述，许多文镇移民在亚洲金融危机之后受到重创，无偿的非营利性跨国实践逐渐减少。但与此同时，国内相对低廉的劳动力与

---

① 根据2011年4月7日，笔者在仓县义方家园对仓县移民符宏文的访谈。

土地价格以及发展机遇吸引了众多文镇移民的目光，不少人希望能够回乡"捞一笔"，与地方政府建立起互惠与交换的关系。这种情形与官镇有些相似，但与官镇不同的是，文镇在吸引投资的过程中与移民并没有建立良好互惠的关系，反而导致许多经济纠纷。

随着经济发展，侨乡的土地价值每年都在急速增长。地方政府为了获取更大的利益，往往将已经答应盘给移民的地以更为优惠的价格卖给他家。① 新加坡华人符时坚投资的房地产还在手续办理期间，就"眼睁睁地看着到嘴的肥肉"莫名其妙地被政府收回转卖了：

> 我投资了间屋。1993 年，以 6000 元/平方米的价格卖给我。当时我什么手续都齐全了，收据、收条都有的当时我都已经打好地基了，已经用了一年多并拿来出租。但他转头以 7000 元/平方米的价格卖给了别人。都已经十多年了，很难要回来了。②

符时坚的遭遇是很多回乡投资的移民都会遇到的情况。由于侨乡本地经济的转型，地方政府希望将优惠政策留给来自内地、更有经济实力的大企业，而对于海外移民的投资出现了较为明显的变化："现在的政府就想着要搞大项目，巴结那些大企业、大老板，不理我们这些人的。"③ 除了海外华人与国内企业家在经济实力上出现变化甚至是倒置外，随着国家的经济体制逐渐完善，可操作空间被压缩。即使有操作空间，政府也越来越不愿意将这种空间留给回来投资的文镇移民。这种变化让许多回来投资希望能够得到优惠的移民感到措手不及。

许多文镇移民不是没意识到政府态度的转变始于祖籍地与移居地在世界体系中的位置变化。但更多的移民希望地方政府能够基于移民对家乡曾经的支持给予侨资即使不是优惠也是均等的机会，这样也更

---

① 根据 2011 年 4 月 17 日，笔者在仓县京都大酒店对仓县籍马来西亚华人符言川的访谈。

② 2011 年 4 月 5 日，笔者在仓县维嘉大酒店对新加坡华人符时坚的访谈。

③ 2011 年 4 月 14 日，笔者在仓县海南华侨农庄对新加坡华人韩广的访谈。

有利于移民其他非营利性的跨国实践比如社会捐赠的展开：

> 在中国最需要资金的时候，华侨回来支持了国家在转型开始的原始资本积累。但经过近30年的发展，现在仓县面临着一个重大的发展机遇的时候，有没有同等地考虑华侨利益，没有，完全没有给华侨均等的机会来投资。而是将很多投资的机会让给了国内的大企业。如果一个华侨能够在仓县赚到200万元，起码他会有20万元放在这里捐赠，进行一些慈善事业。或者他也会将赚到钱的一部分用于再投资，最起码他不可能将所有的钱都赚了带走吧，这同样也是回报仓县。但我们市政府没有做好这个工作。在你穷的时候，华侨回来支持你建设，当你有了发展机遇，却没有想到回报他们。虽然说现在从财富的比例来说，本地的比华侨有钱的比例要多，尤其是和东南亚相比。这边的经济状况在变好，但不能够因此降低华侨一直以来对于家乡的贡献。现在的仓县离不开他们当年的支持，他们早年将钱投入学校，尤其是基础教育，培养出一大批人才，仓县才有今天的发展。对于华侨无论是在策略还是公关上都要重新调整，考虑优待华侨华人，给予他们一些优惠政策，将机会给他们而不是给所谓的大企业。因为你当时最穷的时候，为什么没有去找内地的大企业呢，为什么你找的是华侨呢，你所利用的不就是华侨热爱家乡的这种历史传统吗？现在地方政府很多官员对于华侨、侨乡的历史不了解，施政思维上有偏差，觉得现在华侨华人不重要了，没有钱了，但你不能够忘记华侨整体对于社会所做的贡献。①

符宏文提到的"利用华侨热爱家乡的这种历史传统"，指的就是侨乡与海外移民在长期互动中所形成的道义传统。现在许多移民希望能够将这种道义转化成为互惠互利的交换关系："考虑优待华侨华人。"然而对于移民这种期待，政府并没有给予正面和积极的回应：

---

① 2011年4月7日，笔者在仓县移民符宏文办公室对其的访谈。

"当你有了发展机遇，却没有想到回报他们。"随着社会地位落差的缩小及社会地位补偿成本的升高，文镇移民更希望参与营利性跨国实践多于纯粹的社会馈赠。但由于地方政府不愿出让土地或基础设施配套跟不上，导致很多想回来投资的华人移民难以获利。还有不少移民在投资过程中与当地政府发生纠纷，进一步使移民无法与家乡建立良性运行的互惠关系。

（四）侨务部门边缘化

地方政府如何看待海外移民、将他们放置在何种社会类别上，集中体现在侨务部门如侨办及半官方性质的侨联在整个地方政府体系中的地位。在文镇，不仅移民抱怨连天，就连侨务工作者也认为地方政府不够重视侨务。受中国的政治体制所限，国家公务员担任县级以下地方人民政府领导职务的，一般不得在原籍任职。这使得许多仓县县及镇的干部不会讲海南话。而这些不是在侨乡长大的官员也不太了解侨乡的传统以及缺乏与海外华侨华人打交道的经验，以致在工作重点上并不将侨务放在很重要的位置。侨联副主席伍广鸿是本地人，他对于这些从外地派来的上级领导是这么评价的："这届政府不太重视侨务，都不是海南人，不懂海南话，不了解侨乡的情况，也觉得侨务不重要。"①

道义通常是只盛行于一定的"防御圈"内：在圈内，要避免的是潜伏着大灾难的危险；在圈外，盛行的是资本主义利润计算（詹姆斯·C. 斯科特，2001）。这种"道义圈"得以发挥的重要基础是"我群"身份认同的构建，而回来的移民对于这群不会说海南话的政府官员感觉到难以产生亲近感。祖籍本地仓县的侨联主席符暖竹如是说：

> 很多华侨回来对政府也很有意见。觉得很多当地政府的人不是本地人，不会说海南话。他们说：叫我们（指华侨自己）怎么称呼你们（指本地官员）为"我们"（意为"自己人"）

---

① 2011 年 4 月 1 日，笔者在仓县对仓县侨联副主席伍广鸿的访谈。

呢……很多华侨就觉得他们虽然会出于华侨能够辅助他们升官而对华侨还可以，但始终在感情上还是觉得很疏远。①

非本地官员还属表面现象，或者只是一个借口，最重要的是，地方政府没有表现出很大的诚意，认真考虑应与海外移民建立何种关系，而只是出于形式沿袭侨乡传统。然而道义传统的基础实际上已经由于各种结构性因素的影响而变得十分脆弱。政府的"表面功夫"让回来的移民也无可奈何："我觉得地方政府还是很糟糕的，他们只知道拜访华侨，但却不深入调查华侨，怎样调动华侨积极性。很多是挫伤华侨积极性的。"② 随着"财大气粗"，地方政府也不再像以前那样小心翼翼地揣摩移民的心理，在实际交往中并不太考虑移民的感受。仓县侨联主席符暖竹就跟我讲了一件事情：

> 我上次带电视台到东南亚访问那些侨领，大概有一个月吧。拍回来，做成了集锦。但却不给被访者自己的访谈录像。本来作为尊敬和礼貌，你去到那边都是人家接待的，你采访了人家，应该给人家一个完整的录像，结果不给人家，只给剪接的，采访了很多人都没有在剪接片段中出现。搞得我都很没面子的。因为是我带他们去的。我都觉得很难看。去年清明节前有一个恳亲节。大概有200多华侨回来参加活动。那些政府官员的就只请会馆代表吃饭，请一桌。那你让其他人怎么办呢，这么多人。还有这些代表的太太也不能上桌，只能在楼下吃，搞得很多华侨都很有意见。说真是不明白这里的风俗，搞什么，都不想吃。我也说你们吃吧，我也不想吃了。③

符暖竹举的事例都反映出现在政府对于侨务工作的冷漠。原本文镇所接受到的捐资已经大幅下降，加之政府不重视形式上的迎来送

---

① 2011年2月11日，笔者在仓县侨联主席符暖竹家对其的访谈。
② 2011年2月12日，笔者在仓县新桃源酒家对仓县马来西亚华人符言川的访谈。
③ 2011年2月11日，笔者在仓县侨联主席符暖竹家对其的访谈。

往，对于一些参与跨国实践的移民没有做好妥善的接待工作，使原来的道义关系更趋于弱化，新的交换关系难以建立。在这种背景下，文镇移民在祖籍地的捐赠与投资急剧减少。

（五）"新仇旧恨"

与坎镇相同，文镇侨乡形态在1949年前就已十分成熟。在第二章时就有交代，20世纪50年代的土地改革导致不少传统侨乡受到冲击。一些华侨华人及侨眷被划成"华侨地主"，家产被同村贫农剥夺，甚至家里成员还有被批斗殴打致伤致死的。很多人在随后的历次政治运动中又多次受到了冲击。有许多文镇人认为这是影响移民参与跨国实践的重要因素。文镇白延村书记严鸣指出：

> 我们这边很少有华侨捐款的。因为我们以前在土改的时候，这里的人被划分地主成分的比例很多，因为我们这边人多地少，所以有一点土地就被划成地主了，很多华侨出去南洋回来买地就被划成地主。所以华侨对于政府及政府管理的学校都不是很热心捐赠。①

但实际上历史恩怨并不是影响移民跨国实践的最大原因，而是地方政府在与海外移民重建道义传统时，并没有很好地处理移民的这种怨恨感。例如很多移民提出在各种政治运动中被没收的家产，有些在改革开放初期给予了归还，但有些因为各种原因没有归还，而地方政府也没有做好对移民的解释工作。上文也说到文镇没有专门处理侨务的部门，侨务由人大副主席王文勋兼管，对于一些移民的抱怨他也表示无奈：

> （移民）有一些要求很过分的，我们也很难支持。比如有些华侨说家里有块地是他的，但那块地又不是祖屋，如果是祖屋当然是他的，但又不是祖屋，是1949年前属于他的。但问题是

---

① 2011年4月9日，笔者在仓县文镇白延村村委会对村书记严鸣的访谈。

1949 年后，土地是属于国家所有的，私人只是有使用权，但华侨不了解情况，要求我们政府把土地归还给他。但按照法律来说是不合法的，而且本来本地人也要使用土地，而他们使用的频率是最高的，华侨你只是一年回来几次，所以这也是很难办到的。①

仓县由于兴建航天城需大量征用土地，许多移民的祖先牌位、祖坟、祖屋都因此而受到波及，引起移民不满："华侨说现在的市委因为征地，不尊重我们，连祖宗都不尊重，只是管我们拿钱，所以这是很让我们心寒的。"② 这次航天城的征地使得仓县很大一部分移民家庭受到影响，也让许多老一辈移民回想起了几十年前发生的让他们心有余悸的"土改运动"。③

实际上，坎镇也同样存在历史遗留问题。但坎镇政府的态度显然要更为积极：在"革命话语"褪去后，许多侨务部门上至市侨办、侨联，下至镇的侨联组织都积极与移民重建道义传统，并通过出台政策文件以及实际侨务工作最大限度避免危害道义关系的做法，比如出台有关侨校撤并的处理办法等。很多坎镇还利用移民之前由于政治运动导致的个体与家族地位向下流动，鼓励移民通过跨国实践获得社会地位补偿。这里我并不是想评判哪个政府的行政效果更有效率或更合理。事实上，影响两个地方政府行动存在差异的不是道德因素（参见陈那波，2009），而在于政府是否能够从移民身上汲取相应资源。究其原因，文镇地方政府对于上述问题的处理并不是能力所限，而最根本的原因还在于文镇移民无法满足地方政府对于利润获取与政治支持的二元需求。过去的历史恩怨并不见得会直接影响移民跨国实践，地方政府进行社会地位补偿的意愿才是首要原因。

综上所述，随着侨乡经济的发展，许多文镇移民已不再被地方政府看作"贵宾"，而政府给予移民的各种社会地位补偿，包括接待、

---

① 2011 年 4 月 9 日，笔者在仓县文镇对主管侨务的、人大副主席王文勋的访谈。
② 2011 年 2 月 11 日，笔者在仓县侨联主席符暖竹家对其的访谈。
③ 根据 2011 年 2 月 12 日，笔者在仓县新桃源酒家对马来西亚华人符言川的访谈。

声誉、利益补偿都开始减少。这使得文镇移民通过跨国实践实现社会地位补偿的可能性也随之降低。

二　松散的文镇地方社会

与坎镇与官镇的地方社会相比，文镇地方社会的结构更为松散。根据 2003 年的海南侨情调查显示，海外华侨华人在国内的空头户增多，已占海外华侨华人总户数的 56%，有些小自然村甚至全部都是空头户，与"侨"有密切关系的"边缘人"① 增多（张朔人、于苏光，2008：248）。在这种背景下，相较坎镇、官镇而言，文镇由宗族、地缘所形成的地方性网络结构松散，网络组织能力较低，与海外移民的联系也呈弱化趋势。特别是作为补偿主体的侨眷或"边缘人"面临着"后继无人"的局面。

（一）缺失的补偿主体

社会网络运行依靠的是其中的关键节点。官镇与坎镇之所以能够建立或松散或紧密的、有效的跨国社会网络，主要依靠的是侨乡地方精英（类似以前的乡绅）与海外侨领这两个重要节点。他们之间有可能是直系或旁系亲属，有的可能是儿时伙伴、同学，或两者拥有因长期保持交流建立起来的良好私人关系。社会学家戈夫曼（欧文·戈夫曼，2008：19 – 25）曾将人际互动看作戏剧表演。如果把移民捐赠看作一场社会表演，那么一定要有负责的"导演"、热心的"观众"、卖力的"表演者"以及功能齐全的"表演舞台"，"演出"才能获得成功。地方精英是社会地位补偿的重要供给者，在移民社会地位的表演中扮演着"观众"甚至"导演"的角色。在文镇，不是没有出现过这样重要的导演或观众，可随着时间的消逝，这些节点由于没有新人补充出现了越来越多的空缺，导致跨国网络无法顺利运行。下面我们分析在文镇，这些"表演要素"在最近 30 年间发生了怎样的变化。

---

①　"边缘人"指海外华人华侨在国内的远亲，他们成为华侨在国内联系的纽带。海南省外事侨务办公室编：《2005 年海南外事侨务工作调研论文集》（内部资料），2006 年，第 14、172 页。

1. "导演" 退场

在移民捐赠的社会表演中，地方精英作为"导演"的角色不可或缺。这位导演要懂得运用与移民之间的道义传统，适时为移民提供社会地位补偿，将捐资尤其是捐巨资的移民划分到较高的社会阶层类别，从而使这场演出能够完美落幕。琼文中学老校长黄循洲就是一个典型例子。

琼文中学是文镇为数不多的中学之一，长期得到侨资的支持。其中老校长黄循洲发挥了重要的作用。从 1989 年做副校长开始，黄循洲花了大量精力与海外侨领建立关系，甚至到海外筹募资金，为学校争取到更多资源：

> 在我做校长期间，我花了很多时间与华侨联系，因为当时政府没有那么多的钱，但学校要扩大才有生源才有发展，那么扩大需要建宿舍楼、教学楼，这些都是要钱的。当时学校最主要是靠华侨，我去过很多地方：香港、澳门、马来西亚、新加坡、澳大利亚和文莱，其中马来西亚和新加坡去了两次，泰国也去。一般都是我们这边与那边的侨领先联系，取得他们同意之后，我们再从这边去。①

据学校的其他人介绍，黄循洲有家人在马来西亚。黄循洲的侨眷身份既使其在跨国地方性网络中处于关键节点，也便于他作为"导演"角色的扮演：

> 黄循洲校长比较重视与华侨保持联系，让华侨支持学校的发展。黄循洲在外面，在马来西亚有亲戚，这些事情肯定是要通过介绍，才能够认识一些大侨领的，人家也才信任你，要不你贸然跑过去的效果也很差。他人是挺好的，尤其对华侨很不错。②

---

① 2011 年 4 月 11 日，笔者在仓县文镇琼文中学对原校长黄循洲的访谈。
② 2011 年 4 月 11 日，笔者在仓县文镇琼文中学校史办公室对吕先列主任的访谈。

黄循洲还很善于发动社会网络中的其他重要节点，如海外亲人及其他侨领，尽量让"募捐"在有众多"社会观众"在场的情况下进行：

> 一般我都是通过熟悉的亲戚及侨领来发动华侨。另外一个就是通过经常回乡的华侨，让他们把学校的情况向海外乡亲报告。他们回来，我们如果知道也会到他家拜访。像欧国梁先生就是，我们到他家拜访，邀请他到学校来看看，也跟他汇报一些学校的情况，他自己主动提出捐钱的。还有一些是华侨社团开庆典时，我去参加，比如什么海南联谊会啊之类的，我们一般是让侨领自己发动的，他们讲比较好，比较可信。当然华侨对我也比较信任，我说的话他们也相信。[1]

由于黄循洲长期注意保护与维持和移民之间的道义传统。因此，即使到了2000年，整个文镇侨资大面积出现回落的情况下，黄循洲还是成功地从海外筹募到修建学校图书馆的款项：

> 修建学校图书馆时，我2000年去香港、新加坡募捐，我肯定是事先和他们讲好说去交流访问，一般先不说要募捐的事情，就是去联谊。去到当地，我就会介绍学校的现状，以及学校的一些问题啊困难啊，当时建图书馆时政府是出不了钱的，只能依靠华侨，那么华侨知道这种情况后，一般都会认捐，有些会当场就给现金。一般都是认捐，等我回来后，他才慢慢寄钱过来。[2]

2006年，黄循洲正式退休，琼文中学失去了一个关键节点："他离任之后华侨捐钱也比较少了。"[3] 琼文中学基本上所有的侨捐项目

---

[1] 2011年4月11日，笔者在仓县文镇琼文中学对原校长黄循洲的访谈。
[2] 2011年4月11日，笔者在仓县文镇琼文中学对原校长黄循洲的访谈。
[3] 2011年4月11日，笔者在仓县文镇琼文中学校史办公室对吕先列主任的访谈。

都是在黄循洲在任时完成的。新任的校领导也不具备黄循洲所拥有的人脉资源，加上政府财政充盈及侨资减少的大环境，学校领导也渐渐地不再重视从海外筹募资金："校长他不是太注重华侨这方面的东西，反正现在政府也有钱，犯不着。"① 新任校长也不再"有兴趣"担任"导演"的角色，对于移民提供的社会地位补偿也随之降低。

随着老校长的退休，曾经是侨捐重点对象的琼文中学逐渐失去了移民支持。在文镇，许多中小学都面临类似情形。由于缺乏像黄循洲这样积极负责的"导演"，许多移民想要实现社会地位补偿也找不到相应的补偿者。很多学校尤其是小学因为补偿者的缺失出现了侨资大量减少的现象。

2. "观众"与"表演者"退场

在电话、网络等现代通信手段普及以前，侨乡的地方精英与海外联系通常都是通过侨信。侨信记载着许多侨乡与移民之间交往的历史以及移民在跨国道义关系中所扮演的角色。王大文作为文镇官南墟地方精英就一直保持着与海外移民的关系。官南墟的官南书报社、官南华侨中学及鼎新小学、王氏宗祠的捐献过程他都发挥过重要作用。王大文的家庭由于有"海外关系"，1949 年后成为家庭出身不好的典型，在历次政治活动中受到不少冲击。改革开放后，王大文得到平反，拥有"海外关系"也从劣势转变成优势。王大文因其学识、威望、能力，更因为其与多位侨领为童年挚交的关系，逐渐成为联系地方与海外的重要社会网络节点。② 其中，他与马来西亚的侨领林猷昌关系甚笃。两人一直通过侨信保持着密切的联系。我在官南书报社调查时，发现了一些林猷昌寄给王大文及林道海两位乡贤的信件，信件内容多涉及官南书报社、官南华侨中学的筹款与兴建过程。虽然我们难以获得王大文等人寄去海外的信件，但从这些侨信中，我们依稀可以发现，侨乡与海外移民是如何在道义关

① 2011 年 4 月 11 日，笔者在仓县文镇琼文中学办公室对主任黄海的访谈。

② 上述材料根据 2010 年 2 月在官南墟对章瀚发、王楠的访谈及田野笔记整理而成。

系中分别扮演着"观众"与"表演者"的角色的。下面我截取几封：

> 林道海、王大文 先生
>
> 敝人于八月六日前往悉尼专程拜访侨界领袖王大师乡兄，向其筹募建设教育大楼基金，大师贤兄实力雄厚，深明大义，热心乡梓教育事业，师兄与敝人合捐两层楼教育楼一座，敝人除呈面深致谢意外，更在返回墨尔本之后修函，再度申谢。
>
> 两层楼教育大楼建筑基金已经有着落，对贵校来说无异是项喜讯，吾等祈望更多有实力之侨界乡贤能订立自主，使官南华侨初级中学之规模更大，设备更完善，有更多之乡梓子弟受惠。为此，敝人建议去函征求大马乡贤陈德裕、王富城、龙学品等各捐马币三千元，想上述三位会慨然应允。
>
> 此外，有关敝人与王大师乡贤合捐教育大楼事，请对外暂不宣布，以免有沽名钓誉之嫌，待筹募到更多款项之时，方一并宣布。
>
> 乡中各人安否？请代问候。
>
> 顺颂 文安
>
> 拿督林猷昌谨启
> 一九八九年八月八日①

> 林道海、王大文 先生
>
> 近来可好？一切愉快顺遂为祷。有关弟与王大师君合捐教育大楼一事，大师先生近日将由澳洲返梓，届时将前往拜访台端二位，并办理一些手续。
>
> 至于弟捐建教育大楼之费用，除以前所捐之款项外，余数为人民币壹万柒仟伍佰元，以及大文先生为弟垫支之马币叁仟贰佰元（给王爱梅女士修补房屋费用），弟已嘱咐符气标先生一并当

---

① 本节书信及文字资料都由官南书报社主任章瀚发提供，以下均同。

面清还，有劳两位费神之处，谨此再申谢意。

顺颂

时祺！

弟 拿督林猷昌谨启

一九九〇年三月二十一日

林道海、王大文 先生

有关筹募官南市书报社基金贰万元款项事，弟建议由二位召开书报社筹募基金小组会议，并请道海兄代表弟出席会议。目前时近清明，山川村王氏扫墓，趁着由海外归来之吾官南乡亲澳洲王大师及星洲王振高、王大法皆在场之际，请求上述三位王氏乡亲连同弟各捐人民币需伍仟元即可达致筹款基本目标。如果王氏诸位认为数目大，可连同吉隆坡之龙学品、陈德裕、王富城共七人每人捐人民币叁仟元即可。悉尼王大师君富甲一方，为人慷慨，而振高及大法先生皆为成功商人，经济富裕，平日热心公益，对栽培邑人子弟，鼓励读书深造方面，相反他们亦会责无旁贷，尽力而为。由于上述二位王先生在乡逗留时日有限，故请接此信后从速召开书报社筹募基金小组会议，及与三位王先生联络，恳请捐款。如此则能水到渠成，一劳永逸解决官南书报社之经济问题，也纾解弟为书报社之生存及发扬光大所负之心愿。

专此顺颂

时祺

弟 拿督林猷昌谨启

一九九〇年三月三十一日

林道海、王大文 先生

五、六月来函均已收悉，为了达致筹建教育大楼，栽培乡梓子弟之心愿，二位及校方理事会同人的确劳神尽力，精神可嘉。

函中所提其中壹万元捐款已移作其他用途事，敝人也不欲太坚持，而愿再补壹万元，凑足共伍万元，唯此壹万元需留待今年底敝人返乡时奉上，未知可否？至于早些时候捐出已移作他用之壹万元，可否以先父及先兄之名义捐出而以教室命名？另外之贰仟元，则作为官南小学及官南华侨初级中学之奖励金，谨此问候乡中诸人安好。

并颂

文安

弟 拿督林猷昌谨启

一九九〇年七月九日

我们所搜集到的侨信主要集中在 20 世纪 80 年代到 90 年代初，由此可以判断在 90 年代以前，侨乡地方精英与海外侨领之间的道义关系一直维系得很好。作为"观众"的地方乡贤见证了整个 80 年代侨乡地方捐赠表演的全程，并给予"表演者"以极高的赞誉与奖赏。而海外侨领与普通移民作为"被凝视"的"表演者"也乐此不疲地投入地方的公共事业中。

其中，第三封侨信略有提及的官南书报社是改革开放后官南地方的第一个捐赠项目。1983 年 11 月，海外移民林猷昌、王士海等倡议迁建官南书报社[1]，随后得到新加坡、吉隆坡、沙捞越等埠 98 位华侨的支持，先后捐款人民币 3 万余元，于 1985 年重建"官南书报社"大楼。官南书报社建成后也成为重要的"地方性表演场域"，在后续侨捐中发挥重要作用。自官南书报社复办后，地方精英经常聚集在书报社开会，反思以及总结复办的成功经验，以期未来更好地动员官南移民的力量。[2] 没过多久，官南的海外侨领及地方精英依靠官南书报社所形成的跨国网络，先后筹集资金捐资建立起官南华侨中学与小学，整个筹款建校的过程在上面的第一、二、四封侨信中都有提及。

官南书报社、官南华侨中学、小学的兴建完全依靠众多热心扮

---

[1] 官南书报社原址在现址附近建于 1916 年。由早期南洋华侨倡办，日本侵琼后社址被毁停办。

[2] 根据在仓县文镇官南书报社所搜集到的《仓县官南书报社复办的点滴体会》一文。

演"观众"的地方精英以及充当表演者的海外侨领在地方性场域的成功演出。然而到了90年代末期，王大文、林猷昌这些作为关键节点的地方精英与海外侨领相继病逝或行动不便，也没有更多的意愿参与到这些侨乡的地方性事务中。我2010年第一次来到了官南书报社，其当年的热闹已不再。偶尔过来读报的乡民三三两两，稀稀落落，书架间的图书已经非常老旧，年代久远也不曾更新。挂在墙壁上的捐资者的照片早已斑驳发黄，显然是长期无人打理所造成的（见图5-4）。

图5-4 挂在官南书报社的捐资者"玉照"早已斑驳发黄

与此同时，由同一批地方精英所筹款修建的官南华侨中学、小学也同样面临困境。与书报社相距不远的官南华侨中学已经被撤并，曾经的校园空无一人（见本章第一节）。而官南小学就读的学生人数越来越少，很快也难逃撤并的厄运。曾经作为官南书报社、官南华侨中学、小学筹款委员会成员的符樊对此深表痛惜：

> 当时对华侨很隆重，他刚下飞机就有车子接送，回来时乡亲敲锣打鼓的……现在的捐钱工作很难做，让人感觉像去"讨钱"，和乞丐一样，而且南洋的老华侨过世后也确实没有什么人捐了。老一辈与华侨关系良好的校董成员也渐渐过世了，只剩我一个了，新的不熟悉情况。也没人愿意出来做华侨的工作。①

---

① 根据2010年2月10日，笔者在仓县文镇对官南乡老符樊的访谈。

符樊上面提及的民间侨务接待——"（华侨）刚下飞机就有车子接送，回来时乡亲敲锣打鼓"——作为社会捐赠表演的序幕早已被"弃用"。当年积极动员海外侨资的地方精英中只有符樊一人在世，他也因年事已高，行动不便，逐渐淡出了这个曾经热闹非凡的"演出舞台"。随着补偿主体与被补偿主体的双重缺失，"观众"与"表演者"的同时退场，作为社会表演的捐赠也随之减少，而作为"地方性表演场域"的官南书报社也逐渐衰落，难以再为移民提供社会地位补偿。

（二）弱化的补偿体系

随着从华侨到华人的国民身份转变，文镇移民的评价标准从祖籍地转移到了移居地，这使得地方性网络提供的声誉补偿对于移民的吸引力急剧下降。文镇人用"番归番，唐归唐"①"番化""归番"等词语来形容与祖籍地淡化联系、确立移居地本地认同的移民及其后裔。"番"这个字眼反映出侨乡人对于文镇移民同化并融入移居地主流社会的失落、失望、无奈与不满。

林氏宗祠的例子就说明了这一点。在文镇移民中，林氏是一个不可忽视的群体，在文镇下辖的文林村、沙港村都有大批林氏宗亲移民到新加坡、马来西亚等地。林氏宗祠位于仓县城区中心，这也是由林氏宗亲捐钱建造的。林氏宗祠除了在清明节显得比较热闹之外，平常并没有固定人员看管祠堂。一些中小学补习班租借林氏宗祠所在地，在周末的时候开办一些补习课程。

捐赠作为海外移民的"社会表演"仍然在延续，但"表演"的场域已经转移到了移居地：很多海外的林氏宗亲往往更倾向于捐钱给移居地的林氏宗亲组织，而不是将善款投入祖籍地的宗亲组织。移民新加坡的林尤官说：

①　"唐"是"唐山"的简称，指移民的祖籍地。"归番"意指移民融入并同化于移居地主流社会。"番归番，唐归唐"是侨乡人用于描述那些融入并同化于移居地主流社会、不再保留对于祖籍地的认同并淡化与祖籍地之间的联系的移民及其后裔。这种描述往往是以那些与侨乡有着密切联系的移民作为参照对象的，反映了侨乡人的某种失落心态。

我们林氏宗祠在新加坡还有教育基金，主要还是靠我们捐款，用于奖励会员的子女读书，一般只奖励给新加坡的宗亲，不包括仓县的林氏宗亲。其他海外的教育基金也是各自筹集的，也不捐给仓县这边。①

所谓"留名"的社会声誉补偿对于移民的吸引力已远不如从前。许多移民在移居地能够比较迅速地进入主流社会，实现社会阶级复位。因此他们更多是接受移居地的评价标准，从移居地获得社会价值与声誉地位；而对于祖籍地的评价体系越来越淡薄，他们并不太在乎来自侨乡社会所提供的"光宗耀祖""衣锦还乡"的声誉补偿，因而原来基于"馈赠—补偿"的道义传统就更趋于弱化。

弱化的补偿体系导致了移民在侨乡地方性空间中的淡出。我在文镇调查期间，时刻都能感受到"华侨的光环"在文镇逐渐褪去，曾经是侨乡地方社会的焦点的移民逐渐淡出了人们的视野，乡间各种文化事业的芳名榜或许记录着移民们曾经特殊的社会身份，却难掩发黄斑驳。② 尽管，在侨乡地方社会，人们还是会偶尔感念移民对于家乡的支持，但在日常生活的大部分时候，华侨的特殊意义已经衰退。文镇梅山村村民吴仍荣就认为"华侨时代已经过去了"：

我们海南要不是靠华侨，60年代困难时期都不知道要多死多少人。当时我们这边生活困难，很多华侨都寄粮食、寄油回来，饼干、糖果、咖啡、牛奶，反正是能寄的都寄回来的。那时候我们这边每家每户都有寄钱寄物回来的。华侨捐赠在80年代，一直到90年代初都还很活跃，现在就不行了，很多华侨都不捐钱了。以前这边学校和祠堂都是华侨捐的，修路的钱也是华侨出的。现在，华侨时代已经过去了。因为我们这边生活好了……现在华侨不愿意给钱还有个原因，就是他们回来看到这边生活提高

---

① 2011年4月6日，笔者在仓县酒楼对新加坡华人林尤官的访谈。

② 根据2011年4月9日，笔者在仓县文镇白延村委会、文林村委会、湖峰村委会的田野笔记。

了，我们都吃大鱼大肉了，生活不紧张了。甚至家里的人还有钱过他们在南洋的。他们自然觉得"你们生活好了，我们在外面这么辛苦，当然我们就没必要再给钱了"。①

吴仍荣隐晦地提到了海外移民在跨国道义体系中优势地位的丧失："甚至家里的人还有钱过他们在南洋的。"可见，随着祖籍地与移居地之间的差距减小，逐渐地改变了"馈赠—补偿"的传统路径。处于基层的村民越来越依赖的是自身的生产力及地方政府，在发生重大自然灾害或事故时，人们期待的是地方政府有更大的作为，而不再遵循传统的路径依赖——"祈求"海外乡亲的帮忙。个别移民即便希望通过捐资来实现社会地位补偿，这种补偿实现的可能性也越来越少了。在家乡人眼里，这些"南洋客"的"风光不再"。他们也有意无意地不再将这些移民放置在较高的社会类别上。许多移民表示以前回来是觉得家里人无法解决温饱，因而出钱资助学校、修葺道路及其他基础设施，而现在的文镇似乎是"不需要了"，侨乡这种不需要体现出一种"不领情"。在这种情形下，原来心照不宣的社会地位补偿就难以得到实现。马来西亚侨领王富城就表示：

> 现在中国有钱了，不需要华侨的那点钱。不像以前，现在这里的人生活都富裕了，以前生活都有问题……你现在都生活好了，也自然不需要我再资助了。以前回来都要给些钱，政府啊，村里面啊……以前水灾多，破烂屋子很多，政府又没钱修，就是靠我们这些华侨……以前没有钱，就帮一点。现在这边都不需要回馈的了，就算了。②

甚至如侨联副主席伍广鸿所说，许多移民回来发现家里的人过得比他们还要好，通过无偿馈赠获得社会地位补偿的意愿也随之下

---

① 2011 年 2 月 16 日，笔者在仓县文镇梅山村村民吴仍荣家对其的访谈。
② 2011 年 4 月 3 日，笔者在仓县维嘉大酒店对马来西亚华人王富城的访谈。

降："回来看到这里的人生活条件好了，还很悠闲，所以就非常羡慕，也有些看不惯，觉得这里的人太懒了，所以捐资的欲望也降低了。"①

伴随着补偿主体的后继无人以及补偿体系的弱化，文镇侨乡地方社会所能给予移民的社会地位补偿无论从内容还是形式上都在急剧减少，这很大程度上影响了移民回乡进行社会文化馈赠的积极性。

三 原子化的海外离散社会

海外离散社会是人口国际迁移和定居的产物，同时，它们也是离散社会与祖籍国互动和移民融入移居地社会的重要基地（周敏、刘宏，2013）。由于不同的移民历史以及东南亚与北美在社会结构因素上的差异，文镇移民的海外离散社会呈现了不同于坎镇与官镇的组织形态与发展模式。文镇移民的海外离散社会历史悠久，但在"二战"后逐渐经历了本地化及松散化，与祖籍地的联系逐渐减少。下面我主要从族群居住模式及社团组织形态的角度来分析海外离散社会在社会地位补偿供给上所扮演的角色及其对移民跨国实践的影响。

（一）居住模式：散居化

早期文镇移民集中分布在新、马、泰各地，为了抵御其他方言群体的压迫，往往群聚而居，逐渐形成了族裔聚居区。在马来半岛、泰国及越南都出现了许多"海南村""海南街"，如马来西亚的丁加奴、古来、沙巴、槟城，新加坡的密驼罗路、小坡、美芝律，泰国的苏梅岛、曼谷周围、北大年，越南的堤岸、河仙等都是琼侨聚集区。在这些族裔聚居区盛行海南话，其生活方式及风俗习惯与国内几乎相同（寒冬，2008：125；吴华，1999：3）。

以新加坡为例，许多文镇移民早期主要在新加坡牛车水市区也即小坡一带聚居，逐渐形成了"海南街"。新加坡的海南街已有一百余年历史。"海南人士在开埠以后才来，一看大坡已为闽粤潮三帮所

---

① 2011年4月1日，笔者在仓县对仓县侨联副主席伍广鸿的访谈。

占，已无插足之地，只好在小坡打天下。他们因为是最早为英人工作，于是便在美芝律附近居住下来。他们最先的居住地为密驼律（Middle Road），因此俗称海南街，后来海南人愈来愈多，向旁扩展，于是又有海南二街（Purvis Street）和海南三街（Seah Street）出来。"（吴华，1989：264）据许多访谈者回忆，海南一街是一些咖啡店、鸡饭店及药铺。海南二街多以商店、银庄、旅行社为主，也有一些宗亲社团会所。而三街则主要以住宅以及宗亲社团为主，琼州人的王氏祠、华友会、陈氏公会、黄氏公会、庄严宗亲会、李氏公会、梁氏公会等都集中在这里。不少移居新加坡的文镇人表示自己小时候就长在与生活在海南街内。

图 5-5　城市化下逐渐消失的海南"一街""二街""三街"

然而，移居国政府为了促进移民同化于当地主流社会，在"二战"后逐渐破坏了这些族裔聚居区，促使移民居住模式的散居化。同样以新加坡的海南街为例，当年琼籍移民的落脚地现已高楼大厦群立，过去那一排二层南洋骑楼已经消失，丝毫不见当初的踪迹（见图5-5）。除了少数经营地道海南风味餐馆的"老华侨"依然坚守在"海南街"之外，绝大部分已经离开这里，今日"海南街"已经成为新加坡最为热闹的美食街之一，而街区里的居住者大多早已不是海南人（寒冬，2008：167-168）。

新加坡国际大都市的现代背景也让移民及其后代获得更多机会。这也导致了移民对于族裔社区的依赖程度逐渐下降，许多移民为了获取资源更快融入移居国，更多从主流社会中获取社会向上流动的资源，因而大大地加速了他们的同化进程。原本在族裔经济圈里，被"人情"包裹的华商与华工之间的劳资关系受到现代化管理体制的冲击，移民个体在这种国民化、现代化的背景下被迅速原子化。这进一步使得本来作为一个重要社会地位补偿主体的海外族裔聚居区在整个移居地社会城市化进程中被瓦解了。

在泰国和马来西亚仍然还保留着一些残存的海南人聚居区，但规模并不大，即使有聚居区，这些聚居区也在移居国的排华与同化政策的影响下逐渐本地化，与祖籍地的关系已经逐渐疏远，难以起到为跨国参与的移民提供社会地位补偿的功能。

（二）社团组织：在地化

在东南亚国家中，泰国、马来西亚及新加坡是文镇移民最为集中的地方之一，因而也是相关社团组织最集中的地方，其中以地缘性社团以及血缘性宗亲会为主。这些社团组织在"二战"后均面临着在地化（localization）的趋势。

在海外各地海南同乡所成立的地缘性组织中，新加坡海南会馆（原名为"琼州会馆"，后于1993年更名）是成立最早的会馆之一。新加坡海南会馆成立于1854年，是新加坡8间注册最久的社团之一（见图5-6）。此外，新加坡海南同乡组织还有60多个①，其中以成立于1936年的沙港同乡会最早。上述的地缘性组织，成立时大都分

---

① 根据2015年8月19日，笔者在新加坡台湾饭店对新加坡海南会馆会长潘海佳的访谈。

布在小坡一带如美芝律、密驼律（海南一街）、巴米士律（海南二街）、佘街（海南三街）、荷罗卫巷、启信街等。马来西亚海南同乡成立的会馆，以马六甲琼州会馆（今名海南会馆）为最早。目前，拥有 70 个单位属会的马来西亚海南会馆联合会成立于 1933 年。该会原名"南洋英属琼州会馆联合会"，乃由来自文镇的著名侨领王兆松首先发起组织，1990 年再改称为"马来西亚海南会馆联合会"。上文多次提到的马来西亚侨领王富城自小受父亲影响参加了海南会馆，并曾任社团的领导职务。[①] 泰国是文镇移民的主要聚居地之一，因而其地缘性组织也较多。泰国海南同乡最高的机构——泰国海南会馆于 1946 年创立（其前身为琼州公所，肇始于同治年间），其中有不少成员是文镇移民。然而随着时代变迁，这些地缘性团体已经成为移居国非政府组织的重要组成部分。这从很多社团内部的摆设就可以略窥一二，比如泰国的社团无论是地缘性社团还是血缘性社团均挂有泰国国王及王后的相片（见图 5 - 7）。更为重要的是，社团在成员构成、组织功能以及实际运作均呈现了在地化的趋势：

图 5 - 6　新加坡海南会馆

---

① 根据 2011 年 4 月 3 日，笔者在仓县维嘉大酒店对马来西亚华人王富城的访谈。

图 5-7　泰国海南会馆内部挂着泰国国王与王后的相片

首先，社团成员公民化。东南亚的琼籍传统社团组织大多面临成员老化且人数逐年减少的困境，这在泰国琼籍社团表现得更为明显，泰国的琼籍人士与其他方言的华人群体以及当地族群通婚的现象较为普遍，使得所谓"纯正"的海南人的人数呈现下降趋势：

> 主要是很多海南人嫁其他族群的，或者娶泰国本地女人的，所以很多已经不是纯的了。因为现在第三代第四代参与得很少，基本不怎么想参加会馆，所以我们现在都是规定只要是父亲是海南人的就可以了，母亲是海南人，父亲不是的也可以参加，但是就不能做理事，没有选举权。①

这种社团成员青黄不接的情况在坎镇移民的海外离散社会中也不鲜见，但由于五邑籍华人社团大量吸收新移民而弥补了人员不足的困境（见第三章第二节）。尽管来自海南仓县的新移民规模远不如坪县坎镇和廉县官镇，但仍然形成了一个显著群体，主要分布在

---

① 2016 年 8 月 10 日，笔者在泰国海南会馆对会馆总干事陈贤成的访谈。

泰国、马来西亚和新加坡。但不少东南亚各地的琼籍社团出台条例，要求成员必须是所在国国家公民或起码要取得永久定居权。[①]新加坡、马来西亚以及泰国的海南会馆均是如此。泰国海南会馆的陈总干事如是说：

> 我们海南会员都必须是泰国的公民或者起码有随身证（笔者注：指居留证）才可以参加的。所以海南的新移民没有来参加我们会馆，他们基本上是没有手续的，我们会馆也很难来接收他们的，只是知道他们是做导游的，但是具体再做什么就不知道，我们和他们打交道很少的，就是在一些宴会上，我们是有过一些交道，但是不多了。[②]

由于这些国家的琼籍社团的这种规定，很大程度上排斥了还未入籍或不想入籍的新移民。而文镇新移民又不如官镇、坎镇多，新移民也没有能力形成自己的社团组织，使海南移民的海外离散社会呈现本地华人社会与新移民群体之间的隔离，愈加隔离与原子化。这些与家乡保持密切联系的文镇新移民无法如坎镇移民那样，通过社团内或社团间的互动影响老移民延缓其同化进程，这使得琼籍社团的本地化趋势更加明显。

其次，社团功能公共化。琼籍海外社团从社会功能上更多旨在增进移民及其后裔在移居国当地的社会福利与政治权利，无暇顾及祖籍地的社会经济文化事务。新加坡海南会馆在 1989 年提出了应转变原本的社团宗旨：

> 国家社会起了很大的变迁，宗乡会馆创立时的宗旨已经不适合于现代社会。宗乡会馆的生存与发展，应配合时代之情势和国际社会的进展，除联络乡谊、团结互助、共谋乡亲福利之外，应

---

① 根据 2015 年 8 月 14 日，笔者在新加坡口福餐厅对新加坡华人王得和的访谈。
② 2016 年 8 月 10 日，笔者在泰国海南会馆对会馆总干事陈贤成的访谈。

以培养国民意识、国家观念、发扬华族优秀传统文化为宗旨之一，同时应配合国家社会的需要，力求自我更新。①

上面的这段话说明许多社团伴随着成员的公民化，已经发展成为移居地重要的非政府组织，致力于争取华人族群的正当权益，并为当地的公共慈善事业发挥着举足轻重的作用。东南亚的海南会馆大多设立了教育基金会，用于奖励读书成绩优异的会员子女，以泰国曼谷海南会馆为例："我们设立有教育基金会，凡是我们会员的子女都可以获得教育基金，成绩要好，要 80% 以上的才可以，从小学到大学都有奖励。"②曼谷海南会馆的教育基金会的资金来源仍然是依靠捐赠，捐赠者也会给予声誉的奖赏，例如将其玉照挂于会馆之内等。但这些教育基金会基本不针对祖籍地的孩子。由此可见，社会地位供给作为传统仍然被社团部分保留下来，但对于社团成员的评价不再根据其参与跨国实践的多少以及对祖籍地的贡献，而基于其在移居地所属的社会地位以及对于社团本身的贡献。在这种背景下，地缘性社团所具有的补偿功能不再是促进移民开展跨国实践的重要因素。

最后，社团矛盾本地化。与坎镇、官镇的海外社团相似，文镇移民的社团组织内部也存在内部斗争与矛盾。比如新加坡海南会馆与天后宫为争取财政大权甚至闹到法庭。③但这些社团矛盾的原因大多不是为了争夺祖籍地的声誉补偿、政治经济资源，而是由于各派在移居地的利益分歧所致，这就导致了这种纷争与矛盾并没有积极地促进移民跨国实践。④

上述趋势在地缘性社团中表现得更为明显，而血缘性社团的公民化、公共化与本地化的特征要稍弱些。相比地缘性的团体，血缘性的

① 《新加坡琼州会馆庆祝成立一百三十五周年纪念特刊》，1989 年，第 101—103 页。
② 2016 年 8 月 10 日，笔者在泰国曼谷海南会馆对会馆总干事陈贤成的访谈。
③ 根据 2015 年 8 月 19 日，笔者在新加坡台湾饭店对新加坡海南会馆会长潘海佳的访谈。
④ 根据 2011 年 2 月 12 日，笔者在仓县新桃源酒家对马来西亚华人符言川的访谈。

宗亲会则发展得更早。最早的宗亲会——新加坡符氏社于 1887 年由符愈贵倡组，是现存最早的 13 间宗亲会之一。在海南尤其是在仓县，符氏是一个大姓，因而也拥有着众多的海外宗亲。符氏海外宗亲会遍布泰国、新加坡、马来西亚、中国香港、中国台湾等地。世界各地的符氏宗亲于 1987 年成立了世界符氏宗亲会，初步建立了跨国社会网络。世界符氏宗亲会的总部设立在海南海口，自成立以来在促进移民跨国实践中扮演着重要的角色。上文提到的新加坡华人符时坚就曾任世界符氏宗亲会理事长：

> 世界符氏宗亲会的总会放在海口，我还定了每年的 3 月 30 日全世界的宗亲在海口祭拜祖先，每年的 3 月 29 日开全世界符氏宗亲大会。原来教育基金的发放是在 3 月底的，但因为很多学生要上课，没办法过来领，因此就改到了 8 月份的暑期。这个教育基金会是 1989 年成立的。当时我们在海口建了一座 5 层的楼，1、2、3 层是拿来出租，4、5 层是作为宗祠用。教育基金会的资金来源主要是来自这栋楼的铺租，一年有 30 万的收入。当时我提议拨 20% 的租金用于奖学金，5% 的租金用于福利金。但后来教育奖学金发展得很好，有很多人继续捐钱，但福利金就很少人来捐钱，也没有发展下去。后来符志兵做了理事长之后，泰国宗亲会领头，扩充了奖学金，其他地方模仿泰国的做法，成立了教育奖学金的基金会，每年各个宗亲会从自己的教育基金中抽取利息作为海南符氏教育基金会的资金来源。①

世界符氏宗亲会是少数发展出比较完善的跨国社会网络的海南宗亲组织。而且由于早期在海口购买族产，因而可利用租金的收入将其投入祖籍地的公共事业上来，比如设立教育基金等。由于所凭借的纽带关系不同，血缘性宗亲会比地缘性同乡会在移民跨国实践中所发挥

---

① 2011 年 4 月 5 日，笔者在仓县维嘉大酒店对新加坡华人符时坚的访谈。

的作用更为积极。但像世界符氏宗亲会这样的个案在琼籍宗亲会中也属于个例。实际上，很多宗亲会由于早期没有在祖籍地购买族产，对于家乡的捐赠也基本处于停滞状态。海外宗亲会与家乡宗亲会的联系很松散，近年来已经较少经济上的往来。海外宗亲的捐赠也主要投入海外宗亲会的日常开支以及奖学金中。可见，与地缘社团类似，琼籍宗亲会也同样面临着公民化公共化与本地化趋势。

虽然文镇移民在海外所成立的社团年代较坎镇、官镇移民的社团年代更为久远，但是随着移民群体的社会阶级复位，这些海外社团在"二战"后经历了一个在地化过程。与坎镇、官镇移民的海外社团相比，由于文镇移民更强调华人身份，因而其社团作为移居国民间组织的组成部分与家乡的联系逐渐弱化。因此，无论是社团内部的竞争还是合作都无法进一步成为促进移民跨国实践的积极因素。此外，还有不少社团面临社团成员难以为继、成本增加的困境。有些社团组织入不敷出，只好停办。以新加坡为例，至少已经有18个琼籍社团组织停办。这使得文镇移民的海外离散社会显得更为松散，难以发挥社会地位补偿主体的重要作用。这对于跨国实践的文镇移民来说，缺少了一个有力的补偿主体。

第三节 关系弱化、低度补偿与跨国实践衰落

由于祖籍地与移居地之间差距的缩小，文镇移民所面临的社会地位落差逐渐缩小，由此导致社会地位补偿成本增大及社会地位补偿需求降低，加上侨乡地方政府及社会、海外离散社会所提供的补偿下降，文镇移民难以实现社会地位补偿。本节主要分析文镇移民这种低度社会地位补偿是如何导致跨国实践衰落的。

一 传统道义的没落

与坎镇移民相似的是，社会文化馈赠一直以来是文镇移民最传统也是最主要的跨国实践模式之一。这些移民大多来自传统乡村，作为

"新乡绅"的他们往往要为家乡提供相应的公共物品、资源以及福利（陈春声，2005）。而作为侨乡则要为那些积极承担责任与义务的移民提供社会地位补偿的承诺，由此形成了"馈赠—补偿"的道义传统。然而，随着国际政治经济格局的变化、华侨华人在移居地的融入以及侨乡经济的发展，这种基于传统道义的无偿性馈赠出现了下降趋势。下面我以纪忠小学为个案进行说明。

（一）延续道义传统

文镇作为传统侨乡，一度与海外移民形成了类似于坎镇的"馈赠—补偿"的传统道义关系。在20世纪70年代末80年代初，文镇的侨务政策在整个社会大背景下随之转变。中央的特殊政策让边缘的海南成为改革开放的前沿，不久海南又建省办特区。尽管文镇移民与家乡之间的亲密关系由于历史变迁已经变得很脆弱，而且这些文镇移民大多经历了在移居地的同化过程，但由于当时中国与东南亚国家之间的经济差距仍然显著，此时的文镇移民回乡后仍具有较大的经济优势。他们可以沿着原有的"馈赠—补偿"的路径依赖，通过社会捐赠将自己"南洋客"的身份地位在侨乡的熟人社会中表演出来，以实现跨国阶级向上流动。

南村纪忠小学的兴建就依赖于这种传统道义的延续。20世纪80年代南村的移民在改革开放后纷纷回来探亲。当时侨眷吴昆官等人提议要在南村建教学楼。吴昆官分别在1980年与1984年前往泰国筹集纪忠小学的款项。在各方积极协商下，1992年，纪忠小学正式成立。现在的纪忠小学校内还留有当时捐资建校时的芳名榜。[①] 10年后，南村新出生人口由于国家计划生育及大量人口外出而呈逐年下降趋势，乡村社区内适龄儿童的数量大幅减少。纪忠小学2004年一度只剩下100多名学生，并且由于师资缺乏、教学质量下降，当时仓县教育局计划保留同一行政村的另一所小学作为完全小学，而纪忠小学则缩编为只有低年级（一至四年级）的初级小学。

---

① 根据2010年2月25日，笔者在仓县南村对侨眷吴昆官的访谈。

在这种情形之下，曾在建校中发挥重要作用的吴时农得知这种情况提出要建立校董会，决心"救校"（见图 5 - 8）。吴时农利用自己在侨乡地方社会的声望，写信给海南省教育厅陈述救校之意：

> ……
>
> 我们是漂洋过海浪迹天涯的一群，籍辖仓县南山大队纪忠小学校的校友。今能签得自己的名字，写一张普通的中文信，念懂中文报纸，皆得纪忠小学校之赐予。虽寄居泰国数十年，但对故乡的一草一木，样样感到可爱，永志在脑海中。反之，更随日月而俱增。据闻市教育当局曾言，纪忠小学五、六年级班次，每班缺额二三人，有意将五、六年级二班取消（即裁减）仅留初级部，同人闻之不胜惊骇。纪忠小学为乡中先贤苦心派诸筹谋建校，迄今有百年历史。在历史的长河中也有一段史迹，同时并筹得一笔基金，创立振南学会，往常为该校添砖增瓦，补其所乏。
>
> 倘把高小部取消，莘莘学子须往镇中心小学就读，程途虽无关山万里，但身为家长者势近陪送迎归，非但浪费时间，况且农村经济收入有限，增加经济负担势在必行（例如车资）。依众人之管见，无论从任何角度观之，有损无益，故此，希望有关当局维持固有班级，不但可慰先贤在天之灵，也解除旅居异邦之群虑，这是我们共同的心声。并祝。
>
> ……①

吴时农在信中以"村内子弟读书无法就近"的道义理由反对学校撤并。但事实上，南村的学龄儿童大多随父母迁往镇区，实际在纪忠小学就读的人数较少，而来就读大多是远在斗罗农场的学龄儿童。所以吴提供的理由并不充足，反对撤校的主要原因还在于学校是海外移民辛苦捐资的成果，是他们对于家乡道义责任的物质化体现。对于吴时农等人来说，保护学校也是维持自己在南村社会地位的重要方式。

---

① 《2006 年 5 月吴时农写给海南教育厅的信》，2010 年 2 月 25 日，村民伍坤冠提供。

图5-8 吴时农在泰国吴氏宗祠的玉照

2002年，在吴时农等人的倡议下，家乡的吴庆瑞、吴昆官等众乡贤在南村建立了校董会。2004年4月，为了纪忠小学能够避免撤并的厄运，纪忠小学校董会写了一封募捐信给海外乡亲。信中首先重新发掘了长期存在于移民与家乡之间的道义关系，阐述了纪忠小学一直是依靠侨资而得以发展的历史，接着希望海外乡亲能够延续道义传统，从资金上支持纪忠小学改善基础设施，以避免撤并的命运：

……

家乡仁人志士顺理事之潮流，成立"振南学会"与兴办教育事业，培养国家栋梁，纪忠学校创办，屈指数秋，将近百年理事。莘莘学子，不辞路途遥远，纷纷负笈从师就读，纪忠学校教育事业蒸蒸日上，名闻遐迩。彼情彼景，牵动心弦。抗日战争时期，纪忠学校破坏严重，日寇投降后，家乡人民和旅泰华侨百方筹资，重新建设学校，教育弟子。新中国成立后，入学儿童不断增加，教学质量不断提高，培养国家有用人才不计其数。随着形势的发展，学校规模要扩大，学校原有之教室已不满足学校教学要求。特别是改革开放后，入学人数激增，为了满足子弟读书之要求，以南村为首的旅泰华侨偕同邻村吴氏华侨慷慨捐助几十万人民币，在本镇范围内首先兴建两层教学大楼及套间式教师宿舍，学校范围之大，教学大楼之美观，与过去相比，真是旧貌换新颜。纪忠学校坐落之村庄及地理位置，在本镇范围内有何间学校能相比匹？路过之人，有谁不立足片刻观看欣赏？顷刻间，有谁能料到这么一间堂堂完全小学，有改办"初级小学"之说。其原因是学生人数少，教学质量有所下降，乡人闻悉震惊不已，急电告知在泰侨胞，共商变应对策，在家乡立即成立以吴庆瑞先生为首的三十四人组成的校董委员会：泰国方面立即派以吴庆玠先生、吴石民先生为代表千里迢迢返乡同有关政府组织机构洽谈办学事宜。并带回吴时农先生亲笔书信给仓县各级政府之信函提出强烈要求：纪忠学校不能由完全小学改为办初级小学，旅泰侨胞之精神可嘉可贺！

天地转，光阴迫。在吴庆玠先生、吴石民先生主持的校董扩大会议上研讨出挽救纪忠学校之良策。用一年之时间，从纪忠学校内部教学设置，乃至外观来之彻底改变。俩先生带着校董扩大会议之意见马不停蹄，风尘仆仆又飞往泰国汇报。泰国振南学会作出决策后立即电告：以本中心学校之标准要求，购置各种教学楼设备，现先购置电脑、设立电脑室，完善电气化教学设备，设立图书阅览室：下力气修建体育场地，恢复、重建"后坡城"足球场，建成能具有镇级进行足球比赛之场地，学校后面体育场要建成一个有排球场、篮球场、网球场、田径等综合运动场地，切实提高纪忠学校教育的综合能力，以上各项建设资金概由泰国华侨筹集完成。充实教学力量，不惜代价聘请具有教学权威、讲台教学经验丰富的教师来校任教，彻底改变教师青黄不接之状况，我们乐观地预见纪忠学校之教育会步步上台阶，竞争之能力会越来越强。

敬爱的先生（女士）阁下：当诸位接到此信函时会有何感

慨？家乡旅泰侨胞皆是从纪忠学校摇篮奔向社会谋生立业的，当他们得悉纪忠学校要改办，心急如焚，从慨而慷：行动—献策—投资，以迅雷不及掩耳之势挽救纪忠学校。诸位旅泰侨胞之行、之言岂不使我们为他们而讴歌？他们是人们的先驱榜样。榜样之力量是无穷的。旅泰侨胞之精神定会产生效应，从国外至国内，从上而下会形成一股巨大力量办好纪忠学校。众志成城，聚沙成塔。人心所向之事竞必成。诸位，行动起来吧！为家乡教育事业添一砖一瓦吧！纪忠学校将成为本镇东南方教育基地一颗明珠指日可待。伴同先生（女士）之宏业必定鹏程万里，前景灿烂！

经纪忠学校校董会研究决定，为表彰热忱赞助建设纪忠学校各界人士，我会特订如下表彰条例：

凡赞助者金额不论多少，概在学校、镇墟张榜公布，并志其金额，几次表彰。凡赞助人民币伍佰元以上者概在学校纪念堂大理石上镌刻其芳名，并志其金额，借表永远纪念。凡赞助教学设备者，概在器物上用金水书，写其芳名借表纪念。

……①

与此同时，以吴时农（八公）、吴庆祍、吴庆玠为首的泰国侨领向泰国各地的华侨发动捐款，此次共筹募到 20 多万元。特别是吴时农发挥了其卓越的号召与组织能力，利用移民希望获得声誉补偿的心态发动其捐款：

吴时农很会发动当地华侨的。他跟他们说，你们捐钱，就能把你或你父亲的相片永远留在纪忠小学，让小学的师生永远都看着，留个纪念。你说他多会发动人啊。他说每个人都有个牌子。②

---

① 《2004 年 4 月 20 日筹款募捐信》，2010 年 2 月，笔者在仓县南村吴昆官处所收集到的文字材料。

② 2010 年 2 月 25 日，笔者在仓县南村对侨眷吴昆官的访谈。

　　除了改善学校的基础设施外，吸引生源最重要的方法是提高师资，为此许多海外乡亲出资聘请一些有教学经验的退休教师。此后，学校的教学质量得到了显著提高，学生人数逐渐提升，学校终于经过几年努力暂时逃过撤并命运。① 而且经过 3 年的发展还成为远近闻名的名校，2007 年有 6 个学生考上仓县中学（省重点中学）、7 个学生考上仓县侨中（市重点中学）。当时辖南村的南山行政村村委会的年度总结报告上有这样一段话：

　　　　纪忠小学打造侨牌，实行三级阶梯筹款建校：在泰华侨成立振南学会，负责筹款搞基础建设，优化学校环境；港澳同胞成立理事会，负责筹款聘请名师强校；家乡成立校董会，负责筹款实行奖教奖学基金。对聘请的名师，享受套间住房式供给。全校教师实现自来水供应。到今年 4 月份止，纪忠小学已筹集 42 万元建设综合操场，改造教师宿舍，购进优质木质课桌、板凳，购进5 部电脑机、一部复印机，率先在本地区实行信息技术教育。五、六年级的测验试题，本班学生基本会操作。由吴时农先生捐建 14 万元两层图书馆大楼正在兴建之中，18 万元修饰教学大楼资金已在筹集。并投入 0.65 万元资金修建里龙大桥和 300 米大道，方便后坡塘学生上学。②

　　吴时农等人的"救校"行动，主要是不希望自己捐资的学校被撤并，但一定程度上抵制了乡村普遍出现的"文字上移"（熊春文，2009）的大趋势，为逐渐"空心化"的乡村留住了宝贵的公共教育资源。随着学生人数的回升，师资的增加，住宿需求随之增多。2007年，纪忠小学给泰国的乡亲写了一封筹款信，希望能够筹款修建教师宿舍的洗澡间。③ 没过多久，吴时农寄了 8000 元给学校。下面是学

① 2010 年 2 月 25 日，笔者在仓县南村对侨眷吴昆官的访谈。
② 仓县南山行政村 2006 年总结报告。
③ 《2007 年 7 月 2 日筹款信》，2010 年 2 月，笔者在仓县南村吴昆官处所收集到的文字材料。

校于 2007 年年底写给吴时农的感谢信，对于他的贡献给予了极高评价：

　　……

　　前闻悉您老人家身体不够舒服，料必近况好转吧！对此，我们全体老师甚为念挂，我们祝福您健康、长寿、幸福！

　　对于家乡的教育事业，您老人家呕心沥血，关心、支持。对于纪忠学校的变化、发展、壮大，您老人家立了首功。上半年期末镇举行三至六年级优秀生竞赛中，我们的成绩居全镇第二名。仓县期末抽查五年级测试，市命题，市组考，市评卷，语文、数学、两科总分均获全镇第一名。去年陈贻环校长被评为仓县优秀工作者，今年符史学教导又被评为市先进教师。近日五年级三位同学参加镇举行的作文比赛均获一、二、三等奖，四年级两位同学参加镇朗诵比赛均获三等奖，赢得上级及社会的赞誉。这不仅是学校的光荣，也是所有关心、支持和厚爱纪忠学校教育事业的旅泰华侨、港澳同胞、社会各界人士及父老乡亲的光荣。纪忠离不开您们，您们是学校办学的强有力的后盾和支柱，您们是大功臣！

　　刚刚建设好校园虹灯，为了改善老师的居住条件，您老人家又寄回八千元人民币，在教师宿舍增建沐浴间，教师洗刷极其方便。大家都极高兴，感激老人家对我们的关照和支持。让我们真诚地道声：谢谢！您的心、您的情、您的恩、您的德我们永远不忘，也将永远激励着我们。大家表示：绝不辜负您老人家及在泰父老、大小的热心和期望，把学校办好给予报答！

　　……①

写这封信时吴时农身体已经不大好，学校还在信中特意询问了吴

---

　　① 《2007 年 12 月 10 日给八公的感谢信》，2010 年 2 月，笔者在仓县南村吴昆官处所收集到的文字材料。

的病情。遗憾的是，这封信寄出去 4 个多月后，吴时农在泰国去世。当时，家乡的吴昆官等人还赴泰国举行吴的追悼会，南村里也与泰国同时举行了追悼会，纪念这位回报乡梓的老华侨。到我去调查时，许多人讲起吴时农的去世仍深表感伤。由于具有号召力与凝聚力的领导人物的缺失，南村纪忠小学一下子失去了有力支撑。

（二）难以维系的道义

1997 年亚洲金融危机发生后，主要居住在泰国、从事旅店生意的南村移民的资产出现了大幅度的缩水，很多华裔企业就此一蹶不振。同时，侨乡本地的经济有了长足发展，移民在这种背景下，连原来所剩不多的相对经济优势也消失殆尽。文镇所接受到的侨捐也在这种大背景下逐渐减少了。在上述严峻形势下，纪忠小学还是在以吴时农等人的鼎力支持下继续维持了一段时间。

但 2008 年吴时农去世，加上老一代与家乡有着深厚感情的华侨逐渐上了年纪、不再掌握经济权，南村海外乡亲与纪忠小学所延续的道义关系受到了剧烈冲击而趋于弱化。纪忠小学也不可避免地像其他乡村小学一样面临着发展的困境。由于吴时农在世时成立的校董会基金还有余留资金，因此当时纪忠小学依靠这笔存款得以继续聘请优良师资，维持学校的日常运作。但从那时开始，学校校董会基金只有支出没有新的捐款。2010 年我去纪忠小学对当时的代任校长林志廷进行访谈：

> 华侨现在捐资也不多了。华侨捐资主要是校董会那边负责，我们需要什么设备，需要建什么，我们会和校董会商量。自从八公（指吴时农）过世后，资金就不是很多了。陈宇环（原校长）也有去见华侨，希望能够筹款，但效果也不佳。①

从 2008 年至 2011 年，每年泰国的乡亲还是会向校董会基金定期寄一些钱，主要用于聘请优良的师资。但在 2010 年时老校长吴剑蓝

---

① 2010 年 2 月 26 日，笔者在仓县对纪忠小学代理校长林志廷的访谈。

就表示："虽然纪忠小学在侨资的支持下勉力维持了几年，但依靠侨资始终难以为继，综合其他因素，纪忠小学可能还是会在几年内被撤并。"①

2011 年，校董会基金由于"只进不出"，终于逐渐耗竭。从 2011 年下半年开始，纪忠小学没有再收到校董会基金的捐款。由于没有额外的资金聘请优良师资，在短短两年内，纪忠小学的学生人数大量减少。2013 年春节我前往南村进行补充调查时得知现在纪忠小学虽然还没被撤并，但全校学生人数仅有 40 多人，创历史新低。不仅原来就读的附近生源减少，就连南村的小孩也大多到镇中心小学就读。②（见图 5 - 9）

图 5 - 9 难以持续的纪忠小学

在坎镇与官镇也同样面临乡村侨校撤并的问题。曾经捐资的学校被撤并引起很多海外华侨华人的不满。但由于移民与家乡所形成的补偿关系缘故，侨乡与海外移民对这种乡村公共教育资源的"上移"采取了不同策略：坎镇地方政府及社会采取了补偿、善后等措施，很

① 2010 年 2 月 26 日，笔者在仓县对原纪忠小学校长吴剑蓝的访谈。
② 2013 年 2 月 14 日，笔者在仓县南村对侨眷吴昆官的访谈。

大程度上避免因侨校撤并而导致海外移民与家乡之间的社会地位补偿关系的破坏与断裂（参见第三章第二节）。官镇则由于大量中青年外出，导致出生人口剧减，尽管捐资小学的情形不比坎镇，但基于交换关系所形成的社会文化馈赠还是普遍集中于镇级以及县级的中学里。而在文镇，由于原本存在于移民与家乡之间的传统道义关系已经十分脆弱，导致移民给予的社会文化馈赠逐年减少，与地方政府形成抗衡的社会力量趋弱，很多乡村小学及中学难以逃脱被撤并的命运。

二 交换关系难以形成

张继焦曾经用社会交换理论解释海外华侨华人在家乡的"寻根经济"（侨汇、善举和投资）（1999: 227 - 228）。这种交换动机在移民投资家乡的活动中表现得更为明显。从事投资的移民主要为了营利，而家乡则希望从中获得发展。他们之间所形成的社会关系更多是基于互惠交换基础上的。但这种交换关系的建立通常依赖于家乡区位、经济水平、产业结构与行政干预等社会经济因素。随着与家乡基于道义的社会地位补偿关系的没落，不少文镇移民回乡，试图与当地重新建立起一种不同于传统道义的、互惠互利的社会交换关系，发展出一种既可赚钱又可普惠地方的跨国实践模式。

图 5 - 10　没有产权的海南华侨村庄

新加坡移民韩广回乡办的"海南华侨农庄"就是将营利与公益的思路结合起来的一种跨国实践。韩广是较早回来参与家乡建设的移民之一。从1983年开始，他频繁地回到家乡参与家乡的社会经济事务：1988年韩广在仓县投资100万元建海华酒店，1995年又投资200多万元建机器厂。1996年他还在仓县的清澜港投资90多万元新建港口仓库一幢，后来港口被中央批准为一级开放港。除了投资之外，韩广还积极地将资金投入家乡的公益事业中：1996年为家乡建造一条新公路，建成后又花费大量资金进行维护保养至今。同年，他捐资了11万余元修缮村里小学。然而遗憾的是学校经营6年后被关闭了。

在韩广众多捐资、投资项目当中，最耗费他精力与财力的是耗资1600多万元兴建的海南华侨农庄（见图5-10）。海南华侨农庄占地两百亩，目前拥有19座别墅，大部分租赁给新加坡、马来西亚的华侨华人。我第一次见韩广就是在海南华侨农庄。他一见面就向我唠叨他对于家乡的贡献。随着谈话的深入，他很快地谈到了自己目前所面临的困境。目前他想将投入大量资金的海南华侨农庄发展成休闲旅游度假胜地，并且想要在海南华侨农庄附近征一块地来发展农产品加工业。由于目前海南华侨农庄的所有房子都是没有产权的，因而他向市政府提出盘下这块地来发展，但国土局那边迟迟不给征地指标。说到此时，韩广略显激动：

> 现在政府就是不给我征地的指标，这些我都和这附近的村庄说好了，村民代表都盖了手印的，市政府也批了文件的，但是你国土局为什么就是不给我指标。说起这个我就很气。只有办加工业才能够发家致富，能够让村民进厂做工人，然后维护啊、打扫啊，这些都是需要人手的，当地人就有工做。我们不能做那些污染企业，污染环境，但加工业不同，可以把剩余农产品加工，可以出口到新加坡去。因为新加坡的地贵、人工成本高，如果运到新加坡是很受欢迎的。你说着这个设想多好。我不是来赚钱的，

我是想着来发展我们农村的。要不是这样，我在新加坡好好的，为什么要跑过来。你以为你的地很值钱吗？现在政府还要卡我，说没有征地的指标，不能够做。从去年一直拖到今年，我每次去到政府，都是说现在没有指标，你再等等啦。我去多了人家也烦了，干脆就说："我开会啦，我忙啦。"让我去到那里从早等到晚上，都没有回答的。在我来之前啊，这里的村民没有读完六年级的，没有钱啊，素质不高。我来了之后，有些钱了，很多都读完小学，有些还高中毕业。我过来这边，教这里的小孩，丢垃圾，如果我现在找一个小孩来给他糖果，他吃完会把糖纸扔在垃圾桶，他们现在懂的，我都跟他们说的。我是最早过来的华侨了，我都不知道投了多少钱回来，真的，你说我为了什么，难道是为了赚这么点钱嘛，我真正是为了家乡农村的发展啊。但是你政府为什么要卡我，为什么？①

尽管韩广在表述中反复强调自己的经济行为具有公益与福利性质："不是来赚钱的，我是想着来发展我们农村的"，但依然无法掩藏他的"求利"动机，他之所以来仓县投资，完全是"因为新加坡的地贵、人工成本高"。韩广原本想利用家乡廉价土地从中获利，而政府迟迟不给征地指标，严重影响了他的经济利益。紧接着，韩广就抱怨现在的地方政府"忘恩负义"，忘记了华侨曾经对家乡的贡献，而抬高了侨资进驻的标准：

现在领导就会去巴结那些大老板，他们就想留指标给那些大项目、大投资者，完全不理会我们这些小项目的。现在政府就是表面讲得好听，但是根本就不重视你华侨，都是名义上的重视……现在的很多政府官员就觉得华侨没有钱了，没有用了。这种话都说得出来的?!②

---

① 2011 年 4 月 14 日，笔者在仓县海南华侨农庄对新加坡华人韩广的访谈。
② 2011 年 4 月 14 日，笔者在仓县海南华侨农庄对新加坡华人韩广的访谈。

为了这个征地指标，韩广这几年奔波于各种政府部门，各级政府相互推诿责任或搪塞其他理由，受到冷遇的韩广很不是滋味："我觉得我就像一条狗啊，天天跑到政府去。"① 投入过多的韩广陷入被动局面，撤资又不甘心，但是等指标又等不来。由于韩广迟迟无法拿到征地指标，海南华侨农庄不具备产权，韩广既无法将海南华侨农庄里的19栋别墅卖出去（目前只是租赁给一些华侨华人），也无法在周边发展农业及加工业。海南华侨农庄就好像"烂尾楼"一样被搁置在了乡镇上。

我也曾就此事询问过相关政府部门，但给予的答复大多是"我不是很清楚这个事情，这个不归我们部门管的"。后来有一熟识的侨务干部私下跟我说：

> 其实他（指韩广）的经济实力一般，做不起什么大事情。每年国土局的征地指标有限，政府并不想把征地指标给他，想给一些更有利润的项目，这些项目大多数是内地的企业。但政府就采取拖的策略。②

韩广的故事在回乡投资的海南移民中并不是特例，我所接触到的许多海南籍东南亚华人都有这样抱怨。新加坡海南会馆会长潘海佳就说：

> 80年代回去海南投资的别说赚钱了，基本上都是亏本的。基本上政府每个人说的都不同，这个部门说是这样，那个部门说是那样。还有就是不注重保护产权。我有个朋友曾经回家乡建设地下排水设施，结果准备工作已经就绪，还没开始施工，施工图纸等机密就已经泄露出去，先给别人抢先了，基本就是200万元就这么没了。200万元在80年代还是很多钱的。③

---

① 2011年4月14日，笔者在仓县海南华侨农庄对新加坡华人韩广的访谈。
② 2011年5月13日，笔者在文昌对侨务干部黄先生的访谈。
③ 2015年8月19日，笔者在新加坡台湾饭店对新加坡华人潘海佳的访谈。

从上面的故事可以看出，侨乡与移民的关系还受到政府行政体制与侨乡本地经济因素的影响。有许多像韩光一样的文镇移民由于不熟悉家乡的相关政策以及制度，再加上家乡的一些相关制度并不完善，往往在投资上碰到不少困难。有不少移民向笔者表示，在文镇能够赚到钱的是少数。由于受到宏观的祖籍国与移居国在世界体系中的位置、祖籍地经济发展水平、政府政策等多层结构因素的影响，文镇移民希望建立的互利关系没有得到地方政府的重视。政府希望将合作的机会留给资本更为雄厚的内地大企业，而不是留给这些变穷的"南洋客"，这使得文镇移民与家乡普遍难以形成良性的社会交换关系，进一步导致营利性跨国实践模式在文镇移民中并不普遍。

如上所述，文镇移民在迁移过程中经历了经济与声誉地位同时上升的过程，再加上受到多层社会结构因素的影响，纯粹社会声誉与身份归属方面的补偿不再对其构成吸引力，加上新移民减少以及侨乡本地经济发展，使文镇移民与家乡一直持续的传统道义关系受到不同程度的摧毁，在道义基础上发展出来的无偿性社会文化馈赠在急剧下降。此外，尽管海外移民在侨乡的跨国实践是带有回馈家乡的道义性质，但这种馈赠并非完全不需要回报的。按照潜在的侨乡社会规范，受惠者通常表达感激之情，并为这些海外乡亲提供声誉资源补偿。因此，当家乡缺乏相应的非物质回报时，社会文化馈赠也随之受到影响。随着与家乡基于道义的社会地位补偿关系的没落，不少文镇移民依然试图与家乡重新建立起一种不同于传统道义的、互惠互利的社会交换关系，发展出一种既可赚钱又可普惠地方的跨国实践模式。但由于海外移民与当地政府的土地纠纷，以及行政干预等问题，使得营利性跨国实践也没有大规模兴起。这些因素都进一步导致文镇移民在祖籍地的跨国实践逐渐衰落，也使得侨乡特殊的象征意义与示范效应逐渐式微。

然而必须进行重点说明的是，我们上面讨论的仅是文镇移民群体在其祖籍地（包括文镇以及辖管文镇的仓县）的跨国实践，这种跨国实践确实在整体趋势上呈现衰落迹象。但是却不排除两种情况：其一，在文镇的个别区域，跨国实践比如传统的社会文化馈赠仍在持续；其二，文镇移民作为东南亚华人移民的组成部分，他们中有不少人的跨国实践放在了非祖籍地。他们在家乡①之外的跨国实践未必呈现衰落趋势。实际上，有研究表明，东南亚华人的跨国实践模式往往超越侨乡，而且以投资性跨国实践为主（周敏、刘宏，2013）。他们会根据区位、投资政策、劳动力价格等多种经济因素，选择到拥有良好投资环境的非祖籍地进行经济营利活动。王赓武就曾指出，按期捐献大笔款项，支助故乡家族的陈嘉庚模式在东南亚并未流传下来，华人本着爱国和慈善精神汇款回中国的时代，已经转变为在一个全球性资本主义环境中，着重投资的时代（王赓武，1994：19，31－32）。

---

① 这里我们将家乡的概念限定在县及县以下。就文镇移民来说，他们在仓县的跨国实践我们视为在家乡范围内的。但他们在仓县以外比如说在海口的跨国实践我们视作在家乡以外的跨国实践。

第六章　比较视野下的跨国实践与地位补偿

　　　　从两个或多个个案中得出的结论通常会比从单个个案得出的结论更为可信。

　　　　　　　　　　　　　　　　　　　　　　　　　——Yin（2003：53）

　　上面三、四、五章分别以来自坎镇、官镇及文镇的华人移民为例，从社会地位补偿机制的角度论述了传统道义型跨国实践、多元交换型跨国实践以及衰落型跨国实践产生的原因及机制。本章将就社会地位补偿需求的产生、供给及其对于跨国实践模式的影响等角度对上述三个案例进行比较分析。

第一节　为什么需要社会地位补偿：移民的社会地位流动

　　跨国移民为什么会产生社会地位补偿的需求？他们又是如何通过跨国实践实现社会地位补偿的？这不仅与移民在迁移过程中发生的社会阶级变动以及返乡后寻求自身定位的"跨国阶级划界"有着密切关系，还受到移民所面临的社会地位落差以及社会地位补偿成本的影响。下面我们分别就上述几个要素对三个移民群体进行比较分析。

一　社会阶级的脱位、失位、复位

跨国迁移创造了多重主体，也使得迁移个体的社会地位不再局限在单一民族国家内，也不再是停滞、固定不变的。由于移入国与祖籍国在经济发展水平以及世界政治格局中力量的差异，造成两国在阶层化世界体系中的位差。这种位差使得移民个体在迁移过程中不可避免地发生了社会地位变动。有些移民在不同国家面临相异的社会经济地位，经历了"矛盾的阶级流动"（Parreñas，2001）。

来自坎镇、官镇及文镇的移民在迁移之前，尽管其迁移途径与模式不尽相同，但也均以低教育程度、低技能的劳工移民为主。他们在迁移之前，在祖籍地的社会经济背景是相似的。这也是本书将这三个移民群体作为比较的基础。然而由于祖籍国与移居国在世界体系中的位差以及移民群体在移居地的社会境遇存在较大差异，这三个移民群体在迁移过程中其社会阶级地位经历了不同变动。

坎镇移民所移居的美国、加拿大等国家在整个世界政治经济地理格局中处于中心位置，很多坎镇移民迁移他国前在家乡的社会地位并不高。在1949年前就移居北美的坎镇移民大部分原来为乡下农民、手工业者，只有少部分商人。由于他们自身人力资本有限，加上来自移居地主流社会的族裔歧视，大多局限在唐人街内从事餐馆业、洗衣业、理发业及食品杂货业等劳动密集型行业。而改革开放后出去的新移民，在出国前大多数为农民，也有部分的退休干部与教师、商人等，由于同样不会英文及缺乏北美国家所认可的文凭与技术资格，大多选择在华人族裔经济中就业。坎镇移民不仅处于"强势客文化"区域的边缘位置，在移居地还要饱受"他者"身份的困扰。虽然大部分坎镇移民迁移后在经济收入上有了较大的提高，但由于受移居地种族分层制度的影响，其声誉地位却面临下降的情形。我将坎镇移民这种经济地位上升而声望地位下降的情况称为"社会阶级脱位"。

官镇移民大多数是改革开放后出去的新移民，他们迁移前大多为乡下农民，也有一些小商贩。这个移民群体以非正式渠道迁移的居多，主要以纽约为集散地分布在美国东部。官镇移民一旦踏上美国领土，他们都已经打定主意，那就是"黑"下来。他们离乡背井来美国交换经济报酬，除了要背负高额债务、忍受超负荷的体力劳动及面临无身份的困境外，他们还不得不面对来自移居地主流社会及海外华人离散社会的双重歧视。虽然官镇移民在移居地上与坎镇移民有重叠与相似之处，但与坎镇移民相比，官镇移民不仅声望地位急剧下降，而且由于背负巨额债务，他们的经济地位（起码是尚未还清债务之前）也出现了下降，我将官镇移民的这种处境称为"社会阶级失位"状态。

而前往东南亚的文镇移民则经历了一个与坎镇、官镇移民完全不同的社会阶级变动情况。在文镇移民内部，华商与华工之间的阶级区分较为明显。尤其是华商历史上的"少数中间人"（middleman minority）身份在"二战"后饱受来自东南亚国家的疑惧。大部分文镇移民受到移居地排华浪潮的影响，迫于当地社会的同化压力，纷纷加入移居国国籍，经历了从"落叶归根"到"落地生根"的国民身份转变，逐渐接受移居国的评价标准并融入当地社会，从而在移居国获得社会价值与声誉地位。文镇移民这种经济地位与社会声望同时上升，其社会评价体系经历过短暂断裂后很快复合的情形，也即"社会阶级复位"。

这三个移民群体在社会阶级变动中所呈现的差异也导致了他们在返乡寻求"跨国阶级划界"时出现了不同结果。

二 跨国阶级划界

许多移民在移居地站稳脚跟的同时，选择重新跨越民族国家边界返乡寻求自身社会地位的重新界定，也即"跨国阶级划界"。蓝佩嘉（2011：33）曾用这个概念描述阶级界限在跨国空间中的构成与变动。当阶级形构过程发生在横越不同国度的空间场域时，阶级与国度的界限不仅在结构层次上相互缔连，国际迁移也创造了多种的主体位置，让个人得以跨越地理国度与社会藩篱来协商阶级界限的持续性与可变性，修正、重构社会差异与区隔。

如上所述，来自坎镇、官镇及文镇的移民群体在从祖籍地向移居地的迁移过程中出现了社会阶级变动的现象。对于许多移民来说，他们在移居地虽然面临社会地位向下流动，但回到祖籍地后，移民可借由表现物质收益来提升自身的社会地位，实现社会评价体系内的经济、声望及权力三个要素的修复与统一。因此，跨国实践成为这三个移民群体实现跨国阶级划界的重要表现形式。

坎镇移民为了更好的生活与机遇，从珠江三角洲的边缘走向了世界体系的中心。当这些前农民们再次返乡时，却发现由于经济资源的差异、华侨光环等因素，自己曾经的边缘身份早已悄悄转换成了侨乡的中心位置。除了回乡"叹世界"，"夸富"宴请及参与跨国族务活动外，对于坎镇移民来说，最传统也是最主要的跨国实践就是"回报桑梓"。坎镇移民群体通过延续道义传统，支持侨乡的公益事业，以有意无意的炫耀方式向家乡人展示其"成功"，以提高自己在侨乡的社会地位，从而通过跨国阶级向上流动实现社会地位补偿的目标。在这种不断跨越空间与时间的过程中，坎镇移民获得的是一种与"揾世界"相对的"叹世界"的优越地位，完成了不同空间下的"社会地位向上流动"，初步实现其社会地位补偿。而从社会阶级脱位到跨国阶级向上流动的过程中，坎镇移民在不同社会空间下的社会地位不一致逐渐形成，也即"社会地位落差"。

而官镇移民虽然出去时大部分是被"蛇头"运送出去的"人蛇"，到了移居地成为人人喊打的"偷渡客"，但当他们在美国获得绿卡返乡时就华丽转身成为令人尊敬的"美国客"。对于官镇移民来说，跨国实践是重构自身社会身份并以此获得侨乡重新认可的重要渠道。在官镇，成为"美国客"被认为是最有前程的。因此当这个目标实现时，官镇移民要通过在家乡的符号消费、给家人亲友购买"见面礼"以及带有炫耀性的社会文化馈赠与投资行为，将自己"美国客"的身份以物质化的方式传递给家乡父老，以此来建构自己的"新身份"，赢得父老乡亲对其身份变化的认可。与坎镇移民相比，官镇移民在跨越民族国家边界的过程中所实现的社会向上流动是飞跃性的。官镇移民不仅成功完成了从"非法"到"合法"的"正名"过程，还一跃成为令人称羡的"美国客"，实现跨国空间下的"越级向上流动"。因此，移民也在这个过程中初步实现了社会地位补偿。官镇移民在从社会阶级失位到跨国阶级划界，他们在祖籍地与移居地中所面临的社会地位落差在逐步扩大。

与坎镇、官镇移民的"华丽转身"相比，文镇移民的跨国阶级划界则显得有些"尴尬"。"二战"后，在东南亚生活的文镇移民大多经历了不同程度的社会阶级复位。改革开放初期，由于东南亚与中国仍然存在较大差异，仍有不少回乡探亲的文镇移民通过非营利的社会文化馈赠，成功实现了跨国阶级划界。1997 年东南亚国家普遍受到亚洲金融危机的冲击，而同时侨乡本地经济持续发展，文镇移民的祖籍地与移居地之间的差距在这样的历史背景下急剧缩小。不少从事商业贸易的文镇移民在亚洲金融危机后，蒙受巨大损失，不少人的资产大幅度缩水。因此，当文镇移民在跨越民族国家边界回到家乡后，无法再像以前一样利用自己的相对经济优势，实现社会地位的提升与社会地位向上流动。这些变穷的"南洋客"由于自身财力削减，难以在这个跨界过程中实现社会地位补偿。文镇移民群体在移居国经历着社会阶级复位，而回家乡成为变穷的"南洋客"，他们在不同空间下的社会地位落差在逐年缩小。

三　社会地位落差与补偿成本

如上所述，由于坎镇、官镇及文镇的移民群体在迁移过程中经历了社会阶级脱位、失位及复位的不同地位变动情形，同时他们在"跨国阶级划界"结果中分别出现了向上、越级向上及向下流动，因而这三个移民群体所面临的社会地位落差与社会地位补偿成本也呈现不同的情形，进一步影响其社会地位补偿的需求。移民的社会地位落差除了受到移民群体的社会阶级变动及跨国阶级划界的影响外，移民在移居地的平均收入与祖籍地的平均收入的比率也是影响社会地位落差很重要的因素（见表 6-1）。

坎镇移民由于社会阶级脱位及跨国阶级向上流动，导致了社会地位落差的形成，加上移民平均收入与祖籍地平均收入的比率较高，使得移民从移居国带回母国的资金出现价值膨胀，并在跨国实践中有着较高的社会效用，因而其实现社会地位补偿成本较为低廉，从而进一步形成了社会地位补偿的需求。

表6-1　　　　　比较三个移民群体的社会地位补偿的需求

	坎镇移民	官镇移民	文镇移民
社会阶级变动	社会阶级脱位（经济地位上升、声誉地位下降）："捱世界"	社会阶级失位（经济与声誉地位同时下降）："黑着"	社会阶级复位（经济与声誉地位同时上升）："落地生根"
跨国阶级划界	跨国阶级向上流动："叹世界"的"金山伯"	跨国越级向上流动：成为"美国客"	跨国阶级向下流动："变穷"的"南洋客"
社会地位落差	较大	大	小
社会地位补偿成本	较低	廉价	昂贵
社会地位补偿需求	较高	高	低

官镇移民所面临的情形与坎镇移民差不多。官镇移民在社会阶级失位到跨国越级向上流动的过程中，面临比坎镇移民更大的社会地位落差。虽然官镇移民在美收入比坎镇移民要更低一些，但比侨乡本地人平均收入要高10倍。对于在美国从事低薪工作的无证移民来说，将省吃俭用积攒起来的小部分存款用于自身的跨国实践，就足以在侨乡地方社会获得一定的声望与地位，完成去污名化的过程。尽管侨乡本地经济发展以及人民币升值带来一定影响，但官镇移民进行社会地位补偿的成本仍然相对廉价。此外，官镇移民的跨国实践比坎镇移民要更多元化：坎镇移民的跨国实践大多集中在没有额外收益的社会捐赠，而很多官镇移民本身从一些营利性跨国实践中就能获得收益，使许多官镇移民的社会地位补偿成本比坎镇移民更为低廉，这也导致其社会地位补偿需求的高涨。

而在文镇，一方面，移民经历了社会阶级复位与跨国阶级向下流动，另一方面受到祖籍国与移居国之间的社会经济差距缩小的影响，文镇移民进行社会地位补偿的成本——跨国实践的费用不断提高，而且同样数额的支出在侨乡的社会效用也随之贬值，这进一步提高了移民进行社会地位补偿的成本。此外，尽管移民的收入在移居地社会属于中等甚至偏高，但是他们的收入与祖籍地的平均收入相比并没有明显的相对优势。这使得文镇移民的社会地位补偿需求下降，并对移民的跨国实践尤其是社会文化馈赠等非营利性跨国实践造成负面影响。

通过上面对于三个移民群体的社会地位补偿需求的分析，可以发现国际移民的社会阶级变动、跨国阶级划界以及社会地位落差、补偿成本都对其社会地位补偿的需求实现有着不同程度的影响，由此形成社会地位补偿需求模型，并进一步制约了移民的跨国实践（见图6-1）。

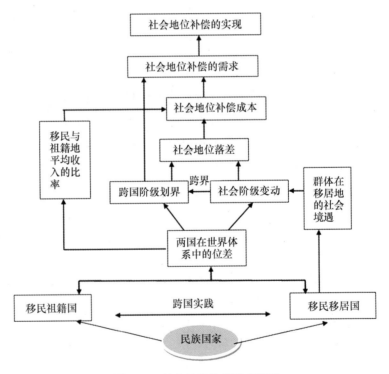

图6-1 社会地位补偿需求模型

第二节　谁来满足需求：社会地位补偿供给的
　　　　路径依赖

移民的社会地位变动与成本因素导致其社会地位补偿需求的产生，但是社会地位补偿的实现并不仅停留在移民的主观动机与想象中，还涉及谁赋予移民社会地位及声望的问题，也即社会地位补偿的供给者的问题。华人移民的社会地位补偿供给存在诺斯所说的"路径依赖"①（path dependency）（North，2009）。侨乡地方政府及社会为了鼓励华人移民积极参与祖籍地的各项事务中来，而采取了各种不同策略，使移民能够获得他们所预期的社会声望与地位的提高。久而久之，无论是被补偿者还是补偿供给者都自然而然地形成了一种补偿体系——"移民馈赠—侨乡回报—移民再馈赠"的"路径依赖"，并且"驾轻就熟"，从而演变成一种侨乡传统。当然这种社会地位补偿体系形成的基础既有从士绅传统所发展出来的道义（如坎镇移民），也有互惠的交换关系（如官镇移民）。而海外离散社会作为侨乡社会的延伸，也形成了类似的路径依赖。当然，这种路径依赖并非一成不变的，而是受到祖籍国与移居国多层社会结构因素的影响。下面我对坎镇、官镇及文镇移民的社会地位补偿供给情况进行比较。

一　侨乡地方政府："经济发展"与"爱国统战"

在整个社会地位补偿供给的体系中，侨乡地方政府扮演着极其重要的社会角色。在许多移民心目中，政府所给予的各类社会地位补偿比其他供给者的补偿要更为重要，更能抬高被补偿者的社会地位；正是由于政府的这种权威性，地方政府的补偿行动对于其他行动主体也具有引导与示范的作用。

改革开放后，产权的重新界定和财税体制改革制度使地方政府成

---

①　美国经济学家诺斯指出，在制度变迁中，存在报酬递增和自强化机制，一旦制度变迁进入某种特定的路径，就会一直延续下去，即使有更优的路径也无法将其取代，这就是制度中的"路径依赖"。

为地方经济发展的主要推动力量。中央把经济决策权下放到地方政府，促使侨乡地区各基层干部尝试寻找新途径来发展经济。其中一个途径便是通过和华人移民建立联系，将他们动员到侨乡现代化建设中来（黎相宜，2011）。许多侨乡研究都指出，侨乡地方政府成为国家积极动员华侨华人资源的地方代理人，利用海外亲属关系和华人移民对祖居地的忠诚，通过各种途径引进华人移民的企业理念和资金，成为侨乡地方政府主要的发展策略（Cheng & Ngok，1999；庄国土，1999 & 2001：426；张继焦，2006：191；郑一省，2004 & 2003；陈志明、吴翠蓉，2006：267；柯群英，2003：55）。与上面研究所发现的类似，本书三个故事中的侨乡政府在改革开放初期，出于引进外资、统战等经济政治原因，对于海外乡亲均采取了优惠政策，但随着时间变化，并不是所有的侨乡地方政府仍然持续地为海外移民提供社会地位补偿。

要理解为什么侨乡政府会有不同表现，首先要解释的是地方政府为什么愿意给移民提供社会地位补偿。这与国家需求有着密切关系。国家需要从社会中获得足够的利润和获取政治支持（陈那波，2009）。上述两个目标的中国官方表达就是"促进经济发展"和"保持社会稳定"（Goodman，2000；Shirk，1989 & 1993；Whiting，2001）。侨乡政府对于移民的态度与移民拥有帮助地方政府实现上述两个目标的资源有着密切关系。一方面，海外移民拥有的经济资本是侨乡地方政府用以实现地方经济转型的重要资源；另一方面，海外移民犹如"嫁出去的女儿"，在促进"婆家"（移居国）与"娘家"（祖籍国）之间的关系上有着举足轻重的作用。这转换成官方话语，也即海外华侨华人具有"爱国统一战线"的重要价值。在祖籍国政府看来，如果能够获得海外华侨华人的政治支持，不仅能够将真实而生动的中国国家形象向国际社会进行展示，还能一定程度上改善中国自身所处的国际环境。

以坎镇为例，由于坎镇移民移居北美等国家，作为侨乡代理人的坎镇地方政府出于发展经济、统战等政治需要，除了重新赋予海外移民以"华侨"的光环外，还不遗余力地为进行社会文化馈赠的移民创造各种"威水史",制造与移民之间的"拟亲关系",极大补偿了移民由于在迁移过程中所面临的声誉与经济地位断裂的困境。虽然坎镇政府希冀得到移民的政治支持,但坎镇移民由新、老移民组成,其政治立场较为多元化,难以被整合为统一的力量。因此,坎镇政府主要出于发展地方经济的目的而为海外移民提供社会地位补偿。坎镇移民的传统道义型跨国实践在很大程度上弥补了由于地方财政缺位导致的乡镇基层公共资源(如教育、卫生、文化事业等)的缺失。

相比坎镇政府,官镇地方政府更加积极主动,不仅暗地里为社会阶级失位的"偷渡客"建构合法性话语,使他们摆脱污名化形象,还积极地为他们提供周到的服务,进行社会声誉甚至是经济上的补偿,以此鼓动他们在经济、社会、文化以及政治等方面的跨国实践。地方政府除了希望利用官镇移民手中的经济资源发展地方社会外,还看重他们所拥有的独特的政治资源。由于官镇移民大多分布在美国,且多为新移民,秉持"亲大陆"的政治立场。不仅官镇地方政府,县市乃至省、中央政府都十分重视将这些移民整合为可资利用的亲华的海外力量,希望以此来发挥他们在中美关系中的特殊作用。

但对于文镇地方政府来说,文镇移民既不能满足政府发展地方经济的需求,也无法提供海外政治支持。一方面,从 20 世纪 90 年代尤其是 1997 年亚洲金融危机以来,文镇侨乡地方政府逐渐敏锐察觉到地处东南亚地区的海外乡亲的经济实力逐渐减弱,其所拥有的中低端经济资本难以被整合进侨乡地方经济体中;另一方面,由于文镇移民不仅从实际国籍而且从心态上完成了移居国国民身份的转变,不太可能再为中国提供海外政治支持。在这种社会背景下,文镇地方政府对于海外移民的社会地位补偿出现了弱化趋势:逐渐从原来"乞讨"的心态逐渐转变为"摆阔"心态,不仅不重视从形式上给予移民以各种礼节性接待,也不注意从实际角度为移民提供社会声誉与经济补偿。这种社会地位补偿供给的弱化又进一步降低了移民进行社会文化馈赠的热情。同时,由于地方政府服务与经济补偿的缺位,移民的经济投资等营利性跨国实践也出现青黄不接的情形。

侨乡地方政府在不同时间阶段为移民提供社会地位补偿的动机存

在很大差异。在20世纪80年代，地方政府虽然也向海外移民宣传爱乡爱国以及民族主义，但更重要的是为了潜藏在移民背后的经济利益（吴瑞珠，2006）。地方政府通过为回乡移民提供社会地位补偿，甚至还采取默许宗亲组织以及传统文化复兴的方式，试图唤起海外移民爱国爱乡的传统，从而呼吁他们参与地方的经济建设。然而从90年代以来，随着侨乡本地经济的发展以及国家经济实力的日益强大，上至国家下至地方政府越来越看重海外移民手中所握有的政治资源以及给予母国的海外政治支持。特别是分布在发达国家的新移民，他们无论就组织规模、影响力还是对于祖籍国的支持度来说，都是中国政府开展公共外交尤其是侨务公共外交所不得不倚重的重要力量。在这样的背景下，主要流向欧美的移民输出地的地方政府通常会基于统战的目的而积极为移民提供社会地位补偿，比如官镇政府所反映的情况。

二 侨乡地方社会："民间口碑"

除了侨乡地方政府外，侨乡地方社会也是为移民提供社会地位补偿的另一个重要供给主体。与地方政府相比，侨乡地方社会所发挥的作用更加长期、非正式也更易于深入人心。地方政府给予的社会地位补偿集中表现在官方话语对于移民的评价上，而侨乡地方社会的补偿则体现于移民的民间口碑。如果一个移民只在官方评价体系中获得好评而"家乡父老"不认可的话，他的印象整饰会受到影响，比如说"功利心太重""沽名钓誉"等。可见，地方社会对于移民的评价也是非常重要的。侨乡地方社会主要由地方性的网络与组织、侨眷等要素组成。

就坎镇而言，紧密的、拥有广泛跨国联系的地方性网络为移民提供了一个光宗耀祖、衣锦还乡的展演舞台，坎镇特有的侨刊更是持续颂扬海外乡亲的"丰功伟绩"。这些地方性因素通过给予声誉、身份归属等补偿，鼓励移民卷入跨国实践尤其是对于家乡公共事业的支持上，积极促进了社会文化馈赠的实现。而坎镇移民的传统道义型跨国实践也进一步巩固了与家乡的道义关系，从而更有利于移民持续不断地支持家乡。

官镇的地方性社会网络比坎镇的密度与强度更高，地方性组织类型更为多元，对于海外移民与侨眷的控制力也更强。其中，村委会为海外移民保留其在家乡的"成员资格"，以提高其关注以及捐资村内公共事务的意愿。老人会则通过亲情转嫁的方式，动员内部成员（老人）向海外务工者（多为其子女）筹款，迫使许多移民为了让家属在侨乡有一定社会地位而不得不参与到跨国实践中来。与坎镇相比，官镇的跨国宗族网络虽然要较坎镇松散，但宗族对于海外移民来说仍是其实现社会地位的重要平台。海外宗亲通过跨国参与宗族事务、捐资祠堂、修葺族谱，能够有效地在地方性宗族网络内提高自己的社会声望。

与坎镇、官镇相比，文镇那些拥有跨国联系的地方组织与网络则出现了衰落趋势。侨乡地方性社会网络主要依靠几个重要的关键节点：侨乡的地方精英与海外侨领。这些在祖籍地的地方精英也成为赋予移民社会地位的重要主体，是见证移民实现社会地位补偿的"导演"和"社会观众"。但在文镇，随着重要的"导演"和"观众"在20世纪90年代末期先后退场，作为社会表演的社会文化馈赠也随之减少。补偿主体与被补偿主体的双重缺失使得地方性表演场域逐渐衰落，难以再为移民发挥社会地位补偿的功能。与此同时，文镇移民的社会评价标准已经从祖籍地转移到了移居地，这意味着侨乡的社会地位补偿对于移民不再具有约束力与吸引力，侨乡所提供的声誉补偿对于移民的吸引力也急剧下降。

三　海外离散社会

"海外离散社会"既包括了物理空间的族裔聚居区，也包括了移民建立区分于我者与他者群体、族群内与外的可标识的无形的、象征性的社会结构空间。侨乡地方政府及社会的评价体系对于移民来说之所以重要，就在于侨乡会将移民划分到较高的社会阶层类别，由此形成对于移民的补偿。在为海外移民提供社会地位补偿上，海外离散社会虽然没有像侨乡地方政府及地方社会那样的直接影响。但海外族裔聚居区的规模及网络密度会制约移民实现社会地位补偿的程度。由于不同的移民历史及移居国社会结构因素的差异，坎镇、官镇及文镇移民的海外离散社会呈现出不同特征与发展模式（见表 6-2）。

坎镇移民的海外聚居地主要分布在美国与加拿大的西海岸及东海岸，主要包括美国的洛杉矶、旧金山、纽约及加拿大的温哥华、多伦多、蒙特利尔。以洛杉矶与旧金山为例，由于经常都有移民频繁往来于祖籍地与移居地之间，有关馈赠的信息会广泛流传于这两个城市中心的唐人街及华裔聚居郊区内，从而对于华人移民的跨国实践产生了制约。这种作用并不是直接的，但也潜在地对跨国实践的频度与深度产生了影响。尽管在海外离散社会内部，新移民与老华侨之间的争斗十分平常。但双方之间的摩擦与纷争所带来的结果却令人意外：新、老移民为了争夺在族裔聚居区内部的社会地位与声望，从而更积极地与侨乡地方政府及社会保持密切联系与频繁互动，这种竞争和攀比在很大程度上促进了坎镇移民的跨国实践。

相比坎镇移民，官镇移民更依赖于海外离散社会，其社会的内部网络更加紧密与更具排他性，对于移民的控制力也更强。官镇移民的海外离散社会既包括所有华裔的海外华人社会，也包括由福州移民所组成的、范围更为小的海外福州人社会，主要分布在纽约唐人街的东百老汇大街及布碌伦区的第八大道。由于官镇移民不仅缺乏教育资本与劳动技能，而且很多还没有合法身份，他们难以在族裔聚居区外找到工作。但他们通过以家庭、宗族关系等为纽带形成的就业网络，能够迅速地在纽约唐人街的东百老汇大街或布碌伦的第八大道找到合适工作，挣钱还债。海外族裔聚居区不仅为社会阶级失位的官镇移民提供了身份归属感的补偿，很大程度上规避了移民由于丧失公民资格及未获得合法地位而带来的不确定性与社会风险，这也很大程度上增强了移民对于海外离散社会的依赖程度，使后者对于前者的控制力加强，间接对移民跨国实践产生了促进作用。同时，官镇移民的社团和帮派直接通过其高密度及控制力较强的社会网络对移民跨国实践形成强有力的影响。由于福州籍社团为没有合法身份的移民提供工作、人身保障及心理补偿，导致移民十分依赖社团。而且移民通过社团的组织形式，更容易卷入跨国活动中，也更有机会接触祖籍国的国家及地方领导人，以弥补他们由于非法偷渡、公民资格缺失带来的政治地位失位。与社团所发挥的功能相同，帮派首先给移民的是身份及归属感方面的补偿，其次也以声誉补偿为诱饵鼓动成员积极参与与祖籍国相关的事务。许多帮派由于"亦正亦邪"的角色及独特的内部运作模式，在跨国政治支持上发挥了重要作用。

与坎镇、官镇移民的海外族裔聚居区的欣欣向荣不同的是，文镇移民的海外族裔聚居区在"二战"后受到移居国同化与排华政策的影响而受到了不同程度的破坏。无论是在新加坡、马来西亚还是泰国，文镇移民的居住模式已经逐渐散居化。残存的海外族裔聚居区很多已经本地化，其与祖籍地的关系已经逐渐淡漠，更不要提为跨国参与的移民提供社会地位补偿了。作为海外离散社会的重要支柱之一的社团，尽管其大多历史较坎镇、官镇移民的社团久远，但也在移居地民族国家建设中经历了社团成员公民化、组织功能公共化、内部矛盾本地化的过程。许多社团发展已经成为移居地重要的非政府组织，致力于争取华族在东南亚国家中的社会政治权益，并在当地主流社会的公共慈善事业中发挥着举足轻重的作用。因此，无论是社团内部的竞争还是合作都无法进一步成为促进移民跨国实践的积极因素（见表6-2）。

表6-2　　　　比较三个移民群体的社会地位补偿的供给

		坎镇移民	官镇移民	文镇移民
侨乡地方政府	补偿动机	发展地方经济	发展地方经济与获得海外政治支持	利润需求与政治支持无法满足
	补偿行动	恢复华侨地位声誉补偿热情的侨务接待	为"偷渡"建构合法性声誉、经济补偿周到的侨务服务	声誉、经济补偿缺失侨务接待怠慢
侨乡地方社会		宗族：归属感与声誉补偿 侨刊：声誉补偿 侨眷：人际情感与声誉补偿	村委会：归属感与声誉补偿 老人会：人际情感与声誉补偿 宗族：归属感与声誉补偿	补偿主体后继无人补偿体系弱化

续表

	坎镇移民	官镇移民	文镇移民
海外离散社会	聚居区：与家乡、祖籍国联系紧密 社团：归属感及声誉补偿	聚居区：与家乡、祖籍国联系紧密 社团：归属感、声誉及政治地位补偿 帮派：归属感、声誉及政治地位补偿	聚居区：散居化；与祖籍地关系淡化 社团：在地化；补偿弱化
社会地位补偿供给	适度	高度	低度

通过比较三个移民群体所面临的社会地位补偿供给情况可以发现，侨乡地方政府及社会、移民的海外离散社会一方面受制于祖籍国侨务政策与移居国移民政策的宏观约束，另一方面也影响着移民群体的社会地位补偿供给，从而形成了社会地位补偿供给模型对移民的社会地位补偿的实现及跨国实践产生影响（见图6-2）。

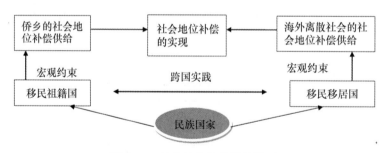

图6-2 社会地位补偿供给模型

第三节 社会地位补偿类型与跨国实践模式

社会地位补偿的实现并不是一个简单的补偿与被补偿的过程，除了受到移民个体社会地位变动所带来的需求、侨乡地方政府及社会、海外离散社会的补偿之外，海外移民与家乡之间的关系基础以及多方利益主体对于不同类型资源的竞争还有着密切关系。移民社会地位补偿的类型与程度会直接影响其跨国实践的模式。

坎镇移民在与家乡长期的社会互动中形成了一种基于中国乡村士绅传统（费孝通，2006）发展而来的道义传统。海外移民作为"新士绅"要承担起为家乡提供公共物品与社会福利的责任与义务。当然这种道义传统也包含了侨乡对于移民社会地位补偿的承诺。久而久之，无论是被补偿者还是补偿供给者都自然而然地形成了对于"馈赠—补偿"体系的"路径依赖"。加上坎镇移民在迁移过程中大多面临经济收入增加而声誉地位下降的情形，所以当他们返乡寻求社会身份界定时，更在乎声望资源的获得与虚拟声誉的提高。而进行非营利的社会文化馈赠是以一种增进社区福利且不引起熟人社会妒忌的方式，实现社会声誉及身份归属的补偿。所以大部分移民始终局限于社会文化馈赠等非营利性的传统跨国实践中，既没有发展出大规模的投资性行为，也没有很多移民介入政治、宗教等方面的跨国实践。

与坎镇移民相比，官镇移民与家乡的社会地位补偿是基于交换关系基础上形成的。此外由于大多数官镇移民都是无证移民，在迁移过程中，不仅社会经济地位与声誉地位同时下降，而且面临国家公民资格被剥夺的窘境。因此，官镇移民参与跨国实践不仅只为获得社会声望的补偿，甚至也不仅是经济补偿，还包括政治资源方面的补偿。官镇移民所获得的社会地位补偿类型极为多样化，其跨国实践也呈现多元化的发展趋势：官镇移民既保留了社会文化馈赠这种传统的跨国实践，也发展出经济投资、跨境消费、跨国政治参与等多元化的跨国实践。就社会文化馈赠这方面来说，与坎镇移民基于道义传统有所不同，官镇移民往往是为了交换到社会声望与声誉，其社会文化馈赠经常夹带着经济利益。除了经济利益的交换外，不少官镇移民还与母国政府逐步建立了一种基于政治利益交换的特殊关系，从祖籍国中获得政治资源的补偿，并进而与母国政府形成了策略性政治同盟，这对于公民资格曾经被剥夺的官镇移民来说有着极为重要的意义，这也使官镇移民出现了比较特殊的跨国政治实践模式。他们积极投到跨国政治支持、跨国政治参与中；甚至还有些侨领组织跨国集体维权，争取在祖籍地的权益。这在坎镇移民中是很少甚至没有出现的。

文镇移民的跨国实践代表的是一种衰落类型。他们在迁移过程中经历了经济与声誉地位同时上升的过程，再加上受到多层社会结构因素的影响，移民的社会地位补偿需求面临下降，纯粹社会声誉与身份归属方面的补偿不再对其构成吸引力。这使得文镇移民与家乡一直持续的传统道义关系受到了不同程度的摧毁，在道义基础上发展出来的无偿性社会文化馈赠在急剧下降。随着与家乡基于道义的社会地位补偿关系的没落，不少文镇移民回乡，试图与当地重新建立起一种不同于传统道义的、互惠互利的社会交换关系，发展出一种既可赚钱又可普惠地方的跨国实践模式。但由于海外移民与当地政府的土地纠纷、行政干预等问题，使得营利性跨国实践也没有在文镇移民群体中大规模兴起。

通过对以上三个移民群体的比较可以发现，移民社会地位补偿的类型与实现程度确实对于跨国实践的模式有着深远影响。坎镇移民的适度社会地位补偿，其补偿内容以纯粹社会声誉及身份归属为主，因而进一步导致这个移民群体的跨国实践以社会文化馈赠为主模式。而官镇移民的社会地位补偿程度比坎镇移民要高，其补偿内容也较为多元化，既包括社会声望的补偿，也包括经济、政治地位的补偿，这使得移民的跨国实践不仅包括社会文化馈赠，也包括经济投资等营利性跨国实践，甚至还发展出其他华人移民较少出现的跨国政治实践。文镇移民的低度社会地位补偿则一方面导致了社会文化馈赠等传统跨国实践的没落；另一方面再加上行政、区位等其他社会因素的影响，使得文镇移民难以产生营利性的跨国实践（见表6-3）。

表6-3　　　比较三个移民群体的跨国实践模式与发展趋势

	坎镇移民	官镇移民	文镇移民
补偿需求	声誉补偿	声誉补偿 经济补偿 政治地位补偿	声誉补偿 经济补偿 （式微）
补偿供给	适度	高度	低度

续表

	坎镇移民	官镇移民	文镇移民
补偿关系	道义	交换	难以形成
跨国实践模式	社会文化馈赠	社会文化馈赠 经济投资 跨国政治支持 跨国政治参与 跨国集体维权	社会文化馈赠 经济投资 （式微）
发展趋势	持续且较单一	蓬勃且多元化	衰落

　　根据上面三个移民群体的比较分析，我们可以看出社会地位补偿的需求与供给对于移民实现社会地位补偿的程度及补偿内容会产生直接影响，从而进一步对移民跨国实践模式与发展趋势形成了制约（见图6-3）。

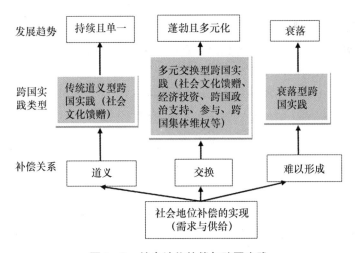

图6-3　社会地位补偿与跨国实践

第七章 结论与讨论

移民跨国主义并不是新现象，却代表了新视角。

——阿列汗德罗·波特斯（Portes，2003）

本书在以往国际移民及跨国主义理论的基础上，运用跨国多点民族志的方法，对来自华南侨乡的坎镇、官镇及文镇的移民群体进行比较个案研究，讨论在这种相对变动的世界体系之下，遵循不同迁移路径、来自不同祖籍地及流向不同移居地的华人移民是如何在丰富多元的跨国实践中重构社会身份与协商所属社会阶层，并以此来抵抗现有世界体系给个体所带来的原子化与边缘感。

通过前面各章的分析，可以得出三个基本结论：第一，通过上面对于华南侨乡移民群体的跨国实践的比较，我发现并不是所有的华人移民群体都热衷于参与跨国实践，移民跨国实践的程度、范围及模式受到社会地位补偿机制的影响。而社会地位补偿的实现则与移民的补偿需求、侨乡及海外离散社会的补偿供给有着密切关系。第二，移民的跨国主义生活方式对传统社会地位理论造成了冲击，人们的社会地位表达不再固着于一个客观存在、静态同质的社会空间。跨越多重社会文化空间的迁移个体可以利用不同民族国家在世界体系中的落差，透过非单一国家的阶层化框架，实现"社会地位的季节性表达"。第三，跨国流动加剧了全球资源分配的不平等。全球范围内的劳动力被源源不断地从所谓"第三世界"汲取到世界中心国家。然而跨国实践作为移民在迁移过程中重新创造与颠覆意义的微观实践，沿着全球链下的消费价值剩余转移，有可能减缓跨国流动给祖籍国与移居国带来的资源不平等分配的冲击，使移民输出地有机会走进世界体系的中心，并潜移默化地改变了祖籍国与移居国之间的政治经济利益格局。在本章中，我将讨论上述基本主题，以期通过本书的三个个案来实现对全球范围内的移民跨国实践的讨论与反思。

第一节 社会地位补偿何以可能？

在导论部分，我便提出了自己的研究问题：跨国移民的社会地位补偿何以可能？

社会地位补偿的实现首先受到移民补偿需求的影响。为什么移民会产生社会地位补偿需求呢？这与祖籍国、移居国在世界体系中的国家阶序与个体在跨境迁移过程中所发生的剧烈的社会地位变动有关。人们跨越地理国界与族群界限的行动，扰乱了社会身份与阶层地位，并干预了既有社会阶层的维持。由于移入国与祖籍国在经济发展水平及世界政治格局中力量的差异，造成两国在世界体系中的位差。这种位差导致了移民在祖籍国流向移居国的迁移过程中发生了社会阶级变动，加上移民群体在移居地所面临的边缘化社会境遇及受到移居国种族分层制度的影响，其社会地位评价体系在迁移过程中发生断裂并碎片化了。社会地位的三个要素权力、财富和声望［马克斯·韦伯，（1922）2010］在移民迁移前本来是有机系统，但由于跨境迁移而变成断裂的三个要素。移民在迁移后可能出现社会阶级脱位（经济地位上升、声望地位下降）甚至是社会阶级失位（经济地位与声望地位同时下降），而有的移民群体则经历了社会阶级复位（经济地位与声望地位同时上升）。除了社会阶级复位外，无论是社会阶级脱位还是社会阶级失位，都使移民产生了一种如米尔斯所说的"地位恐慌"［莱特·米尔斯，（1951）2006：239］，并进而产生了社会地位补偿需求。

其次，移民是如何通过跨国实践实现社会地位补偿的呢？移民的跨国实践很大程度上让社会评价体系的三个要素有机会在跨国社会空间下弥合，使个体可以利用自身的相对经济优势重新协商与建构新的社会身份，以此来实现跨国阶级划界。跨国阶级划界的情况直接影响了移民实现社会地位补偿的程度。而移民群体在经历了社会阶级变动又再进行跨国阶级划界的过程中，造成了其在时空上的社会地位落差及地位不一致性。以流向北美的坎镇、官镇移民为例，由于移居地在整个世界政治经济格局中处于中心位置，移民所面临的社会阶级变动相对于迁移至东南亚的文镇移民来说要更为剧烈，其在跨国实践中更易于实现跨国阶级向上流动，加之前两个移民群体在移居地的平均收入远高于祖籍地的平均收入，因而其所面临的社会地位落差更大。这种社会地位落差既呈现在客观指标上（如移民的平均收入远高于在祖籍地的平均收入），又体现在移民主观的心理感知中。移民在移居地所挣到的钱回到祖籍地后容易显示出相对比较优势。移民这种社会地位落差越大，其在跨国实践中实现社会地位补偿的成本就越低，这也进一步增强了移民参与跨国实践的意愿与能力。

最后，社会地位补偿的实现还涉及供给因素的影响，也即谁来满足移民的社会地位补偿需求？赋予声望与地位的主体是如何对移民进行分类或是如何分层的？［参见莱特·米尔斯，（1951）2006：239］由于受到阶层化种族分类的影响，属于"强势客文化区域"的移居国会将华人移民分属到较低（即使不是最低）的社会阶层。尽管对于大部分移民来说，迁移能一定程度上实现自身经济地位的提升，有些移民在移居地甚至拥有不菲的经济收入，但受到种族分层因素的影响，移居国主流社会依然会将这些移民视作地位低下的"他者"，他们往往被排斥在主流社会的声望评价体系之外。而移民祖籍地则会将移民作为"有地位"的"自己人"，并会将移民归属到较高的社会阶层类别中去。由于移居国主流社会的分类和祖籍地家乡人的分类存在较大差异，这让拥有一定相对经济优势而没有声望的移民会策略性地将祖籍地与家乡人作为自己的表演舞台与社会观众。回到祖籍地的移民可以搭上"华侨"的符号便车，侨乡会将移民作为"华侨华人"

来看待，赋予其虚拟的社会地位。而移民在这种社会凝视与期待下可以出手阔绰，制造"慷慨大方"的假象，从而获得社会地位的提升。因此，侨乡地方政府与民间社会是移民进行社会地位补偿最为重要的供给者。随着"以经济建设为中心"国策的提出，中央和地方政府开始关注长期被提防及忽视的华人移民群体及其侨眷，意识到"海外关系"有可能成为中国经济与社会转型的重要力量。这种国家意识形态及随之而来的政策转变，促使作为侨乡代理人的地方政府出于发展经济、统战等政治需要，不遗余力地鼓励海外华人移民回乡投资、捐赠及参与各种社会政治事务。因此，对于移民提供社会地位补偿也符合侨乡地方政府及社会的自身利益。海外离散社会则是另一个重要的社会地位补偿供给者。海外离散社会对于移民的分类与祖籍地相似，他们会将积极参与跨国实践的移民称为"爱国侨领"。"爱国侨领"在海外族裔聚居区内是享有很高的社会声望与地位。作为侨乡社会在海外的延伸，海外离散社会对于移民的评价也会通过跨国网络，间接影响家乡人对于移民的评判。移民在祖籍地的跨国实践也会透过家乡人的口耳相传，影响移民在海外离散社会中的口碑与形象。

上面阐述了社会地位补偿何以可能的问题。那么接下来要讨论社会地位补偿机制对移民跨国实践模式有着怎样的影响？什么样类型的跨国实践最能实现社会地位补偿？

在各种类型的跨国实践中，非营利性的社会文化馈赠是最为传统的跨国实践模式，也是最能够实现社会地位补偿的方式。因为侨乡是一个熟人社会，大笔的社会文化馈赠支出由于其"公益性"以及所具有的"社区福利"性质可以很好地避免家乡人的"妒忌"并被人们所广为接纳，又可以"浪费性夸耀"［凡勃伦，（1899）1964:113］的方式提高自身社会声望：如果一个人的炫耀行为，其动机是要使自己的家人、家乡过上"体面"的生活，那就很容易获得公众的接纳。有关侨乡的研究几乎都提及移民在异国他乡立足甚至有所建树后，总会在返乡时以有意无意的炫耀性消费向家乡人展示其"成功"，以提高自己在家乡的社会地位（李明欢，1999；王春光，2002；卢帆，2008）。实际上，如果移民在跨国实践中越能够展现出捐资的非营利与福利性质以及他为此所付出的成本（包括经济、时间成本），那么就越能体现出移民的无私与慷慨，也更容易以不引起"妒忌"的方式在熟人社会中实现声望的提高。社会文化馈赠其实质就是一种能够将移民的经济地位以乡规民约都允许的方式展现出来的社会表演，侨乡政府与民间社会都在其中扮演着"导演""观众"与"评委"的角色，而作为"表演者"的移民极力展示自己"慷慨大方"且"爱家爱乡"的良好形象。如果这种社会文化馈赠越纯粹、越非营利性，越符合非基于生产目的的"浪费性"原则，其捐资者越能获得良好的口碑与赞誉。之所以"纯浪费性"的社会文化馈赠能获得良好声誉，主要是因为这样最能够展示捐资者即使耗费巨大却不致受到影响的"雄厚"的经济实力。

除了传统的社会文化馈赠外，经济性与政治性的跨国实践也具有某种社会地位补偿功能。尽管这些跨国实践由于具有某种营利性质与生产功能而多少会被人诟病为"功利""动机不纯"或"沽名钓誉"，但在地方政府看来，投资更能促进地方经济，扩大就业机会，扩充地方财政以及帮助其创造政绩。因此，在"发展经济"与"爱国主义"的官方叙事下，移民会被官方放置在较高的社会阶层类别上，以"爱国华侨"的社会身份游走于祖籍地与移居地之间。

在界定基本概念时（参见第一章第三节），我就提到移民的社会地位补偿是有其实现的边界的。本书的三个移民群体在移民前大多是生活在具有"乡土性"的熟人社会（费孝通，1998：21－23）。中国传统农业社会里的地域性结合，实际上是一种建立在命运共同体关系上的社会性结合（王翔，2001）。这些移民群体在海外通过拟家族关系以及同乡纽带，重新建立了一种类似于家乡的社会结合关系，相当于广田康生（2005：208）所说的共同体规范或"拟制村规范"。正是因为这些移民与家乡人处在一个"共同体"（斐迪南·滕尼斯，1999：65）之内、共享相同的奖罚制度与文化体系，侨乡地方政府以及民间社会才能对移民形成有效的社会地位补偿，这种补偿也才能进一步成为促进移民跨国实践的积极因素。

第二节 社会地位的季节性表达

本书试图从移民社会地位变动的角度来考察其对于不同移民群体的跨国实践的影响。"社会地位"历来是社会学的经典话题，其最早的论述见于马克斯·韦伯［（1922）2010］。这种用法可以追溯到韦伯对马克思的阶级观念之批判（雷蒙·威廉斯，2005：461）。在韦伯对于社会地位的划分中，权力和财富两个指标更多测量的是个体的客观社会地位，而声望更加偏重社会地位的主观维度，其评价的基础主要依据个体的教育水平、家庭背景以及职业地位等。而后来的学者们则很多是从客观指标来测量个体的社会地位。但也有学者指出，阶级位置及归属感所产生的影响及与外部社会的联系并不是固定和明确的，这种影响或联系是具有"反省性自我"的行动者积极建构的结果（戴维·格伦斯基，2005：15；翁定军，2010）。可见，客观与主观是"纠缠"在一起的，客观的东西是经过主观"建构"的。因此，对于社会地位的分析仅局限于阶级的"客观位置"是不够的，还应考虑其主观成分。布迪厄就强调了阶级再生产是一个社会实践（social practice）。布迪厄在竭力化解主观与客观、结构与建构之间的二元对立的关系主义的方法论（relational methodology）的指导下，在批判、继承马克思/新马克思主义和韦伯/新韦伯主义的阶级理论的基础上，整合了阶级分析的主观与客观、阶级结构与阶级行动、自在阶级与自为阶级以及经济与文化之间的二分和对立。布迪厄既承认马克思所说的生产关系对阶级地位的重要性，也强调象征符号资源在阶级定位中的作用。同时，布迪厄还反驳韦伯将阶级与地位群体孤立开来的做法。他为地位群体的解释提供了一个"阶级符号化"的模型，强调地位群体是居于支配地位的阶级地位的合法表达（参见刘欣，2003）。因此，社会行动者在社会空间中的位置取决于拥有资本的总量、资本的构成比例以及资本的数量在时间上的演变（Bourdieu，1984：114；Bourdieu，1987）。布迪厄的阶级理论一定程度上消弭了主观阶级（意识）与客观阶级（位置）之间的二元对立，强调阶级是在日常互动过程中做出来的（doing class）。然而，其理论也被批评，预设了一个客观存在的社会空间，假定资本积累过程发生在一个相对同质与静态的系统里，较少考虑到个人迁移尤其是跨境迁移流动，以及社会空间的异质性、开放性、动态性与多元性。他分析了一个相对稳定的社会阶层系统，在这个系统中，人人都意识到自己的地位，但没有考虑到文化资本的积累不仅受到结构的限制，在全球化的背景下还与空间密切相关，后者主要表现在跨国空间下个体难以跨越的种族差异与等级上（参见 Ong，1999；Hanser，2008；蓝佩嘉，2011：32）。

作为全球化的产物，移民的跨国主义生活方式引发了人们对传统知识框架和社会理论的深刻反思。随着跨境流动人口大量增加，个体的社会地位不再局限于单一国度内，而是横跨多个社会文化空间。由于跨国迁移带来大量的机遇和挑战，移民的社会地位表现出其开放性和不确定性。跨国迁移创造出多重主体位置，也打破了人们固有的社会身份与阶级定位，让位居其中的个人得以在跨越多重国度的生活里协商社会地位的持续性与可变性（蓝佩嘉，2011：313，315）。甚至有学者指出跨国空间超越了祖籍地和移居地的参照系，形成了一个社会定位的独立体系（卢德格尔·普里斯，2000：242）。尽管如此，全球资源分配及国家间发展的不平衡还是很大程度上制约着移民在不同空间下的社会地位表达。在移居地，很多移民要面临与在家乡所完全不同的种族等级制度。他们在祖籍国与移居国的流动轨迹往往并不一致：他们也许在家乡和祖籍国享有盛誉的同时，却在移居国经历着向下流动，成为低下的"种族他者"。

而跨国实践让个体的选择更加多元与开放，我们可以不再遵循"生于斯，老于斯，死于斯"的模式。跨国实践以既不是"落叶归根"也不是"落地生根"的方式，使得移民有可能在移居地享受丰富的物质文化生活的同时，保持与祖籍地在经济、文化及社会情感上的联系。他们对于家乡的依恋以及与家乡保持精神与物质联系（attachment），可以有效地支撑他们在移居地的生活。哈贝马斯曾将人的活动领域划分为"生活世界"和"系统世界"。"生活世界"是人类社会存在的基础，人们在生活世界中的行为是以相互理解为目的的交往行为。而"系统世界"是社会制度化或组织化了的世界，人们在系统世界里受权力和金钱逻辑的支配（哈贝马斯，1994）。对于迁移个体来说，移居地是为了实现经济目标的"系统世界"，而"生活世界"并没有立即随着个体移民而转移到移居地。移民对于生活意义系统的追求依然与家乡有着紧密关系。现代通信手段与媒体技术使移民这种"故乡情结"有了更坚实的支撑与渠道。移民至少可以把自己的心灵留在家乡和祖籍国。反过来，他们又可以使故乡家人的生活世界存留于移民的心中（卢德格尔·普里斯，2000：240）。

跨国主义使移民能够最大限度地发挥在祖籍国与移居国的边缘性杠杆作用，在两个社会和文化中持续利用由二元生活产生的经济和政治机会［参见 Li，1999：18；孔飞力，（2008）2016：284－285，378－379；Portes & DeWind，2007；黎熙元，2011］，利用不同民族国家在世界体系中的落差，透过非单一国家的阶层化框架（祖籍国与移居国），充分实现个体社会声望与社会地位的最大化。我将这种非日常性的社会地位表达称作"社会地位的季节性表达"。

首先，这种社会地位表达并非日常性的。日常性个体是在移居地打工赚钱，实现经济目标。许多移民尽管由于迁移获得了较高的经济收入，但由于受到移居国的阶层化种族分类的影响，仍然被视为低下的种族他者，这使得移民难以在移居地实现完全的社会地位表达。虽然人们跨越了地理空间的界线，但却无法跨越横亘于其中的种族与阶层的界限。由社会声望、权力与财富收入构成的社会评价体系也由于主体在不同社会空间转移的过程中发生断裂。除了受到移居国的多层社会结构的制约，还有部分是基于迁移个体的主体性选择。离开家乡的移民虽然在物理空间上"不在场"，但他们在心理文化上是"在场"的，甚至对于家乡的依恋与依赖感是与日俱增的。迁移个体的这种状态可以用"身在曹营心在汉"来形容：尽管移民的身体是流向移居地的，他在物理空间上与家乡相距遥远，但其心理距离随着迁移反而更接近，与祖籍地的心理联系增强了。反而他们与移居地在地理上亲密但在社会距离上疏离。近在咫尺的旁人可能是陌生人，而远在千里之外的家乡人却是最为亲密的人。因此，移居国的文化奖罚机制并没有随着个体物理空间的迁移而转移，移民往往不将移居国的文化奖惩制度作为评判标准。他们通常采用双重参照体系来抗衡移居地主流社会的不公。面对无法跨越的种族与阶级界限，他们通常会隐退到社会边缘，重新构建一个与故土相似的族裔社区、族裔经济和族裔组织，同时与自己的族裔社区及祖籍国保持着牢固的联系（Zhou，2011）。

其次，这种社会地位表达一般而言具有较为明显的季节性特征，主要在于大部分移民通常选择在每年固定时段回乡，比如说重大节日又或是假期。对于本书所研究的三个华人移民群体来说，他们回乡的高峰期大多分布在清明节以及中秋节前后。卢德格尔·普里斯对在美的墨西哥移民的研究也显示，节日往往是移民展示自己通过迁移所达到的社会经济地位的重要场合。不少移民通过互赠礼品的机会（用美国的高保真音响设备换取传统食品的款待和日常的点滴关照），将自身社会地位"切换"到另一个社会定位的参照系中去，这个参照系使他们在不平等的社会中明显高人一等。这些墨西哥移民在家乡休假 4 周便可以抵消至少是使他们可以忍受一年中在美国那 11 个月的下等人的生活（卢德格尔·普里斯，2000：231）。在本书所叙述的三个故事中，同样也呈现出这种季节特性。移民跨国实践作为一种双向流动模式，提供了季节性修复社会评价体系三要素（经济、权力和社会声望）的契机，使得移民有机会重构自己的社会身份。如果移民选择"落叶归根"回到祖籍地生活，那么其社会地位的三要素实现了复原与统一，但由于缺乏相对经济优势，其社会地位难以实现提升，也难以获得额外的、可用于藐视他人的社会声誉。但如果长期待在移居地，移民也无法实现这三要素的复原。因此，移民的社会地位表达就出现了二元方式：在移居地，移民积极提高经济地位、压缩消费、增加储蓄，但不太祈求社会声望的上升;① 然后选择合适时机回到祖籍地，利用家乡的奖惩制度来进行编码与解码，寻求社会身份与位置的实现。这种社会地位的季节性表达为移民提供了一个短暂的、孤芳自赏的自我假日形象，它与在移居地的日常生活中显示的自我形象恰成对照，使移民抱住在家乡的虚假的社会地位意识牢牢不放。

最后，季节性社会地位的表达还具有一种公共表演性。社会学家戈夫曼（欧文·戈夫曼，2008:19–25）用"前台"与"后台"的戏剧学比喻来理论化人们的日常互动模式。"前台"（front region）指有观众在场，进行特定表演的区域，在前台受到抑制的某些行为则出现在"后台"（backstage）。人们会根据不同的观众与情境变化来表演自我形象。我认为这样的概念非常适合用来阐明本书所涉及的三个华人移民群体在不同社会空间中的角色转换与情境表演。移民的前后台往往是多重的。在移居地，他面对的是移居国主流社会，扮演社会地位低下的劳工。而当他返乡后，在亲人、朋友、村民等"观众"面前，扮演的是凯旋的"海外英雄"角色，海外工作的黑暗面——艰苦、沮丧、疏离的经验——常隐藏在后台。为了保证这种社会演出获得"成功"，移民们必须隔离前台与后台，不让前台的观众看到他们在后台的情形，也即其在海外工作的实际状况（参见蓝佩嘉，2011:243）。移民除了试着隐藏后台的黑暗面以维持"华侨"的光彩，要在前台扮演成功致富的海外英雄外，最重要的表演剧目（performing repertoire）是透过有形的物质消费，来展现经济能力及社会地位的改变。这些象征现代性、全球性的跨国物质实践，凸显出移民与其他从未出国的侨乡人之间的社会差别而具有一种歧视性对比（invidious

---

① 对于移民更多是以祖籍地还是移居地为参照体系的这个问题，不同学者存在不同意见：斯塔克认为移民虽然迁移者迁移到新的社区，但他仍然会以原来的社区为参照系，只要相对原社区迁移者的社会地位是提高的，迁移行为就会继续（Stark & Taylor, 1989&1991）。但也有学者提出迁移是一个社会化的过程，迁移者外出迁移的时间越久，被嵌入在迁入地的社会经济文化结构中的程度就越高，因此也会将迁入地社区作为自己生活的参照系，努力提高和改变自己在迁入地社区的社会地位（蔡禾、王进，2007）。在这里我并不想否认这一点，事实上，通过跨国实践实现在祖籍地的社会地位的升高与在移居地提高社会地位往往并不是排斥而更多是两个同时发生的社会进程。

comparison）的优势。

这种社会地位的季节性表达主要遵循以下几个原则：第一，如果表演剧目越具非营利性（比如说对于祖籍地的社会文化馈赠或是给家人亲友的礼物），移民越能够展现出捐资的非营利性及其为非营利所付出的成本（包括经济、时间成本），这场社会表演越成功，也更容易受到嘉奖。反之，如果表演者声称非营利但却有明显的营利行为，这会导致观众反感，认为其言不符实，使表演难以持续。第二，社会地位的代理表达者（一般是实际受惠者，比如侨眷或受捐学校等）对这场表演的评价是表演成功的关键要素。他们对于表演者的评价越高、越真诚，捐资者也越容易获得较好赞誉。反之，如果他们本身就对捐资者存有疑义，观众也易于对捐资者的非营利动机产生质疑。同时作为观众与评委的地方政府及民间社会是最终的评价主体。但两者做出判断的依据不尽相同，民间社会的评价大致基于捐资者的非营利性，越非营利所获得的评价越高；而地方政府则会基于移民对政府绩效、经济发展、政治支持等方面影响的考虑，对于表演的合法性及表演者的社会地位给予相应评价。第三，讨论移民的社会地位表达不能绕开一些衡量社会经济地位的客观指标的约束，但不意味着只有经济实力雄厚的移民才能实现社会地位表达。事实上侨乡地方政府与社会会将那些积极参与侨乡的社会经济及公共文化事务、能够在海外离散社会中扮演组织、统筹角色、提供海外政治支持的移民划归到较高的社会类别中，他们称为"爱国侨领"，而这样的移民不一定最具经济实力——虽然也不太可能是一无所有。可见，尽管移民在移居地的收入水平会影响其参与跨国实践的深度、频度与范围，但这两者的关系并不是直接的线性关系。当然，我们不否认一个事实就是，迁移者只有改善自己在迁入地的社会地位，才可能巩固在迁出地社区已经得到提高的地位（蔡禾、王进，2007）。

总而言之，季节性社会地位表达常见于跨境流动个体中，如国际移民及国内农民工等。对于这些跨境流动的个体来说，在祖籍地的社会地位提高通常只是一种虚幻的成功，因为移民这种"上层生活"的周期性扮演［参见莱特·米尔斯，（1951）2006：203］不一定能够带来实际的经济收入，有时甚至还会耗费掉不少财富。虽然难以改变长远的现实（除非是一些营利性的跨国实践），但却能够使得社会评价体系中的社会声誉与财富收入实现季节性的统一。当然，并非所有移民群体都能够顺利实现社会地位的季节性表达，就如本书三个故事中所展现的发展脉络一样。有些移民群体能够轻易实现这种社会地位的季节性表达，而有的移民群体则不需要也难以实现这种非日常性表达。这不仅与迁移个体所拥有的社会经济资本数量、质量和类型有关，还与其社会地位补偿需求与供给情况有着密切关系。

第三节　全球链下的消费价值剩余转移

社会学家鲍曼曾指出，在全球化的背景下，流动成为社会阶层分化的关键性因素（Bauman，1998：9，74）。项飙（2012：163）曾在其印度 IT 工人的研究指出，阶级、种姓和性别的严重不平等使得从全社会动员汲取的剩余价值集中到一个人数有限的精英群体中，从而生产出具有特别竞争力的 IT 劳动力。这种论调无疑认为跨国流动加剧了全球资源分配的不均衡与社会不平等。在这里我无意反驳这一观点。在生产领域，全球范围内的劳动力确实在很大程度上从所谓"第三世界"被源源不断地汲取到世界中心国家。不少世界中心国家在最大限度获取移民劳工的劳动剩余价值后，让祖籍国承担了大部分的劳动力再生产（Burawoy，1976；任焰、潘毅，2006），这导致了祖籍国与移居国在全球资本主义发展不均衡的脉络下更趋于不平等。但跨国实践尤其是非营利性跨国实践作为移民消费的重要表现形式，在很大程度实现了跨国空间下的消费价值剩余转移，这在某种程度为移民输出地区提供了发展机遇与动力。

对于马克思而言，剩余价值仅仅是工人增加到产品之中的价值与他所得到的报酬之间的差额（马克思，2010；参见阿莉·拉瑟尔·霍克希尔德，2003）。马克思谈论的是生产领域中工人所受的剥削，而遗漏了消费领域中的剩余价值。在消费过程中，个体或家庭的收入与其所消费的各种不同类型的物质和非物质资料（包括劳务和服务）

支出的比例关系被称为消费结构（consumption structure）。人们每项消费支出都是为了实现某一特定价值的。消费价值是指商品给消费者需求所带来的满足程度，包括（用于完成基本劳动力再生产的）功能性价值和非功能性价值（如享乐价值和社会价值等）。消费者对于商品的不同需求的比例关系被称为消费价值结构（structure of consumption value）①。消费价值包含功能性价值和非功能性价值两个部分。功能性价值指的是个人对于商品所带来的用于完成其基本劳动力再生产的物质需求，而非功能性价值指的是个人对于商品所期望的、除去功能性价值的符号需求，如享乐价值和社会价值。凡勃伦曾提及一种纯粹浪费性、奢侈性和铺张性的"炫耀性消费"（conspicuous consumption）②，这种消费旨在向他人炫耀和展示自己的金钱财力和社会地位，以及这种地位所带来的荣耀、声望和名誉。随着现代社会的生产效能及商品化的发展，商品除供应消费者最基本的功能性需求以外，可供应非功能性符号需求的空间也越来越大，炫耀性消费就是随时准备吸收这个余额的［凡勃伦，（1899）1964: 55 – 79，86］。当个体收入超过劳动力再生产所需收入时，劳动力再生产的边际效应趋于递减，这使得剩余的消费价值必然会转向其他非功能性价值。

而对于跨国移民群体来说，他们延续了在国内的节俭习惯（habitus），③ 因而他们在移居地所赚取到的收入在用于满足这种节俭的生活标准之外有较大的剩余。移民希望能够将这部分剩余价值用于提高社会声望，实现额外的社会价值。他们的消费功能价值和部分享乐价

---

　① 关于价值，布希亚曾区分四种不同的价值逻辑，即遵循效用原则的使用价值的功能性逻辑、遵循等价原则的交换价值的经济逻辑、遵循差异原则的符号价值的差异性逻辑、遵循矛盾原则的象征交换的逻辑。对布希亚来说，只有符号价值的差异逻辑才是真正的消费逻辑（参见林晓珊，2010）。本书所指的消费的社会价值也主要是从符号价值的角度来讨论。

　② 在商务印书馆蔡受百的译本中，将 conspicuous consumption 翻译作"明显消费"，为了行文一致，本书全部采用"炫耀性消费"。

　③ 布迪厄指出，惯习并非先验的主观意识或其体现，而是由沉积于个人身体内的一系列历史关系所构成，是客观而共同的社会规则、团体价值的内化，它以下意识而持久的方式体现在个体行动者身上，体现为具有文化特色的思维、知觉和行动（参见刘欣，2003）。

值通常可以在移居地兑现，但其社会价值兑现受到移居地社会分层结构及天花板效应的限制。由于受到全球种族等级排列的制约，即便拥有一定经济实力的移民（更遑论没有经济地位的移民，比如还没有拿到身份的无证移民）也很难通过在移居地的消费来提高自己的声望并获得主流社会的认同与接收。处在"全球文化经济"下的人及其生产出来的产品和理念都体现出了分层，消费体制和资格获取的方式都很明显产生了等级现象。移民在移居地实施"炫耀性消费"有可能被主流社会斥为"暴发户"。王爱华（Ong，2007）的研究中有个例子：一位移民美国的香港富商，因为想加盖郊区的洋房而受到白人邻居的抗议。可见，这些富裕华人想要利用自己的经济文化资本在移居地实现社会地位的完全表达仍然面临结构性限制。他们常常使用"天花板效应"这个词来描述阶级与种族的壁垒使得他们很难被上层社会接纳。

但国际移民并不是被动地适应这些限制的。以往研究忽略了移民本身的主观能动性，很少去深入讨论移民如何积极地应对结构性限制、最大限度地实现消费价值。例如，跨国移民选择季节性地回到祖籍地释放在移居地被抑制的消费，以此寻求社会声望的提升（参见卢德格尔·普里斯，2000；李明欢，1999）。这种压缩某一空间的消费而将其用于另一空间的消费的策略在近期社会学研究中被称为"两栖消费"（王宁，2005；王宁、严霞，2011）。比如说一些来自乡村的年轻女性劳工由于经济收入、日常生活程式与社会关系网络等结构性因素所限，难以完全满足其消费欲望。为了应对这种心理冲突和地位落差，她们采取了两栖消费的策略。这些年轻的女性劳工尽量压缩日常的生活开支，而集中特定时间（在生日、回家前和春节期间）及空间（在市中心和农村老家）的情境下进行身体的"高"消费（王宁、严霞，2011；余晓敏、潘毅，2008）。

与上述群体不同的是，跨国移民利用的是不同国家的货币汇率以及在全球的阶层等级差异，将大量产生的家庭消费剩余通过跨国空间的转移，用于祖籍地的跨国实践中，满足社会价值在祖籍地的兑现，从中获得结构性地位提升。移民的跨国实践除了通过个人消费（比如修建豪宅、购买礼物、独资捐赠）外，还有通过集体消费（比如由同一祖籍地、同一社团的成员共同筹款）、用于社区公共福利的方式来实现的。这类移民为其他移民树立了一个跨国实践的"榜样"与"标准"，导致一些收入并不丰盈的移民会为了达到前者所树立的社会标准，尽量压缩自己在移居地的日常生活支出，忍受长期的社会声望匮乏，采取积极储蓄的策略。他们选择每年或隔几年回到祖籍地，短时间内消费掉长期在移居地积累的储蓄。这种两栖消费的预算策略使移民一下子好像都华丽转身成为"一掷千金""腰缠万贯"的"成功人士"，以此来实现消费价值剩余的成功转移。这种两栖消费策略也使个体在跨国或跨境的范围内，暂时摆脱阶级和声望差别，模糊了这一差别显示。因为当移民回到祖籍地时，即使是时间不长，移民也可以花钱买到高地位的感觉，移民会作为"海外爱国华侨"而受到祖籍地的隆重接待。祖籍地的地方政府与民间社会出于吸收侨汇、发展经济及政治统战等目的也都会积极配合这些"海外英雄"的两栖消费，为移民提供"虚假的社会地位"，见证移民"虚幻"的成功。

许多研究在批判让人流离失所的全球不均等发展结构的同时，也归罪于迁移经验本身，只看到流离迁徙问题化的一面，而却忽略了在微观层次上，个人在流动中不断地创造与颠覆意义（吴比娜，2003）。跨国主义作为迁移个体应对世界体系所带来的原子化与边缘感的微观实践，通过跨国空间将消费价值剩余转移的方式，使国际移民在家乡实现了消费的社会价值兑现，同时也实现了"消费反哺"，而这种"消费反哺"在一定程度上弥补了地方政府缺位所导致的村落公共物资与福利的匮乏，客观上促进了侨乡集体性社会福利目标的实现。移民以自己的小体系来消化那大世界体系无法抗拒的力量，在一定程度上减缓了在生产领域跨国流动给祖籍国与移居国带来的资源不平等分配的冲击，也为移民输出地区提供了发展的机遇与动力，使其有机会走进世界体系的中心，并潜移默化地改变了祖籍国与移居国之间的政治经济利益格局。

而这种跨境的两栖消费对国际移民在移居地的社会地位和身份又

会带来怎样的影响呢？我们认为，其影响是有限的。原因在于两栖消费的价值兑换必须依赖于不同情境的置换，而移居地和祖籍地则为国际移民提供了两种不同社会空间的消费情境。由于在移居地受到阶层与种族的限制，国际移民可以通过在祖籍地的消费来提升自身的社会地位。但是他们所提升的社会地位仅仅局限于家乡的社会定位体系之中。这也许会给予移民自尊心的满足、社会阶级失位的补偿及其对前途的希望，甚至也能一定程度上提高他们在海外族裔社区的社会声誉，但未必能够从根本上改变他们在移居地主流社会的地位和身份。同时，他们返乡的挥霍也会过度消耗他们在移居地的长期积蓄，因而不利于他们在移居国的向上社会流动。当然，也有相当一部分福州移民，精打细算，量入为出，把他们回乡消费所积累的社会声望和社会资本反馈于海外族裔社区，并通过族裔经济的模式和族裔资源来改善自身在移居地的社会地位。总而言之，全球链下的消费价值剩余转移可以弥补移民由于迁移造成的社会阶级失位，从而间接地帮助移民适应移居地的社会逆境，积极地把握自己的命运。

第四节　未来展望

本书主要是比较了来自不同祖籍地与移居地的华人移民的跨国实践。如果以后有机会对于不同国际移民的跨国实践进行比较，想必能够发现一些新现象与理论增长点。在全球化背景下，国际移民的跨国实践呈现出各种不同的类型和模式。有些移民确实与华人移民的跨国实践有非常类似之处，比如说社会文化馈赠几乎是所有国际移民都会采取的跨国实践模式。像在美国的墨西哥人就组织了大约 1500 个"同乡会"，专门支持故乡的各种活动，从修新马路、重新粉刷教堂到赞助宗教庆典活动等。同样地，居住在洛杉矶、华盛顿和其他美国城市的萨尔瓦多移民也成立了许多"城镇委员会"支持家乡的活动。拥有这种同乡会组织的萨尔瓦多城镇经常可以获得修路和典礼设备的经费，甚至替本地足球队添置漂亮的球衣。许多到法国的马里移民来自凯伊斯地区，其中约有七成是同乡会的活跃成员。一项 1996 年的研究发现，这些移民在十年之内捐出 200 多万美元资助 146 个建设计划，而一些非政府组织也配合辅助了 50 万美元。这个地区的基层建设半数以上来自移民基金会的支持。海外移民包括无国籍难民在内，也会寄送援助款给国内有需要的人，像明尼苏达州目前就有大约 5 万名索马里难民，他们有着强烈的责任感，认为自己有义务资助故乡。而且国际迁移与移民跨国实践产生了一种新的社会空间，里面充塞着许多"跨国社区"。国际商业在语音和资料传输上的巨大需求，使得国际电信的交流量急速成长。墨西哥电信公司甚至在加州广设服务处，让墨西哥移民替他们在国内的家人缴纳电话账单。更新颖的通信形式提供了更多跨国联系的选择，其中非常有用的功能是让家里人能够留意汇款的流向（参见 Stalker，2002：151 - 154）。

　　本书所提出的社会地位补偿机制解释只是研究移民跨国实践的其中一个新方向。我并不企图运用这个范式来解释任何来自其他族裔背景的国际移民类型，当然也不排除华人移民与其他族裔移民之间存在某种相似性。以往有研究表明，来自高社会经济背景的移民更倾向于参与跨国主义（阿列汗德罗·波特斯、周敏，2011；Zhou & Lee，2013）。国际移民的社会地位补偿机制则有助于我们更深入了解社会经济地位较低的移民的跨国实践模式和类型。社会地位补偿对于其他族裔、社会经济地位较低的劳工移民也具有一定解释力。比如说刚果的撒佩乌人，他们在巴黎努力工作并省吃俭用，回到刚果首都部拉柴维尔就可以炫耀自己的财富（Friedman，1990），这与华人移民的跨国实践有某种相似之处。当然，来自不同族裔背景的劳工移民由于在族裔文化及其在移居地的社会境遇、祖籍地与移居地的经济发展水平、移居国的移民政策、祖籍国对于自身海外离散群体的政策等结构与文化因素上的不同，因而社会地位补偿对跨国实践所产生的影响及其运作机制很可能会存在着较大差异。这还有待于以后针对一些来自不同族裔或是来自不同祖籍地、同一族裔的国际移民进行比较研究。

　　那么社会地位补偿机制是否能够解释来自高社会经济背景的移民的跨国实践呢？目前越来越多拥有高经济资本的华人在中国大陆、中国香港、中国台湾和亚洲各地都有密集的生意往来，却宁可选择美国、欧洲、澳大利亚或新西兰的护照。这些企业家把家人移到国外，再来回穿梭旅行工作，被称为"太空人"（astronauts）。这些太空人的孩子通常被称为"卫星儿童"（satellite kids）（Stalker，2002：154－155）。王爱华（Ong，1999）在讨论这群能够在多重政治版图与全球贸易中游走的移民时指出，他们拥有高经济文化资本（如去英国留学、学英文与掌握上流文化品位）以及多国护照，以便于他们在多重国度中取得身份与权利。这些努力维持"弹性公民身份"（flexible citizenship）的跨国移民者，他们在移民西方国家后，依然受制于阶层化的种族分类。在这种情形下，这群人会不会转而通过参与祖籍国的社会经济活动来实现社会地位补偿？王爱华的研究发现，与那些倾向于回乡参与传统慈善活动的华人移民相比，这群新富华人移民群体更多希望在西方民主社会里花钱来购买象征性资本，比如通过在移居地的慈善活动来实现文化资本积累，以此获得种族和文化的全球认可。华人移民在移居地的捐赠，表明他们喜欢"硬件"（即给人留下深刻印象的建筑，上面刻有他们的名字），而不喜欢"软件"（即奖学金和一些项目的基金，因为这些东西在公众眼里是无形的）（Ong，2007）。从事这些"文化公民身份"（尼克·史蒂文森，2011）的活动是一种根据移居地社会主流文化标准寻求归属感的实践。如果以后有机会将这些高经济文化资本的移民与来自较低阶层的劳工移民做一些比较研究，相信会发现一些有趣的现象。

参考文献

阿莉·拉瑟尔·霍克希尔德，2003，《全球护理链与情感剩余价值》，威尔·赫顿、安东尼·吉登斯编《在边缘：全球资本主义生活》，达巍、潘剑、刘勇、时光译，北京：生活·读书·新知三联书店。

阿列汗德罗·波特斯、周敏，2011，《国际移民的跨国主义实践与移民祖籍国的发展：美国墨西哥裔和华裔社团的比较》，《华人研究国际学报》第三卷第 1 期。

爱弥尔·涂尔干，1999，《宗教生活的基本形式》，上海：上海人民出版社。

彼得·邝，2001，《黑着：在美国的中国无证移民》，北京：世界知识出版社。

彼德·布劳，［1964］1988，《社会生活中的交换与权力》，孙非、张黎勤译，北京：华夏出版社。

彼得·M. 布劳，［1964］2008，《社会生活中的交换与权力》，李国武译，北京：商务印书馆。

滨下武志，2009，《中国、东亚与全球经济：区域和历史的视角》，北京：社会科学文献出版社。

蔡禾、王进，2007，《农民工永久迁移意愿研究》，《社会学研究》第 6 期。

蔡仁龙，1990，《战后东南亚华侨、华人发展变化试论》，国务院侨务办公室《侨情》编辑部，《侨务工作研究论文集（一）》，北京。

潮龙起，2009，《跨国华人研究的理论和实践——对海外跨国主义华人研究的评述》,《史学理论研究》第 1 期。

潮龙起,2010,《美国华人史（1848－1949）》,济南：山东画报出版社。

陈春声,2005,《海外移民与地方社会的转型——论清末潮州社会向"侨乡"的转变》,徐杰舜、许宪隆主编《人类学与乡土中国——人类学高级论坛 2005 卷》,黑龙江：黑龙江人民出版社。

陈达,1938,《南洋华侨与闽粤社会》,北京：商务印书馆。

陈达,［1937］2009,《南洋华侨与闽粤社会》,李文海主编《民国时期社会调查丛编》（华侨卷）,福州：福建教育出版社。

陈杰、黎相宜,2014,《海南冠南侨乡公共文化空间的变迁——兼论侨乡范式的式微》,《广西民族大学学报》（哲学社会科学版）第 5 期。

陈杰、黎相宜,2014,《道义传统、社会地位补偿与文化馈赠——以广东五邑侨乡坎镇移民的跨国实践为例》,《开放时代》第 3 期。

陈立超,2010,《海南地方主义案研究》,海南大学,硕士学位论文。

陈丽园,2003,《近代海外华人的跨国主义研究——以潮人侨批联系为例》,李志贤主编《海外潮人的移民经验》,新加坡潮州八邑会馆、八方文化企业公司。

陈那波,2009,《国家、市场和农民生活机遇——广东三镇的经验对比》,《社会学研究》第 6 期。

陈乔之,1992,《华人认同东南亚社会探究》,《东南亚研究》第 2 期。

陈祥水,1991,《纽约皇后区：新华侨的社会结构》,台北：中央研究院民族学研究所。

陈序经,［1940］2015a,《暹罗的汰族主义与暹化华侨》,《陈序经卷》,田彤编,北京：中国人民大学出版社。

陈序经,［1940］2015b,《暹罗的人口与华侨》,《陈序经卷》,田彤编,北京：中国人民大学出版社。

陈勇,2009,《华人的旧金山：一个跨太平洋的族群的故事,1850—1943》,北京：北京大学出版社。

陈志明，2002，《族群的名称与族群研究》，《西北民族研究》第
　　1 期。

陈志明、丁毓玲、王连茂主编，2006，《跨国网络与华南侨乡：文化、
　　认同和社会变迁》，香港：香港中文大学香港亚太研究所出版。

陈志明、吴翠蓉，2006，《诗山跨境关系与经济活动》，陈志明、丁
　　毓玲、王连茂主编《跨国网络与华南侨乡：文化、认同和社会变
　　迁》，香港：香港中文大学香港亚太研究所出版。

程希，2006，《侨乡研究：对华侨、华人与中国关系的不同解读》，
　　《世界民族》第 5 期。

代帆，2003，《华侨华人认同与中国——一种建构主义分析》，暨南大
　　学，硕士学位论文。

戴维·格伦斯基，2005，《社会分层》，北京：华夏出版社。

邓玉柱，2011，《侨乡宗族研究——以开平县赤坎镇司徒氏、关氏为
　　中心（1912—1949）》，暨南大学，硕士学位论文。

迪尔凯姆，2009，《社会学方法的准则》，狄玉明译，北京：商务印
　　书馆。

丁月牙，2012，《论跨国主义及其理论贡献》，《民族研究》第 3 期。

段颖，2012，《泰国北部的云南人：族群形成、文化适应与历史变
　　迁》，北京：社会科学文献出版社。

凡勃伦，[1899] 1964，《有闲阶级论——关于制度的经济研究》，蔡
　　受百译，北京：商务印书馆。

方灿宽，2005，《五邑侨乡新移民潮探秘》，《八桂侨刊》第 1 期。

斐迪南·滕尼斯，1999，《共同体与社会》，北京：商务印书馆。

费孝通，1987，《江村经济——中国农民的生活》，香港：中华书局
　　香港分局。

费孝通，1998，《乡土中国·生育制度》，北京：北京大学出版社。

费孝通，2006，《中国绅士》，北京：中国社会科学出版社。

冯子平，1993，《海南侨乡行》，北京：中国华侨出版社。

福柯，1999，《规训与惩罚》，刘北成、杨远婴译，北京：生活·读
　　书·新知三联书店。

福州市统计局编，2011，《福州统计年鉴2011》，北京：中国统计出版社。

甘满堂，2007，《村民自治、组织发展与村级治理——以福建省乡村调查为例》，《福州大学学报》（哲学社会科学版）第3期。

甘满堂、邓莲君，2012，《夸富背后的身份重构与社区互惠——对侨乡炫耀性经济行为的功能主义解读》，《福州大学学报》（哲学社会科学版）第5期。

欧文·戈夫曼，2008，《日常生活中的自我呈现》，冯钢译，北京：北京大学出版社。

广田康生，2005，《移民和城市》，北京：商务印书馆。

哈贝马斯，1994，《交往行为理论》，重庆：重庆出版社。

寒冬，2008，《海南华侨华人史》，海口：海南出版社、南方出版社。

黄昆章、张应龙主编，2003，《华侨华人与中国侨乡的现代化》，北京：中国华侨出版社。

黄静，2003，《潮汕与中国传统侨乡：一个关于移民经验的类型学分析》，《华侨华人历史研究》第1期。

黄晓坚，2001，《广东澄海侨情变化与思考》，《华侨华人历史研究》第4期。

黄晓星，2011，《社区运动的"社区性"——对现行社区运动理论的回应与补充》，《社会学研究》第1期。

黄勋拔，1995，《广东的土地改革》，《当代中国史研究》第1期。

黄志辉，2010，《自我生产政体："代耕农"及其"近阈限式耕作"》，《开放时代》第12期。

黄志辉，2011，《卷入与多重支配——珠三角"离乡不离土"的"代耕农"》，中山大学，博士学位论文。

黄重言，1994，《侨乡社会的历史和侨乡调查》，中山大学东南亚研究所编《东南亚研究文集》，西安：西北大学出版社。

加里·S.贝克尔，1995［1976］，《人类行为的经济分析》，王业宇、陈琪译，上海：上海三联书店和上海人民出版社。

井村熏雄，［2011］1940，《各国对华投资和华侨汇款》，《日本对南洋华侨调查资料选编（1925—1945）第三辑》，姚玉民、崔丕、李文译，广州：广东高等教育出版社。

卡尼曼、特沃斯基，2008，《不确定性状况下的判断：启发式和偏差》，北京：中国人民大学出版社。

鞠海龙，2008，《海南侨务工作概论》，海口：南方出版社、海南出版社。

科大卫，刘志伟，2000，《宗族与地方社会的国家认同——明清华南地区宗族发展的意识形态基础》，《历史研究》第 3 期。

柯群英，2003，《福建侨乡中文化资本与祭祖的关系》，周大鸣、柯群英主编《侨乡移民与地方社会》，北京：民族出版社。

柯群英，2005，《人类学与散居人口研究：侨乡研究中的一些注意事项》，《广西民族学院学报》（哲学社会科学版）第 4 期。

克利福德·吉尔兹，2000，王海龙等译，《地方性知识——阐释人类学论文集》，北京：中央编译出版社。

孔飞力，[2008] 2016，《他者中的华人：中国近现代移民史》，李明欢译，南京：江苏人民出版社。

莱特·米尔斯，[1951] 2006，《白领：美国的中产阶级》，周晓虹译，南京：南京大学出版社。

蓝佩嘉，2011，《跨国灰姑娘：当东南亚帮佣遇上台湾新富家庭》，长春：吉林出版集团有限责任公司。

雷蒙·威廉斯，2005，《关键词：文化与社会的词汇》，刘建基译，北京：生活·读书·新知三联书店。

黎相宜，2009，《精英型与草根型框架借用：比较失地农民与知识精英的集体抗争》，《社会》第 6 期。

黎相宜，2011，《动员与被动员：华人移民与侨乡社会发展》，《广东技术师范学院学报》第 8 期。

黎相宜、周敏，2012，《跨国实践中的社会地位补偿：华南侨乡两个移民群体文化馈赠的比较研究》，《社会学研究》第 3 期。

黎相宜，2012，《作为研究主体的"客人"——以美国华人移民田野调查体验为例》，《开放时代》第 10 期。

黎相宜、周敏，2013，《抵御性族裔身份认同：美国洛杉矶海南籍越南华人的田野调查与分析》，《民族研究》第 1 期。

黎相宜、周敏，2014，《跨国空间下消费的社会价值兑现——基于美国福州移民两栖消费的个案研究》，《社会学研究》第 2 期。

黎相宜，2014，《跨越彼岸：美国福州移民的跨国政治实践研究》，《学术研究》第 4 期。

黎相宜，2015，《跨国集体维权与"回飞镖"效应——基于美国福州移民的个案研究》，《中山大学学报》（哲学社会科学版）第 4 期。

黎相宜，2015，《移民跨国实践中的道义与交换——基于衰落型侨乡海南文昌的研究》，《华侨华人历史研究》第 3 期。

黎相宜，2016，《海外华侨华人、侨乡社会与跨国宗族实践——以广东五邑侨乡薛氏为例》，《华侨华人历史研究》第 1 期。

黎相宜，2017，《从生产性身体到消费性身体：基于美国福州青年劳工移民的分析》，《中国青年研究》第 5 期。

黎相宜，2017，《国家需求、治理逻辑与绩效：归难侨安置制度与华侨农场政策研究》，《华侨华人历史研究》第 1 期。

黎相宜，2018，《公益慈善、印象整饰与利益交换：基于一个华南侨乡的考察》，《中山大学学报》（哲学社会科学版）第 3 期。

黎相宜，2018，《海外华人社团中的冲突：区域社会结构与在地文化系统的新视角》，《华侨华人历史研究》第 2 期。

李光耀，2000，《李光耀回忆录》，新加坡：新加坡联合早报出版社。

李明欢，1999，《"相对失落"与"连锁效应"：关于当代温州地区出国移民潮的分析与思考》，《社会学研究》第 5 期。

李明欢，2000，《20 世纪西方国际移民理论》，《厦门大学学报》（哲学社会科学版）第 4 期。

李明欢，2001，《"多元文化"论争世纪回眸》，《社会学研究》第 3 期。

李明欢，2005a，《"侨乡社会资本"解读：当代福建跨境移民潮为例》，《华侨华人历史研究》第 2 期。

李明欢，2005b，《福建侨乡调查：侨乡认同、侨乡网络与侨乡文化》，厦门：厦门大学出版社。

李明欢，2005c，《社会人类学视野下的"迁移"与"家园"》，《吉首大学学报》（社会科学版）第 3 期。

李明欢，2005d，《"中国的全球化"与"跨国的福建人"》，《读书》第 8 期。

李明欢，2010，《当代西方国际移民理论再探讨》，《厦门大学学报》（哲学社会科学版）第 2 期。

李明欢，2011，《国际移民政策研究》，厦门：厦门大学出版社。

李明欢，2012，《国际移民研究热点与华侨华人研究展望》，《华侨华人历史研究》第 1 期。

李一平、周宁，1996，《新加坡研究》，北京：国际文化出版公司。

李亦园，2002a，《中国社会科学院海外华人研究中心成立并举办"海外华人研究研讨会"祝贺词——兼谈海外华人研究的若干理论范式》，郝时远主编《海外华人研究论集》，北京：中国社会科学出版社。

李亦园，2002b，《马来西亚华人社会的社团组织与领袖形态》，《李亦园自选集》，上海：上海教育出版社。

李银河、陈俊杰，1993，《个人本位、家本位与生育观念》，《社会学研究》第 2 期。

连培德，2009，《美国华人和其他主要亚裔族群的跨国政治活动调查》，万晓宏译，《华侨华人历史研究》第 1 期。

梁茂信，2011，《现代欧美移民与民族多元化研究》，北京：商务印书馆。

廖赤阳、刘宏，2008，《网络、国家与亚洲地域秩序：华人研究之批判性反思》，《华侨华人历史研究》第 1 期。

林蔼云，2006，《漂泊的家：晋江—香港移民研究》，《社会学研究》第 2 期。

林红生、樊云芳，2008，《海南著名侨乡》，海口：南方出版社、海南出版社。

林胜，2002，《无证移民产生机制的研究——以福建个案调查为例》，

《青年研究》第 10 期。

刘国福，2013，《侨情变化与侨务政策》，广州：暨南大学出版社。

刘宏，2003，《战后新加坡华人社会的嬗变：本土情怀·区域网络·全球视野》，厦门：厦门大学出版社。

刘宏，2009，《当代华人新移民的跨国实践与人才环流——英国与新加坡的比较研究》，《中山大学学报》第 6 期。

刘宏，2010，《海外华人与崛起的中国：历史性、国家与国际关系》，《开放时代》第 8 期。

刘宏，2013，《跨界亚洲的理念与实践——中国模式·华人网络·国际关系》，南京：南京大学出版社。

刘林平，2011，《个案研究必须面对反事实问题》，《中国社会科学报》9 月 28 日。

刘欣，2003，《阶级惯习与品味：布迪厄的阶级理论》，《社会学研究》第 6 期。

刘以榕，2011，《海外华侨对辛亥革命的贡献》，《中国社会科学报》12 月 19 日。

刘子健，2001，《关于广东土改问题——与杜润生同志商榷》，《广东党史》第 3 期。

卢德格尔·普里斯，2000，《跨国社会空间——以墨西哥—美国劳动移民为例的理论与经验的分析》，《全球化与政治》，北京：中央编译出版社。

卢帆，2008，《炫耀性消费：基于侨乡文化的分析》，《经济与社会发展》第 2 期。

路剑，2003，《何香凝关于广东土改问题给方方的一封信》，《广东党史》第 6 期。

露丝·本尼迪克特，1987，《文化模式》，何锡章、黄欢译，北京：华夏出版社。

迈克尔·布若威，2008，《制造同意——垄断资本主义劳动过程的变迁》，北京：商务印书馆。

麻国庆，2000，《全球化：文化的生产与文化认同——族群、地方社会与跨国文化圈》，《北京大学学报》第 4 期。

麻国庆，2009，《永远的家：传统惯性与社会结合》，北京：北京大学出版社。

玛格丽特·E. 凯克、凯瑟琳·辛金克，2005，《超越国界的活动家：国际政治中的倡议网络》，韩召颖、孙英丽译，北京：北京大学出版社。

马克思，2010，《剩余价值理论》，北京：人民日报出版社。

马克斯·韦伯，［1922］2010，《经济与社会》，上海：上海人民出版社。

马塞尔·莫斯，2002，《礼物》，汲喆译，上海：上海人民出版社。

马文·哈里斯，1988，《文化人类学》，李培茱等译，北京：东方出版社。

毛哲山，2008，《专业技术人员阶层与其他阶层之间的关系》，《人文杂志》第 6 期。

梅伟强、梅雪，2007，《"集体家书"连五洲——五邑侨刊乡讯研究（1978—2005）》，香港：香港社会科学出版社有限公司。

梅伟强、关泽峰，2010，《广东台山华侨史》，北京：中国华侨出版社。

尼克·史蒂文森，2011，《文化公民身份：全球一体的问题》，北京：北京大学出版社。

欧兰德森、哈里斯、史克普、艾伦，2007，《做自然主义研究——方法指南》，李涤非译，重庆：重庆大学出版社。

皮埃尔·布尔迪厄，2007，《实践理性：关于行为理论》，谭立德译，生活·读书·新知三联书店。

坪县地方志办公室编，2002，《坪县县志》，北京：中华书局。

坪县地方志办公室编，2015，《坪县统计年鉴》，广州：广东人民出版社。

潘毅，1999，《开创一种抗争的次文体：工厂里一位女工的尖叫、梦魇和叛离》，《社会学研究》第 5 期。

秦亚青，2003，《国家身份、战略文化和安全利益——关于中国与国际社会关系的三种假设》，《世界经济与政治》第 1 期。

覃琼，2013，《农民维权活动的理法抗争及其理论解释两起征地案例的启示》，《社会》第 6 期。

清风，1991，《我国内侨务工作历史演变的回顾》，《八桂侨刊》第 2 期。

任焰、潘毅，2006，《跨国劳动过程的空间政治：全球化时代的宿舍劳动体制》，《社会学研究》第 4 期。

阮云星、张婧，2009，《村民自治的内源性组织资源何以可能？——浙东"刘老会"个案的政治人类学研究》，《社会学研究》第 3 期。

施坚雅，[1956] 2010，《泰国华人社会：历史的分析》，许华等译，厦门：厦门大学出版社。

宋平，2011，《中国新移民与跨国小社会实践》，罗勇、徐杰舜主编《族群迁徙与文化认同：人类学高级论坛 2011 卷》，黑龙江：黑龙江出版社。

苏云峰，2002，《海南历史论文集》，海口：海南出版社。

谭雅伦，2010，《弱群心声："出洋子弟勿相配"——珠三角侨乡歌谣中的出洋传统与家庭意识》，《华侨华人历史研究》第 4 期。

谭同学，2009，《类型比较视野下的深度个案与中国经验表述——以乡村研究中的民族志书写为例》，《开放时代》第 8 期。

唐若玲，2012，《东南亚琼属华侨华人》，广州：暨南大学出版社。

王春光，2000a，《巴黎的温州人——一个移民群体的跨社会建构行动》，南昌：江西人民出版社。

王春光，2000b，《流动中的社会网络：温州人在巴黎和北京的行动方式》，《社会学研究》第 3 期。

王春光，2002，《移民的行动抉择与网络依赖——对温州侨乡现象的社会学透视》，《华侨华人历史研究》第 3 期。

王付兵，2001，《二战后东南亚华侨华人认同的变化》，《南洋问题研究》第 4 期。

王赓武，1994，《东南亚华人与中国发展》，林孝胜编《东南亚华人与中国经济与社会》，新加坡：新加坡亚洲研究学会等联合出版。

王赓武，2002，《东南亚华人的身份认同之研究》，《王赓武自选集》，上海：上海教育出版社。

王铭铭，1997，《社会人类学与中国研究》，北京：生活·读书·新知三联书店。

王宁，2001，《"两栖"消费行为的社会学分析》，《中山大学学报》（社会科学版）第 4 期。

王宁，2012，《消费全球化：视野分歧与理论重构》，《学术研究》第 8 期。

王宁、严霞，2011，《两栖消费与两栖认同——对广州市 J 工业区服务业打工妹身体消费的质性研究》，《江苏社会科学》第 4 期。

王翔，2001，《近代南洋琼侨的社团与生活》，《海南大学学报》（人文社会科学版）第 3 期。

王正毅，2000，《世界体系论与中国》，北京：商务印书馆。

翁定军，2010，《阶级或阶层意识中的心理因素：公平感和态度倾向》，《社会学研究》第 1 期。

吴比娜，2003，《ChungShan——台北市菲律宾外籍劳工社群空间的形成》，国立台湾大学，硕士学位论文。

吴华，1989，《星洲琼籍认识之今与昔》，《新加坡琼州会馆庆祝成立一百三十五周年纪念特刊》，新加坡琼州会馆。

吴华，1999，《马新海南族群史料汇编》，马来西亚海南会馆联合会出版。

吴景超，［1928］1991，《唐人街：共生与同化》，筑生译，天津：天津人民出版社。

吴瑞珠，2006，《境外华人和泉州南音的发展》，《跨国网络与华南侨乡：文化、认同和社会变迁》，香港：香港中文大学香港亚太研究所出版。

项飚，2009，《寻找一个新世界：中国近现代对"世界"的理解及其变化》，《开放时代》第 9 期。

项飚，2012，《全球"猎身"：世界信息产业和印度的技术劳工》，北京：北京大学出版社。

熊春文，2009，《"文字上移"：20 世纪 90 年代末以来中国乡村教育的新趋向》，《社会学研究》第 5 期。

许肇林，1996，《试析二战后东南亚华侨华人社会的变化发展》，《华侨华人历史研究》第 3 期。

颜清湟，2005，《海外华人的社会变革与商业成长》，厦门：厦门大学出版社。

杨凤岗，2008，《皈信·同化·叠合身份认同——北美华人基督徒研究》，默言译，北京：民族出版社。

杨丽云，2007，《人类学互惠理论谱系研究》，《广西民族研究》第 4 期。

姚婷、梅伟强，2009，《八年侨刊：〈新宁杂志〉历史文化论》，北京：中国华侨出版社。

于淼，2012，《中美汇率之争的政治经济学分析》，吉林大学，硕士学位论文。

余晓敏、潘毅，2008，《消费社会与"新生代打工妹"主体再造性》，《社会学研究》第 3 期。

翟学伟，1999，《个人地位：一个概念及其分析框架——中国日常社会的真实建构》，《中国社会科学》第 4 期。

詹姆斯·C. 斯科特，2001，《农民的道义经济学：东南亚的反叛与生存》，程立显、刘建译，北京：译林出版社。

张春泥、谢宇，2013，《同乡的力量：同乡聚集对农民工工资收入的影响》，《社会》第 1 期。

张国雄，1998，《广东五邑侨乡的海外移民运动》，《华侨华人历史研究》第 3 期。

张国雄，2003，《从粤闽侨乡考察二战前海外华侨华人的群体特征——以五邑侨乡为主》，《华侨华人历史研究》第 2 期。

张继焦，1999，《市场化中的非正式制度》，北京：文物出版社。

张继焦，2006，《海外华人对侨乡的侨汇、善举与投资行为：从人类学角度看侨商的寻根经济》，陈志明、丁毓玲、王连茂主编《跨国网络与华南侨乡：文化、认同和社会变迁》，香港：香港中文大学亚太研究所出版。

张朔人、于苏光，2008，《华侨与海南社会发展》，海口：南方出版社、海南出版社。

张兴汉、陈新东、黄卓才、徐位发主编，1990，《华侨华人大观》，广州：暨南大学出版社。

赵树冈，2003，《东南亚华人的人类学研究：以区域及主题为分析焦点》，《华侨华人历史研究》第 3 期。

郑戈，2001，《韦伯论西方法律的独特性》，李猛编《韦伯：法律与价值》，上海：上海人民出版社。

郑林宽，1938［2009］，《福建华侨汇款》，李文海主编《民国时期社会调查丛编（华侨卷）》，福州：福建教育出版社。

郑一省，2003，《华侨华人与当代闽粤侨乡的民俗活动》，《东南亚研究》第 6 期。

郑一省，2004，《华侨华人与闽粤侨乡互动关系的恢复和发展》，《东南亚研究》第 2 期。

周飞舟，2007，《生财有道：土地开发和转让中的政府和农民》，《社会学研究》第 1 期。

周敏，1995，《唐人街：深具经济潜质的华人社区》，鲍霭斌译，上海：商务印书馆。

周敏，2006，《美国华人社会的变迁》，上海：上海三联书店。

周敏、林闽钢，2004，《族裔资本与美国华人移民社区的转型》，《社会学研究》第 3 期。

周敏、黎熙元，2005，《族裔特性、社会资本与美国华人中文学校——从美国华人中文学校和华裔辅助性教育体系的发展看美国华人移民的社会适应》，《世界民族》第 4 期。

周敏、黎相宜，2012，《国际移民研究的理论回顾及未来展望》，《东南亚研究》第 6 期。

周敏、张国雄主编，2012，《国际移民与社会发展》，广州：中山大学出版社。

周敏、刘宏，2013，《海外华人跨国主义实践的模式及其差异——基于美国与新加坡的比较分析》，《华侨华人历史研究》第 1 期。

周南京主编，2001，《华侨华人百科全书·侨乡卷》，北京：中国华侨出版社。

朱红，2008，《转换·融合——中国技术移民在加拿大》，北京：社会科学文献出版社。

庄国土，1999，《华侨华人与港澳同胞对厦门捐赠的分析》，《华侨华人历史研究》第 4 期。

庄国土，2001，《华侨华人与中国的关系》，广州：广东高等教育出版社。

庄国土，2003a，《二战以后东南亚华族社会地位的变化》，厦门：厦门大学出版社。

庄国土，2003b，《从跳船者到东百老汇大街的"主人"：近 20 年来福州人移民美国研究》，《华侨华人历史研究》第 3 期。

庄国土，2006a，《近 20 年福建长乐人移民美国的动机和条件——以长乐实地调查为主的分析》，《华侨华人历史研究》第 1 期。

庄国土，2006b，《近 30 年来的中国海外移民：以福州移民为例》，《世界民族》第 3 期。

庄国土，2008，《论中国人移民东南亚的四次大潮》，《南洋问题研究》第 1 期。

庄国土，2011，《世界华侨华人数量和分布的历史变化》，《世界历史》第 5 期。

E. 霍布斯鲍姆 & T. 兰格，2004，《传统的发明》，顾杭、庞冠群译，北京：译林出版社。

Ong, Aihwa, 2007，《风水及文化积累的局限——旧金山华人移民的文化认同》，张晓萍、姚莹译，《思想战线》第 1 期。

Stalker, Peter, 2002，《国际迁移与移民——解读"离国出走"》，蔡继光译，台北：书林出版有限公司。

Alba, Richard D. , 1985, *Alian Americans*: *Into the Twilight of Ethnicity. Englewood Cliffs*, NJ：Prentice Hall, 1985.

Alba, Richard D. and Nee Victor, 2003, *Emaking the American Mainstream*：*Assimilation and Contemporary Immigration* Cambridge, MA：

Harvard University Press.

Alumkal, Antony W. , 1999, "Preserving Patriarchy: Assimilation, Gender Norms, and Second – Generation Korean American Evangelicals," *Ualitative Sociology*, 22 (2): 127 – 140.

Anderson, Benedict R. , 1983, *Agined Communities*, London: Verso.

Anderson, Benedict R. , 1992, *Ong – distance Nationalism: World Capitalism and the Rise of Identity Politics*, Amsterdam: CASA – Centre for Asian Studies Amsterdam.

Appadurai, Arjun, 1996, *Odernity at Large: Dimensions of Globalization*, Minneapolis: University of Minnesota Press.

Ballard, Roger, 2001, *he Impact of Kinship on the Economic Dynamics of Transnational Networks: Reflections on Some South Asian Developments*, Transnational Communities Programme, WPTC – 01 – 14, Oxford University, Oxford, UK.

Barber, Pauline Gardiner, 2000, "Agency in Philippine Women's Labour Migration and Provisional Diaspora." *Omen's Studies International Forum*, 23 (4): 399 – 411.

Baruah, Nilim, 2005, *Rmittances to Least Developed Countries (LDCs)*: *Issues, Impacts, Policies, Practices and Enhancing Development Impact*, Epublic International Organization Migration Geneva: Labor Migration Service.

Basch, Linda Green, Nina Glick – Schiller & Cristina Szanton Blanc (eds.), 1994, *ations Unbound: Transnational Projects, Postcolonial Predicaments, and Deterritorialized Nation – States*, London: Gordon & Breach.

Bauböck, Rainer, 2003, "Towards a Political Theory of Migrant Tran Snationalism," *Ternational Migration Review*, 7 (3): 700 – 723.

Bauman, Zygmunt, 1998, *Globalization: The Human Consequences*, Cambridge: Polity.

Berger, Peter, Brigitte Berger & Hansfried Kellner, 1973, *he Homeless*

Mind：*Modernization and Consciousness*，New York：Random House.

Beserra，Bernadete，2003，*Razilian Immigrants in the United States*：*Cultural Imperialism and Social Class*，New York：LFB Scholarly Publishing.

Blanc，Cristina S.，Linda G. Basch，Nina Glick － Schiller，1995，"Transnationalism，Nation － states，and Culture，" *Urrent Anthropology*，6（3）：683 －686.

Bourdieu，Pierre，1984，*Istinction*：*A Social Critique of the Judgement of Taste*，Cambridge：Harvard University Press.

Bourdieu，Pierre，1987，"What Makes a Social Class? On the Theoretical and Practical Existence of Groups，" *Erkley Journal of Sociology*，2：1 － 17.

Breton，Raymond，1964，"Institutional Completeness of Ethnic Communities and the Personal Relations of Immigrants，" *Merican Journal of Sociology*，70（21）：193 －205.

Brien，David J. & Stephen S. Fugita，1982，"Middleman Minority Concept：Its Explanatory Value in the Case of the Japanese in California Agriculture，" *He Pacific Sociological Review*，25（2）：185 －204.

Bryceson，Deboran & Ulla Vuorela，2002，*He Transnational Family*：*New European Frontiers and Global Networks*，Oxford/New York：Berg.

Burawoy，Michael，1976，"The Functions and Reproduction of Migrant Labour：Comparative Material from Southern Africa and the United States，" *Merican Journal of Sociology*，81（5）：1050 － 1087.

Burawoy，Michael，2003，"Revisits：An Outline of a Theory of Reflexive Ethnography，" *Merican Sociological Review*，8（5）：645 －79.

Caglar，Ayse，1995，"German Turks in Berlin：Social Exclusion and Strategies for Social Mobility，" *ew Community*，1（3）：309 －23.

Carling，Jørgen，2005，*He Human Dynamics of Transnationalism*：*Asymmetries of Solidarity and Frustration*，Resented at SSRC Workshop Migration & Development，New York，November 17 － 19.

Chamberlain, Mary, 2002, Small Worlds: Childhood and Empire, *Ournal of Family History*, 7 (2): 186 - 200.

Chan, Sucheng, 2006, *Hinese American Transnationalism: The Flow of People, Resources, and Ideas Between China and America during the Exclusion Era*, Philadelphia: Temple University Press.

Cheng, Joseph Y. S. , Ngok, King - lun, 1999, "Government Policy in the Reform Era: Interactions between Organs Responsible for Overseas Chinese and Qiaoxiang Commnities". In Leo Douw, Cen Huang and Michael R. Godley (eds.), *iaoxiang Ties: Interdisciplinary Approaches to 'Cultural Capitalism' in South China*, London: Kegan Paul International in Association with International Institute for Asian Studies.

Chin, Ko - Lin, 1999, *Muggled Chinese: Clandestine Immigration to the United States*, Philadelphia: Temple University Press.

Dahl, Robert A. , 1957, "The Concept of Power," *Ehavioral Science*, 2 (3): 201 - 215.

Chu, Julie Y. , 2010, *Ransnational Mobility and the Politics of Destination in China*, Durham and London: Duke University Press.

Diaz - Briquets, Sergio & Sidney Weintraub (eds.), 1991, *Igration, Remittances, and Small Business Development: Mexico and Caribbean Basin Countries*, Boulder, Co. : Westview Press.

Ding, Yueya, 2010, Negotiating Individual Space: An Inquiry into the Experiences of Chinese Return Migrants from Canada. Germany: VDM Verlag Dr. Mueller Aktiengesellschaft & Co. KG.

Ebaugh, Helen R. & Janet S. Chafetz, 2000, *Eligion and the New Immigrants: Continuities and Adaptations in Immigrant Congregations*, New York: Alta Mira Press.

Espiritu, Yen L. , 1992, *Sian American Panethnicity: Bridging Institutions and Identities*, Philadelphia: Temple University Press.

Espiritu, Yen L. , 2003, *ome Bound Filipino Lives Across Cultures*,

Communities, and Countries, Berkeley: University of California Press.

Freund, Peter E. S. , 1982, *He Civilized Body: Social Domination, Control and Health* Philadelphia, PA: Temple University Press.

Faist, Thomas, 2000, *He Volume and Dynamics of International Migration and Transnational Social Spaces*, Oxford: Oxford University Press.

Fitzgerald, David, 2006, Towards a Theoretical Ethnography of Migration, *Ualitative Sociology*, 9 (1): 1 – 24.

Fog – Olwig, Karen, 2002, A Wedding in the Family: Home Making in a Global Kin Network, *Lobal Networks*, (3): 205 – 18.

Foner, Nancy, 2000, *Rom Ellis Island to JFK: New York's Two Great Waves of Immigration*, New Haven, CT: Yale University Press.

Fouron, Georges E. & Glick – Schiller Nina, 2002, "The Generation of Identity: Redefining the Second Generation within a Transnational Social Field," In Peggy Levitt, Mary C. Waters (eds.), *The Changing Face of Home: The Transnational Lives of the Second Generation*, New York: Russell Sage Found.

Friedman, Jonathan, 1990, "Being in the World: Globalization and Localization", In Mike Featherstone (ed.), *Lobal Culture*, London: Sage.

Gabaccia, Donna R. , 2000, *aly's Many Diasporas*, Seattle: University of Washington Press.

Gabaccia Donna R. & Fraser M. Ottanelli, 2001, *alian Workers of the World: Labor Migration and the Formation of Multiethnic States*, Urbana: University of Illinois Press.

Gans, Herbert, 1962, *He Urban Villagers: Group and Class in the Life of Italian Americans*, New York: Free Press.

Gardner, Katy, 2006, The Transnational Work of Kinship and Caring: Bengali – British Marriages in Historical Perspective, *Lobal Networks*, (4): 373 – 387.

Gardner, Katy & Ralph Grillo, 2002, Transnational Households and Ritual: An Overview, *lobal Networks*, (3): 179 – 190.

Georges, Eugenia, 1984, "New Immigrants and the Political Process: Dominicans in New York," Center for Latin American and Caribbean Studies. Occasional Papers, No. 45. New York: New York University.

Gray, Breda, 2003, *Omen and the Irish Diaspora*, London: Routledge.

Glazer, Nathan & Daniel P. Moynihan, 1970, *Eyond the Melting Pot: The Negroes, Puerto Ricans, Jews, Italians and Irish of New York City*, 2nd ed. Cambridge: MIT Press.

Glick – Schiller, Nina, Linda Basch & Cristina Blanc – Szanton 1992, *Owards a Transnational Perspective on Migration: Race, Class, Ethnicity, and Nationalism Reconsidered. New York: New York Academy of Sciences.*

Glick – Schiller Nina, Linda Basch & Cristina Blanc – Szanton, 1995, "*From Immigrant to Transmigrant: Theorizing Transnational Migration*," Nthropological Quarterly, 68 (1): 48 – 63.

Glick – Schiller, Nina and Georges Fouron, 1999, "Terrains of Blood and Nation: Haitian Transnational Social Fields," *Thnic and Racial Studies*, 2 (2): 340 – 366.

Glick – Schiller, Nina and Georges Fouron, 2001, *Eorges Woke Up Laughing: Long – Distance Nationalism and the Search for Home Durham*, NC: Duke University Press.

Gold, Steven, 2001, "Gender, Class, and Network: Social Structure and Migration Patterns among Transnational Israelis," *lobal Networks*, (1): 57 – 78.

Goldring, Luin, 1996, "Blurring Borders: Constructing Transnational Communities in the Process of Mexico – U. S. Immigration," *Esearch in Community Sociology*: 69 – 104.

Goldring, Luin, 1998, "The Power of Status in the Transnational Social Field," In Michael Peter Smith and Luis E. Guarnizo (eds.), *Ransnationalism from below New Brunswick*, NJ: Transaction Publishers.

Goodman, David S. G. , 2000, "The Localism of Local Leadership Cadres in Reform Shanxi," *Journal of Contemporary China*, 9 (24): 171 – 172.

Gowricharn, Ruben, 2004, "Moral Capital in Surinamese Transnationalism," *Thnic and Racial Studies*, 27 (4): 607 – 621.

Grasmuck, Sherri & Patricia R. Pessar, 1991, *Etween Two Islands: Dominican International Migration*, Berkeley: University of California Press.

Guarnizo, Luis E. , 2003, "The Economics of Transnational Living," *Ternational Migration Review*, 7 (3): 666 – 699.

Guarnizo, Luis E, Alejandro Portes & William Halle, 2003, "Assimilation and Transnationalism: Determinants of Transnational Political Action among Contemporary Migrants," *Merican Journal of Sociology*, 08 (6): 1211 – 1248.

Guarnizo, Luis E. , Arturo I. Sanchez & Elizabeth M. Roach, 1999, "Mistrust, Fragmented Solidarity, and Transnational Migration: Colombians in New York and Los Angeles", *Thnic and Racial Studies*, 2 (2): 367 – 396.

Guest, Kenneth J. , 2003, *Od in Chinatown: Religion and Survival in New York's Evolving Immigrant Community*, New York: New York University Press.

Hage, Ghassan, 2002, "The Differential Intensities of Social Reality: Migration, Participa – tion and Guilt," In Ghassan Hage (ed.), *rab Australians Today: Citizenship and Belonging*, Melbourne: Melbourne University Press.

Hanser, Amy, 2008, Service Encounters: Class, Gender and the Market for Social Distinction in Urban China, Stanford University Press.

Homans, George C. , 1961, *Ocial Behavior: Its Elementary Forms*, New York: Harcourt, Brace, and World, Inc.

Hondagneu – Sotelo, Pierette, 2001, *Oméstica: Immigrant Workers Cleaning and Caring in the Shadows of Affluence*, Berkeley: University of California Press.

Hood, Marlowe, 1997, "Introduction," In *Ourcing the Problem*: *Why Fuzhou? In* aul J. Smith (ed.), *uman Smuggling*, *Chinese Migrant Trafficking and the Challenge to Americas Immigration Tradition*, The Center for Strategic and International Studies, Washington D. C.

Hsu, Madeline Y., 2000, Migration and Native Place: Qiaokan and the Imagined Community of Taishan County, Guangdong, 1893 – 1993, *ournal of Asian Studies*, 59 (2): 307 – 331.

Hugo, Graeme J., 1981, "Village – community Ties, Village Norms, and Ethnic and Social Networks: A Review of Evidence from the Third World," In Gordon F. DeJong and Robert W. Gardner (eds.), *Igration Decision Making*: *Multidisciplinary Approaches to Microlevel Studies in Developed and Developing Countries*, New York: Pergamon Press.

Itzigsohn, Jose, 1995, "Migrant Remittances, Labor Markets, and Household Strategies: A Comparative Analysis of Low – Income Household Strategies in the Caribbean Basin," *ocial Forces*, 4 (2): 633 – 657.

Itzigsohn, Jose & Silvia G. Saucedo, 2002, "Immigrant Incorporation and Sociocultural Transnationalism," *Ternational Migration Review*, 6 (3): 766 – 798.

Jacoby, Tamar (ed.), 2004, *einventing the Melting Pot*: *The New Immigrants and What It Means to be American*, New York: Basic Books.

Jing, Jun, 1996, *He Temple of Memories*: *History*, *Power*, *and Moralityin a Chinese Village*, Stanford: Stanford University Press.

Kim, Nadia Y., 2006, "Patriarchy is so 'Third World': Korean Immigrant Women and 'Migrating' White Western Masculinity," *ocial Problems*, 3 (4): 519 – 536.

Kivisto, Peter, 2001, "Theorizing Transnational Immigration: A Critical Review of Current Efforts," *thnic Racial Studies*, 4 (4): 549 – 577.

Kuah, Khun Eng, 2000, *Ebuilding the Ancestral Village* : *Singaporeans in China* Aldershot : Ashgate.

Kuhn, Philip A., 2008, *Chinese Among Others*, *Emigration in Modern*

Times, Anham: Rowman & Littlefield Publishers.

Kwong, Peter, 1987, *He New Chinatown*, New York: Hill & Wang.

Kwong, Peter, 1997, *Orbidden Workers: Illegal Chinese Immigrants and American Labor*, New York: New Press.

Laliotou, Ioánna, 2004, *Ransatlantic Subjects: Acts of Migration and Cultures of Transnationalism Between Greece and America*, Chicago: University of Chicago Press.

Landolt, Patricia, 2001, "Salvadoran Economic Transnationalism: Embedded Strategies for Household Maintenance, Immigrant Incorporation, and Entrepreneurial Expansion," *Lobal Networks*, 1 (3): 217 – 242.

Levitt, Peggy, 2001, "Transnational Migration: Taking Stock and Future Directions," *Lobal Networks*, (3): 195 – 216.

Levitt, Peggy, 2007, *od Needs No Passport: How Immigrants are Changing the American Religious Landscape*, New York: New Press.

Levitt, Peggy & Mary C Waters (eds.), 2002, *he Changing Face of Home: The Transnational Lives of the Second Generation*, New York: Russell Sage Found.

Levitt, Peggy & Nina Glick – Schiller, 2004, "Conceptualizing Simultaneity: a Transnational Social Field Perspective on Society," *Ternational Migration Review*, 8 (3): 1002 – 1039.

Levitt, Peggy & B. Nadya Jaworsky, 2007, "Transnational Migration Studies: Past Developments and Future Trend," *he Annual Review of Sociology*, 33: 129 – 156.

Levitt, Peggy & Deepak Lamba – Nieves, 2011, "Social Remittances Revisited," *Ournal of Ethnic and Migration Studies*, 7 (1): 1 – 22.

Lewis, William A., 1954, "Economic Development with Unlimited Supplies of Labor," *he Manchester School of Economic and Social Studies*, 2: 139 – 191.

Liang, Zai, Miao David Chunyu, Guotu Zhuang and Wenzhen Ye., 2008, Cumulative Causation, Market Transition, and Emigration from

China, *Merican Journal of Sociology*, 114 (3): 706 – 737.

Lieberson, Stanley, 1980, *A Piece of the Pie*, Berkeley: University of California Press.

Lien, Pei – te, 2007, "Ethnic Homeland and Chinese Americans: Conceiving a Transnational Political Network," In Tan Chee – Beng (ed.), *Hinese Transnational Networks* Routledge.

Light, Ivan, Min Zhou & Rebecca Kim, 2002, "Transnationalism and American Exports in an English – speaking World," *Ternational Migration Review*, 36 (3): 702 – 725.

Light, IH, Isralowitz R., 1997, *Migrant Entrepreneurs and Immigrant Absorption in the United States and Israel*, Aldershot, UK: Ashgate.

Li, Minghuan, 1999, "*e Need Two Worlds* ': *Chinese Immigrant Associations in a Western Society*," Amsterdam: Amsterdam University Press.

Li, Wei, 2009, *Thnoburb: The New Ethnic Community in Urban America*, Hawaii: University of Hawaii Press.

Lin, Jan, 1987, *Econstructing Chinatown: Ethnic Enclave, Global Change*, Minneapolis: University of Minnesota Press.

Liu, Hong, 2005, "New Migrants and the Revival of Overseas Chinese Nationalism," *Ournal of Contemporary China*, 4 (43): 291 – 316.

Madsen, Richard, 1984, *Orality and Power in a Chinese Village*, Berkeley: University of California Press.

Mahler, Sarah J. & Patricia R. Pessar, 2006, "Gender Matters: Ethnographers bring Gender from the Periphery Toward the Core of Migration Studies," *Ternational Migration Review*, 0 (1): 27 – 63.

Marcus, George, 1995, "Ethnography in/of the World System: The Emergence of Multi – sited Ethnography," *Nnual Review of Anthropology*, 4: 95 – 117.

Martes, Ana, Cristina Braga & Carlos L. Rodriguez, 2004, Church Membership, Social Capital, and Entrepreneurship in Brazilian Communities in the U. S. In Curt Stiles & Craig Galbraith (eds.), *Thnic*

Entrepreneurship: *Structure and Process*, Oxford: Elsevier Ltd.

Massey, Douglas S. , 1990, "Social Structure, Household Strategies, and the Cumulative Causation of Migration," *Opulation Index*, 6 (1): 3 –26.

Massey, Douglas S. and Nancy Denton, 1987, "Trends in the Residential Segregation of Blacks, Hispanics, and Asians 1970 – 1980," *Merican Sociological Review*, 52 (6): 802 –825.

Massey, Douglas S. , Joaquin Arango, Graeme Hugo, Ali Kouaouci, Adela Pellegrino, J. Edward Taylor, 1993, "Theories of International Migration: A Review and Appraisal," *Opulation and Development Review*, 19 (3) : 431 –466.

Massey, Douglas S. , Joaquin Arango, Graeme Hugo, Ali Kouaouci, Adela Pellegrino & J. Edward Taylor, 1994, "An Evaluation of International Migration Theory: The North American Case," *Opulation and Development Review*, 20 (4): 699 –751.

Mazzucato, Valetina, 2008, "Simultaneity and Networks in Transnational Migration: Lessons Learned from a Simultaneous Matched Sample Methodology," In Josh DeWind, Jennifer Holdaway (eds.), *Igration and Development Within and Across Borders*, Geneva: International Organization for Migration, Social Science Research Council (U. S.).

McAlister, A. McAlister, 2002, *ara!*: *Vodou, Power, and Performance in Haiti and Its Diaspora*, Berkeley: University of California Press.

McKeown, Adam, 2001, *hinese Migrant Networks and Cultural Change*: *Peru, Chicago, and Hawaii* 1900 – 1936, Hicago: University of Chicago Press.

Meagher, Arnold J. , 2008, *he Coolie Trade*: *The Traffic in Chinese Laborers to Latin America* 1847 – 1874, Bloomington, IN: Xlibris Corporation.

Morawska, Ewa, 1990, "The Sociology and Historiography of Immigration," In Virginia Yans – McLaughlin (ed.), *Migration Reconsidered*: *History, Sociology, and Politics*, New York: Oxford University Press.

Morawska, Ewa, 2004, "Exploring Diversity in Immigrant Assimilation and Transnationalism: Poles and Russian Jews in Philadelphia," Ternational Migration Review, 8 (4): 1372 - 1412.

Morawska, Ewa, 2007, Transnationalism. In Mary C. Waters & R Ueda (eds.), Harvard Encyclopedia of the New Americans, Cambridge, MA: Harvard University Press.

Morgan, Glenn, 2001, "Transnational Communities and Business Systems," Lobal Networks, (2): 113 - 130.

Myrdal, Gunnar, 1957, ich Lands and Poor, New York: Harper and Brothers.

Nederveen - Pieterse J., 2004, Lobalization and Culture, Lanham, MD: Rowman & Littlefield.

North, Douglass C., 2009, Stitutions, Institutional Change and Economic Performance, Cambridge: Cambridge University.

Okamura, Jonathan, 1983, "Filipino Hometown Associations in Hawaii," thnology, 22: 241 - 253.

Ong, Aaihua, 1999, Lexible Citizenship: The Cultural Logics of Transnationality, Durham, NC: Duke University Press.

Park, Robert E., 1928, "Human Migration and the Marginal Man," Merican Journal of Sociology, 33 (6): 881 - 893.

Park, Robert E. and Burgess E. W., 1921, Troduction to the Science of Society, 2nd ed. Chicago: University of Chicago Press.

Parreñas, Rhacel S., 2001, Ervants of Globalization: Women, Migration and Domestic Work, Stanford, CA: Stanford University Press.

Pieke, Frank N., Pal Nyiri Mette Thuno & Antonella Ceccagno, 2004, Transnational Chinese: Fujianese Migrants in Europe, Stanford University Press.

Piore, Michael J., 1979, irds of Passage: Migrant Labor in Industrial Societies, Cambridge: Cambridge University Press.

Plüss, Caroline, 2005, "Constructing Globalized Ethnicity: Migrants from

India in Hong Kong," *Ternational Sociology*, 0 (2): 201 –224.

Popkin, Eric, 1999, "Guatemalan Mayan Migration to Los Angeles: Constructing Transnational Linkages in the Context of the Settlement Process," *Thnic and Racial Studies*, 22 (2): 267 –289.

Portes, Alejandro, 1994, "Paradoxes of the Informal Economy: The Social Basis of Unregulated Entrepreneurship," In Neil J. Smelser and Richard Swedberg (eds.), *Handbook of Economic Sociology*, Princeton: Princeton University Press.

Portes, Alejandro, 1995, "Children of Immigrants: Segmented Assimilation and its Determinants," In Alejandro Portes (ed.), *he Economic Sociology of Immigration: Essays on Networks, Ethnicity and Entrepreneurship*, New York, Russell Sage Foundation.

Portes, Alejandro, 1999, "Conclusion: Towards a New World—the Origins and Effects of Transnational Activities," *Thnic and Racial Studies*, 2 (2): 463 –477.

Portes, Alejandro, 2001, "Introduction: the Debates and Significance of Immigrant Transnationalism," *Lobal Networks*, (3): 181 – 194.

Portes, Alejandro, 2003, "Conclusion: Theoretical Convergencies and Empirical Evidence in the Study of Immigrant Transnationalism," *Ternational Migration Review*, 7 (3): 874 –892.

Portes, Alejandro & John Walton, 1981, *Abor, Class, and the International System*, New York: Academic Press.

Portes, Alejandro & Josh DeWind, 2007, "A Cross – Atlantic Dialogue: The Progress of Research and Theory in the Study of International Migration," In Alejandro Portes, A. & Josh DeW ind (ed.), *Ethinking Migration: New Theoretical and Empirical Perspectives*, New York: Berghahn Books.

Portes, Alejandro & Min Zhou, 1992, "Gaining the Upper Hand: Economic Mobility among Immigrant and Domestic Minorities," *Thnic and Racial Studies*, 15 (4): 491 –522.

Portes, Alejandro & Min Zhou, 1993, "The New Second Generation: Segmented Assimilation and its Variants among Post – 1965 Immigrant Youth," *Merican Academy of Political and Social Science*, 30 (November): 74 – 96.

Portes, Alejandro & Min Zhou, 2001, "The New Second Generation: Segmented Assimilation and Its Variants," In Harry Goulbourne (ed.), *ace and Ethnicity: Critical Concepts in Sociology*, Vol IV: *Integration Adaptation and Change*, New York: Routledge.

Portes, Alejandro, Luis E. Guarnizo & Patricia Landolt, 1999, "The Study of Transnationalism: Pitfalls and Promise of an Emergent Research Field," *Thnic Racial Studies*, 2 (2): 217 – 237.

Portes, Alejandro, Luis E. Guarnizo & William J. Haller, 2002, "Transnational Entrepreneurs: An Alternative Form of Immigrant Economic Adaptation," *Merican Sociological Review*, 67 (2): 278 – 298.

Pries, Ludger, 2005, "Configurations of Geographic and Societal Spaces: A Sociological Proposal between 'Methodological Nationalism' and the 'Spaces of Flows'," *Lobal Networks*, (2): 167 – 190.

Raj, Dhooleka S., 2003, *Here Are You From? Middle – Class Migrants in the Modern World*, Berkeley: University of California Press.

Rapport, Nigel & Joanna Overing, 2000, *Ocial and Cultural Anthropology: The Key Concept*, London & NewYork: Routledge.

Redfield, Robert, 1956, *Easant Society and Culture : An Anthropological Approach to Civilization*, The University of Chicago Press.

Roth, Wendy D., 2006, *Aribbean Race and American Dreams: How migration Shapes Dominicans' and Puerto Ricans' Racial Identities and Its Impact on Socioeconomic Mobility*, hD Thesis. Harvard University, Cambridge, MA.

Ruble, Blair A., 2005, *Reating Diversity Capital: Transnational Migrants in Montreal, Washington, and Kyiv*, Washington, DC: Woodrow Wilson Center Press.

Sassen, Saskia, 1988, *He Mobility of Labor and Capital: A Study in International Investment and Labor Flow*, Cambridge: Cambridge University Press.

Sassen, Saskia, 1991, *The Global City: New York, London, Tokyo*, Princeton: Princeton University Press.

Sassen, Saskia, 1999, *Uests and Aliens*, New York: New Press.

Satzewich, Vic and Lloyd Wong, 2006, *Ransnational Identities and Practices in Canada*, Vancouver: UBC Press.

Saxenian, AnnaLee, 2006, *He New Argonauts: Regional Advantage in a Global Economy*, Cambridge, MA: Harvard University Press.

Saxenian, AnnaLee, Yasuyuki Motoyama & Xiaohong Quan, 2002, *Ocal and Global Networks of Immigrant Professionals in Silicon Valley*, San Francisco: Public Policy Institute of California.

Schmalzbauer, Leah, 2004, "Searching for Wages and Mothering from Afar: The Case of Honduran Transnational Families," *Ournal of Marriage and Family*, 6 (5): 1317 – 1331.

Shirk, Susan, 1989, "The Political Economy of Chinese Industrial Reform," In Victor Nee, David Stark (eds.), *Emaking the Economic Institutions of Socialism: China and Eastern Europe* by Selden. Stanford, California: Stanford University Press.

Shirk, Susan L., 1993, *he Political Logic of Economic Reform in China*, Berkeley: University of California Press.

Siu, Paul C. P., 1952, "The Sojourner," *Merican Journal of Sociology*, 58 (1): 34 – 44.

Smith, Michael P., 2005, "Transnational Urbanism Revisited," *Ournal of Ethnic and Migration Studies*, 31 (2): 235 – 44.

Smith, Robert C., 1998, "Transnational Localities: Community, Technology and the Politics of Membership within the Context of Mexico and US Migration," In Michael P. Smith & Luis E. Guarnizo (eds.), *Ransnationalism from Below*, New Brunswick, NJ: Transaction Books.

Smith, Robert C. , 2006, *Exican New York: Transnational Lives of New Immigrants*, Berkeley: University California Press.

Stark, Oded & J. Edward Taylor, 1989, "Relative Deprivation and International Migration," *Emography*, 6 (1): 1 – 14, 1989.

Stark, Oded & J. Edward Taylor, 1991, "Migration Incentives, Migration Types: The Role of Relative Deprivation," *he Economic Journal*, 101 (408): 1163 – 1178.

Taylor, J. Edward, 1986, "Differential Migration, Networks, Information and Risk," In Greenwich O. Stark (ed.), *Igration Theory, Human Capital, and Development*, Greenwich, CT: JAI Press.

Varma, Roli, 2006, *Arbingers of Global Change: India's Techno – Immigrants in the United States*, Lanham, MD: Lexington Books.

Vásquez, Manuel A. & Marie F. Marquardt, 2003, *Lobalizing the Sacred: Religion Across the Americas*, New Brunswick, NJ: Rutgers University Press.

Waldinger R, Fitzgerald D. , 2004, "Transnationalism in Question," *Merican Journal of Sociology*, 09 (5): 1177 – 1195.

Waldrauch, Harald, 2003, "*Lectoral Rights for Foreign Nationals: A Comparative Overview of Regulations in 36 Coutries,*" Present at The Challenges of Conference on Challenges of Immigration and Integration in the European Union and Australia No. 73, University of Sydney.

Wang, Gengwu, 1991, *Hina and the Chinese Overseas*, Singapore: Times Academic Press.

Wang, Gengwu, 2003, *Nglo – Chinese Encounters Since 1800: War, Trade, Science, and Governance*, Cambridge, UK: Cambridge University Press.

Wang, Lu, Lucia Lo, 2007a, "Immigrant Grocery Shopping Behaviour: Ethnic Identity Versus Accessibility," *Nvironment and Planning*, A39: 684 – 699.

Wang, Lu & Lucia Lo, 2007b, "Global Connectivity, Local Consumption, and Chinese Immigrant Experience," Geo Journal, 68: 183 – 194.

Weber, Max, 1978, *Conomy and Society: An Outline of Interpretive Sociology*, Guenther Roth and Claus Wittich (eds.), Berkeley and Los Angeles, California: University of California Press.

Wallerstein, Immanuel, 1979, *He Capitalist World – Economy*, Cambridge: Cambridge University Press.

Whiting, Susan H. , 2001, *Ower and Wealth in Rural China: The Political Economy of Institutional Change*, New York: Cambridge University Press.

Wickberg, Edgar, 1999, "Localism and the Organization of Overseas Chinese Migration in the Nineteenth Century," In G. G. Hamilton (ed.), *osmopolitan Capitalists: Hong Kong and the Chinese Diaspora at the End of the 20th Century*, Seattle: University of Washington Press.

Willis, Katie D. & Brenda S. A. Yeoh, 2000, "Gender and Transnational Household Strategies: Singaporean Migration to China," *Egional Studies*, 4 (3): 253 – 264.

Wong, Bernard P. , 1988, *Atronage, Brokerage, Entrepreneurship and the Chinese Community of New York*, New York: AMS Press.

Woon, Yuenfong, 1984, "An Emigrant Community in the Ssu – yi area, Southeastern China, 1885 – 1949: A Study in Social Change," *Odern Asian Studies*, 18 (2): 273 – 306.

Woon, Yuenfong, 1989, "Social Change and Continuity in South China: Chinese and the Guan Lineage of Kaiping County, 1949 – 87," *he China Quarterly*, 118 (June): 324 – 344.

Woon, Yuenfong, 1990, International Links and the Socioeconomic Development of Rural China: An Emigrant Community in Guangdong, *odern China*, 16 (2): 139 – 172.

Xiang, Biao, 2003, Emigration from China: A Sending Country Perspective, *Ternational Migration Review*, 41 (3): 21 – 46.

Xiang, Biao, 2007, *lobal "Body Shopping": An Indian Labor System in the Information Technology Industry*, Princeton: Princeton University Press.

Xie, Yu and Margaret Gought, 2011, "Ethnic Enclaves and the Earnings of Immigrants," *Emography*, 48 (4): 1293 – 1315.

Yin, Robert K. , 2003, *Ast Study Research: Design and Menthods*, Thousand, London & New Deil: Sage Publications.

Zhou, Min, 1992, *Hinatown: The Socioeconomic Potential of an Urban Enclave*, Philadelphia, Pa. : Temple University Press.

Zhou, Min, 2004, "Revisiting Ethnic Entrepreneurship: Convergencies, Controversies, and Conceptual Advancements," *Ternational Migration Review*, 38 (3): 1040 – 1074.

Zhou, Min, 2011, *He Accidental Sociologist in Asian American Studies*, Los Angeles: UCLA Asian American Studies Center Press.

Zhou, Min, 2017, "Preface. " In Min Zhou (ed.), *Ontemporary Chinese Diasporas* Singapore: Palgrave Macmillan. In Mike Featherstone (ed.), *Lobal Culture*, London: Sage.

Zhou, Min & John R. Logan, 1989, "Returns on Human Capital in Ethnic Enclaves: New York City's Chinatown," *Merican Sociological Review*, 54 (5): 809820.

Zhou, Min & John R. Logan, 1991, "In and Out of Chinatown: Residential Mobility and Segregation of New York City's Chinese," *Ocial Forces*, 70 (2): 387407.

Zhou, Min & Carl L. Bankston Ⅲ, 1994, "Social Capital and the Adaptation of the Second Generation: The Case of Vietnamese Youth in New Orleans East," *Ternational Migration Review*, 28 (4): 775 – 799.

Zhou, Min and Carl L. Bankston Ⅲ, 1998, *Rowing Up American: How Vietnamese Children Adapt to Life in the United States*, New York: Russell Sage Foundation.

Zhou, Min & Rennie Lee, 2013, "Transnationalism and Community Building: Chinese Immigrant Organizations in the United States," *NNALS of the*

American Academy of Political and Social Science, 647: 22 –49.

Zhou, Min & Xiangyi Li, 2016, "Remittances for Collective Consumption and Social Status Compensation: Variations on Transnational Practices among Chinese International Migrants," *Ternational Migration Review*, 50 (3): 1 –39.

Zhou, Min & Xiangyi Li, 2016, "Cross – space Consumption among Undocumented Chinese Immigrants in the United States," *ociology of Development*, 2 (2): 158 – 182.

Zhou, Yu & Yenfen Tseng, 2001, "Regrounding the 'Ungrounded Empires': Localization as the Geographical Catalyst for Transnationalism," *lobal Networks*, (2): 131 – 154.

致　谢

　　本书稿是在博士学位论文的基础上修改和完善而来的。为此，我要首先感谢指导我博士学位论文的两位导师——中山大学王宁教授和美国洛杉矶加州大学周敏教授。这两位导师在治学路径、处事风格上各有千秋、相得益彰，让我的博士学习生涯获益良多。

　　从本科、硕士一直到博士阶段，王老师见证着我从一个门外汉成长为年轻学者。可以说，无论是做学问还是做人，我都深深受到了王老师言传身教、潜移默化的影响。如果说此书还有一些"意思"的话，很大程度上来自王老师的无私贡献。王老师不仅在理论思路、研究方法上给予我大量的思想火花，还在田野调查上极尽所能地帮助我。当时我苦于无法进入福州进行调查时，王老师积极让师母联系在福州的亲人的帮忙，让我成功进入福州田野，并顺利完成了调查。在这里，我还要再次感谢师母林滨老师对我的无私帮助。王老师几乎从来都不苛责学生，而多以鼓励与引导为主。在我将充斥着经验材料而几乎毫无理论分析的初稿交给王老师之后，王老师当时说了一句话让我印象深刻："学术研究是建立在理性而不是感性的基础上的。"随后，我进行了不同程度的理论提升。虽然直到现在此书然没有完全符合要求，但我希望能够在以后的学术道路上践行王老师的学术追求，不断求索。

　　如果说王宁老师是我学术路上第一个恩人，那么周敏老师则是我另外一个恩人。我与周老师第一次认识是在 2006 年，2010 年她开始正式指导我博士学位论文后，周老师根据多年丰富的国际移民研究的经验，建议做东南亚和北美的比较研究，并提出最好能进行海外华人社会的田野调查，这样可以弥补国内以侨乡为主研究的缺憾。后来的事实证明，国外的田野调查与学习经历不仅丰富了我对于海外华人移民及其社区的了解，还使我接触到了最前沿的国际移民理论。周老师的学术逻辑思维严谨细密，每当我在论证上出现循环论证、因果倒置时，周老师总能在第一时间帮我理顺思路。周老师对于文字的内容与格式要求都颇为严格，有时她甚至会帮我改动行文与文献格式，至今想来仍十分惭愧，但也真正让我感悟学术的精深博大，并树立了对学术的敬畏之心。另外，周老师是一个对于生活充满无限热情的学术人，在与她相处的时光里，我无时无刻感受到她对于生活的热爱、对于学术的热忱、对于人的热情。路漫漫其修远兮，吾将上下而求索。两位恩师的学术与做人让我高山仰止，也是我学术人生路上永远的楷模。

此外，我要深深地感谢我的田野调查以及田野中认识到的所有朋友。田野调查不仅让我有机会重新认识自己，让我成长，这也让我有更多的机会走进那些移民们的内心。他们带给我的远远不只是田野调查的资料，还有对于穿越国界生活的感悟。他们在全球化所带来的不均等的剥离中，勇敢地克服全球化与世界体系给自身带来的边缘感，不断跨越民族国家的边界以及不同的社会文化空间，以此来积极寻求生活意义与自身主体性的重新界定。这给从来不愿改变现状的我所带来的震撼与感动是无以言表的。每当我调查难以进行、书稿无法继续的时候，我都会想起他们，是他们面对生活的勇气让我得以坚持到现在。太多的感谢，太多的难忘，请恕我在这里不能够将所有朋友一一列出姓名。

我在中山大学社会学专业就读九年，社会学系诸位博学多才的老师们在我人生的不同阶段、以不同的方式影响着我对学术的认知，启发着我对学术的追求。蔡禾老师的学术造诣和为人风范一直以来都让我敬佩不已。他提醒我社会地位补偿的实现是有其范围的，比如说应该是在一个"共同体"的范围内，促使我在后期修改中补充了一些这方面的内容。丘海雄老师在博士学位论文开题中提醒我在划分移民类型上要格外谨慎小心，至今想来受益匪浅。刘林平老师在开题时就提醒我不能忽略移民回乡的求利动机，在博士学位论文正式答辩中他以非常犀利和审慎的眼光提醒我注意被我忽略的文献，并指出我应该注意恰当的学术语言表述和注意故事叙述的完整性。黎熙元老师则指出我应当在文章结尾说明我的理论解释与以往情感性的解释之间的关联与区别，并注意到华人移民特有的族裔性与族裔认同的因素。李若建老师则提醒我应该关注中国传统文化因素比如费老所提出的差序格局对移民道义传统形成的影响。另外，还要感谢梁玉成老师、李伟民老师、万向东老师、任焰老师、张永宏老师、梁宏老师、王进老师、李文波老师、谭兵老师、黄少宽老师、贺立平老师、阎志强老师、王兴周老师。这些老师研究方向各不相同，而且在传授方式、表达逻辑以及治学风格上也迥然不同，都为我的学术启蒙奠定了良好的基础。

写到这里，我还要特别感谢中央民族大学麻国庆教授、中山大学人类学系周大鸣教授与段颖老师以及历史系的刘志伟教授。麻老师是汉人社会结构、华南农村、少数民族、日本社会等研究领域的专家，他对于"作为方法的华南"以及"中心与周边"的理念很大程度上促进了我思考华南侨乡以及海外华人社会研究的意义。而且他还多次对本研究提出了宝贵意见。周大鸣老师在几次会议上都对我的研究给了很好的建议。段老师是研究东南亚海外华人社会、全球化与跨国主义的年轻俊杰，他对本书的跨国主义理论与文献的梳理给予了不少好的建议。刘志伟老师在我选题初期曾建议我应考虑将侨乡研究传统乡土情感的旧模式纳入"国际移民"这一人类面对的共同问题的宏观范式中，探讨移民个人或家庭的社会流动以及对祖籍国或居住国的社会发展的影响，至今想来仍十分具有启发性。

我还要感谢海内外国际移民与华侨华人研究的各位前辈，他们分别是普林斯顿大学的波特斯（Portes）教授，密歇根州立大学的戈德（Gold）教授，纽约州立大学奥本尼分校梁在教授，南洋理工大学刘宏教授，厦门大学的李明欢教授，香港大学的钱江教授，中国社会科学院的王春光教授，《华侨华人历史研究》主编张秀明老师，中山大学的滨下武志教授、袁丁教授、范若兰教授，广西民族大学的郑一省教授，华中师范大学的李其荣教授，五邑大学的张国雄教授、刘进教授、石坚平教授。他们渊博的学识与对于问题的独到见解都给予了我非常大的启发，激发了我对于国际移民以及海外华侨华人的研究热情，而且他们还很大程度上包容了我不太成熟的想法，在实际的调查研究中给予了不少的帮助。其中，李明欢老师无论在理论框架以及叙述逻辑上均给予了非常好的建议。她提出应该加强历史比较维度，应从历史发展、代际更替的角度对三个群体进行比较。另外，她还指出文中概念多且杂，应给予清晰的界定与厘清，这些建议极具建设性。此外，在修改书稿过程中，我还得到了诸位华侨华人研究领域优秀年轻学人的帮助，比如中山大学费晟博士、五邑大学姚婷博士、福州大学林胜博士与陈凤兰博士、浙江师范大学陈肖英博士等。

感谢我的诸位同门，让我能够在一个有理想、有活力的群体中研究。伍庆、刘飞、张杨波、林晓珊师兄、彭丹师姐在田野调查以及方法论的把握上都给予了不同程度的帮助，陈丽坤、陈胜、黄晓星师兄以及彭杰、王雨磊、严霞、游伟荪、孟振琴、曹雪妹、郑姝莉等师弟师妹都曾在内部研讨会上给了我不同的启发和丰富的意见，在此一并感谢！此外，还要感谢诸多同辈们，比如贺霞旭、汪建华、何海狮、徐盈艳、李敢、陆淑珍、邓静函、邓文等。在此恕不能一一列举。

我还要深深感谢我的父母。尽管我知道父母的圈子中有太多优秀的例子，但他们从来不说"你看人家的孩子多么优秀"。无论是小时候老师的各种告状，还是在历次大考中我所感受到的前所未有的竞争压力与挫败感，父母传达给我的永远是"坚持"，也是这个信念一直伴随我走到今天。此外，父母帮我大量分担带孩子的责任，给我腾出更多时间用于完善书稿。

最后，也是最重要的，我想感谢我的先生陈杰和我的女儿。我在国内的三个田野点，先生几乎都不同程度地参与了调查，并与我交流很多田野调查的技巧与经验。书稿成型后，他是第一个最苛刻的读者，时刻敦促着我修改和完善初稿。女儿出生后，我仍有很多时间用于科研工作，有时还不得不带上女儿一起进行田野调查。但是女儿总是很理解地说："妈妈去工作，宝宝会乖乖的。"有太多的感谢而无法言之于口，只期待在未来的日子里一起共同努力。

最后谨以此书来纪念那些值得纪念的人和事。

2018 年 8 月 31 日于康乐园